ALLBRIGHT LAW OFFICES 锦天城

上海市锦天城律师事务所
华东政法大学经济法律研究院
合作编写

COMPANY LAW REVIEW

公司法律评论

顾功耘 主编

2023

第2卷

总第26卷

法律出版社 LAW PRESS·CHINA

北京

图书在版编目(CIP)数据

公司法律评论.2023.第2卷:总第26卷/顾功耘主编.--北京:法律出版社,2023
ISBN 978-7-5197-8563-5

Ⅰ.①公… Ⅱ.①顾… Ⅲ.①公司法-研究-中国-2023 Ⅳ.①D922.291.914

中国国家版本馆CIP数据核字(2023)第218843号

公司法律评论2023第2卷(总第26卷)
GONGSI FALÜ PINGLUN 2023 DI-2 JUAN
(ZONG DI-26 JUAN)

顾功耘 主编

策划编辑 田 浩
责任编辑 田 浩
装帧设计 臧晓飞

出版发行 法律出版社
编辑统筹 法商出版分社
责任校对 王晓萍 王语童
责任印制 胡晓雅
经　　销 新华书店

开本 787毫米×1092毫米 1/16
印张 19.75 **字数** 410千
版本 2023年12月第1版
印次 2023年12月第1次印刷
印刷 唐山玺诚印务有限公司

地址:北京市丰台区莲花池西里7号(100073)
网址:www.lawpress.com.cn
投稿邮箱:info@lawpress.com.cn
举报盗版邮箱:jbwq@lawpress.com.cn

销售电话:010-83938349
客服电话:010-83938350
咨询电话:010-63939796

书号:ISBN 978-7-5197-8563-5
定价:86.00元

凡购买本社图书,如有印装错误,我社负责退换。电话:010-83938349

锦天城律师事务所简介

锦天城律师事务所成立于1999年，是一家提供一站式法律服务的大型综合性律师事务所，在核心业务领域（如资本市场、金融与信托、公司并购与重组、破产与清算、基础设施建设与房地产、国际贸易、跨境投资、反垄断反倾销、诉讼与仲裁、知识产权以及海事海商等）具备专业优势或行业领先优势。现有注册律师4000余名。

发轫于中国上海的锦天城，已在国内外30个城市（北京、杭州、深圳、苏州、南京、成都、重庆、太原、青岛、厦门、天津、济南、合肥、郑州、福州、南昌、西安、广州、长春、武汉、乌鲁木齐、海口、长沙、昆明、中国香港、英国伦敦、美国西雅图、新加坡、日本东京）开设分所，并与国际律师事务所鸿鹄（Bird & Bird LLP）建立战略合作关系。

华东政法大学经济法律研究院简介

华东政法大学经济法律研究院是由华东政法大学独立设立，集理论研究、科研成果转化与人才培养、社会服务于一体的科研机构。研究院以经济法律研究为特色，旨在突破单一专业瓶颈，实现法学与经济学、管理学的融合，密切联系政、产、学、研，强调理论研究的应用性、实践性与前瞻性，是一流的学术研究与交流平台、高层次的经济法律人才培养基地以及经济立法、政府决策、企业咨询的专业性法律智库。经多年建设，研究院先后被认定为上海市法学会重点研究基地、上海市普通高校人文社会科学重点研究基地。

研究院自成立以来，先后组织、策划、出版了“经济法文库”“经济法文集”“商事法文库”以及《经济法前沿问题》《中国商法评论》《公司法律评论》《金融法律评论》等系列性学术著作或年度刊物，创办了“经济法律高峰论坛”“公司法律论坛”“国资法律论坛”“能源法治论坛”等系列性品牌论坛，在学界和实务界具有广泛的影响力。

本出版物受上海市高水平地方高校（学科）建设项目资助

卷首语

2022 年 4 月，全国人大常委会表决通过了《期货和衍生品法》，开启了证券期货市场法制建设的新篇章。为了解决证券市场争议和保护投资者，2022 年年初最高人民法院正式发布了《关于审理证券市场虚假陈述侵权民事赔偿案件的若干规定》，该司法解释进一步细化和明确了虚假陈述侵权民事赔偿责任的构成要件及追究机制等内容，平衡了市场各方的合理诉求。我国的证券市场注册制改革试点取得进展，到 2023 年春天注册制已经全面推行。我国公司法修改正在紧锣密鼓地展开，截至 2023 年 8 月底已经出台三审稿。所有这一切，给我们的研究提供了非常丰富的课题资源。

本卷在公司法制栏目我们分别邀请了中南财经政法大学徐强胜教授、深圳大学薛波副教授、上海市第一中级人民法院卢颖法官等为我们撰写了稿件。内容涉及公司法对经济政策的回应，对赌协议的履行困境及其破解，认缴制下公司瑕疵出资的股东责任等，这对于理解公司法发展的动向，正确适用法律破解疑难争议具有指导价值。

证券法制栏目，我们邀请了若干青年才俊为我们撰写了虚假陈述民事赔偿责任分担机制研究、证券责令回购制度的困境与出路，内幕交易案件中“推定”的合理利用及其限度。这些论文所讨论的问题都是证券市场急切需要解决的问题。中美期货和衍生品交易监管制度比较研究一文的选择，则是为了帮助我们加深对最新实施的《期货和衍生品法》的理解。

本卷破产法栏目选取了两篇论文。一篇是关于破产重整中的劳动关系调整，另一篇是关于破产重整中债务人自行管理制度。在经济下行，越来越多企业陷入破产境地的情况下，寻求破产重整，注意平衡劳动者以及债权人利益都是十分必要的。这两篇论文极具参考意义。

域外法制栏目，我们选译了欧洲证券与市场监管局 2023—2028 年战略，欧盟可持续金融披露条例以及美国 SEC 举报人计划规则。这几个文件对于拓宽我们的视野，了解国际上证券市场及其监管以及金融发展的趋势具有非常主要的作用。

为了帮助大家概括了解和整体把握过去一年公司法、证券法以及破产法理论研究的成果，我们全面梳理了这方面的文献资料，并分别作出了综述。本卷案件聚焦栏目，分别就上海瀛翊违反公开承诺违规减持案，东方金钰虚假陈述案，朱雀投资诉邵某等操纵证券市场责任纠纷案，张某红诉首创期货公司案，董某远与中融鼎新委托理财合同纠纷案等进行了深入分析，这些案件既具有市场广泛的影响力，也具有司法裁判的参考价值。

当前国际政治经济格局也在发生着前所未有的重大调整和变化。前景不确定是确定的。最近中央经济工作会议要求必须“唱响中国经济光明论”。我们相信，前途是光明的，只要我们撸起袖子加油干，冬天终会过去。读者、作者和我们编者共同经历了《公司法律评论》发展的 23 年，再此，我作为主编代表编委会全体成员衷心感谢大家对本评论的支持和厚爱！让我们携起手，肩并肩，去迎接美好的春天！

顾功耘

2023 年 12 月 20 日

目　录 CONTENTS

公司法制

证券法制

公司法制

我国公司法对经济政策的回应

——历史发展与再回应

徐强胜 *

目　次

一、问题

公司是政治的产物，不同国家发展的公司组织随着本身政治理念和结构的差异而呈现出不同的内涵。我国改革开放以来的公司，是由中国特色社会主义市场经济体制及政策决定并得以形塑的。1993 年我国《公司法》制定，经过 2005 年与 2013 年两次重大修改，这是党和政府重大经济决策的产物，反映了中国政治经济发展的现实与需求。

从政治与法律的关系方面梳理并研究经济政策如何形塑公司，公司法如何回应经济政策，直接关系我国的公司应当以及实际如何。本国文化及经济的发展，要求公司法及其制度设计应当植根于本土，适应和变通是移植而来的制度设计的

* 徐强胜，中南财经政法大学法学院教授、博士生导师。

基本要求。

经过 40 多年的改革开放，我国经济发展进入了一个更新的阶段。2020 年 10 月党的十九届五中全会关于“加快发展现代产业体系，推动经济体系优化升级”的发展规划，提出了高质量的经济发展目标，要求建立更加充满活力的市场主体。这就需要具有更高质量的公司法律制度，为股东、公司及相关关系人提供清晰的权利义务规则体系，为公司治理提供自由发展的应有指引。

近年公布的《公司法（修订草案）》，就是对我国新发展阶段经济政策的再次回应。总体观察，它进一步理顺了股东、公司及相关利益人之间的法律关系，强化了公司人格，股东的权利与义务更为明晰，并试图通过不同的公司治理模式为公司提供更多选择。正如十三届全国人大常委会第三十二次会议《关于〈中华人民共和国公司法（修订草案）〉的说明》中所提及的那样，本次修订是“适应经济社会发展变化的新形势新要求，针对实践中的突出问题和制度短板，对现行公司法作系统的修改完善”。

二、1993 年《公司法》制定及 2005 年、2013 年重大修改与公司的政策形塑

（一）建立现代企业制度与 1993 年《公司法》

20 世纪 80 年代以来，党和政府始终将国有企业的改革置于整个经济体制改革的中心，目标是试图选择恰当的企业组织形式将国有企业搞活并发展起来，[1]采取了一系列放权让利、承包租赁、小企业出售等方式。但 90 年代初，国有企业仍然问题重重，与当时以市场为导向的非国有企业——乡镇企业、三资企业的蓬勃发展相比，国有企业所处的境地十分尴尬，悬殊和反差尤为明显和强烈。

1992 年邓小平的南方谈话，是中国改革开放道路上的一次思想解放，为国家经济体制转型奠定了基础。同年 10 月，中国共产党第十四次全国代表大会召开，确立了社会主义市场经济体制的改革目标。如果说此前中国的改革还是在计划体制框架下的政策性调整，此后则是从国家制度层面实现创新，保持社会主义的优越性，利用市场经济促进高效率的资源配置。

1993 年 11 月党的十四届三中全会通过的《中共中央关于建立社会主义市场经济体制若干问题的决定》提出：“建立现代企业制度，是发展社会化大生产和市场经济的必然要求，是我国国有企业改革的方向。其基本特征，一是产权关系明晰，企业中的国有资产所有权属于国家，企业拥有包括国家在内的出资者投资形成的全部法人财产权，成为享有民事权利、承担民事责任的法人实体。二是企业以其全部法人财产，依法自主经营，自负盈亏，照章纳

〔1〕参见杨瑞龙：《国有企业改革逻辑与实践的演变及反思》，载《中国人民大学学报》2018 年第 5 期。

税，对出资者承担资产保值增值的责任。三是出资者按投入企业的资本额享有所有者的权益，即资产受益、重大决策和选择管理者等权利。”“国有企业实行公司制，是建立现代企业制度的有益探索。规范的公司，能够有效地实现出资者所有权与企业法人财产权的分离，有利于政企分开、转换经营机制，企业摆脱对行政机关的依赖，国家解除对企业承担的无限责任；也有利于筹集资金、分散风险。公司可以有不同的类型。”

1993 年《公司法》第 1 条开宗明义，为适应建立现代企业制度的需要制定本法。申言之，1993 年《公司法》形塑的是国有企业，有关制度主要围绕如何使国有企业通过改制成为现代企业制度的模板而制定，具体表现如下：（1）首先通过法人财产权制度解决国有企业长期以来产权不清及国家为其承担无限责任的困境。（2）确立了股东至上的股东中心主义，保证国有资产的最终控制权，维护国家的根本利益。（3）建立了股东会作为最高权力机构下的董事会、经理制度。其中董事会主要负责决策与监督，并由原担任党委、职工代表以董事会成员身份组成，体现党管企业，职工主人的精神。经理则是原国有企业厂长负责制在公司中的另外一种形式的体现，强调经理对企业经营管理负责，并对代表党与职工的董事会负责。这种由董事会对股东会负责、经理对董事会负责的制度架构，一方面解决了国有企业的独立经营，另一方面解决了国家作为股东通过董事会监督经理的问题，从法律架构上建立国有企业的政企分开。（4）建立了与董事会平行的监事会制度，基本由原国有企业纪委、工会及其他群众组织的代表组成，以进一步强化政府或者国家通过监事会对企业经营管理层的监督。（5）在公司种类上，分为有限责任公司与股份有限公司两种，且前者是小型的股份公司，以适应较大型国有企业的改制需要。

1993 年《公司法》的目的是建立现代企业制度，其下的公司是一个以实现国有企业改制为目标的公司样态（第 1 条、第 7 条、第 21 条、第 75 条等）；是一个充满理想和希望的标准公司（第 3 条的企业法人、法人财产权、法人独立责任，第 4 条的股东作为出资人的权益，第 5 条再次强调了法人的独立财产与独立经营）；是一个具有科学管理体制的公司（第 6 条、第二章和第三章关于有限责任公司与股份有限公司的“三会”制度及经理制度的设计）。〔1〕同时，1993 年《公司法》中的公司也是一个仿照西方公司制度画出来的静态意义上的公司，突出表现为，尽管该法第 59 条到第 62 条规定了董事、经理等的义务和责任要求，但没有规定出现这些问题后由谁来追究责任，没有可诉性，特别是没有具体规定股东能够和应该如何的措施。

不过，借助原国有企业管理体制的惯性和中国固有的传统文化，对于由国有企业改制而

〔1〕 正如当时参与立法与决策的陈清泰所说：“使拥有国家投资的企业与其他所有制企业一样，成为平等、独立市场竞争主体”的那种企业制度，就是我们追求的企业制度。参见陈清泰：《亲历国有企业改革的实践与决策过程》，载中国经济体制改革研究会编：《见证重大改革决策——改革亲历者口述历史》，社会科学文献出版社 2018 年版，第 480 页。

来的公司与因此由私人组建的民营公司而言，1993 年《公司法》确立了完全由股东（控股股东）控制的公司管理模式。

首先，它实现了国有企业国家所有权与控制权的统一。如果仔细观察 1993 年《公司法》，其设计的“三会”基本上是原国有企业的内部管理机构的变种，董事长＋经理→厂长；董事会→企业管理委员会；职工委员会或其他组织成员则组成监事会。具有科学管理体制的管理架构在一定意义上延续了传统国有企业的管理模式，作为董事长的法定代表人权利很大，其他董事会成员更多的是如原企业管理委员会委员那样的角色。这是一种适应所有权较为集中的制度架构，通过董事长的法定代表人化与经理设置的法定化及权利分配的法定化，契合了我国社会主义市场经济下的干部控制型管理体制。

其次，它促使了民营公司成为大股东绝对或相对控制，且少受其他股东约束的公司。有限责任公司是最适合民营资本的公司种类，应强调公司的自我监督与管理，所有股东均有监督权，无须通过专门机构——监事会，即使设置监事会，没有进入监事会和董事会的股东也有直接的监督权。但以国有企业为镜像的有限责任公司制度设计，强调的是国有企业的公司化，注重的是代表国有资产的国家或政府的权威，希望通过监事会而非股东的直接监督达到所谓权力的制衡。[1]也就是说，1993 年《公司法》基于国有企业改革需要设计的有限责任公司，没有考虑到民营公司的实际情况，加上中国长期以来的文化惯性，民营公司往往成为家族公司或由大股东控制的公司。

（二）完善国有资产管理体制，引导非公资本投资与 2005 年《公司法》修改

1993 年《公司法》为国有企业建立现代企业制度提供了模板。经过 10 年的努力，国有企业基本上按照公司法进行了改制，成为国家所希望的企业组织形式。而且，以公司形式为起点，公司的内部治理也逐步走向正轨，国有企业获得新生。同时，有实力的民间资本也利用公司形式进行各种各样的投资参与竞争，社会主义市场经济的活力开始呈现并发展起来。

但是，1993 年《公司法》只是为国有企业建立现代企业制度构造了公司的基本框架，而且因其主要目的是国有企业建立现代企业制度，并没有将注意力放在民营资本的发展上。通过 1993 年《公司法》，诸多的存量国有企业改制为有限责任公司或股份有限公司，由于出资人仍为中央或地方政府，甚至是各个行政事业单位，致使政府公共管理职能与国有企业管理职能不能真正分开，党和政府希望的现代企业制度的建立徒具形式。对于民营资本来说，可以按照《公司法》成立公司，但在严格的法定资本制下不仅投资数额要求过高，而且过于形式化的公司治理结构也非常不适合民营公司自身的发展。

为了建立健全国有资产管理和监督体制，实现政府公共管理职能和国有资产出资人职能

〔1〕 在一定意义上，国有公司的所有股东都具国有背景，因此无须具有同样背景的股东相互监督；即使是上市后的国有公司，普通投资大众也仅是投资人而已。

的真正分开，2003 年，国务院成立了非行政管理事业单位性质的国有资产监督管理委员会，由其代表中央政府对央企公司行使出资人职责，地方政府也开始陆续设置地方国有资产监督管理机构。实践中的民营公司，特别是那些有限责任公司形式的民营公司，只是形式上建立了所谓的"三会"制度，实际经营中非常灵活。[1]

经过十年的努力，我国社会主义市场经济需要得到进一步的完善。2003 年中共十六届三中全会通过的《中共中央关于完善社会主义市场经济体制若干问题的决定》提出，"进一步巩固和发展公有制经济，鼓励、支持和引导非公有制经济发展"，要求"积极推行公有制的多种有效实现形式，加快调整国有经济布局和结构"，"大力发展和积极引导非公有制经济"。同时要求，"完善国有资产管理体制，深化国有企业改革"，"坚持政府公共管理职能和国有资产出资人职能分开"，"按照现代企业制度要求，规范公司股东会、董事会、监事会和经营管理者的权责，完善企业领导人员的聘任制度"，"要坚持党管干部原则，并同市场化选聘企业经营管理者的机制相结合"等。

与之对应，2005 年对《公司法》作了重大修改，其中规定公司具有以下 6 个特征：(1) 鼓励投资。将注册资本最低限额降为 3 万元，且可分期投入；同时允许一人有限公司和全资子公司的设立，凡可以估价并依法转让的非货币财产均可出资等。公司设立门槛的降低不仅有利于民营资本的社会化，也有利于地方政府及国有企业进一步的投资。(2) 尊重公司自治。废除了 2004 年《公司法》第 11 条公司经营范围的限制规定；取消了 2004 年《公司法》第 12 条关于公司对外投资的比例的限制规定；而且，公司可以根据自己的实际情况灵活地制定章程，增加了更多的"公司章程另有规定除外"的规定。(3)（国有企业）政企分开。按照 2004 年《公司法》第 64 条第 1 款的规定，"本法所称国有独资公司是指国家授权投资的机构或者国家授权的部门单独投资设立的有限责任公司"，但实践中大量的国有企业主要是由不同部门设立，导致公司法所要求的政企分开难以实现。2005 年《公司法》第 65 条则明确规定，行使出资人权限的单位是中央政府与地方政府专门设立的国有资产监督管理机构，其他有关行政机关和单位均不得行使有关国有企业出资人权限，在法律上实现了国有公司的政企分开问题。(4) 公司治理的规则化与初步多元化。公司治理的规则化是指进一步细化公司"三会"的会议规则，使其更具有可操作性，具体包括完善股东会与董事会会议的召集程序与议事规则，明确了董事会一人一票制的集体决策制度；赋予监事会或监事直接调查权等，同时规定了董事、监事和高级管理人员的信义义务和忠实义务。公司治理的多元化是指有限责任公司可以根据自己的情况选择董事会或执行董事、监事会或监事制度，并不必设公司经理制度。对于上市的股份有限公司，则要求必须同时设置独立董事制度。(5) 股东权利具体化，增加了股东可以在股东大会之外行使的权利，包括知情权、派生诉讼权，增加

[1] 参见徐强胜：《论我国有限责任公司的定位与改革》，载《法学杂志》2020 年第 10 期。

了股东对临时股东会会议召集的提议权（第 40 条）、在董事会或监事会不履行职务时的股东会会议召集权（第 41 条）等。（6）公司社会化。公司不仅仅是投资工具，还应当是一个考虑社会利益的公司，体现在《公司法》总则部分对公司职工的保护和公司的社会责任要求，以及基于我国社会主义国家性质而产生的关于党组织在公司地位的有关规定。尽管只有 3 条简单的规定，但意义重大，体现了社会主义市场经济下我国公司应有的性质与要求。[1]

如果说 1993 年《公司法》的目的是盘活存量（建立现代企业制度），那么 2005 年《公司法》则是为了增质增量（国有企业做大、做强），并强调了政府通过国有资产监督管理机构对国有独资和国有控股公司的间接管理。当然也为民营企业的增量提供了条件，注册资本的降低与有限公司治理结构的灵活使更多的民营资本进入市场。2005 年《公司法》为国有与民营资本的发展提供了同样的机会，都提供了进一步的发展和自我监管框架。

2005 年《公司法》是一次较大且符合公司规律的修改。[2]从修改内容上看，具有一定的体系性和法律性。其体系性是指该次修改不是某个法律条文或某个方面的局部修改，而是一种较为全面且深刻地考虑到了公司法的现代化、全球化及中国经济发展需要的改革性修改；其法律性是指相应制度安排较好地体现了公司法秩序的要求，进一步强化了公司法的可操作性及可诉性，使得现代企业制度的建立从框架性的宣誓性安排走向制度化和问责化。

（三）支持非公有制经济发展与 2013 年《公司法》修改

2005 年之后，西方曾经发生的几次金融危机威胁到中国经济的发展，但整体而言，在党和政府强有力的领导下，我国的经济发展又上了更高的台阶。其中一个重要因素就是 2005 年《公司法》塑造的公司所产生的活力。

为适应经济和社会发展，党和政府一直在鼓励更好地发挥市场在资源配置中的作用。2013 年全国两会期间，在政府披露的《国务院机构改革和职能转变方案》中，重要的内容是“减少和下放投资审批事项”和“改革工商登记制度”的措施等，提出放宽工商登记条件，鼓励便利的投资。2013 年 11 月十八届三中全会通过的《中共中央关于全面深化改革若干重大问题的决定》明确指出，紧紧围绕使市场在资源配置中起决定性作用深化经济体制改革，核心问题是处理好政府和市场的关系，大幅减少政府对资源的直接配置，推动市场对资源的配置；特别强调，“支持非公有制经济健康发展”；认为“非公有制经济在支撑增长、促

---

〔1〕 2005 年《公司法》第 5 条关于企业社会责任的规定成为判断公司行为的合社会性一般条款，并使《公司法》与《反垄断法》、《反不正当竞争法》得以衔接；第 17 条和第 18 条关于职工权益保护的规定使《公司法》与《劳动法》得以衔接；第 19 条关于企业党组织的规定使《公司法》与我国法治体系中具有特殊地位的党的规章制度得以衔接。

〔2〕 在这之前，还有两次小修，其中 1999 年的修正明确了国有独资公司需要设立监事会，给拟 IPO 高新技术股份有限公司的出资结构（主要是工业产权和非专利技术出资比例是否可以超过注册资本的 20%）留下了余地。2004 年修正仅 1 处，删去了“以超过票面金额为股票发行价格的，须经国务院证券管理部门批准”，使上市企业更为遵循市场规律。

进创新、扩大就业、增加税收等方面具有重要作用。坚持权利平等、机会平等、规则平等，废除对非公有制经济各种形式的不合理规定，消除各种隐性壁垒，制定非公有制企业进入特许经营领域具体办法”。

为使投资便利，鼓励创业与创新，2013 年《公司法》对公司资本制度作了重大变革，实行完全的认缴资本制。与以往相比，这次修改十分有利于民间资本办公司，也为地方政府设立投资平台提供了良好的法律基础。

完全的认缴资本制，即认缴多少及什么时候认缴，进一步强化了作为投资人的股东对公司的控制权。在一定意义上，这种资本制度，使源于西方的公司形式成为中国经济社会下的公司制度。

（四）公司法较好地回应了我国不同时期的经济政策

政治决定法律，这是马克思主义的基本法律思想，为世界各国包括商法在内的立法史所证明。近代商法源于中世纪商人的习惯法，现代商法不断为商事习惯所带动，最终通过相应立法所实现。在该实现过程中，政府的意愿与要求决定了相应立法的方向与规则含义。公司一开始就是政府造法的结果，〔1〕从来不是自我演进的产物。〔2〕

1993 年《公司法》的出台，最大限度地以立法的方式，将国有企业改革推向现代企业发展之路。尽管其内容过于刻板和保守，但其以全国人大常委会通过的法律形式改变了过去“摸着石头过河”的试验方法，国有企业的改革具有了一个法定的外衣——公司制和一个标准而理想的企业样态——产权清晰、企业法人、科学的管理体制，这是当时国有企业改革非常需要的现代企业组织形式。《公司法》从 1993 年出台到 2005 年的修改（中间进行了两次较小的调整）的近 12 年实践表明，这种改革是符合国有企业发展需求的，解决了长期困扰我国政府对于国有企业的基本担忧（活着与发展的问题）。在这近 12 年的运行过程中，涉及公司方面的纠纷主要是因企业改制引发的出资不足、借改制逃废债、职工保护等。〔3〕这些问题通过司法解释、个案及政府相关政策的化解，使得该法所承担的国有企业改革目标得以较为顺利地进行。

按照转型的政治经济学的新理论，转型的一个重要问题是要在事前的政治约束（改革的可接受性）与事后的政治约束（改革的不可逆转性）之间谋求一个均衡。这个均衡的实现取决于逆转成本，早期逆转的期权值及改革所能带来的预期收益。实践表明，1993 年《公司法》在相当程度上实现了这种均衡，较好地反映并实现了党和政府的国有企业改革的经济

---

〔1〕 在英国以特许状的方式造就了包括东印度公司在内的公司后，经过发展（尽管很漫长），最终通过 1844 年《合股公司法》和 1855 年《有限责任法》两部里程碑意义的立法，确立了现代意义上的公司法及公司制度。参见［英］罗纳德·拉尔夫·费尔摩里：《现代公司法之历史渊源》，虞政平译，法律出版社 2007 年版。

〔2〕 美国学者认为，美国公司法比大多数判例都更明显地是一种土生土长的产物，公司完全是法律的创造物。参见［美］伯纳德·施瓦茨：《美国法律史》，王军等译，中国政法大学出版社 1989 年版，第 72 页。

〔3〕 这主要体现在最高人民法院《关于审理与企业改制相关的民事纠纷案件若干问题的规定》（2002 年 12 月 3 日由最高人民法院审判委员会第 1259 次会议通过，法释〔2003〕1 号）。

政策。

在运行了将近 12 年之际，2005 年《公司法》进行了较大的修改。如果说 1993 年《公司法》的制定是仿照西方公司制度“比葫芦画瓢”的话，2005 年则是一次对公司较为全面认识情况下的修改。在解决国有企业改制的框架需要之后，其面临的已经不是因改制引起的问题，而是细节和公司基本关系的理顺——股东与公司、股东之间、董事会与公司等之间的关系。

2003 年十六届三中全会通过的《中共中央关于完善社会主义市场经济体制若干问题的决定》是要解决国有企业深化改革、集体经济发展与对更多私人资本投资的吸引问题。2005 年《公司法》在注册资本、有限公司管理体制、国有独资公司、一人公司、股份有限公司领域作了较大幅的修改。这次修改去除了原《公司法》中大量的宣示性表达，注意到公司的本质是投资的问题，故在有关公司关系方面，做了较大的符合公司本身发展规律的修改。包括降低公司初始出资、放松公司投资、规范公司担保、规定法人人格否定制度、关联交易和控制人、股东会与董事会决议效力、股东知情权、董事会、监事会、经理制度，专章规定有限责任公司的股权转让，以及股份有限公司的某些方面的修改等。

毋庸置疑，2005 年《公司法》是在党和国家的经济政策下，在现代企业制度的建设已经初有成效，希望扩大投资、全面发展的情况下，对《公司法》作了现代公司法意义上的修改，具有体系性与科学性，为进一步深化企业改革打下了良好的法律基础。

法律是为政治服务的，政治指导方向和提出基本要求，法律提供具体规则，但规则的提供并非简单地按照政治决策予以描述，更多的是在理解政治决策前提下的法律语言的制度性与体系性的表达，实现相应法律关系的明确，确立相关人之间的权利、义务与责任。法律规则不仅是当事人的行为规则，也应当是法院的裁判规则。2005 年《公司法》修改后，我国关于公司的纠纷与诉讼成为常态，最高人民法院也顺势作了 3 个《公司法司法解释》。通过公司纠纷诉讼，保证了公司的正常运转，使得本为投资工具的公司，可以同时而逐渐地成为法律主体意义上的实体，相关利益人之间的关系得以理顺与明晰。

2013 年支持非公司经济大力发展，鼓励创业的政治决策将完全的认缴资本制带入公司法。该政治决策不仅符合我国经济发展要求，也符合世界各国鼓励投资的公司法改革方向。完全的认缴资本制尽管不是大陆法系传统的法定资本制，[1]也非英美法系传统的授权资本制，但该制度并非不能通过相应的制度设计达到公司资本制度的意义与价值。任何法律制度都源于社会生活，公司法制度源于公司发展需求。以实现“大众创业、万众创新”为己任的

---

〔1〕 我国很多学者认为完全的认缴资本制属于法定资本制，认为“公司资本从有限制的认缴制到无限制的认缴制，改变的只是股东履行出资义务的期限，股东以其认缴而非实缴的出资额为限对公司债务负责，资本的认而不缴并不免除股东的出资义务或责任”。参见赵旭东：《资本制度变革下的资本法律责任——公司法修改的理性解读》，载《法学研究》2014 年第 5 期。

认缴资本制是一个不同于西方那样的公司资本制度，成为中国的公司法理论与实践样本。

通过2013年完全的认缴资本制的改革，大量民营资本得以补充国有企业退出的中小企业领域，有利于形成国有资本以大中型企业为主，民营资本以中小企业为主的局面，国有资本更多地向关系国民经济命脉和国家安全的行业和领域集中，民营资本则逐步在竞争性领域发挥更大的作用，有力推动了十八届三中全会通过的《中共中央关于全面深化改革若干重大问题的决定》提出的“市场在资源配置中起决定性作用和更好发挥政府作用”目标的实现。

回顾1993年到2013年20年来党和政府的经济政策，从社会主义市场经济体制的建立，到社会主义市场经济的完善及深化，都贯穿着一个主线，即经济发展是硬道理。如果说1993年《公司法》的制定是为了确立社会主义市场经济发展主体基础的话，2005年与2013年《公司法》修改则是为了调动一切可以调动的人的积极性及资源进行发展的制度。无论是2005年《公司法》所确立的放松管制、一人公司、国有独资公司等，还是2013年《公司法》所确立的完全的认缴资本制，都是为了社会主义市场经济能够获得更快的发展。

我国的公司法完全是由中国特色社会主义市场经济发展所决定的，背后关乎我国政治经济的发展及社会转型。经济政策直接形塑了中国公司的内涵，公司法的制定与修改也都直接或间接地回应了党和政府的政策要求。二者的相得益彰使得我国的公司法不仅是法律自身的问题，也是国家宏观经济政策的组成部分，担负着党和政府经济政策的实现的重任。

总体而言，从1993年制定到2005年和2013年修改，《公司法》均较好地反映并很大程度上推动了党和政府经济政策目标的实现，有力推动了具有中国特色社会主义市场经济的发展。按照公司法成立的公司，不论是国有与民营，还是混合制的；不论这些公司大小与行业所在，都不自觉地成为推动国家经济发展的力量，成为国家经济政策的实现工具。

三、新时期经济政策与公司法的再回应

（一）新时期经济政策及公司制度需求

经过30多年的建设与运行，公司制度已经深深扎根于中国社会，成为社会主义市场经济稳步前进的基石。《公司法》1993年制定、2005年与2013年修改均回应了中国特色社会主义市场经济的建立及发展需要，经济政策的主调是“快速发展”与“弯道超车”，公司法制订与修改也以建制、推动投资为主线。

2020年10月党的十九届五中全会通过的《中共中央关于制定国民经济和社会发展第十四个五年规划和二〇三五年远景目标的建议》提出，我国的经济、科技实力和综合国力跃上新的大台阶，已转向高质量发展阶段，改革开放迈出新步伐，基本建成高标准市场体系，社会主义市场经济体制更加完善，市场主体更加充满活力，基本形成更高水平开放型经济新体

制，实现经济行稳致远。

也就是说，我国社会主义市场经济新的发展时期，需要一个行稳致远的环境，经济政策的主调由“快”转为“稳”，高质量发展成为目标。在此政策之下，公司法修改应进一步提升公司质量，打造更为充满活力的市场主体，“完善具有中国特色的现代企业制度”，“弘扬企业家精神”。

高质量的公司制度，包括各个方面，可以做不同的解读，但核心是作为投资平台并进而成为法律主体的公司应有的法律信用品质。

关于公司的信用，法学理论主要是围绕公司的资本或资产，即公司的履约能力进行研究和认识的，但基于资本或资产的履约能力只是公司信用品质的一小部分内容或表现之一。信用是人类经济史上交易或交换的结果，并成为一种受一定规范约束的特定的交易行为或机制，〔1〕它是“交换复杂性的简化”，“通过复杂性简化，排除了某种行动的可能性：这种行动离开信任是不可能的”〔2〕。因此，公司信用是指公司自身应当具有的，在公司相关利益人之间，因为交易或交换而能够产生的相互合理期待与确定性后果的合理判断的品质。

1993 年《公司法》以来，建立公司独立人格，塑造公司应有信用品质，是我国公司法的主线。不过，这种塑造是以侧重建制改制并鼓励投资为主要内容的，注重的是国有企业的外部管理，以及能否实现“大众创业、万众创新”，相应制度设计的基本思路是“平台”式的，主要将公司视为股东的投资平台，其基干是公司基本框架的建立与公司资本的自由流入。不论是对于国有企业还是民营公司，现行《公司法》主要为其建立现代企业制度提供了一个基本框架，但这个框架更多是形式意义上的。实践中，民营公司成为股东随意操控的工具，股东过度控制与支配，股东“跑路”就会被认为公司出了严重问题。国有企业公司则普遍被认为是一种国家背书的企业，公司的资本管理没有受到应有的重视，反而是公司的资产由有关部门直接管理。原因固然很多，但在法律上，其症结就在于现行《公司法》侧重了公司经济意义上的投资工具属性，弱化了公司法律意义上独立主体的人格属性，没有在其作为投资工具与作为独立主体之间做出应有的制度均衡。

这种设计思路符合我国长期以来经济政策的促发展主线，但忽视了公司在作为投资平台的同时，一旦依法成立，则应该是一个独立的法律主体，其独立主体性主要不是体现为股东仅以出资为限承担责任，公司享有法人财产权，而是体现于公司在财产独立基础之上，以公司之名并以公司利益为中心的独立管理，由此建立以公司主体为中心的公司法律关系网络，完善公司而非股东的治理体系。

（二）《公司法（修订草案）》的回应

针对以上有碍公司信用品质存在的问题，《公司法（修订草案二次审议稿）》做出了有

---

〔1〕 参见解民：《信用：作为交易行为规范的概念分析》，载《前沿》2000 年第 3 期。

〔2〕［德］尼克拉斯·卢曼：《信任》，瞿铁鹏、李强译，上海人民出版社 2005 年版，第 9 页。

力的回应。

《公司法（修订草案二次审议稿）》共15章262条，其中实质新增与修改70条左右，为现行《公司法》法条的1/3。其一方面突出了公司基础制度的完善，另一方面兼顾实践需求的对应性修改，前者是理想主义的，后者是现实主义的。整体观察，无论是理想主义的，还是现实主义的，《公司法（修订草案）》的核心是进一步理顺股东与公司互为人格的法律关系，强化公司自身的主体价值。

1. 修正公司人格的基本认识

在公司法上，公司人格一是指其具有权利能力与行为能力，并能够以自己的名义对外从事相应交易；二是指公司能够以公司之名对内处理股东之间、股东与公司（包括公司管理人）之间的法律关系。总体而言，公司人格是公司对外对内的能力问题。

现行《公司法》第3条第1款是关于公司人格的规定，第2款是关于股东责任的规定，其将股东的责任置放于公司人格的规定条文中，逻辑上是混乱的。任何财产关系都是相关权利人之间的财产关系，实质是不同人格权利者之间的财产关系，进而相应财产分属不同人格权利者，并产生不同的请求权。但从第3条规定看，其并非从公司作为“人”的角度，而是从物化的方面看待公司作为“人”的问题的，亦即该条更多的是从公司的财产属性上认识公司，关注的是公司的财产，而非公司自身的人格属性。在这种理念下，现行《公司法》注意的是股东与公司、债权人之间的财产关系，忽视了股东、公司与债权人之间的各自独立人格意义。[1]

《公司法（修订草案）》对此作了调整，将现行《公司法》第3条两款内容分别调整为第3条与第4条，并将《公司法》第5条第2款调进第3条作为第2款，《公司法》第4条调整为第4条第2款。

此一调整意义重大，它确认了公司人格与股东有限责任是两个不同的法律问题，有利于避免现行《公司法》第3条的人格物化倾向，突出公司独立主体的价值。首先，从理论上，它澄清了公司人格是公司作为“人”，而非股东有限责任的财产问题。公司人格不仅需要必要的财产基础，还需必要的行为者（管理人）以维护公司利益，确定相应责任的承担，进而，复杂的公司关系得以简化与明晰。其次，在法律技术层面，此调整使该条成为整个《公司法》的统领性条文，以下关于公司资本制度的调整，董事会地位的调整及其他规定，如《公司法（修订草案二次审议稿）》第20条关于公司社会责任的细化规定，[2]

---

〔1〕 参见徐强胜：《〈中华人民共和国公司法〉第三条关于公司人格的再表述》，载《西北工业大学（社会科学版）》2021年第1期。

〔2〕《公司法（修订草案二次审议稿）》第20条规定：“公司从事经营活动，应当在遵守法律法规规定义务的基础上，充分考虑公司职工、消费者等利益相关者的利益以及生态环境保护等社会公共利益，承担社会责任。”“国家鼓励公司参与社会公益活动，公布社会责任报告。”该规定关于公司社会责任承担的细化，实质上强化了公司独立利益及存在，即其可以为社会责任考虑而独立做出决策，这是其应有的责任，也是公司的权力。

《公司法（修订草案）》第 191 条关于控股股东、实际股东的连带责任规定[1]等，均以此为基础。

2. 修正公司资本制度，保证公司资本的确定

2013 年《公司法》修改采完全的认缴资本制，将有限责任公司和不上市的股份有限公司公司资本的认与缴的权利（通过章程）完全交给了股东，使得股东的资产与公司的资本不能有效区分（认而未缴部分），公司资本不具有确定性，其实质是无视公司独立人格价值，既损害了公司债权人利益，也不利于公司的发展。[2]

延续鼓励投资的精神，《公司法（修订草案）》区分有限责任公司与股份有限公司，分别采修改的认缴资本制与授权资本制。

关于认缴资本制，《公司法（修订草案二次审议稿）》第 51 条增加公司成立后公司对股东出资情况的核查、催缴及应缴未缴下的失权规定。其关于公司核查并催缴股东出资的表述是一种责任式要求，但同时也是一种权利式规定，即核查和催缴不仅是责任，也是权利——公司有权对股东出资予以核查并催缴，查证并催缴后股东仍不履行出资义务的，则丧失相应权利。通过赋予公司核查、催缴权及明确股东失权，在一定程度上纠正了股东与公司之间的关系，增强了公司人格。《公司法（修订草案二次审议稿）》第 52 条增加规定设立时的股东因出资瑕疵而对公司的责任及董事、监事和高级管理人员相应应当采取必要措施的义务和责任。与第 51 条关于股东出资核查与催缴规定不同，第 52 条明确规定是董事等高级管理人员而非公司应当采取必要措施，否则要承担责任，在规则层面确立了公司管理层以公司之名与股东出资之间的关系。《公司法（修订草案二次审议稿）》第 53 条增加规定已为司法实践认可的加速到期制度，明确不仅公司债权人可以要求提前，公司也可以要求提前，即“公司不能清偿到期债务的，公司或者已到期债权的债权人有权要求已认缴出资但未届缴资期限的股东提前缴纳出资”。它进一步校正了股东、公司与债权人之间因出资产生的关系，特别是公司应有的地位得到加强。

《公司法（修订草案二次审议稿）》第 96 条规定股份有限公司采授权资本制，这不仅有利于投资，更重要的是其将已缴资本与授权发行股份之间作出了明确区分，使股东认缴的资本明确成为公司的资本，授权发行而未发行部分则不构成公司资本。

总之，公司资本制度的修改解决了公司资本的确定性问题，[3]突出了公司的地位，有利

---

〔1〕 除了保留现行《公司法》第 20 条、第 21 条关于股东与控股股东的义务责任规定外，《公司法（修订草案）》于第 191 条增加规定：“公司的控股股东、实际控制人利用其对公司的影响，指使董事、高级管理人员从事损害公司或者股东利益的行为，给公司或者股东造成损失的，与该董事、高级管理人员承担连带责任。”该规定在责任层面试图防止控股股东、实际控制人对公司的不当影响，以保证公司自身的独立价值。

〔2〕 参见徐强胜：《公司关系视角下认缴资本制的修正》，载《法治研究》2022 年第 5 期。

〔3〕 严格来看，本次《公司法（修订草案）》关于认缴资本制的修改并未从根本上解决公司资本的确定性问题，认为未到期部分并没有成为公司可控资本。限于主题，本文仅及于此。

于公司及公司债权人以此确定自身的发展与交易。

3. 明确董事会在公司治理中的中枢地位

现代公司中，董事会处于中枢地位，其既是承接股东会意志并隔离股东会直接干涉企业经营的代表机构，也代表着股东对公司具体经营管理进行监督和做出公司重大决策。由国有企业占主导地位的社会主义市场经济性质决定，公司法遵行股东至上。但股东至上并非由聚集股东意见的股东会决定公司一切，其须通过作为执行机构的董事会代表股东，以公司之名并以公司利益为重决定公司重大事项，监督具体管理者，实现现代企业制度所要求的政企分开，股东与公司人格区分的宗旨。

在继续遵行股东至上主义的原则之下，如何加强董事会的集体管理组织地位，强化董事会的重大事项决策权与监督权，以及董事会与董事的责任，是本次《公司法》修订的重点和亮点，具体表现如下：

一是通过《民法典》第81条明确了董事会执行机构性质。《公司法（修订草案二次审议稿）》第67条尽管延续了现行《公司法》第46条关于董事会权力的列举式规定，但不再强调“董事会对股东会负责”，而是通过明确董事会的权力表明董事会在公司中的中枢地位，体现了董事会的独立性。二是对董事会组成作了专业委员会的设置规定（《公司法（修订草案二次审议稿）》第69条、第121条）。如此可以确定不同身份董事的职责，有利于提高董事会内部分工下的管理效率，并配之以合理的监督，进一步推动建立现代公司集管理与监督的董事会结构。三是淡化了法定代表人的负责人角色，加强了董事会的集体管理权与代表权。《公司法（修订草案二次审议稿）》第10条规定：“公司的法定代表人按照公司章程的规定，由代表公司执行公司事务的董事或者经理担任。”依此规定，不是董事长的执行董事、经理可以通过章程的规定成为法定代表人，其实质是回归到以董事会为中心的代表或代理制，弱化了法定代表人的负责人角色，其须受到董事会的即时管理与监督。四是关于经理制度，总体上将其纳入董事会管理之中，规定了经理的设置权利清单由董事会自行决定，将其作为担当业务执行的机关（《公司法（修订草案二次审议稿）》第74条、第127条、第128条）。这样做，解决了作为执行机构的董事会与具体经营管理层之间的不当分离状态，可以使经理更好地受到董事会的监督与管理，而董事会则可以专心于公司的决策与监督。五是规定了董事的商业判断规则，即《公司法（修订草案二次审议稿）》第180条第2款之“董事、监事、高级管理人员对公司负有勤勉义务，执行职务应当为公司的最大利益尽到管理者通常应有的合理注意”规定。同时，《公司法（修订草案二次审议稿）》第190条规定：“董事、高级管理人员执行职务，给他人造成损害的，公司应当承担赔偿责任；董事、高级管理人员存在故意或者重大过失的，也应当承担赔偿责任。”六是在其他方面强化了公司董事会的独立性，如《公司法（修订草案二次审议稿）》第115条规定，对于股份有限公司，选举、解任董事不得以临时提案提出。

以上规定，有利于形成以董事会为中心的良好治理机制，促进现代公司“所有权与控制权的分离”，从实质上提升公司人格的内涵。[1]

4. 专章规定“国家出资公司组织机构的特别规定”

《公司法（修订草案二次审议稿）》第7章专门规定了“国家出资公司组织机构的特别规定”，将国家出资的国有独资公司与国有资本控股公司明确表述为“国家出资公司”，其含义不仅仅是将国家出资的公司由现行《公司法》所规定的国有独资公司扩大到国有资本控股公司，更意味着作为出资人的国家将以管资本为主线管控国家出资的国有独资与国有控股公司，减少直至消除国家对公司资产的直接管理，推进国有企业的现代企业制度的深度改革与建设。

所以，由“国有公司”变为“国家出资公司”，突出了国家作为出资人的角色，淡化了所有人的色彩，包括公司资本与治理制度在内的《公司法》修订均在制度层面体现并强化了此内涵。

（三）引领公司治理创新

公司的质量直接表现为公司治理能力。历史发展表明，公司治理没有一个固定或“好的”模式，唯有适应一个国家和地区经济文化发展，适应不同公司实际需要的治理指引。

从1993年《公司法》制定到2005年修订，我国的公司治理架构及模式经过了简单的“三会”加法定必设的经理制度架构，到允许有限责任公司可以简化为执行董事和监事，并可以不设经理的制度。在1993年《公司法》中，无论是股份有限公司，还是有限责任公司，均必须设置股东至上主义下的股东会、董事会、经理、监事会制度，是一个总体上符合中国特色社会主义市场经济体制初始发展阶段及中国文化的需求及被称为具有科学管理体制的现代企业制度的架构。2005年《公司法》允许代表中小企业形态的有限责任公司不设董事会和监事会，仅设执行董事和监事；经理则可以依企业实际情况由企业自己决定是否设置。对于上市的股份有限公司，则要求在设置“三会”的同时，设置独立董事制度。而且，2005年《公司法》强化了作为监督机构的监督权。2005年《公司法》的修订，一是给予了有限责任公司对于治理机制简化的选择，二是加强了对公司的监督。

综观发展，我国的公司治理经过了治理结构的单一模式（1993年《公司法》）及根据公司形式开始可以选择的模式（2005年《公司法》），并遵行和强化股东至上主义（1993年和2013年《公司法》），在个别方面允许通过自治方式增强董事会的权力（2018年《公司法》第142条第2款允许通过章程规定由董事会决定股份回购），并努力通过独立董事制度及赋予监事会更多的具体权力以强化监督（2005年《公司法》）。这些做法是有效回应党和国家经济政策的必要建制与改制，适应了我国国内及国际经济发展的需要。

---

〔1〕 现行《公司法》致力于公司所有权与法人财产权的分离，并无意促进所有权与控制权的分离，因此其建立的所谓公司治理架构的实质是一种管理性架构，即大股东或控股股东——董事长——经理的管理体制。

经过40多年的改革开放与经济发展，我国的公司既有起主导作用的国有企业，也有社会主义市场经济不可或缺的民营企业。前者既有众多相互持股的国有企业，也有与民营资本混合的企业；后者既包括家族式企业，也包括普通民营企业。我国近年来大力放开国内投资限制，使得大量外资不断涌入国内，外资控股的企业必将不断出现。单一的公司治理结构模式已经不能适应经济发展需要，公司治理模式应当多元化，以便为不同的公司提供合适的选择。

对此，《公司法（修订草案二次审议稿）》规定了较为灵活的可以选择的治理机制：一是第69条和第121条第1款规定“有限责任公司可以按照公司章程的规定在董事会中设置审计委员会，行使本法规定的监事会的职权，不设监事会或者监事”；“股份有限公司可以按照公司章程的规定在董事会中设置审计委员会，行使本法规定的监事会的职权，不设监事会或者监事”。二是第75条规定“规模较小的有限责任公司，可以不设董事会，设一名董事，行使本法规定的董事会的职权。该董事可以兼任公司经理”；第126条规定“规模较小的股份有限公司，可以不设董事会，设一至二名董事，行使本法规定的董事会的职权”。三是第83条和第126条规定，规模较小的有限责任公司或股份有限公司，可以不设监事会，设一至二名监事，行使本法规定的监事会的职权。四是根据第74条和第127条的规定，对于公司经理，则完全授权公司根据经营需要由董事会决定设置与否及其权力如何，而不再要求股份有限公司必设，更不再要求权力法定。

可以看出，从不同治理结构设计上，《公司法（修订草案二次审议稿）》将公司分为以下四种：一是设置“三会”结构的有限责任公司与股份有限公司；二是设置审计委员会而不设监事会的有限责任公司与股份有限公司；三是不设董事会的有限责任公司与股份有限公司；四是仅设一至二名监事而不设监事会的有限责任公司和股份有限公司。

《公司法（修订草案）》关于公司治理结构的多元化，是一种具有高度灵活性与适应性的引领，将进一步使中国的公司获得卓越的商业与经济成就。

（四）小结

整体观察，本次《公司法（修订草案）》进一步厘清了公司关系，提升了公司应有的信用品质，回应了新时期高质量发展的经济政策要求，有力促进了中国特色现代企业制度的完善，弘扬了企业家精神。但修订草案也遗漏了一些应当考虑的问题，其中最重要的是公司信息披露。

基于“凡事预则立”的理念，当代公司法自其一问世就一直以披露为核心原则。通过信息披露，不仅可以有效保护投资人，也可以促进公司业务的有效运作，使那些碌碌无为或牟取私利的控制者得以曝光并承担责任。[1]对于公司的财务信息公开，现行《公司法》第163

---

〔1〕 参见［英］保罗·戴维斯、［英］莎拉·沃辛顿：《现代公司法原理》（第9版），罗培新等译，法律出版社2016年版，第726页。

条、第164条和第165条的规定过于简单，仅仅规定了财务会计报告须依法制作，进行年终审计及交给股东查阅，没有规定交给必要的登记机关并公开的要求。公司财务的公开不仅是公司对于股东的义务与责任，也是公司换取政府允许（全体股东）有限责任的必要对价。但可惜的是，对如此重大的公司法课题，修订草案采取了回避态度，并未做出必要与应有的回应。

信息披露直接关系公司内外信用，是公司作为团体存续的根基。至少，公司法修改应当明确以下基本规则：一是明确董事会或执行董事的信息披露义务，要求董事会或执行董事必须制作一份有关财务状况的年度账目，并与该账目一同附上一份反映公司运营活动（包括董事会对公司的管理工作）的报告；二是公司均须向公司登记机关提交年度财务报告，以备存查。对于具备一定条件的中小型公司的信息披露，可做出例外规定或减免要求。

四、结语

从我国《公司法》的制订、修订可以看出，立法者承担着以法律名义重述经济政策判断的重任，在不同的国内外政治经济社会条件下通过法律名义完成对党和政府经济政策的重述，引导并支持企业的发展目标与国家利益、宏观经济政策保持一致。

公司法不应该被看作法律和经济学的一个狭隘的私法领域，相反，它应该被认为是深远的社会和宏观经济政策的一部分。[1]在这个意义上，“公司法”不仅是法学的范畴，也是国家公共政策的重要组成部分，成为连接国家经济政策与包括国有与民营或混合制企业微观行为的纽带。

---

〔1〕 参见［美］肯特·格林菲尔德：《公司法的失败：基础缺陷与进步可能》，李诗鸿译，法律出版社2019年版，第21页。

股权回购型对赌协议的履行困境及其破解*

薛　波　朱晓静**

目　次

一、问题剖解：股权回购型对赌协议的履行困境

对赌协议，亦称“估值调整协议”（Valuation Adjustment Mechanism），是指投资方与融资方在达成股权性融资协议时，为解决交易双方对目标公司未来发展的不确定性、信息不对称以及代理成本问题而设计的包含股权回购、金钱补偿等对未来目标公司估值进行调整的协议。对赌协议在我国资本市场中颇为普遍，常见于私募股权投资和风险投资（PE/VC）、上市公司重大资产重组等领域。[1]其在缓解私募股权投资活动中投资机构与融资企业之间普遍存在的信息不对称和估值

* 本文系国家社科基金一般项目“团体法思维在商事立法中的运用研究”（20BFX123）和国家社科基金青年项目“公司减资对债权人通知义务研究”（19CFX049）的阶段性成果。

** 薛波，深圳大学法学院副教授、特聘研究员、硕士生导师；朱晓静，深圳大学法学院助理研究员。

〔1〕 参见张巍：《资本的规则 II》，中国法制出版社 2019 年版，第 338 页。

分歧、合理配置投资利益和投资风险、促进和保障目标公司经营管理方面具有十分重要的意义。但是对赌协议一直未见于我国立法。2019 年 11 月最高人民法院公布的《全国法院民商事审判工作会议纪要》（以下简称《九民纪要》）对此做了明确回应。根据《九民纪要》第 5 条第 1 款规定，对赌协议涉及现金补偿（亦称金钱补偿、业绩补偿）和股权回购两类约定。[1] 此外，根据主体不同，对赌协议亦可分为与公司对赌、与股东对赌、同时与公司和股东对赌等。[2]

在《九民纪要》出台之前，我国学术界长期聚焦于投资方与目标公司之间对赌协议的效力认定问题。司法实践中不同法院对对赌协议的性质和效力认定分歧明显，同案不同判现象较为突出，其中有两个案件尤为典型：一是 2012 年的“海富案”[3]。该案最高人民法院再审判决认为，投资方与目标公司对赌因违反资本维持原则而无效，但是与目标公司股东对赌则为有效。二是 2019 年的“华工案”[4]。该案江苏省高级人民法院二审判决认为，与公司对赌亦为有效；不过受制于《公司法》相关规定对赌协议或“履行不能”。《九民纪要》肯定了投资人与目标公司对赌协议的有效性，认定不存在法定无效事由的对赌协议有效，并沿袭“华工案”的做法，采取对赌合同效力与可履行性“区隔”处理规则，以合同履行判决代替合同效力的认定，可谓是一个机智的司法选择。[5] 此外，最新公布的《公司法（修订草案三次审议稿）》的最大突破和创新之一就是允许“同股不同权”，《公司法（修订草案三次审议稿）》第 144 条规定，允许公司发行不同于普通股的类别股，包括优先或劣后分配（利润或剩余财产）股、特殊表决权股（AB 股）、转让受限股、国务院规定的其他类别股等（但公开发行股份的公司不允许发行特殊表决权股和转让受限股，公开发行前已经发行的除外），并且强调所有的类别股股东对公司内部监督机构成员选举和更换具有同等表决权。这从实证法层面亦证实了以“投资方要求公司回购股权违反现行《公司法》确定的同股同权原则”为由质疑对赌协议有效性的论点。由此，对对赌协议问题的探讨逐步从效力认定转向可履行性分析。

对于股权回购型对赌协议，《九民纪要》基于贯彻资本维持（充实）原则和债权人保护目的，要求目标公司必须先完成减资程序，否则，将驳回投资方的诉讼请求。[6] 司法实践

[1] 参见俞秋玮、夏青：《对赌协定效力之争及其评价》，载《法律适用》2015 年第 6 期；宋毅、王苗苗：《对赌协议的效力认定》，载《人民司法应用》2018 年第 16 期。

[2] 参见贺剑：《对赌协议何以履行不能？——一个公司法与民法的交叉研究》，载《法学家》2021 年第 1 期。

[3] 参见最高人民法院民事判决书，（2012）民提字第 11 号。

[4] 参见江苏省高级人民法院民事判决书，（2019）苏民再 62 号。

[5] 参见赵旭东：《第三种投资：对赌协议的立法回应与制度创新》，载《东方法学》2022 年第 4 期。

[6] 《九民纪要》第 5 条第 2 款规定：“投资方请求目标公司回购股权的，人民法院应当依据《公司法》第 35 条关于‘股东不得抽逃出资’或者第 142 条关于股份回购的强制性规定进行审查。经审查，目标公司未完成减资程序的，人民法院应当驳回其诉讼请求。”

中，有法院遵循《九民纪要》“与目标公司对赌”的相关规定进行裁判。例如，在2020年“银海通案”再审的裁判理由部分，最高人民法院认为，投资方银海通与目标公司新疆西龙公司对赌失败请求新疆西龙公司回购股份，因回购股份属减少公司注册资本的情形，须经股东大会决议，并依法完成减资程序，而新疆西龙公司未完成前述程序，故原判决驳回银海通的诉讼请求并无不当。[1]《九民纪要》第5条第2款把目标公司履行对赌协议项下的股权回购义务与减资程序捆绑。[2]法院依此形成的裁判思路促发公司以债权人利益保护而不减资为由来逃避履行对赌协议的可能性，不利于维护合同自治与商业诚信。这一做法将会造成以下两重难题。

第一，不利于投资方利益之保护。公司减资首先需由董事会/执行董事提出减资议案，若董事会/执行董事做出商业判断认为减资可能会导致公司出现严重的经营困难，出于公司的勤勉义务和忠实义务的内在约束考虑，董事会/执行董事有权暂时不启动减资程序。当投资人向法院请求对目标公司进行股权回购时，公司完全可以基于“未完成减资程序”为由进行抗辩。即便目标公司完全具备债务清偿的能力，亦不会积极地推动减资程序，从而通过利用制度漏洞规避对赌协议产生的合法债务，进而使投资方的合法利益处于法律保护的真空地带。

第二，使对赌协议履行沦为空谈。公司减资的程序要件之一是公司股东（大）会作出有效的减资决议，根据《公司法》第43条第2款的规定，减资决议的作出必须经股东会议代表三分之二以上表决权的股东通过，这显然属于公司内部治理的范畴，当目标公司怠于推动减资程序时，司法权亦难以强制介入。对此，最高人民法院民事审判第二庭曾作说明：“是否减少注册资本，如何减少注册资本，原则上应当由目标企业从商业视角出发按照目标企业内部的规章制度予以规范，此种权利在性质上属于目标公司治理体系中的决议程序和决策权利，如果按照被投资企业内部的决策机制，被投资企业未能作出履行对赌协议应当符合的减少注册资本的决议，则投资人不得请求法院强制被投资企业或其他机构作出符合投资人诉求的减资决议或通过强制介入的方式迫使被投资企业作出减资决议。”[3]因此，对赌协议的履行主动权实际掌握在履行义务一方，能否实际履行取决于目标公司是否基于诚信原则自愿启动减资程序，当目标公司消极应对时，投资方的诉讼请求往往难以得到法院支持。退一步而言，即便股东会顺利召开并表决通过，后续针对债权人要求公司清偿债务或者提供担保的情形亦难以满足。众所周知，合同订立的根本目的在于履行合同内容，最终保障债权人和债务人权利与义务的实现，《九民纪要》的规定极有可能使股权回购型对赌协议成为一纸空文。

---

〔1〕 参见最高人民法院民事判决书，(2020) 最高法民申2957号。

〔2〕 参见张保华：《对赌协议下股份回购义务可履行性的判定》，载《环球法律评论》2021年第1期。

〔3〕 最高人民法院民事审判第二庭编著：《〈全国法院民商事审判工作会议纪要〉理解与适用》，人民法院出版社2019年版，第119~120页。

虽然《九民纪要》对对赌协议效力的认可，体现出尊重市场自治、维护诚信原则的导向，有利于加强对投资方正当利益之保护的导向，统一了对赌协议效力的司法裁判规则。但是在对赌协议有效之后协议的可履行性裁判规则方面，《九民纪要》却走向了另一个极端，投资方请求回购股权需由目标公司先完成减资程序的处理方式混淆了公司减资和回购的关系，不当提升了债权人保护规则适用之强度，导致实务中出现大量对赌协议有效但是却履行不能之困局。正可谓“摆脱了旧有困境，再陷新的法律与学理的泥淖”。

二、成因探微：我国股权回购制度的局限性

法律作为以价值为导向的科学，特定立法和司法政策形成的背后总是凝练和藏匿着特定的立法目的或司法导向。〔1〕任何完整的法律规范都是以实现特定的价值观为目的，并评价特定的法益和行为方式，在规范的事实构成和法律效果的联系中总是存在着立法者的价值判断。〔2〕在立法未做明文规定的情况下，《九民纪要》第 5 条缘何“创新性”地将减资程序和股权回购捆绑并且将减资程序作为股权回购的前置条件。这一由司法解释文件确立的裁判规则背后是出于怎样的司法考量？笔者认为，其成因包括以下两个方面。

（一）成因之一：股权回购事由的严格限制

《九民纪要》将减资程序作为股权回购的前置条件，首先系因我国《公司法》中股权回购事由的局限性。由于我国《公司法》严格限制股权回购事由，导致对赌协议项下的股权回购无处妥善安放，进而被不当归入减资程序。纵观域外其他国家或者地区的立法实践，股权回购事由大致可以分为“自由许可”、“原则禁止、例外许可”以及“禁止与许可的折中”三种模式。其中，英美法系国家多采取“原则允许、例外禁止”的立法模式，允许由董事会/执行董事决定公司自由回购股份，同时，在判例中发展出了一系列判断标准供董事会/执行董事决策时参考。这一立法模式和其遵循董事会中心主义的公司治理模式高度契合和一致；大陆法系国家恪守资本三原则的刚性约束要求，具体在股权回购制度上，以“原则禁止、例外许可”为准则进行相关立法，我国 1993 年《公司法》即沿袭此种立法模式。从各国股权回购制度发展的趋势来看，对股权回购的限制呈现不断弱化和宽缓的趋势。例如，在 1985 年之前英国绝对禁止公司回购股权，但是 1985 年出台的新《英国公司法》将对股权回购的限制变更为“原则禁止，少数情况例外”。〔3〕此后，英国成为一个典型的在资本维持原则下

〔1〕 参见［德］伯恩·魏德士：《法理学》，丁晓春、吴越译，法律出版社 2013 年版，第 141 页。

〔2〕 参见［德］伯恩·魏德士：《法理学》，丁晓春、吴越译，法律出版社 2013 年版，第 52 页。

〔3〕 根据 1985 年修订的新《英国公司法》，原则上仍禁止公司取得自己股份，但规定了容许公司取得自己股份的例外情况，主要有：为减资；经股东大会决议买进自己股份，又分为从市场取得或从市场以外取得两种；基于法院之裁决；无偿取得；股东未缴纳股款而没收取得。

全面开放股权回购的国家。这一模式的最大特点是将“可回购股”作为一种特殊股列入《英国公司法》，同时设立用于回购股权的“股权回购”基金。[1]日本的股权回购改革有着漫长的历史，其先后进行了7次股权回购制度改革，最终全面放开股权回购。[2]日本的改革特点是逐步放宽股权回购的数量以及可用于回购股权的资金范围，弱化资本维持原则对债权人的保护功能。完全开放股权回购后，日本公司得以充分利用股权回购稳定公司股价，进行公司重组改革，促进了公司发展。[3]1962年的《韩国商法》第341条规定禁止公司回购股份，仅规定了三种例外情形。但是在之后的修法过程中不断增加允许回购的情形，直到2011年《韩国商法》修订后已经原则上允许股份回购。[4]我国《公司法》对有限责任公司和股份有限公司股权（份）回购的开放程度不完全相同，根据《公司法》第142条条文的措辞，除法律明确规定的减资、与持有本公司股权的其他公司合并、用作员工持股计划或者股权激励、反对合并分立的异议股东退出、用于债转股、为维护公司价值及股东权益所必需几种特殊情形外，股份有限公司不得收购本公司股份；而《公司法》关于有限责任公司股权回购则没有禁止性规定，《公司法》第74条仅对异议股东能够行使评估权的特定情形作了列举规定，旨在保护中小股东利益。尽管历次《公司法》修改都在增加股权回购的例外情形，1993年《公司法》规定了减资和合并两种情形，2005年增加了股权激励与异议股东回购两种情形，2018年增加为上市公司可转债进行股份储备与维护上市公司价值及股东权益所必需两种情形，但改革力度仍十分微弱，法定回购事由仍有局限。《公司法（修订草案二次审议稿）》有关股份回购的强制性规定为第162条，仍沿用了现行《公司法》第142条内容，亦未进一步放宽法定回购事由。

我国《公司法》对股权回购事由的“列举”规制模式带来了一些弊端：第一，列举的情形毕竟有限，商业实践日新月异，事由“列举”无法涵盖公司融资与公司治理的种种现实需求，难以及时跟踪资本市场的灵活多变与快速发展，会存在不周延和遗漏的问题。第二，法律中的事由“列举”使得司法实践过分地依赖通过事由范围而不是财务分析来判断股权回购应否履行，催生了落入事由范围即允许股权回购、事由范围之外即禁止股权回购的观念窠臼，有限责任公司的情形下更是直接导致对意定回购与法定回购的错误混淆。

我国法律对股权回购的严格限制体现了对公司回购股份违背资本维持原则、损害债权人利益的担忧。如有学者认为：“允许公司收购自身股份，实际上是允许以公司的资金作为回购股份的对价，相当于变相偿还股东出资，其结果必定导致公司资本事实上的减少，违反资

---

〔1〕 参见张玉滢、闵晶晶：《股权回购型“对赌协议”的价值选择及裁判思路》，载《财会月刊》2021年第23期。

〔2〕 参见王保树主编：《最新日本公司法》，于敏、杨东译，法律出版社2006年版，第6页。

〔3〕 参见吕岩：《日本股份回购制度改革对我国的启示》，载《会计之友》2012年第11期。

〔4〕 参见［韩］李哲松：《韩国公司法》，吴日焕译，中国政法大学出版社2000年版，第280页。

本维持原则。”〔1〕并且，公司回购的股份，可能被注销，也可能以库存股的形式存在，前者导致公司股本或资产因股份注销而减少，相当于减资的效果，后者导致公司所有者权益减少，可能危及债权人利益。从债权人利益保护层面考虑，严格考察公司股权回购是维护其利益的重要方式。不仅我国《公司法》，美国、日本等完全开放股份回购的国家在股权回购问题上也重点关注债权人的利益保护问题。例如，在美国特拉华州“ThoughtWorks 一案”中，法官驳回原告诉讼请求的原因之一就是立即履行股权回购合约将会损害债权人利益。〔2〕然而，美国特拉华州的资本维持原则仅仅要求维持股本不包含资本公积，这在一定程度上扩大了可回赎股份的资金范围。〔3〕特拉华州法院与我国法院裁判该类案件的思路迥异，特拉华州法院并不认为股份回购与资本维持之间存在本质冲突，往往会依据具体事实从股份回购资金来源来保障债权人利益不受损害。与之相比，《九民纪要》以债权人保护为由将减资作为公司回购股权的前置条件，在开放股份回购上小心谨慎，本质上错判了股份回购与资本维持之关系。

（二）成因之二：股权回购资金来源限制缺乏

回购资金来源是指资产或现金流意义上的资金来源，如企业用库存现金或者新发债筹集的资金来回购股份。〔4〕无论传统上禁止股份回购的大陆法系国家（如德国、日本）还是英美判例法国家，在逐渐允许回购甚至走向全面放开回购事项过程中，对回购施加财源限制被视为一种必不可少的补充规制，以此平衡公司/股东自治与债权人利益保护二者之关系。例如，传统上实行自由回购的美国，在 20 世纪初纽约州、特拉华州等地公司法中引入财源限制，就是对当时舆论批评美国式自由回购损害债权人利益的一个典型回应。《日本公司法》将股份回购作为对股东的支付行为，与利润分配行为统一适用利润分配的标准，〔5〕也有国家是在利润分配标准的基础上进行相应的调整或补充。《英国 2006 年公司法》规定，公众公司只有运用可分配利润或者为回购或赎回股份而新发行股份所获得的收益，才可以回购或赎回股份。〔6〕

在我国公司资本制度体系中，公司资本一般指的是股东的出资，并不包含经济学上的公积金和可分配利润，它仅相当于经济学上的业主资本或资本金，即股本。资本维持原则的实质是要在债权人保护与公司或股东自主权之间寻求妥当的利益平衡点，在资本维持的底线范

〔1〕 冯果、彭真明主编：《企业公司法》，中国法制出版社 2007 年，第 223 页。

〔2〕 See SV INV. Partners，LLC v. Thought Works，Inc.，7 A. 3d973（2010）.

〔3〕 See Samuel A.，Leris S. B.，*The Delaware General Corporation Law: Recent Amendments*，The Business Lawyers，1975（4）.

〔4〕 参见刘燕：《“对赌协议”的裁判路径及政策选择——基于 PE/VC 与公司对赌场景的分析》，载《法学研究》2020 年第 2 期。

〔5〕 参见［日］前田庸：《公司法入门》（第 12 版），王作全译，北京大学出版社 2012 年版，第 117 ~118 页。

〔6〕 参见［英］保罗·戴维斯、［英］莎拉·沃辛顿：《现代公司法原理》，罗培新等译，法律出版社 2016 年版，第 319、322 页。

围内，公司不需要通知债权人，就可以在自己或者股东有需要的任何时刻进行分配、回购或变相分配，将公司资产支付给股东，或对特定股东给予现金补偿。一旦超过了底线，债权人利益保护将被置于优位。股权回购资金来源限制界定了公司在资本维持原则下实施回购事项的自由空间，如果公司回购股份不受任何资金来源限制，则可能出现公司动用资本金向部分股东退还出资的情形，这显然违反了资本维持原则并且有可能掏空公司资产，进而有损公司的人格独立，但是如果对回购股权资金来源进行限制，如将其限于公司可分配利润，则既不动摇公司资本，也不会导致公司资产小于公司资本金，不逾越资本维持原则的底线，应当属于公司自治或股东自治的权限范围。

我国《公司法》长期奉行资本维持原则的约束性要求，但是却不存在关于回购的财源限制的规则，这不免令回购而不减资的操作失去了底线支撑，处于一种十分尴尬的境地。不可否认，深、沪两大证券交易所及全国股转公司制定的自律性规范在一定程度上填补了回购资金来源限制缺失导致的债权人保护漏洞。如《上海证券交易所上市公司自律监管指引第 7 号——回购股份》第 11 条第 3 项和《深圳证券交易所上市公司自律监管指引第 9 号——回购股份》第 10 条第 3 项均明确要求回购股份后，公司应当具备债务履行能力和持续经营能力；《全国中小企业股份转让系统挂牌公司回购股份实施细则》第 21 条第 8 款、第 10 款和第 11 款在信息披露上重点关注回购股份对公司财务状况、债务履行能力和持续经营能力影响的分析及防范侵害债权人利益的相关安排。但是上述填补债权人保护法律漏洞的做法存在明显局限：首先，自律性规范囿于自身属性定位，覆盖的范围十分有限，仅对在本交易场所上市或者挂牌的股份有限公司有效，不能约束其他公司；其次，自律性规范的效力层级较低，违反自律性规范的后果通常是处以监管措施与纪律处分，无法直接设定一般意义上的民事或者行政法律责任；最后，规则设计仍有不少模糊、欠妥或者缺漏之处，如上述自律性规范对偿债能力测试的具体判断标准只是概括提及，未作具体要求。[1] 在法律漏洞尚未完全填补的情况下，公司仍可能非法动用公司资本进行股权回购。为避免公司不当向股东返还财产的行为发生，《九民纪要》将目标公司完成减资程序作为对赌协议的履行前提，以给债权人提供特殊保护，似乎是一个不得不为之的无奈选择。

但是这种做法直接阻止了目标公司利用其他资金来源进行回购的可能，为了避免损害债权人利益，投资方只能寄希望于目标公司能积极推动减资程序进行股权回购。如果仅靠目标公司推进，既缺乏动力源，现实障碍亦较大。而根据《公司法》第 37 条第 7 项、第 43 条第 2 款、第 103 条第 2 款和《公司登记管理条例》（已失效）第 28 条第 2 款之规定，公司减资还需要遵循董事会/执行董事提出减资方案→编制资产负债表和财产清单→召开减资股东（大）会决议→修改公司章程和股东名册→通知公司债权人→清偿债务和提供担保→减资变

〔1〕 参见张保华：《债权人保护：股份回购资金来源限制的法律漏洞及其填补》，载《证券市场导报》2020 年第 5 期。

更登记 7 步严格而繁杂的程序。[1] 如果违反通知债权人义务还可能会产生减资股东甚至协助减资董事的赔偿责任问题，这进一步加大了股权回购的操作难度和制度成本，基本会使股权回购型对赌协议陷入履行不能的困境。由于资本维持原则系公司法的强制性要求，与交易当事人的合同约定无涉，因此，如同美国特拉华州法官在 2015 年的“TCV VI，L. P. v. Trading Screen，Inc. 案”中所言，公司基于法定障碍而无法回购 PE/VC 的股份不构成法律意义上的违约，无须支付违约金。[2] 在此等困境下，股权回购型对赌协议之“对赌”已名存实亡，投资人利益无法得到有效保护，有必要探寻该类对赌协议履行的脱困之路。

三、脱困之路：可履行性与违约责任分析

承上所述，《九民纪要》虽然为股权回购型对赌协议的司法判决困境提供了解决的思路，但是却“机械地”将没有必然联系的“减资程序”与“股权回购”绑定，显非妥适之举。欲破解股权回购型对赌协议履行不能的困境，笔者认为，可以采取的措施和途径有以下两点：第一，将“减资程序”与“股权回购”解绑是实现股权回购型对赌协议的应然之举；第二，回购涉及的债权人保护应寄希望于以法定资本为底线的资金来源限制。

（一）股权回购型对赌协议可履行性

回购与减资虽然联系紧密，但是二者并不完全等同。回购时，资产从公司流向了股东，公司取得库存股，同时公司的责任财产（净资产）减少，可能产生公司的信用或者偿债能力减弱的连锁反应，但商业实践证明这并非必然意味着债权人利益受损。例如，回购后的公司依然拥有强大的现金流，或董事以审计人员的资信报告证明公司依旧具备完全偿债能力等。公司在回购股权后，应及时将回购的股权进行转让，或选择在法定期限内注销该部分股份，后者需按法定程序作减资处理。减资包括形式减资和实质减资，依据《公司法》第 177 条的规定体现为注册资本的减少。减资多数情况下是注销库存股所引发的实质减资，但亦可能纯粹是所有者权益科目内部调整的结果，如缩股使股价高于面值、减少注册资本以弥补亏损等形式减资，此时公司净资产并未变化，只是对外宣示的以注册资本衡量的偿付能力降低。总之，股权回购与减资的逻辑关系是，减资可以通过回购实现，但两者并无必然联系，股权回购只是实现公司资本结构调整、减少注册资本（目的减资）的手段之一，同时减资（实质减资）仅是股权回购的一种可能效果。[3] 从经济实质上看，股权回购是公司对股东的财产返

---

[1] 参见薛波：《公司减资对债权人通知义务的法解释学分析及展开》，载《月旦民商法杂志》2021 年 9 月秋季卷。

[2] See 2015 WL 1598045，at 19 -20（Del. Ch. Feb. 26. 2015）.

[3] 参见潘林：《股份回购中资本规制的展开——基于董事会中心主义的考察》，载《法商研究》2020 年第 4 期。

还，其使用的资金来源为公司合法控制的全部财产，并不会必然损害公司的资本：如果公司资金来源充足，财产返还强度尚不构成资本返还，不会产生减资的法律效果，也就不必履行减资程序；只有在财产返还的强度达到损害公司资本之时，方才构成资本返还/流出，也才有必要通过履行减资程序以给债权人提供特殊保护。因此，在股权回购资本规制的框架下，只要把公司用以支付回购价款的资金限制在资本之外，便可有效地遏制公司将少于资本数额的资产无对价给付给股东，避免落入债权人保护的规制领域。因此，回购事由仅仅是表象，公司财务的约束才是核心和本质问题，此即资金来源限制之意义所在。

对于这一问题，学界有学者提出主张将“标的股份转让所得”、“弥补亏损和提取公积金后所余税后利润”（又称“未分配利润”“可分配利润”）、“盈余公积金”等作为目标公司回购股权的可用资金，而禁用“股本与资本公积”。〔1〕其中，在资本与利润二分的财务视野下，股本当然属于资本范畴，而资本公积在不同国家和地区却有着不同的处理。从比较法上观察，德国、英国等大多采取不得用于分配或以其他形式向股东返还的做法。对公司回购股权的财源进行限制之后，如果公司的财务状况足以使公司回购股权，则股权回购不会事实上侵蚀到公司的注册资本，故没有触及资本维持的底线，无须考虑减资程序的问题。而当可用财源仍无法满足回购所需的资金时，公司想要继续实施回购则需经过减资程序，即将减资程序定位于财源判断后的“或然”程序，而非《九民纪要》设定的股权回购前置“必然”程序，从而实现减资与回购解绑并借此彻底理顺“减资”和“回购”之间的逻辑关系。

诚然，资金来源限制的规制重心仍在公司资本，这就决定了其在债权人保护方面存在的天然弊端，如难以反映公司现时经营和财产的动态变化，对此，我国学者对公司静态的资本信用的弊端已经做了深入剖析和批判，提出我国《公司法》在信用基础上应从静态的资本信用转向动态的资产信用。〔2〕在法定财源范围内进行回购也不必然意味着公司在回购后仍具备对债权人的清偿能力。但是我国现行《公司法》的股权回购制度仍离不开资本维持原则，不宜完全转向清偿能力测试标准。清偿能力测试最终导向法官依据商业判断规则进行个案评判，这有赖于深厚的信义法理念滋养与普通法法官高超的司法技艺。《美国标准商事公司法》规定由公司董事会作出是否具有清偿能力的判断，并为此分配决定向债权人负责。债权人主张救济时，法官不再对涉及公司经营的分配标准作出评价，转而关注董事会在此过程中的信义义务与法律责任问题。然而，我国长期恪守成文法的历史传统，董事信义义务判定标准模糊，司法实践中基本处于“休眠”状态，法官的裁判经验和素养有待提升，贸然转向清偿能力标准，董事责任机制与司法审查可能会不堪重负。

---

〔1〕 参见王子一：《公司治理语境下股份回购资本规制的反思与重塑》，载《上海法学研究》2021年第22卷。

〔2〕 参见赵旭东：《从资本信用到资产信用》，载《法学研究》2003年第5期；冯果：《论公司资本三原则理论的时代局限》，载《中国法学》2001年第3期。

当公司在用尽可用的回购资金后仍然不能满足对赌协议履行所需资金时，对赌协议的履行可能仍需涉及减资程序。在这种情况下，投资人可能无法在公司治理层面获得针对减资事项的绝对表决权。鉴于事后存在控股（制）股东操控减资决议之风险，现有研究提供了三种应对方案：其一，投资方与控股（制）股东签订股东协议，要求控股（制）股东在减资决议时投赞成票；[1]其二，全体股东在股权回购约定上的签字视同减资决议；其三，股东会就股权回购预先决议，或将其写入公司章程。[2]此外，笔者建议，投资人在签订设置公司回购减资的对赌条款时，对控股股东、实际控制人就减资事项的表决权设置特殊限制，包括通过一致行动、有限责任公司不按持股比例行使表决权等特殊安排，确保未来在公司回购、减资的表决程序上能够合法通过。对此最新公布的《公司法（修订草案三次审议稿）》对类别股的规定提供了实证法依据。至此，股权回购型对赌协议得以在有效性的基础上实现其可履行性，从而化解司法裁判困境，回应商业实践需求。

（二）股权回购型对赌协议违约责任分析

将“减资程序”与“股权回购”进行“解绑”并施以回购资金来源限制，即可在最大程度上实现股权回购型对赌协议的履行，然而，当公司确无可用资金进行回购，又在依法执行减资程序上存在债权人保护障碍，即公司财务状况不足以向异议债权人清偿债务或者提供相应担保时，减资程序仍不能依法完成，对赌协议仍存在违约风险。

对赌协议的违约责任是一种履行承担。现行民法理论虽然未对债务不履行设置概括统一的规定，但是已经加以类型化，包括给付不能、不完全给付、给付延迟三种类型。[3]目前，学术界关于对赌协议存在履行障碍的性质有两种观点：分别是“履行迟延说”和“法律上履行不能说”。根据“履行迟延说”，对赌回购义务实际上是以债务人即目标公司向投资方支付股权回购款为内容的金钱债务，而根据《民法典》第 579 条和第 580 条第 1 款之规定，[4]债权人的履行请求权原则上应当予以支持，仅在履行不能等特别情况下存在例外；作为域外通例，履行不能仅适用于非金钱债务，对于金钱债务，债权人总是可以请求债务人实际履行并且诉请强制履行。[5]因此，公司实际履行支付回购款的违约责任承担方式存在基于公司资本

---

〔1〕 参见张巍：《南橘北枳话回购——二评九民纪要》，载 https：//mp. weixin. qq. com/s/xvGIWT363SShbEJ2smXAvw，最后访问日期：2020 年 11 月 7 日。

〔2〕 参见游冕：《对赌裁判的发展与思索：资本维持、履行标准与法定抗辩》，载 http：//www. tiantonglaw. com/Content/2020/07 -12/1013234452. html，最后访问日期：2020 年 11 月 7 日。

〔3〕 参见王泽鉴：《民法概要》（第 2 版），北京大学出版社 2011 年版，第 48、194 页。

〔4〕 原《合同法》第 109 条规定：当事人一方未支付价款或者报酬的，对方可以要求其支付价款或者报酬；第 110 条规定：当事人一方不履行非金钱债务或者履行非金钱债务不符合约定的，对方可以要求履行，但有下列情形之一的除外：（1）法律上或者事实上不能履行；（2）债务的标的不适于强制履行或者履行费用过高；（3）债权人在合理期限内未要求履行。《民法典》第 579 条在原《合同法》第 109 条的基础上，将其适用范围扩张为价款、报酬、租金、利息及其他金钱债务；第 580 条第 1 款仅在原《合同法》第 110 条的基础上进行了个别的文字调整。

〔5〕 参见韩世远：《合同法总论》（第 4 版），法律出版社 2018 年版，第 768 页。

规制的法律障碍，不存在履行不能，而是构成履行迟延。[1]然而，持“法律上履行不能说”的学者认为，合同法领域通常所说的金钱债务不存在履行不能问题，实际上仅仅指向事实不能，并不涉及法律不能，如果债务人履行金钱债务将导致其违反特定的强制性规定，则仍然可能构成法律不能。比如，在公司的资本性交易中，如果目标公司向股东履行金钱债务将导致违反公司法中保护债权人利益的强制性规定，股东就不得主张实际履行并诉请强制执行。

笔者认为，“履行迟延说”和“法律上履行不能说”均存在一定的合理性，无论何者，皆不影响公司对无法按约履行回购义务所承担的违约责任。迟延履行需承担违约责任自不待言，需进一步阐述的是履行不能。在债法上，债务人对履行不能承担何种法律后果，依据履行不能所产生的原因划分，大体上可分为可归责于债务人的履行不能、不可归责于债务人的履行不能以及因第三人原因导致的履行不能三种类型。其中，对于可归责于债务人的事由而导致一时履行不能，待不能原因清除后，债务人应履行原债务，并承担违约责任，但此时履行不得违反《民法典》第580条非金钱债务的规定。其一，公司无法履行回购义务在时间上构成一时履行不能的，只要公司仍然存续，公司可通过正常运营恢复财务能力，直至具备履行对赌协议的能力；其二，公司出现违约，在法律层面源于公司法对资本维持的规制，事实层面源于公司财务状况低于底线标准，当公司确无可用资金进行回购且无法依债权人保护程序合法完成减资时，公司无法履行回购义务的根源在于资产、利润等财务状况低于底线标准导致资金短缺，公司在事实层面具有可归责性。因此，适用债法上关于“可归责于债务人的事由而导致一时履行不能”的规范，公司理应在后续资金充足时对给投资方造成的损失承担违约责任。从实践来看，投资人亦往往与目标公司约定未能按约履行股权回购义务应支付高额违约金，但若投资方因公司违约所造成的损失远低于违约金，应依投资方实际损失合理调减违约金。

四、结语

作为一种投资形式，对赌协议并非纯粹的股权投资，亦非普通债权投资，系介于二者之间的一种特殊投资。[2]其股债融合、民商思维交错的特质对实践提出了诸多挑战。对赌情境中投资方兼为债权人和股东，既享有以债权人身份向目标公司主张履行对赌协议的权利，又承担《公司法》框架内禁止抽逃出资的股东义务，难免存在合同法权利与公司法义务之冲

〔1〕 参见潘林：《重新认识“合同”与“公司”：基于“对赌协议”类案的中美比较研究》，载《中外法学》2017年第1期。

〔2〕 参见王东光：《对赌协议的效力及司法裁判路径》，载《现代法学》2023年第3期。

突。虽然《九民纪要》肯定了投资方与目标公司对赌的有效性，统一了司法裁判尺度，在一定程度上缓解了裁判压力，但既有履行规则存在颠倒减资与回购逻辑关系、过于注重债权人保护架空投资方利益等问题，未能妥帖地回应商业实践诉求。《九民纪要》履行规则彰显出对回购股份违背资本维持原则、损害债权人利益的过度担忧，若对公司回购股份财源进行限制，把公司用以支付回购价款的资金限制在资本之外，便可遏制公司将少于资本数额的资产无对价给付给股东，避免落入债权人保护规制领域。在目前《公司法》体系之下，欲摆脱股权回购型对赌协议履行难题的困扰，应对法定资本制下资本维持原则有正确认知，理顺股权回购与资本维持之关系，将“减资程序”与“股权回购”解绑，通过限制股权回购资金来源填补债权人保护漏洞。总之，探寻对赌协议的适法路径，不论出于使司法裁判有法可依目的，还是为商主体缔结类似协议提供法律指引，都应当在保证合同自由的同时遵循公司规制精神，平衡各方利益，创新制度设定，使对赌协议之履行在法律层面和现实层面均具有可行性和可操作性。

注册资本认缴制下公司瑕疵减资的股东责任规制

卢　颖　张　阳*

目　次

引言

公司资本制度是现代公司制度中的核心部分，它为现代公司人格的独立奠定了基础，也为资本信用原则的确立提供了条件，因此，公司资本制度在公司法理论中占有重要地位。[1]公司资本是构成公司独立人格的重要条件，也是公司对外承担责任的物质基础。对股东而言，公司存续期间未经法定程序，不得收回投资，包括以减资、回购或者其他方式变相收回投资。但在日常生产经营过程中，当公司因大量盈利，资本远超公司实际经营所需，出现长期闲置资金时，如果不减资，

* 卢颖，上海大数据中心博士后、上海市第一中级人民法院审判员、三级高级法官；张阳，上海市第一中级人民法院法官助理。

〔1〕 参见冯果：《现代公司资本制度比较研究》，武汉大学出版社2000年版，第1页。

会造成资本的闲置与浪费；当因大额亏损导致公司资产长期低于注册资本时，如果不减资，公司的注册资本无法反映公司真实的财务状况，影响交易相对人的判断，因此公司可以依据法律规定的程序减少注册资本。“减资”实质上是对资本维持原则的适当突破，紧密关系到公司的偿债能力与资信水平，在减资的过程中，极有可能出现损害债权人权益的情形。然而，我国《公司法》规定减资制度的法条仅有第177条，对于瑕疵减资后的股东责任承担更是缺乏明确的规定，尤其是在公司资本认缴制下，司法对于股东出资责任的适用问题莫衷一是。

一、认缴制下瑕疵减资的责任认定争议

2013年12月28日修正的《公司法》第26条将原注册资本实缴登记变更为注册资本认缴登记，对公司股东出资责任产生了重大影响。虽然《最高人民法院关于适用〈中华人民共和国公司法〉若干问题的规定（三）》（以下简称《〈公司法〉司法解释（三）》）对公司股东出资责任作出了较为全面的规定，但是司法解释中关于股东出资责任的相关规定都是基于实缴制背景而设定的，在认缴制下的适用容易出现较大争议。

比如，J公司成立于2016年9月27日，注册资本为520万元，股东甲和股东乙认缴出资额分别为260万元，出资时间是2046年9月前。2018年3月，J公司欠原告A公司房屋租金100万元。2018年4月17日，两股东形成J公司股东会决议，将J公司的注册资本由520万元，减至100万元，各减资210万元。同日，两股东在报纸刊登减资公告。减资决议作出后，J公司及其股东未按照《公司法》第177条的规定通知债权人A公司。A公司于2018年5月提起诉讼，经法院一审、二审，判决J公司应支付A公司欠付的租金。因J公司经执行未付款，A公司提起本案诉讼，认为J公司的股东甲和股东乙构成抽逃出资，要求股东甲和股东乙在各自减资的范围内，对A公司欠付的租金承担补充赔偿责任。本案中，主要的争议问题在于公司减资未通知债权人存在程序瑕疵，但减少的注册资本均为股东未到期的认缴出资时，股东对于公司不能清偿的债务是否以及如何承担责任?

基于资本实缴制背景下，此类案件的司法处理基本不存在争议，如上海市高级人民法院在2017年的《商事审判适法统一若干问题研讨纪要》中明确规定，减资过程中未依法定程序通知债权人的，减资股东抽回出资属于《〈公司法〉司法解释（三）》第12条第4项“其他未经法定程序将出资抽回”的情形。因为在实缴制背景下，股东在未经通知债权人，未对公司债务进行全面清理的情况下，其减资行为客观上减少了公司的资本，应承担抽逃出资的法定责任。但是，在认缴制的背景下的类似判断，则产生了争议。

（一）现有公司减资的制度漏洞

正如有的学者所言，我国《公司法》确定的减资规则是“极简版”的，[1]有关减资制度的条文仅仅涉及减资的程序性条件和公司违法减资的责任问题。作为资本退出制度的一环，减资制度如果无法掌控公司的资金流出或存在被股东滥用的风险，会直接威胁到债权人的债权安全。纵览我国《公司法》及相关司法解释，单独规制减资制度的法条仅有《公司法》第177条。公司资本缴纳制度从实缴制更迭到认缴制后，减资制度面临的情形更加复杂，公司减资制度本应根据资本缴纳制度的变化做出相应修订，[2]但相较资本进入时的公司融资制度，作为资本退出重要途径之一的减资制度显得非常单薄。

虽然《公司法》第204条规定了违背减资程序时的法律责任，但由于“责令改正”过于宽泛的表述，无法达到保护债权人的目的。该条中规定的另外三种行为是合并、分立与清算，这三种行为在《公司法》或司法解释中都不难找到债权人寻求保护的请求权基础：因为合并和分立不涉及公司资产流向股东，故只需协调已有债务承担即可；清算行为涉及公司资产流向股东，故只需协调已有债务承担即可。清算行为涉及公司资产流向股东，故对于清算行为，《最高人民法院关于适用〈中华人民共和国公司法〉若干问题的规定（二）》（以下简称《〈公司法〉司法解释（二）》）规定了股东需要承担清算赔偿责任的情形。而关于股东瑕疵减资行为，现有法律制度没有就债权人的保护路径作出规范。

（二）司法实践的争议

在我国现行《公司法》及其司法解释中，没有涉及不遵循减资危及公司债权人债权安全的责任承担问题。如果能够通过统一的司法裁判实现“法律续造”也能够填补这一立法上的空白，但是关于减资的裁判却没有形成统一的路径，反而展现出了三种截然不同的态度。有法院认为减资股东应按其减资时的承诺和法律规定向债权人承担担保责任；也有法院认为应按抽逃出资处理；还有法院认为瑕疵减资构成第三人侵害债权。[3]

法院在面对瑕疵减资责任承担的诉请时，面临着一个没有明文规定请求权基础的法律适用困境，各级法官充分发挥了“法官造法”的主观能动性。但正如前文所述，减资制度存在的法律漏洞虽然通过法官的解释最终能够得到某种程度上的解决，但是法院的判决却并没有起到“定分止争”的效果，存在请求权基础不统一、责任主体不统一、责任范围不统一的问题，这样的法律续造只会适得其反。

在此背景下，2021年12月24日《公司法（修订草案）》第220条对减资程序作出了进

---

〔1〕 参见王军：《公司资本制度》，北京大学出版社2022年版，第441页。

〔2〕 参见刘玉妹：《认缴资本制视野下公司减资制度的构建》，载《法律适用》2016年第7期。

〔3〕 参见湖北省高级人民法院（2012）鄂民二终字第84号；上海市第一中级人民法院（2013）沪一中民四（商）终字第14号；上海市第二中级人民法院民事判决书，（2017）沪02民终521号。

一步的规定。[1] 基于此，公司违反减资程序可归类为以下三种：（1）在减资决议形成之后，未编制资产负债表及财产清单；（2）未通知、公告债权人；（3）未按照债权人的要求清偿债务或者提供担保。司法实践中，第二种情形为目前最常见的减资纠纷类型，故本文中，瑕疵减资主要指公司减资时未对债权人履行适当的通知义务。瑕疵减资使公司的清偿能力降低，此情形下股东是否要对债权人承担责任，在《公司法（修订草案）》中语焉不详。

（三）认缴制下瑕疵减资股东不应类比抽逃出资承担责任

在实行注册资本认缴制后，是否还可以继续类推适用抽逃出资的规定，主要有两种意见。一种观点认为，可以不作区分地继续适用，理由是 2013 年《公司法》改注册资本实缴制为认缴制后，关于公司的减资程序没有改变，且相关司法解释对于抽逃出资的规定也未区分实缴与认缴。另一种观点认为，要求股东在减少的认缴资本范围内对公司债务承担补充清偿责任，实质是主张在公司违法减资情形下股东出资加速到期，而关于加速出资的情形是有明确规定的，如《九民纪要》第 6 条中公司具备破产原因但不申请破产的、公司债务产生后股东会决议延长股东出资的规定，并未包括减资程序瑕疵，因此在出资期限届满前，不支持股东对公司债务承担责任。

笔者认为，认缴制下瑕疵减资不应类推适用抽逃出资的规定。第一，从法律规范的角度，《〈公司法〉司法解释（三）》第 12 条对抽逃出资的情形列举来看，无论是分配虚增利润，还是虚构债权债务转出出资，或是利用关联交易转出出资，前提都是股东已经实际出资。而认缴制下的股东瑕疵减资行为，是对未来出资的减资，此时股东尚未对公司实际出资，公司并未实际获得该部分资本，股东的这种形式减资行为显然不能被认定为抽逃出资。

第二，从行为构成的角度，完整的抽逃出资的判断标准集中于程序违法、实际出资和损害公司利益三个方面。即便存在程序瑕疵，因该认缴部分尚未作为已实缴的公司资产，与抽逃出资情形下已经实缴再抽逃出资从而损害公司利益的情况明显不同，从法律责任的应然性来看，抽逃出资的责任显然应当更重。

由此可见，既然瑕疵减资不能类推适用抽逃出资，那么认缴制下公司瑕疵减资的股东责任问题的实质，其实是在公司瑕疵减资的情况下，债权人能否跳过目前法律对于股东出资加速到期情形的明确规定，从而直接要求股东的认缴出资加速到期承担补充责任，如果能直接加速到期，那么股东应该承担补充责任，如果不能直接加速到期，那么只有在严格符合法律规定的情形下，股东才承担补充责任。

---

〔1〕《公司法（修订草案）》规定，公司减少注册资本，必须编制资产负债表及财产清单。公司应当自股东会作出减少注册资本决议之日起 10 日内通知债权人，并于 30 日内在报纸上或者统一的企业信息公示系统公告。债权人自接到通知之日起 30 日内，未接到通知的自公告之日起 45 日内，有权要求公司清偿债务或者提供相应的担保。

二、股东出资加速到期的法定情形

认缴制实施后，股东具有缴付出资的期限利益，与公司进行交易的相对方也应当尊重这一期限利益，通常不能因为公司无法清偿债务而要求股东出资加速到期。

（一）从规范解释角度

从法律及司法解释条文本身可知，最高人民法院对股东出资加速到期的态度一直是采取严格的限缩解释的，《九民纪要》之前，基本原则是通过《企业破产法》第35条及《〈公司法〉司法解释（二）》第22条解决出资问题。《九民纪要》出台后，最高人民法院的态度有所松动，采取了相对限缩的做法，为非破产情形下的股东出资加速到期开了两个口子："（1）公司作为被执行人的案件，人民法院穷尽执行措施无财产可供执行，已具备破产原因，但不申请破产的；（2）在公司债务产生后，公司股东（大）会决议或以其他方式延长股东出资期限的。"

实践中，确实有观点认为，公司瑕疵减资的，可以参照适用《九民纪要》第6条第2项的情形。主要理由是，《九民纪要》第6条第2项规定了延期出资的情形，与认缴制下延期出资相比，认缴制下形式减资情形恶意程度更高，比如形式减资可能是针对特定债权人，所以恶意程度更高，责任应当更重，举轻以明重，瑕疵形式减资也应适用股东出资加速到期。但我们比较一下就会发现，这两种情况其实有明显差别，延期出资，是股东本来出资期限就已经到了，本身就不享有期限利益，为了逃避出资义务从而延长期限，那么自然应该将恶意赋予的期限利益予以剥夺，从而恢复原状；而瑕疵减资，则是股东本身就拥有期限利益，此时债权人如果提出更高的要求，即要求剥夺股东本身就享有的期限利益直接承担补充赔偿责任，则应该有明确法律的规定。所以，从《九民纪要》准司法解释的定位来看，目前要直接突破《九民纪要》的规定，将瑕疵形式减资作为股东出资加速到期的直接原因，似乎依据不足。

（二）从债权人保护角度

债权人不能跳过法律规定直接要求股东的认缴出资加速到期的第二个理由，是特定债权人受偿的合理性问题，股东对特定债权人在出资瑕疵范围内承担补充责任后，会导致对于该债权人的个别清偿，在事实上形成对债权人的差别对待，有违债权平等性原则。对于特定债权人是否有权要求股东出资加速到期的问题，《最高人民法院关于当前商事审判工作中的若干具体问题》已经提到"单个的债权追及诉讼不尽符合《企业破产法》第31、32条的精神。债权人应当申请债务人破产，进入破产程序后再按照《企业破产法》第35条使股东出资义务加速到期，最终在真正意义上保护全体债权人利益"。包括《公司法（修订草案）》第48条："公司不能清偿到期债务，且明显缺乏清偿能力的，公司或者债权人有权要求已认缴出资但未届缴资期限的股东提前缴纳出资。”把股东出资加速到期的结果归属于公司，而非个别清偿，更符合对公司资本补足的立法本意，对债权人更为公平。

目前，对于认缴制下公司瑕疵减资的股东责任问题，比较合适的方式是通过《九民纪要》第 6 条第 1 项解决。如果穷尽执行措施确无财产可供执行，可以构成加速到期，加速到期情况下，如发现有瑕疵减资，应在瑕疵减资前的出资范围内参照抽逃出资承担责任。在本文前述举例中，因 J 公司经执行未付款，A 公司可以要求股东甲和股东乙在认缴出资范围内对 A 公司欠付的租金承担补充赔偿责任。这里还有一个细节问题值得注意，尽管 A 公司起诉是要求股东甲和股东乙在各自减资的范围内对 A 公司欠付的租金承担补充赔偿责任，但由于此时要求两股东承担责任的理由是加速到期，那么其实承担责任的范围应该为全部认缴出资的范围，鉴于减资范围小于全部认缴出资范围，所以在当事人只起诉股东在减资范围内承担责任时，法院可以予以支持。

三、认缴制下的减资行为效力具有相对性

通常情况下，即便减资程序存在瑕疵，也不应从整体上轻易否定公司减资的效力，特别是对于已经完成工商登记的减资行为。在不否定瑕疵减资整体效力的基础上，从平衡债权人利益和公司利益的角度出发，本文认为瑕疵减资只对提出异议的特定债权人不发生法律效力。公司的减资与否是公司的自决事项，由股东会或股东大会经特别多数决议后即可实施，因减资行为具有可能损害债权人的外部性，故法律要求公司在减资时负有通知公告债权人的义务，公司登记机关多要求提交履行减资程序的证明才予以办理变更登记手续。在一系列程序中，减资行为的生效时间、效力范围均无明确的答案。减资行为的效力具有相对性，这种相对性体现在对未通知的债权人不具有对抗效力。即未通知债权人的减资行为仍有效，只是无法对抗债权人。[1]

减资行为对未通知的已知债权人不具有对抗效力，才能够有效避免公司以不通知的方式损害已知债权人的行为。在现实中，有瑕疵的减资程序绝大多数是因为没有通知债权人，大多数股东想借此规避债权人可能提出的清偿或担保要求，以迅速退出公司，让公司有限责任成为对抗债权人债权的有力盾牌。

（一）瑕疵减资行为相对效力的正当性

首先，从理论上讲，无论是瑕疵减资、延期出资抑或抽逃出资，都是通过积极或消极的行为来损害债权人利益。根据《九民纪要》第 6 条延期出资的情况，延长期限会损害债权人及时获得清偿的权利，而在未通知特定债权人情况下的瑕疵减资过错更重，既违反了法律规

〔1〕 参见刘玉姝：《认缴资本制视野下公司减资制度的构建》，载《法律适用》2016 年第 7 期。

定，又损害了债权人对出资的信赖利益，所以债权人有权撤销。其次，从实践上讲，可以参考最高人民法院（2019）最高法民申5203号武汉中化燃油有限公司、岳阳市天裕实业有限公司民间借贷纠纷再审案的判决："如天裕实业公司存在不当减资的行为，对其未依照公司法第177条第2款之规定通知的特定债权人，则不发生减资法律效力，在公司穷尽执行措施无财产可供执行的情况下，公司股东仍应在其认缴但未届期限的出资范围内，对公司不能清偿的债务承担补充赔偿责任。"最后，从法律依据上讲，《公司法》第177条虽未将债权人同意作为减资的生效要件，但从债权人有权要求公司清偿债务或者提供担保的规定来看，减资必须保障债权人的利益，也即可以赋予债权人异议的对抗效力。如果因公司未履行通知义务，导致债权人无法向公司主张权利，债权人虽无法要求减资行为无效，但可以主张减资行为对其个体不发生法律效力。

（二）瑕疵减资行为相对无效有利于提高公司经营效率

商事主体的成立以及营业均是为了营利，故商事制度强调效率，保证公司的营利性。认缴资本制、简化公司登记等制度均是《公司法（修订草案）》重视效率的体现。在此背景下，如果公司减资过度强调对债权人的保护，忽略效率在公司制度中的价值，显然违背公司法改革的初衷。首先，从公司成本的角度出发，如果将公司减资行为认定为无效，不仅使公司在减资过程中付出的时间成本和精力成本付诸东流，而且公司在减资后作出的一系列商事交易也会由于减资行为的无效而停滞不前。其次，从诉讼成本的角度思考，法院支持了债权人提出的减资行为无效之诉后，股东应当将减资财产返还给公司。但是使公司资产恢复原状并不是债权人的终极目标，债权人的真正诉求在于实现债权，其还需再次起诉，向公司主张债权请求权。在商事纠纷日益激增的背景下，双重诉讼显然造成了诉累。[1]最后，债权人的核心需求为债权利益不受到损害，但是股东作为理性的"经济人"，其核心需求在于提高回报率，股东往往会利用多种手段使公司资本减少，减资便是其中一种手段。[2]可见，股东的逐利行为与债权人的利益需求天然相悖，如果赋予债权人否定减资行为的效力，债权人将会更加积极地行使诉权，容易造成滥诉的风险。长此以往，公司的减资行为可能随时随地归于无效，公司营业的稳定与效率会受到严重的威胁。因此，当公司减资存在瑕疵时，直接赋予债权人损失请求权更有利于保护其利益，既无须减资恢复原状，又维护了公司经营的稳定性。

四、股东承担赔偿责任的具体认定

无论是从资本维持原则还是从减资行为的效力分析，认缴制下瑕疵减资股东均应承担补

〔1〕 参见曹文兵、朱程斌：《〈公司法〉第177条减资规定的完善和适用研究》，载《法律适用》2019年第14期。

〔2〕 参见［美］莱纳·克拉克曼、［美］亨利·汉斯曼等：《公司法剖析：比较与功能的视角》（第2版），罗培新译，法律出版社2012版，第122页。

充赔偿责任。

（一）股东承担责任的法理基础

认缴制下瑕疵减资股东承担的是补充赔偿责任。债权人是与公司交易形成的债权债务关系，并未与股东有直接的联系。因此就赔偿责任而言，股东无法与债权人达成协议，形成约定责任。该责任是公司法平衡公司自治与债权人利益的产物，原则上公司可基于市场的判断以及自身的经营现状拥有决定是否减资的自由，而减资会影响债权的实现，瑕疵减资时股东应当负有赔偿的法定责任。

减资股东承担的是补充赔偿责任。公司减资未通知债权人时，公司为第一责任主体，股东作为第二责任主体仅在公司财产不足以清偿时才承担补充赔偿责任，即在对公司财产执行之前，如果债权人要求股东承担责任，股东可基于其责任的顺序予以拒绝。

（二）股东承担责任的范围

司法实务中，以减资的数额为基准确定股东的责任为主流观点。《公司法（修订草案）》第 220 条规定减资程序的目的在于尽可能最小化公司减资对债权人的不利影响。因此，如何对债权人利益的保护恢复原状是公司法探讨的问题。在公司资本认缴制下，赋予股东期限利益并不意味着免除了股东的出资义务，股东以仍旧未缴纳的出资对公司负债负责。[1]

假设某公司在减资时存在公司资不抵债的情况，当公司将减资情况和财务情况向债权人通知时，面对债权人偿债请求，公司应当进入破产程序。假设该公司在减资后仍然能够偿还所有负债，那么当公司将减资情况和财务情况向债权人通知时，可能就有部分债权人不要求公司提供清偿或担保，如果此后该公司因为经营不善导致资不抵债，债权人以公司减资程序的瑕疵请求已经减资退出公司的股东承担超出其“有限责任范围”的债务，无疑是法人人格否认制度的错误适用。如果股东如约完全履行了出资义务，则股东不应该再对公司承担任何其他义务，尤其不直接对公司的债权人承担责任。故减资股东的责任范围应以公司基于减资的实际支付为限，减资部分为认缴资本的，应当以认缴资本为限。

综上所述，认缴制下减资瑕疵时的股东责任问题，可以分三步走：第一，注册资本认缴制下的减资瑕疵，股东并未将公司实际出资转出，因此与抽逃出资存在本质区别，不能直接参照抽逃出资进行处理；第二，即便减资程序存在瑕疵，也不应从整体上轻易否定公司减资的效力，但未被合法有效通知到的债权人可以主张减资行为对其个体不发生法律效力；第三，在符合《九民纪要》的加速到期的情形下，可以认定股东认缴出资期限加速到期，债权人有权请求股东在认缴出资范围内对公司的债务承担补充赔偿责任。

---

〔1〕 参见赵旭东：《资本制度变革下的资本法律责任——公司法修改的理性解读》，载《法学研究》2014 年第 5 期。

我国董事监督义务的制度构建

杨菁云 *

目　次

引言

近年来，我国公司治理丑闻频繁爆发，说明当前我国公司内部监督存在重大缺陷。与此对应，董事在内部监督中应承担的角色逐渐受到重视。放眼域外，美、日、德等国均在立法或司法实践中确立了董事监督义务并逐渐将其发展成熟。国内已有部分学者进行了比较研究，但当前主要的研究仍停留在域外借鉴层面，若要在我国公司法下构建董事监督义务还有许多细节问题需要进一步探究。在我国构建董事监督义务是否存在足够的必要性？应在现有的董事信义义务框架下找寻监督义务的位置还是重新塑造一个独立的义务体系？董事监督义务的具体内容是什么？董事需要履行哪些职责才能达到监督义务的要求？董事在何种情况下会被

* 杨菁云，福州市仓山区法院法官助理、法学硕士。

认定为违反监督义务？本文希望能在现有研究的基础上，总结我国和域外的理论探索和实践经验，对上述问题进行进一步的探究，提出公司法下董事监督义务的制度构建，为实现公司合规奠定基础。

一、构建董事监督义务的理论与实践基础

（一）构建董事监督义务的理论基础

随着公司规模的扩大、分工的细化和科层的增加，“M”型（muti - divisional form）公司日渐成为大多数公众公司的组织形态，经营权逐渐向实际参与经营的经理层转移。大型公司的董事往往并不直接负责公司的日常经营事务，而是通过对经理层的授权分解任务，董事会的管理职能逐渐下沉。经理掌握了更多业务执行权，一些有能力直接影响企业决策的经营管理者乃至员工便会通过公司控制来追求自身利益，对公司及外部人的利益造成损害。[1]因此，必须从经理层权利的源头找寻制约经理层的力量，董事会的“督导”职能就开始受到重视，并逐渐形成了董事会监督模式。[2]在公司的两层代理关系中，董事承担着中间角色，既是代理人也是被代理人，应监督、评估高管层的业绩和效率以调整其薪酬水平；防止其违法损伤公司利益；利用董事会权利来保护股东利益，尽可能缩小高管和股东间的利益偏差，使代理成本最小化。此处还蕴含着一个原理，即授权绝不意味着责任的削弱与免除，董事作为授权者，基于领导责任需要对被授权人的行为承担责任。领导职责的基本原理是要确保权责一致，有权必有责，因此，董事会在履行职能时虽然可以将任务委派给下属，但其仍然要对公司业务行为承担最终的监督责任。[3]

（二）构建董事监督义务的实践基础

1. 破解公司内部监督困境的现实需要

上市公司作为组织架构最为规范的公司类型，原则上应该代表我国公司治理的最高水平。但多年来以监事会 + 独立董事的双核心监督模式却难以发挥真正的作用。在现有的公司法语境下，内部董事并未在公司监督制度中占据主导地位。然而，中国证券监督管理委员会（以下简称证监会）在执法实践中却逐渐塑造出了上市公司内部董事的监督义务并以此追究董事责任。[4]2010 年“南京中北”案中，证监会以“未对公司重大事务实施必要的、有效的监督”为由对 4 名董事处以警告和罚款，处罚决定书中指出上市公司全体董事均应对公司

---

〔1〕 参见葛伟军：《英国公司法要义》，法律出版社 2014 年版，第 6 页。

〔2〕 See Melvin A. Eisenberg, *The Board of Directors and Internal Control*, Cardozo Law Review, 1997, pp. 237 -264.

〔3〕 参见许传玺主编：《公司治理原则：分析与建议》（上卷），楼建波等译，法律出版社 2006 年版，第 160 页。

〔4〕 参见吕成龙：《上市公司董事监督义务的制度构建》，载《环球法律评论》2021 年第 2 期。

的信息披露进行监督，不仅要建立有效的信息披露制度，还需通过日常履职督促公司信息披露合规，在发现公司违规时及时纠偏或进行举报。[1]在之后的多起行政处罚中，证监会亦采取相同的观点。[2]这一形势对警示不作为董事确有积极意义，但个中问题却也不容忽视。首先，董事监督义务的规范依据不明。《公司法》《证券法》均未明确提及内部董事负有监督义务。《上市公司信息披露管理办法》第35条虽要求董事持续了解公司生产经营情况并主动获取相关信息，但似乎也难以说明其意在创设董事监督义务。较为清晰的表述在《上海证券交易所上市公司内部控制指引》（已失效）第4条和《上市公司章程指引（2022年修订）》第98条有所体现，但其层级过低仅具有参考价值，导致实践中执法上的标准不统一。[3]其次，单纯加强董事责任却仍旧忽视免责机制和区别适用规则的构建，以身份定责任、以结果定责任，无法达到阻却违规的效果。最后，规制范围过窄。执法确立的主要是针对公司信息披露违法演绎而来的董事监督义务，对不正当竞争等其他公司违法行为下董事监督义务的承担未有涉及，对于非上市公司更是无从下手。

2. 现行法律为董事监督提供了制度支持

虽然当前法律规范并未直接规定董事监督制度，但仔细分析，可以发现其已经为董事监督职权行使提供了较为充足的法律授权和保障。根据《公司法》赋予的职权，董事拥有熟悉公司的具体事务，便捷获取公司事务相关的信息并对其真实性和合法性进行判断的可能性，以及在发现公司运营者存在的问题时及时予以纠正的权利，从而能够胜任监督者的角色。修订后的《公司法》也为董事监督义务的构建提供了有力的支撑。《公司法（修订草案）》第62条规定将除法律和章程规定专属股东之外的权利全部赋予董事会，明确了董事会是公司的权力中心。这一方面为董事行使监督职权提供了更多的权利基础，同时，权利也就意味着责任，因而董事对公司的义务范围随之扩大也更加具有正当性。虽然《公司法（修订草案二次审议稿）》对董事职能的描述仍选择恢复《公司法》中列举式的表述，但立法者强化董事职权的态度仍然得以窥见。再者，《公司法（修订草案）》第64条、第125条规定了由董事组成的审计委员会可代替监事会或监事，《公司法（修订草案二次审议稿）》第69条、第121条规定，有限责任公司和股份有限公司可以按照公司章程的规定在董事会中设置审计委员会，行使监事会的职权，不设监事会或者监事。在监事会成为公司治理的选择性机构时，由董事承接起公司监督功能，加强董事的监督职能的重要性更为凸显。

---

〔1〕 参见《中国证监会行政处罚决定书（南京中北、郭试平等7名责任人员）〔2010〕10号》。

〔2〕 参见《中国证监会行政处罚决定书（宝安鸿基地产集团股份有限公司、邱瑞亨、任国强等15名责任人）〔2012〕53号》;《中国证监会行政处罚决定书（振兴生化股份有限公司、史跃武、原建民等11名责任人）〔2014〕104号》;《中国证监会行政处罚决定书（美丽生态、八达园林、王仁年等18名责任人员）〔2019〕69号》；等等。

〔3〕 某些案件中，中国证监会对内部董事的监督义务仅是形式性要求，但在某些案件中，这种要求是实质性的，董事无法以相信外部审计结果甚至是工商登记结果作为抗辩理由。如《中国证监会行政处罚决定书（荣华实业、张严德等20名责任人员）〔2009〕36号》。

二、董事监督义务的性质界定

（一）董事监督义务性质之争

关于董事监督义务的性质存在独立义务说、忠实义务说和勤勉义务说三种不同的观点。美国大法官 Allen 在董事违反监督义务的经典案件 Caremark 案[1]中认为，董事有义务善意地确保公司内部监督体系的有效运行，若董事履行监督职务时缺乏善意，例如其从未就构建一个信息报告系统而努力，将会被认定为违反董事义务而需承担责任。许多学者以该判决为依据，证明特拉华州衡平法院亦以支持“善意”为独立的董事义务，董事未尽到监督职责时将因为缺乏“善意”而承担违反善意义务的责任。[2]到 Disney 案[3]时，Chandler 法官认为，如果 Disney 的董事会在没有认真研读劳动合同相关条款，以及未谨慎核查解约原因的情况下，贸然批准了总裁 Ovitz 的巨额离职补偿请求，则表明 Disney 的董事对其应有职责是有意识地忽视，毫不在意该重大决策可能对公司利益造成的损失，那么 Disney 董事会的行为无疑构成了对“善意义务”的违反。在董事漠视监督职责的某些情况下，其行为虽然与公司利益不存在直接冲突，不属于对忠实义务的违反，但董事的行为明显怀有恶意，应通过“善意义务”规则加以约束，给予董事应有的处罚。

美国衡平法院副大法官 Strine 则认为，“善意”不能作为一项独立的义务存在，因为“善意”是忠实的必然前提，董事在心怀恶意的情况下不可能再忠实地履行对公司的义务，因此忠实义务足以包含所谓的善意义务，没必要对现行的忠实、勤勉“二分法”进行重构。[4]副大法官 Jacobs 特别指出：“二分法”中忠实义务的内涵和外延远比人们想象的复杂，学理上的研究虽然已经涵盖了自我交易行为、怀有“bad faith”的行为、欺诈行为、侵夺公司利益行为等，但忠实义务远没有被定义。[5]在 Stone 案[6]中，5 名法官一致否认了从 Cede Ⅱ案中诞生的“三分法”，至此美国主流观点坚持将 good faith 作为“漏洞填充剂”补充进忠实义务中，董事监督义务也被正式纳入拓展后的新忠实义务中。

将董事监督义务定性为勤勉义务的典型国家是日本。日本的董事监督义务从构建之初就属于善管注意义务的范畴。大审院在 1915 年和 1933 年的判决中均明确指出，“以董事的勤勉义务为法定根据，董事具有监督义务”。日本最高法院在 1969 年 11 月 26 日的判决中也指

[1] See In re Caremark Intl Inc. Derivative Litig.，698 A. 2d 959（Del. Ch. 1996）.

[2] See Melvin A. Eisenberg，*The Duty of Good Faith in Corporate Law*，Delaware Journal of Corporate Law 31，2006，p. 7 -8.

[3] See In re Walt Disney Co. Derivative Litig.，906 A. 2d 27（Del. 2006）.

[4] See In re Gaylord Container Corp. S'holders Litig，753 A. 2d 467 n. 41（Del. Ch. 2000）.

[5] See Emerald Partners v. Berlin，787 A. 2d 85（Del. 2001）.

[6] See Stone v. Ritter，911 A. 2d 362（Del. 2006）.

出“作为公司的善良管理人，代表董事应该尽到合理注意，当公司的其他董事或职员不法行事或懈怠履职时，代表董事应采取积极的措施予以纠偏，否则将视为疏于监督而违反勤勉义务”[1]这一做法与日本的“大善管注意义务”的传统有关。[2]除此之外，独特的商业判断规则也是重要的影响因素。与美国的形式审查不同，日本的商业判断规则采取的是实质性审查标准，法院会在尊重董事的基础上对其决策的过程和内容进行审查，判断董事是否存在不恰当之处。[3]将监督义务作为勤勉义务，并运用商业判断规则可以有效地解决监督义务操作上的部分难点并增强其可诉性。

（二）我国董事监督义务应纳入勤勉义务范畴

在我国董事义务体系下找寻董事监督义务的性质归属应该遵守符合我国现有的法律规范以及法律适用现状的前提条件。国内部分学者主张将董事监督义务纳入勤勉义务的范畴，对此笔者表示赞同。理由如下：

首先，董事监督义务指的是懂业务的董事对业务执行机制的合法性以及恰当性的自我监督，其内核天然地就具有勤勉义务的相关因素。实际上，即使是“三分论”的坚定支持者Professor Eisenberg在最初提出“监督型”董事会时也是将董事监督义务作为勤勉注意义务来阐述的。[4]

其次，从立法技术角度出发，我国的董事监督义务也更适合作为勤勉义务予以确立。我国主流观点亦赞同董事与公司间的关系为委任关系，因此我们缺乏美国“信托关系说”下对忠实义务进行扩张的理论土壤。在我国，董事忠实义务的制度功能在于规制董事与公司间的利益冲突问题，其核心内容包括：董事“不得利用职权为自己谋取私利”、“不得利用职务便利为他人谋取利益”以及“不得利用职权致使公司损失商业利益”等，已然高度定型化。加之《公司法（修订草案二次审议稿）》第182条至第185条的进一步细化，我国董事忠实义务已经没有容纳监督义务的可能性。反之，我国董事勤勉义务仍处于较为抽象的状态，一方面，其具有包含董事监督等非利益冲突的非商业决策行为的空间；另一方面，将监督义务作为董事勤勉义务的类型化，并明确其制度内涵，可以极大地从内容、程序等方面充实董事勤勉义务，解决勤勉义务过于原则和空洞的问题。[5]

---

〔1〕 遠藤美光「取締役の監視義務と内部統制に関する覚書－社外取締役義務論に関連して－」,『千葉大学人文社会科学研究科研究プロジェクト報告書』。转引自郭媛媛：《日本董事监督义务及对我国的启示》，吉林大学2015年硕士学位论文。

〔2〕 参见梁爽：《董事信义义务结构重组及对中国模式的反思——以美、日商业判断规则的运用为借镜》，载《中外法学》2016年第1期。

〔3〕 参见梁爽：《董事信义义务结构重组及对中国模式的反思——以美、日商业判断规则的运用为借镜》，载《中外法学》2016年第1期。

〔4〕 See Melvin A. Eisenberg, *The Board of Directors and Internal Control*, Cardozo Law Review, 1997, p. 245－251.

〔5〕 参见王真真：《董事勤勉义务制度的利益衡量与内涵阐释》，载《财经法学》2022年第3期。

最后，将董事监督义务作为勤勉义务更有利于合理地确定监督义务的认定标准。美国将监督义务纳入忠实义务中更为现实的原因在于在大量公司违法违规的特殊时期，通过规避商事判断规则和章程免责条款的适用以加强董事责任的需求，但其判例法的模式决定了其可以通过具体的案件对这一标准进行灵活的调整，而以成文法为基础的我国却难以做到此点。况且，董事履行监督本就不同于侵占公司财产等非黑即白的行为，其中涉及董事对公司规模、人员管理甚至是外部运行条件等诸多复杂因素的考量，应当允许商业判断规则的适用，完全阻却商业判断规则等责任限缩制度的适用，必然容易产生过犹不及的反面效应。

而“三元论”并不符合我国董事义务的法律和现实需求，在忠实义务和勤勉义务已经较难区分的情况下，贸然将监督义务作为善意义务独立存在，很可能进一步加剧董事义务体系的混乱。且善意义务的“合理性”标准同样高度抽象，能否真正有效起到弥补漏洞的作用难以预测。

三、我国董事监督义务的具体构建

（一）董事监督义务的主体认定

笔者认为，首先，我国的董事监督义务应是董事的个体义务且原则上全体董事均负有监督义务。其次，基于董事会成员的身份，原则上全体董事均是监督义务的义务主体。从现有的法律、法规及部门规章角度来看，我国董事在职权上并无特殊的差别，所有董事不论其具体身份和职务，均负有相同的信义义务，而一向被认为话语权弱的独立董事更是享有法定的特别职权以保障其有效履职，因此不担任公司内部职务、自身能力有限等借口不能成为免除监督义务的理由，借故不参与董事会决策等行为更不能被当成明哲保身的做法。〔1〕但是，全体董事负责不等于全体董事承担连带责任，在最终落实董事个体责任时必须认识到董事会实际运行过程中存在的“差序格局”,〔2〕具体而言，执行董事和非执行董事、独立董事参与公司事务的深度必然是不同的，基于承担职责的不同、获取信息渠道的不同和专业背景的不同，这三类董事内部的不同董事在某一具体事项上的判断也有所差异。此外由于种种非理性因素的存在，董事会往往会事实上形成以董事长为核心的决策圈，董事长拥有绝对权利，圈内圈外的董事对董事会决策参与的广度和深度也有很大差距。因此完全抛开董事角色的差异讨论董事义务是违反实质公平的。

此外，还需说明独立董事监督义务在董事监督义务体系中的位置。作为董事会的成员，

〔1〕 如日本曾有案例，某董事以公司不召开董事会，且自己不仅只有小学学历无法理解公司财务账簿，还因为年事已高已不参与公司经营决策为抗辩，法院认为这并不能作为否认董事责任的理由。山野加代枝「取締役の監視義務—ダスキン肉まん事件を契機として」，『阪南論集 社会科学編』。

〔2〕 参见朱羿锟：《董事会运行中非理性因素的法律规制》，载《中国社会科学》2015 年第 8 期。

独立董事监督义务应归属董事监督义务的范畴。只是董事会内部也存在分工，考虑到独立董事的独立性和专业性，在独立董事监督职能的侧重点和标准上应该做出一定差异化的安排。

（二）董事监督义务的对象

1. 董事对下属的监督

在董事对下属的监督中，董事对高管层的监督几乎没有异议，争议较大的是董事对公司普通职员监督的正当性、程度以及采取的方法。即使域外的案例和立法中均有涉及董事对普通职员的监督，但大多都表现地非常克制。美国法律协会认为董事会有权信赖其下属和专业机构所提供的信息，日本主流观点也认为只要没有特别值得怀疑的情况，董事对来自雇员的情报可以合理信赖，并不因此而违反善管注意义务。[1]故董事对普通职员的监督是有限制的，董事只需要保持足够的警觉即可，当普通职员的行为已经对公司造成足够大的威胁时，能通过完善的信息报告系统和内部控制系统等手段及时获知危险信号并及时采取补救措施。而对于一些特殊岗位的职员，董事会应该予以更多的注意。如以高科技新兴技术为产业的公司对技术研发部门的职员；食品公司对食品生产、采购部门的职员等，应更加关注。同时，董事对某些岗位的兼职行为也应该有所警惕，防止底层重要职权重叠导致的漏洞演化成巨大的风险[2]。

2. 董事间的相互监督

采取董事间内部监督模式的代表国家是日本。日本的董事分为业务执行董事、代表董事和一般董事，《日本商法》修改后的一般董事并不具有业务执行机关的地位，董事监督义务的重要内容之一就是没有业务执行权的一般董事监督代表董事、业务执行董事的业务执行。通说认为一般董事的监督权能来源于董事会对董事的业务执行监督以及对代表董事的选任和解任权。[3]早年间，一般董事对业务执行董事的监督属于消极监督，监督范围仅限于董事会上提出的事项。后来，法院认为如果董事只是被动地决定提交给董事会的事项的优劣，那么董事会的监督职能就不能完全发挥出来，因此将监督范围拓展到业务执行董事的一般业务执行行为。如果由于一般董事完全将所有公司业务交给代表董事或业务执行董事处理而导致公司利益受损，一般董事应承担违反董事监督义务的责任。[4]

相比美国的董事会结构，日本“执行＋监督”的“双责型董事会”或许更容易被我国所接受，但需要明确的是这一模式的确立前提是董事会间明确的精细化分工，得以对业务执行董事和非业务执行董事的监督义务、体系义务认定做出厘清。当前，我国董事会内部至少

---

〔1〕 山野加代枝「取締役の監視義務—ダスキン肉まん事件を契機として」，『阪南論集 社会科学編』。

〔2〕 日本大和银行案中，由于证券报关业务与证券交易业务及邮寄业务都由一个职员兼职，导致其可以很容易地篡改保管证券结语清单，擅自进行证券交易，给银行造成了重大损失，最终法院判处 12 名董事违反善管注意义务。

〔3〕《日本公司法》第 362 条规定董事会的权限有三个：公司的经营决策权；董事的业务执行监督权；对代表董事的选任和解任权。参见《日本公司法》，吴建斌编译，法律出版社 2017 年版，第 221 页。

〔4〕 山野加代枝「取締役の監視義務—ダスキン肉まん事件を契機として」，『阪南論集 社会科学編』。

从法定的角度来说，并不存在这样的职权划分。《公司法（修订草案）》第 124 条规定董事会成员可以按照公司章程的规定确定为执行董事和非执行董事。但很遗憾，《公司法（修订草案二次审议稿）》删除了此项规定，只是在第 10 条提到了“代表公司执行公司事务的董事”的表述。在我国董事监督义务的起步阶段，强行效仿日本模式可能造成董事会内部的职权混乱，也不利于实现监督的实效，还有可能导致董事会内部怀疑问责之风盛行。因此笔者认为，现阶段我国董事间的相互监督应侧重于董事间的信息披露、风险提示和董事会上的报告纠偏，且应该重点发挥独立董事的监督职能，并不强行要求董事在董事会外的积极监督。

3. 董事对股东的监督

董事对股东的监督应限定于董事为保证公司资本安全对股东出资行为的监督。虽然股东出资是一项私法行为，但股东出资是公司资本的唯一来源，公司的独立人格及其正当存续、公司日常经营活动的有效开展均以股东出资为基础，且虽然董事由股东会选举产生，但为公司负责才是董事的第一要义，因此董事作为公司事务的执行者，监督股东按时足额出资具有坚实的法理基础。《特拉华州普通公司法》第 163 条[1]、《德国有限责任公司法》第 46 条及《德国股份法》第 63 条[2]、《日本公司法》第 52 条[3]等均规定了董事的催缴义务。我国《〈公司法〉司法解释（三）》第 13 条第 4 款为董事监督股东出资提供了一定的法定依据。备受关注的《公司法（修订草案）》第 47 条规定董事知道或应当知道设立时的股东未按期足额缴纳出资而未采取必要措施，造成公司损失的，应当承担赔偿责任；《公司法（修订草案二次审议稿）》第 52 条则修改为对股东出资不足导致公司损失的董事与股东承担连带赔偿责任。实践中，最高人民法院在斯曼特案[4]中也明确表明董事负有监督发起人股东出资的勤勉义务。故将对股东出资的监督纳入董事监督义务的范畴并不存在障碍。在发现股东存在出资不足、抽逃出资等情况时董事应及时向董事会汇报，通过董事会发出催缴函，以保障公司资本的充足。

（三）董事监督义务的范围

1. 对违法行为的监督

董事监督义务发展之初最重要的任务就是遏制公司的违法行为。即使非法行为给股东带来了净金钱利益，董事也有义务对非法行为进行监督。公司兼具营利性和社会性的二元属性，[5]而公司第一层次的社会责任就在于遵纪守法，因而，董事放任公司的非法行为等同于对信义义务的违反。

〔1〕 参见《特拉华州普通公司法》，徐文彬、戴瑞亮、郑九海译，中国法制出版社 2010 年版，第 60 页。

〔2〕 参见《德国股份法·德国有限责任公司法·德国公司改组法·德国参与决定法》，杜景林、卢谌译，中国政法大学出版社 2000 年版，第 26、193 页。

〔3〕 参见《日本公司法》，吴建斌编译，法律出版社 2017 年版，第 22 页。

〔4〕 参见中华人民共和国最高人民法院民事判决书，（2018）最高法民再 366 号。

〔5〕 参见刘俊海：《论公司社会责任的制度创新》，载《比较法研究》2021 年第 4 期。

原则上，董事以存在法律认识错误为由请求免责是不被认可的。但法律法规浩如烟海，且存在模糊地带，董事不应被合理地期待去关心那些不曾预料到的、极为生僻的法律问题，[1]并且董事在法律环境不明朗的情况下做决策的现实需要是客观存在的，也难以回避。当法律定义不明确、司法判例与现行规定存在偏差的时候，难以对董事，尤其是非法律专业背景的董事过于苛责。因此，有必要考虑允许董事必须在极大的法律不确定或有令人信服的证据表明法律将进行修改的情况下决策，对合法性原则的适当突破。有学者建议，在法律不确定情况下的法律解释、法律适用可以类比适用商业判断规则或建立法律判断规则原则。[2]此时，要重点考察董事的裁决过程，判断董事是否尽力搜集了可获得的信息、对基础事实进行了充分调查、其对专业人士的信赖是否超越了合理的边界。

2. 对财务会计的监督

确保公司财报信息的可信度一直都是公司内部治理的关键组成部分。《公司法》第163条、证监会《上市公司章程指引》第150条等法律法规均规定公司应当建立本公司的财务、会计制度。公司的财务会计制度是反映公司经营状况的重要信息，通过构建完善的财务会计制度，董事可以切实掌握公司的经营情况，发现公司经营中的不当之处，洞悉经理层违法等不当行为，因此保证公司财务会计制度的有效运行必然是董事履行监督义务的应有职能。《公司法（修订草案）》第64条、第125条规定可以由董事组成的审计委员会，负责对公司财务、会计进行监督，后者强调独立董事在审计委员会中应过半数。《公司法（修订草案二次审议稿）》第137条规定上市公司聘用、解聘承办公司审计业务的会计师事务所、任免财务负责人、披露财务会计报告需经审计委员会全体成员半数通过，这有力地佐证了我国董事，尤其是独立董事在财务会计监督中的重要作用。董事对财务会计的监督大致可以包含监督公司的财务会计程序、决定会计监查人的选任和解任的议案内容、决算审计与合规机制的有效性、复核财务会计报告等会计资料等具体内容。

3. 对重大商业风险的监督

长期以来特拉华州法院认为日常业务风险的判断属于商业判断的范畴，法院不应进行实质性审查，但2008年雷曼事件后法院试着将其拓展到风险决策中。只是这一扩张很快就被否认，在2009年的Citigroup案[3]中，Chandler法官认为“给董事施加Caremark中的监督义务和监测商业风险的义务是根本不同的，这将使法院对董事的商业判断进行事后评价，损害商事判断规则”。但Chandler法官在判决中却进行了标准的Caremark分析，指出“在一个适当的案例中，董事会可能会因为未能监控公司的商业风险而承担Caremark的责任”。这种模

---

〔1〕参见许传玺主编：《公司治理原则：分析与建议》（上卷），楼建波等译，法律出版社2006年版，第193页。

〔2〕参见郝慧：《股份公司管理机构的合规义务与责任——以中德法律比较为视角》，载《中德法学论坛》2016年第00期。

〔3〕See In re Citigroup Inc. Shareholder Derivative. Litig.，964 A. 2d 106（Del. Ch. 2009）.

糊不清的态度遭到学者的批判。[1]

金融危机突出了关切系统性风险的重要性，说明放任公司商业冒险将造成很大的社会危害。笔者认为，虽然决定承担多大的商业风险属于公司的商业判断范畴，但董事必须努力确保其了解公司所需承担的风险，且这些风险与董事希望承担的风险水平是一致的。除此之外，当董事本身造成了风险因素时，董事也应该给予更多的关注，尤其当此事是一个对公司很重要的问题时，无论他们是否作出肯定的决定，董事们都应该问自己这些问题：是否会产生重大的外部影响？是否存在严重损害公司利益亦或者股东利益的潜在可能性？例如，在 Goldman Sachs Group 案[2]中，高盛公司董事会通过了一项激进的薪酬方案，原告股东认为该计划的结构鼓励过度冒险并将资产转移到雇员身上，从而刺激了雇员从事高风险的行为并最终导致公司的损失，董事们在实施这些做法后，应该进行监督，以确保由此激励的风险是适当的，对一个谨慎而理智的董事而言，这实在不算是过于苛刻的要求。

当然，必须承认对商业风险的监督范围和监督程度比起对违法行为的监督要有所限制。在瞬息万变的商业环境中，风险和机遇往往是相对的，董事对商业风险的监督应限制在重大、明显的商业风险范围内，以防打击董事正常商业决策的信心，以及过于广泛的要求导致董事根本无法实际操作。

（四）董事监督义务的标准

作为勤勉义务的类型化，董事监督义务首先需要遵循董事勤勉义务的认定标准，采取主客观相结合的理性人标准，在此基础上再结合董事监督义务的特点锚定更为具体的认定因素。从时间的维度上可以将董事监督义务分为事前性监督和事后性监督两个层面，在事前，董事要建立起完善的监督机制并保证其有效运转；在事后，当董事察觉到公司重大风险的可能性之后，应当采取主动调查、积极质询，尽快了解公司问题所在并妥善解决。那么董事监督义务的标准就可以尝试分解为以下几个问题：董事要建立怎样的监督机制？如何算是勤勉地保证了监督机制的运转？重大风险的标准是什么？如何才是合理地采取了弥补措施？

1. 构建监督机制并保持其有效运转

首先，构建监督机制并不意味着需要构建完整的监督体系。在保证风险控制的前提下，监督机制同样需要满足效益性和效率性的要求。而监督体系的构建往往需要耗费巨大金钱成本和时间成本，因此一般认为公司是否需要一个监督体系应取决于每个公司的风险状况，可由董事根据公司的具体情况进行判断。对于小型公司来说，如果采取个别的监督措施即可满足监督需求，则并无设立监督体系的必要。但如果公司的总体风险超过了风险界限，仅靠单

---

〔1〕 See Stephen M. Bainbridge, *Caremark and Enterprise Risk Management*, Journal of Corporation Law 34, 2009, pp. 967 –970.

〔2〕 See In re the Goldman Sachs Group, Inc. , Shareholder Litigation, CivilAction, 2011 WL4826104 (Del. Ch. 2011).

独的监督措施不足以将风险控制在合理范围内，董事会就必须建立监督体系。[1]笔者认为，是否构建监督体系客观上首先要考虑公司的规模和类型，对于大型股份公司，尤其是上市公司而言，公司的规模体量及其涉公众性决定了其监督事项的复杂性和重要性，构建自下而上的监督体系应作为董事监督义务的必然要求，而在封闭的有限责任公司中，应当给予董事更多的裁量权，允许董事根据公司的具体情况自行决定是否需要构建监督体系。

那么在大型公司中，监督体系又应该满足怎样的标准呢？在很长的一段时间，美国法院认为体系的具体内容属于商业判断的范畴，董事（会）只需构筑一个最小限度合理的监督体系即符合要求，这导致流于表象的监督体系亦能作为董事勤勉监督的证据，从而使 Caremark 案的标准几乎难以发挥实质作用。直到 2018 年的 Blue Bell 案[2]，美国特拉华州最高法院才重新开始对体系的内容予以重视，法院认为虽然 Blue Bell 内部看似存在一个信息报告系统，但作为以冰淇淋制造为唯一产业的企业，确保冰淇淋的食品安全是 Blue Bell 最基本的任务，但是在“李斯特菌”危机爆发前，董事会却从未在公司设置专门负责食品安全的委员会、没有提供任何程序或做法来通告食品安全合规相关的信息、没有就食品安全的风险进行定期审查或讨论，这显然没有达到对食品安全问题的有效监督，因此无法认为董事会真诚地构建了合理的监督和报告体系，董事会为确保食品安全所做的努力是不够的。法院还指出，当公司的“关键任务”存在外部监管的情况时，董事会应该更加严谨地行使监督职能，保证这一任务的稳妥。如果仅因管理层宽泛的定期报告就认可 Blue Bell 达到 Caremark 案的标准的第一要件，那么 Caremark 案的标准将成为一个空想。这次判决让监督体系的具体内容重新成为焦点，法院在之后的案件中大多加强了对体系合理性最基本的审查。日本通说同样认可董事在体系内容上的商业判断空间，但如前文所述，日本法院对董事商业判断采取的是实质性审查标准，实际案件中法院会审查该监督体该系是否能防止公司“通常的”“可以遇见的”违法、不当行为。两国的实践均说明，董事有决定体系内容的权利，但监督体系应至少体现出董事对公司业务类型、业务规模、行业习惯等因素的合理考量，尤其应包含对公司主营业务的重点关注。

此外，仅构建监督机制是不够的，董事还需努力保持监督机制的有效运转。一般来说，勤勉的董事应该通过出席董事会、从具体执行业务的董事处了解情况、查阅并研究公司账簿等措施保证细节对监督机制的把控，并根据公司经营的实际情况对监督机制进行动态调整和完善。

2. 获知危险信号并积极采取补救措施

危险信号在美国表述为“red flags”，只有当公司的风险达到一定程度时才会形成危险信号，从而要求董事采取行动。对此，往往可以从相关行为的潜在损害、持续时间、发生频

---

〔1〕 参见刘斌：《公司合规的组织法定位与入法路径》，载《荆楚法学》2022 年第 3 期。
〔2〕 See Marchandv. Barnhill, 2018 WL4657159 (Del. Ch. 2018).

率、董事获取相关信息的可能性和获取途径等角度考虑是否形成危险信号。在 Abbott Laboratories 案[1]中，原告称，“董事们忽视了 FDA 提出的和媒体报道的有关违反 FDA 法规的‘反复（持续）的危险信号’，在六年间，FDA 对 Abbott Laboratories 进行了 13 次检查，并发出了四封正式的警告信，而董事们知道公司长达六年不遵守 FDA 法规，却没有采取必要的行动来纠正这一问题”。法院裁定支持了这一观点，认为监管部门长期的执法行为和监管警告已达到 Caremark 案中“危险信号”的标准。

此外，相关事件与公司主营业务的关联度和重要性也可以作为考察的因素，在 Clovis Oncology 案[2]中，开发治疗肺癌的抗癌药物 Rociletinib（Roci）是 Clovis 的重点项目，2014 年 6 月左右，Clovis 董事会开始收到报告，称公司以违反 RECIST 的方式不适当地计算 Roci（实体瘤反应评估标准）的 ORR，以未确认的反应作为计算 ORR 的基础，来提高新药的市场竞争力。但董事会没有采取任何行动，并签署了 Clovis 公司 2014 年以虚假 ORR 为基础的乐观业绩年度报告，吸引了 2. 87 亿美元的私人投资。法院认为鉴于 Clovis 公司在筹集资金时对 ORR 数据的依赖程度，可以推断，董事会完全知道基于确认反应的 ORR 和基于未确认反应的 ORR 之间的区别，董事会同样知道将来医生会根据不适当的 ORR 来评估 Roci 的效果，由此可以证明董事会已获得 Clovis 违规的危险信号却有意识地忽视。

除上述因素外，还可以考虑相关信息的来源，一般而言，公司内部人制作的报告是董事更容易获取且更加真实的信息源，董事应予以重点关注。当危险信号已经出现时，董事应当对该情况负有调查义务。董事需调查公司导致不当行为的具体原因、不当行为造成的实际和潜在影响、公司面临的损失和风险程度。此外，董事还应审查现有的监督机制是否能够有效应对风险，是否应该根据该危险调整监督机制。已经构建监督体系的，应当审查该体系的制度及其流程是否适当以及具有充分的效率；没有建立体系的应检验仅进行直接监督是否足够。在查清事实的基础上，董事应采取适当有效的措施阻止风险和损失的进一步扩大。查明和补救措施同样应考虑到效益性和效率性，若查明行为的成本过高或可能给公司造成进一步的损害，如影响公司的商誉，董事可以在充分的利弊评估后以维护公司利益为由停止相关措施。但这一标准并不适用于公司违法违规的情况，在董事获知公司存在违规行为时，应全力查明相关事实并予以补救，以维持公司社会存在的正当性基础。

四、董事违反监督义务的责任认定

实践中，将董事违背勤勉义务的行为认定为侵权行为亦是通常做法，法院往往会借鉴民法侵权的一般原则就相关案件进行裁决。笔者认为无论是从董事监督义务的强制性还是从我

[1] See In re Abbott Laboratories Derivative Shareholders Litigation, 325 F. 3d, p. 795 (7th Cir. 2003).

[2] See In re Clovis Oncology, Inc. Derivative Litigation, 2019 WL 4850188 (Del. Ch. 2019).

国司法实践出发，将董事违反监督义务的责任界定为侵权责任都更为合适。而在归责原则的确定上，笔者认为应先由原告公司证明董事存在主观过错更为合适，即董事违反监督义务的责任承担应采取过错责任，因此公司应证明董事违反监督义务的过错、未采取有效监督措施的懈怠行为、监督不力的损害后果以及因果关系。同时，董事监督义务属于勤勉义务，因此董事在一定程度上受到商业判断规则的保护，当原告完成了举证后，应允许董事进行合理抗辩以免于担责。

（一）公司举证事项

1. 董事存在过错

不同的过错程度决定了公司的举证难度。Caremark 案中，Allen 法官认为如果股东要主张董事怠于履行监督职责而违反注意义务，需要证明董事知道或应当知道公司发生了违法行为；董事缺乏善意而未采取本应采取的措施阻止公司违法行为的发生；董事的懈怠履职行为损害了公司利益。Stone 案延续了这一要求，认为原告若要证明董事具有违反监督义务的主观过错，需要证明董事“恶意”行事，原告需要说服法官相信董事存在主观故意。Desimone 案中 Strine 法官认为这种主观故意可以由董事持续性的懈怠来证明，[1]但问题是转换为持续的懈怠又该如何证明？若公司完全没有建立监督系统，确实可以很容易地证明董事持续懈怠而怀有恶意，但这种情况实则非常罕见。那么原告就需要证明董事明知他们的监督系统不符合 Caremark 案的“合理设计”标准但是置之不理，此时原告需要通过举证具体事实证明董事会已经得知了相关危险信号却没有采取行动以支持其对董事有意识地忽视职责的指控，以证明“董事有意识地放弃监督义务”且已经接近于“不忠实”的心理状态，而这对不参与公司经营的股东来说是非常困难的。主观因素很强的举证要素使股东往往很难举证成功，导致“认定董事违反监督义务成为公司法中最难的理论”[2]。为了解决这一问题，联邦法院进行了新的尝试，试图将“鲁莽轻率”纳入故意的解释范畴中，即“非常不合理的不作为，不仅包含简单的甚至是不可被宽恕的过失，更是极为明显地背离了一般的注意标准”[3]，又或者是“接近冷漠的粗心”[4]，美国第九巡回法院提出了一个更精细的表述“蓄意过失”[5]。这种标准要求法院对被告的心理状态进行客观判断，对被告的作为（或不作为）进行推测，以决定被告是否真的出于善意行事。[6]

---

[1] Desimone v. Barrows, 924 A. 2d 908 (Del. Ch. 2007).

[2] Robert B. Thompson, *The Short, But Interesting Life of Good Faith as an Independent Liability Rule*, New York Law School Law Review, Vol. 55: 2, pp. 543-544 (2010).

[3] Sanders v. John Nuveen & Co., 554 F. 2d 790, 793 (7th Cir. 1977).

[4] Hoffman v. Estabrook & Co., 587 F. 2d 509, 516 (1st Cir. 1978).

[5] In re Silicon Graphics Inc. Securities Litigation, 183 F. 3d 970, 974, 976-77.

[6] See Paul S. Milich, *Securities Fraud Under Section 10 (b) and Rule 10b-5: Scienter, Recklessness, and the Good Faith Defense*, Journal of Corporation Law, Vol. 11: 2, pp. 179-202 (1986).

笔者认为，美国对主观过错证明的超高标准的现实背景是借此将监督义务纳入忠实义务的范畴以消弭免责机制的适用空间，但通过大幅增加原告举证难度来防止股东滥诉，保护两权分离下的经营者，又通过证据公示制度平衡两者关系，最后凭借其丰富的判例法经验在个案中解决主观要件模糊导致的法律适用困境。我国的法律适用传统偏向于大陆法系的演绎推理，法官的审判习惯和经验都不足以支撑如此复杂的主观要件的审查。我国既没有强制性的证据公示制度，股东派生诉讼也并不发达，股东本就欠缺诉讼热情，如果再附加如此沉重的举证责任，股东会更加缺乏积极性，最终很有可能使董事监督制度被束之高阁。因此，应放弃过于严苛的主观认定标准，将董事违反监督义务的主观过错界定为重大过失，且通过考察客观行为来推断主观状态。如此，一方面能使得法院在无须给原告施加一个几乎无法完成的任务的情况下仍然考虑董事的主观心态，避免董事监督义务无的放矢；另一方面可以激励董事深思熟虑地履行监督职责却又不使其负担过重，既可以防止滥诉又可以保障董事监督制度的目的有效实现。

2. 董事未采取有效监督措施

如前文所述，董事监督义务的主观因素应采取重大过失标准，且宜采取倾向于客观标准进行判定，原告可通过证明董事存在没有构建合适的监督机制、对下属的不当行为漠视、在发现问题时不及时组织调查等客观行为证明董事主观上存在重大过失。危险信号的初步证明可以包含，如该违法事实已经被相关监管部门发现并通知公司、该违法行为在公司内部已经非常普遍、该违法行为曾被董事会确认过或者违法信息已经被新闻评论广为宣传等事实。

3. 存在损害结果

我国《公司法》对董事担责的损害要件存在“损失”和“严重损失”的不同表述，且均未对损失进行进一步的界定，因此还需回归《民法典》关于损害赔偿的一般原则，将损害界定为公司现有财产状况与假设董事未违反监督义务下财产状况的差值，同时应包含期待利益。对于损害的程度，根据《公司法（修订草案）》、《公司法（修订草案二次审议稿）》的相关规定，似乎董事违反监督义务的责任要件仅为“造成损失”。[1]但笔者以为公司经营过程中必然存在遭受损失的风险，若是只要达到损害的程度就要求董事担责并不符合商业运行的客观规律，过于严苛的责任要求也难免打击董事的积极性，迫使董事为了避免担责而选择相对保险却对公司发展不利的行为，以缺乏弹性的制度束缚公司正常的经营。因此，借鉴日本和美国的司法经验，只有在董事对公司造成较大损害时才承担赔偿责任比较适宜。严重损害的程度由具体个案中公司自身的情况和遭受的损失来确定。

损害结果中还有两个问题值得关注，一是公司因违法而遭受的行政处罚是否包含在董事民事赔偿的范围内；二是如果董事放任公司违法但最终为公司创造了收益，那么监督不力造

[1] 参见《公司法（修订草案）》第 52 条、第 222 条；《公司法（修订草案二次审议稿）》第 57 条、第 222 条。

成的损害是否能由收益予以抵消?

德国学界普遍认为企业不能要求业务执行人赔偿因违法导致的处罚。因为秩序法和民法的目的是不同的，如果民法允许公司就遭受的罚款向董事个人主张赔偿，就会导致秩序法上确定的处罚对象发生转移，秩序法维护特定秩序的制度功能就无法实现。〔1〕对此观点笔者有不同的看法，首先，实践中行政处罚往往占公司遭受损失的很大一部分，如果董事完全无须对公司承受的行政处罚承担民事赔偿责任，则董事监督义务发挥实际约束作用的现实基础就丧失了。其次，虽然秩序法上将公司作为独立的个体承担责任，但公司的决策最终是由其内部机构或个人决定的，公司对外承担行政赔偿，对内要求违反义务的董事承担责任是在两个层面分别实现了秩序维护和损害救济的不同制度目的，并不存在以民事法改变制度法决定的情况。最后，反对将行政处罚纳入董事损害赔偿范围仅仅是让股东最终承担责任，按照上述理论和由董事承担的效果并无实际的区别。因此，应该认为将行政罚款纳入董事违反监督义务的损害类型并无大碍。

关于第二个问题，美国的判例认为违法行为所造成的损失必须超过违法行为带来的收益，才能被认定为损害赔偿这一要素。〔2〕美国法学会则认为这种抵消是不恰当的，美国学者指出要求董事监督公司的违法行为的基本理由不仅是控制公司内部的代理成本，更是要减少重大的外部性目标，即使非法行为给股东带来了净金钱利益，董事对非法行为的监督不力也不应该被原谅。〔3〕笔者认为这一观点有一定的正面意义，但并不可取。一方面其违反了损害赔偿中填补损失的一般原理，公司在获得收益的同时还能获得损害赔偿的不公平机制也容易引发道德危机；另一方面对董事过于苛刻，在一定程度上会打击董事履职的积极性。因此，损害后果应该扣减所得利益。

4. 具有初步的因果关系

因果关系的成立是追究董事违反监督义务的另一重要前提，由于违反监督义务的行为往往呈现为“不作为”的样态，难以直接推定董事行为与损害结果之间的对应关系，因此需要以“相当因果关系”进行推断，对于公司而言，其初步证明并不需要达到明确董事行为和损害结果间存在十分确切的因果关系，仅需说明如果董事尽到监督义务，则损害结果不会发生，即存在通过董事监督本可以避免发生所涉损害的可能性即可。

（二）董事的抗辩事由

在股东完成初步证明后，董事如果想要反驳这一指控，需要通过证明自身不存在过错、

---

〔1〕 参见王东光:《组织法视角下的公司合规:理论基础与制度阐释——德国法上的考察及对我国的启示》，载《法治研究》2021 年第 6 期。

〔2〕 See Miller v. AT&T Corp., 250 F. 3d 820 (4th Cir. 2001).

〔3〕 See Claire A. Hill & Brett H. McDonnell, *Reconsidering Board Oversight Duties After the Financial Crisis*, University of Illinois Law Review, Vol. 2013: 3, pp. 859 -861 (2013).

其行为与损害结果间不存在因果关系进行抗辩。如在事前，董事会是如何建立一个合理的监督机制并保证其有效运行，董事会在多大程度上考虑了这种监测系统的结果来证明其已经尽职尽责地履行了监督义务。在大型股份公司和上市公司中，董事需要证明在事前已经建立了完善的内控机制，并竭力促进其有效运转；在事后，可以综合该违法行为对公司的潜在损害程度、该不当行为如何被察觉、事件发生的频率、董事作出反应的时间、调查事件的方式等来证明其已经积极察觉并及时采取行动。

同时，根据董事角色的不同定位，董事需要进行的抗辩程度也是不同的。虽然我国董事会内部不存在法定的职权划分，但事实上执掌某项业务的董事享有更大的权利和影响力，预见与该事务相关的风险的概率更大，规避风险的可能性也更大，因此应该承担更大的监督义务，往往不能仅以“不知”为由，免除监督不力的责任。执行董事不仅要积极地审查其主管业务的实际情况，及时接收相关的业务信息，还应该通过董事会上的汇报等渠道有效地将信息向其他执行董事、非执行董事、独立董事予以传递，为其他董事履行监督义务提供信息支持。具体而言，对于公司的某项具体业务，具体分管的执行董事需要保证自己能够及时获取相关信息并负责将该信息向其他的执行董事、非执行董事和独立董事传递。在考虑该董事是否违反监督义务时，执行董事需要证明其已经对相关业务予以合理的关注，但仍未获得相关信息，如其已经采取了积极调查等措施但仍然无法发现下属的违法行为等公司内部风险。此时就需要考虑下属的违法行为是否太过隐蔽，以至于足以逃脱正常的信息报告系统和监察系统。如果执行董事能够证明此点，则应该认为董事行为与损害结果间不存在因果关系，那么该执行董事无须承担监督不力的责任，原则上其他董事亦不需要承担；如果不能证明，那么该执行董事很可能需要为监督不力担责，其他董事是否需要担责还需进一步讨论。此时就要考虑执行董事是否将相关信息传递给了其他董事，如果执行董事传递的信息是不充分、不正确的，那么就要讨论该不充分、不正确对其他董事而言是否是明显的，若是明显的，则需要承担责任。是否“明显”，又要区分不同信息和不同董事身份来判断。比如这是一个财务信息，对一个具有财会经验的独立董事而言，其需要证明在获得相同信息的情况下，拥有平均水平的独立董事在相同或类似情况下是无法识别信息不足、不充分的，以至于其无法发现相关的违法行为。而对于其他独立董事也并非可以盲目信任该传递的信息，但其仅需要证明以其所处的职位无法发现相关事实或无法阻止相关行为的发生即可。

五、结语

“公司治理的复杂性使得董事会的紧张与不安永远存在，这本是公司治理的应有之义。”〔1〕

〔1〕［美］罗伯特·A. G. 蒙克斯、［美］尼尔·米诺：《公司治理》（第 5 版），李维安等译，中国人民大学出版社 2017 年版，第 253 页。

作为公司治理的核心机构，董事会合理地被赋予更多的期待，因此在现有监督机制失灵时，我们自然地会将目光转向董事监督职能上，要求董事在管理公司上尽职勤勉，发挥监督公司内部日常事务的作用。这一期待并非对董事义务的强加，而是对董事应有职责的进一步挖掘。当前，我国尚未明文在律法中规定董事监督义务，对董事监督义务的关注有所不足，理论界和实务界对董事监督义务的研究亦仍存在许多空白领域，亟须填补。

作为勤勉义务的类型化，董事监督义务的进一步完善对于我国公司治理有着重要的影响。域外丰富的经验给予了我们很多启发，但以“他山之石攻玉”必须重视本土化的改造。在构建我国董事监督制度时，一方面要立足中国公司治理的特殊性作出特色安排，另一方面要注意推动相关配套制度的协调保障，从而真正激发董事监督义务的制度活力，提高公司治理质量。

证券法制

证券发行虚假陈述民事赔偿责任分担机制研究

——以中介机构承担部分连带责任为分析视角

高俊鹏 *

目 次

一、问题的提出

支持充满蓬勃生机的资本市场的制度基础设置不仅包括政府规制，会计师事务所、律师事务所以及信用评级机构等中介机构也发挥着至关重要的作用。[1] 中介机构切实履行“看门人”的监督职责，是资本市场得以良性运转的关键条件之

---

* 高俊鹏，法学硕士，任职于厦门建发集团有限公司法律事务部。

[1] See Bernard S. Black, *The Legal and Institutional Preconditions for Strong Securities Markets*, UCLA Law Review, Vol. 48 (4): 781 -856, pp. 786 -789 (2001).

一。然而近年来，证券发行虚假陈述案件数量骤增，[1]案涉赔偿数额巨大，在秉持专业主义、要求压实中介机构赔偿责任的呼声之下，[2]中介机构在虚假陈述民事责任分配中承担责任的比重也在逐渐提升，[3]正面临着前所未有的巨额赔偿压力。尤其是在“ST 中安科股份有限公司证券虚假陈述案”（以下简称中安科案）以及“五洋建设公司债券虚假陈述案”（以下简称五洋债案）等虚假陈述重大案件中，审理法院创造性地判决中介机构对发行人的虚假陈述违法行为在比例范围内承担连带责任，更是“一石激起千层浪”：一方面，虚假陈述频繁发生，中介机构不仅未能发现发行人所披露的信息造假，甚至牵涉其中，共同导致投资者的经济损失，不免让人对中介机构的职业能力与素养产生质疑；[4]另一方面，在发行人无力承担投资者全部损失的前提下，法院对中介机构科以更加沉重的赔偿责任，可能导致其因赔偿压力而不得不终止相关业务，甚至面临破产，由此也引发了学界对因风险与收益严重失衡而打击会计、证券律师从业者积极性，从而影响行业整体发展态势的担忧。[5]

目前而言，法院判决中介机构承担部分连带责任的规范基础并不充分，不论是基于《证券法》关于中介机构承担连带责任的规定，还是依据《民法典》对数人侵权行为损害赔偿责任之规定，均无法径直得出对中介机构适用在部分范围或者按比例承担连带赔偿责任的结论。实在法规范的阙如，必然导致对相关规则的理解与适用的巨大争议。在虚假陈述的具体案件中，比起在宏观层面分析中介机构应然的责任大小与职能定位，更具有现实紧迫性的是，在判决其承担部分连带责任以后，审理法院须对作为赔偿义务人的中介机构的最终责任承担问题作出回应。具体而言，在外部关系上，中介机构与发行人之间是否有赔偿顺位关系，中介机构是否有义务先行赔付比例范围以外的投资者的损失，以及其所承担的连带赔偿责任是否有进一步细化的可能，皆有待讨论；而在内部关系上，中介机构是否享有追偿权，以及能在多大范围内进行追偿，是中介机构在此类纠纷中所关心的终极问题。

颇为遗憾的是，不论是在上述的“中安科案”、“五洋债案”抑或是其他虚假陈述的典型案例当中，审理法院主要关注外部赔偿问题的解决，而搁置对赔偿义务人内部责任承担的

---

〔1〕 以“证券虚假陈述”这一案由为关键词在威科先行法律数据库进行检索（截至2022年12月31日），共获得55067起有效样本案件，其中2001年至2017年我国证券虚假陈述案件数共13352起，2018年案件数共8342起，而2019年仅一年我国证券虚假陈述案件就已经达到了12236起，2020年以及2021年案件数也分别高达11341、9796起，可以说2018年以来仅一年间的案件数量就是过去十几年来案件数量的总和，证券虚假陈述案件数量增长态势迅猛。

〔2〕 参见唐晓雪：《对债券欺诈发行中介机构连带赔偿责任的初步探讨——以“五洋债”欺诈发行案为例》，载《清华金融评论》2021年第4期。

〔3〕 以“证券虚假陈述”“中介机构”为关键词在威科先行法律数据库进行检索（截至2022年12月31日），共获得809起有效样本案件，其中2001年至2017年案件数共113起，而2017—2022年与2019—2022年案件数量分别为747起与374起，反映出证券虚假陈述责任纠纷中涉及中介机构赔偿的案件数量陡增，中介机构所承担的赔偿责任逐渐加重。

〔4〕 参见郭丹、徐瑶：《会计师事务所审计连带赔偿法律责任比较研究》，载《会计之友》2022年第14期。

〔5〕 参见缪因知：《证券虚假陈述赔偿中审计人责任构成要件与责任限缩》，载《财经法学》2021年第2期。

讨论，以致为司法审判实践后续执行和追偿的紊乱局面埋下隐患。对于赔偿义务人的责任分担与追偿，最高人民法院于2022年1月公布的《关于审理证券市场虚假陈述侵权民事赔偿案件的若干规定》（以下简称新《虚假陈述若干规定》[1]）也仅仅作出原则性规定，即须参照《民法典》第178条规定予以解决，有学者对此表示赞同，[2]然而，基于证券侵权的特殊性质，以及法院判决中介机构承担部分连带责任的创新之举尚未有完备规则支持的现状，若仅依靠《民法典》对于连带责任内外部赔偿关系的一般规定来处理相关问题，难免会出现力有不逮的局面；更为完满的做法可能是，结合证券侵权领域的特殊背景与具体案件的审理经验，在理论层面尝试对中介机构赔偿责任分担机制进行全面的分析与建构。

最终责任分担问题涉及赔偿责任人之间的利益平衡，关乎公平正义的法价值追求。尤其考虑到证券发行虚假陈述案件数量巨大、赔偿数额惊人的现实背景，让与发行人并无共谋的中介机构承担过苛的责任本就为学界所诟病，[3]倘若不能妥善处理其后续责任的分担与追偿问题，则势必引发二次纠纷，甚或危及资本市场中介行业的整体发展，可谓兹事体大。鉴于此，本文拟从侵权法与证券法的双重语境展开分析，结合相关判例，厘清赔偿责任认定思路，勾勒中介机构民事赔偿责任的内外部法律效果，从而为赔偿责任分担机制的理论建构提供些许助益。

二、证券虚假陈述中介机构赔偿责任认定思路范式的转变

（一）证券市场共同侵权的特殊法政策背景

根据《证券法》第163条的规范意旨，信息披露须由作为信息披露义务人的发行人、上市公司与中介机构协同完成，证券市场虚假陈述是典型的数人共同侵权行为，故而发行人与中介机构应当共同承担虚假陈述的侵权责任，并呈现连带责任的特点。然而，若让中介机构不加区分地对外承担全额赔偿责任，则罔顾虚假陈述纠纷案件数量众多、索赔数额惊人的事实。尤其是在发行人无力承担巨额赔偿的情形中，资力尚足的中介机构便沦为了投资者的“深口袋”，代替发行人承担相当一部分的赔偿数额。诚然，中介机构尚可通过连带责任的内部偿还规则对发行人进行追偿，然而，由于我国证券法与破产法的制度衔接并不完善，在地方上也出现发行人破产以后大量应收账款未被收取、实际控制人脱逃债务以至于中介机构最

[1] 为与原来的《关于审理证券市场因虚假陈述引发的民事赔偿案件的若干规定》以示区分，故而简称为新《虚假陈述若干规定》。

[2] 参见李有星、钱颢瑜、孟盛：《证券虚假陈述侵权赔偿案件审理制度研究——新司法解释的理解与适用高端论坛综述》，载《法律适用》2022年第3期；湘财证券课题组、周卫青：《IPO注册制下发行人与中介机构虚假陈述民事责任研究》，载《证券市场导报》2021年第4期。

[3] 参见邢会强：《证券中介机构法律责任配置》，载《中国社会科学》2022年第5期。

终承压的不合理局面，[1]中介机构在实际上仍然承担过重的赔偿义务。如学者所言，“证券市场言语侵权的巨额赔偿凸显了普通侵权法无须考虑的‘责任不成比例’问题”[2]，倘若中介机构承担高额赔偿的局面常态化，则不仅机构可能因赔偿压力而濒临倒闭，以致行业萧条、中介服务供给不足，即使其继续从事相关业务，作为“市场理性人”的中介机构也必然会选择将相当一部分责任风险转嫁于投资者，[3]推高交易成本，最终损及的仍然是资本市场的运作效率。因此，要求中介机构承担全额连带责任，虽有助于投资者求偿，但却极有可能是以牺牲中介机构的利益以及资本市场的良性发展为代价的，实不足取。

基于上述现实背景，部分连带责任在司法判例中应时而生。所谓的部分连带责任，系指在数人侵权情形中，部分行为人对全部损害承担责任，而部分行为人仅对部分损害承担连带责任，[4]其正当性基础在于数行为人之间不存在主观意思联络，且过错程度存在差异，不应当将受害人向部分行为人求偿不能的风险完全分配至其他行为人。相较于全额连带责任，部分连带责任在坚持保护普通投资者的法政策导向的基础上，较好地协调作为侵权行为连带责任人的发行人与中介机构，以及作为受害人的投资者之间的利益，具有一定的积极意义。然而，毋庸讳言的是，部分连带责任的实在法基础阙如，虽在“中安科案”中，审理法院采用历史解释以及目的解释的方法试图证成适用部分连带的正当性，然而，此种说理逻辑却仍不足以让人信服，[5]且基于连带责任法定原则，司法解释规定的连带责任也不应当超越对法定连带责任进行解释的范畴而与法律规定相抵触，[6]故而审理法院依据相关司法解释而适用部分连带责任存在着一定的法理缺陷，无法完全回应学界与实务界的诘

---

〔1〕 参见缪因知：《证券虚假陈述赔偿中审计人责任构成要件与责任限缩》，载《财经法学》2021 年第 2 期。

〔2〕 邢会强：《证券市场虚假陈述中的勤勉尽责标准与抗辩》，载《清华法学》2021 年第 5 期。

〔3〕 风险和成本结合在一起，形成了这样一种环境：会计师事务所和其他资力充足的被告人面临着持续和重大的法律风险，这是经营成本的一部分，而无论他们是否应得。这些中介机构将像任何理性的经济行为者一样做出反应，提高价格作为将其成本转嫁给客户的一种方式，或者从被视为产生诉讼的异常高风险的公司撤回服务。无论哪种方式，投资者，即证券监管的所谓受益者，正承担着低效和不相称的责任风险所造成的大部分成本。See Donald C. Langevoort, *The Reform of Joint and Several Liability under the Private Securities Litigation Reform Act of 1995: Proportionate Liability, Contribution Rights and Settlement Effects*, Business Lawyer (ABA), Vol. 51 (4): 1157 -1176 (1995).

〔4〕 参见傅远泓：《论“部分连带”责任效果的类型化及适用》，载梁慧星主编：《民商法论丛》第 71 卷，法律出版社 2020 年版。

〔5〕 在该案二审中，审理法院援引了 1998 年《证券法》第 161 条以及依据 1998 年《证券法》制定的《关于审理证券市场因虚假陈述引发的民事赔偿案件的若干规定》（以下简称旧《虚假陈述若干规定》）第 24 条的规定，明确证券服务机构是“就其负有责任的部分”承担赔偿责任，并进一步认为 2005 年修改后的《证券法》所称“连带赔偿责任”并不仅限于全额连带赔偿，亦包括部分连带（比例连带）。然而，1998 年《证券法》第 161 条与 2005 年《证券法》第 173 条以及基本沿袭其规定的现行《证券法》第 163 条规定的具体表述存在差异，应当先理解为立法者的“有意修改”而非“无意疏忽”，在已有新规定的情形下，依据旧《证券法》条文规定得出结论的法理正当性阙如；并且，所谓的“就其负有责任的部分”，依据通常理解也更容易解释为按份责任，而非并无立法前例的部分连带。参见（2020）沪民终 666 号民事判决书。

〔6〕 参见李宇：《民法总则要义：规范释论与判解集注》，法律出版社 2017 年版，第 860 ~861 页。相反观点参见李有星、钱颢瑜、孟盛：《证券虚假陈述侵权赔偿案件审理制度研究——新司法解释的理解与适用高端论坛综述》，载《法律适用》2022 年第 3 期。

问。部分连带责任在制度建构层面未尽完善，这必然影响责任分担规则的理解与适用。为解决迫在眉睫的赔偿责任分担与追偿问题，则只能在考诸传统民商法理论以及域外制度经验的基础上，亦步亦趋地尝试提出新的赔偿责任认定思路，在此基础上明确责任分担与偿还规则。

（二）连带赔偿责任的传统认定思路

传统的侵权责任法理论奉行完全赔偿原则，旨在保护受害人，其对损害赔偿责任的认定不因赔偿义务人的过错程度差异而有不同，只要满足归责要件，赔偿义务人对外便须承担完全的赔偿责任。[1]而连带责任的设立，一则认为共同过错行为人应当一体承担责任，二则旨在减轻受害人对因果关系的举证负担，故其规范价值基础也在于保护无辜的受害者。依循传统侵权责任理论的归责思路与价值取向，不管是立法者还是裁判者，在认定连带赔偿责任时，均习惯于将重心放在解决外部责任承担问题上，而疏于对赔偿义务人之间内部关系的探讨。

由立法规定观之，我国《民法典》第178条第2款确定了连带责任人内部责任分担规则，但该规定较为笼统，可操作性较弱。民法学者对该款进行解读，认为若无合同约定或法律的特殊规定，则应当以因果关系贡献度（原因力）与过错程度为主要考量因素对内部份额进行确定，[2]这便又与证券虚假陈述确立中介机构外部责任承担份额的考察因素存在重合，内外的区分标准不清、界限不明。

由司法裁判观之，法院在审理虚假陈述案件而适用连带责任时，并不将赔偿义务人的最终责任问题一并解决，即使适用部分连带责任，也只是酌定了中介机构的外部赔偿比例，对其内部赔偿份额则留待另案处理。在“中安科案”与“五洋债案”的判决文书中均未涉及承担赔偿责任的中介机构内部份额应当如何划分以及其是否享有追偿权的表述，而在“兴业证券与欣泰电气等证券虚假陈述责任纠纷案”（以下简称欣泰电气案）中，也是在作为保荐人的兴业证券公司先行赔付以后又另行提起内部追偿诉讼，法院方才处理各赔偿义务人之间的内部责任分摊问题。

由上可知，在证券侵权领域，依循连带赔偿责任的传统认定思路只集中解决投资者的受偿问题，对于赔偿义务人内部责任的分摊与追偿则须另行提起诉讼处理，且内部追偿规则也较为笼统，最终的结果往往可能是，中介机构要么囿于另起诉讼的高额成本，要么在执行外部赔偿的时间间隙中发行人已转移财产，使得中介机构即便提起追偿诉讼也无实际意义，中介机构终局地承担过于严苛的责任。

---

〔1〕参见郑晓剑：《比例原则在民法上的适用及展开》，载《中国法学》2016年第2期。

〔2〕参见徐涤宇、张家勇主编：《〈中华人民共和国民法典〉评注》（精要版），中国人民大学出版社2022年版，第178～179页；杨代雄主编：《袖珍民法典评注》，中国民主法制出版社2022年版，第1001～1002页。

（三）美国证券法律制度的镜鉴

有学者认为，我国司法机关在判例中所创设的部分连带责任形态实借鉴自美国。[1]然而，仔细比对美国证券领域相关法律文本的规定，似与部分连带责任仍存一定差异。在20世纪八九十年代，美国也曾有过对中介机构严格追责的风潮。美国《1995年私人证券诉讼改革法》出台以前，中介机构应当对整个判决结果负有连带责任，无论他们的行为与证券欺诈究竟有多大程度的联系。[2]美国国会认为，不考虑被告的过错比例而要求其承担完全赔偿责任明显有失公允，[3]因此，其通过美国《1995年私人证券诉讼改革法》对中介机构的民事赔偿责任制度做出重大改革，将原先规定对投资者承担的连带赔偿责任修改为公允的比例责任。根据在美国《1934年证券交易法》新增的第21D（g）条的规定，法院对知情存在证券欺诈行为的机构仍保留连带责任，但对仅有过失的会计师事务所、律师事务所等中介机构，则不再连带承担发行人或者上市公司的赔偿责任，而是转而承担以比例、金额确定的赔偿责任，该责任比例将由陪审团根据其行为的过错性质、行为与损害的因果关系等因素，以回答特别书面质问的方式确定。[4]也就是说，这种赔偿责任是一次性的，在性质上更接近按份责任，只不过在份额的确立上参考了比较过失的方法，这就与“中安科案”“五洋债案”中所确立的部分连带责任存在不同。究其根本，比例责任已经将一个或多个赔偿义务人的破产风险转移给投资者，[5]而中介机构在部分连带责任中却仍须承担相当程度的风险。

不过，在美国《1934年证券交易法》第21D（g）条第4款中，还确立了对比例责任所提供的保护的限制，要求受比例责任保护的被告均须额外负责一笔费用以弥补投资者对其他被告无法收回的份额，当出现原告无法从承担特定责任比例的赔偿义务人以及承担全部连带责任人处受偿时，若原告为个人（投资者）而非机构，根据判决其享有的赔偿金额超过净资产的10%且其净资产低于20万美元，则此时其他承担比例责任的被告将对原告未能受偿的部分承担连带责任，额外责任以其在判决中所承担的初始赔偿数额的50%为上限，此外，第5款更是明确规定单独的分摊权，允许任何因无法收回的份额对比例责任的限制而被迫承担

〔1〕参见王涌：《独立董事的当责与苛责》，载《中国法律评论》2022年第3期。

〔2〕根据美国《1934年证券交易法》第20（a）条以及第21D（f）条的规定，在连带责任下，不论被告的过错程度如何，每一个被发现对信息披露不实有责任的被告，将自动地对全部诉讼结果负有全额连带赔偿责任，尽管该被告的行为在导致损失方面可能只是部分甚至较小的责任。这使得尚有赔付能力的被告，包括券商、会计师事务所、律师事务所等中介机构将承担与过错程度不成比例的赔偿责任。See 15 U. S Code § § 78t, 78u –4 (1994 & Supp. 1996).

〔3〕See Thomas W. Antonucci, *The Private Securities Litigation Reform Act and the States: Who Will Decide the Future of Securities Litigation*, Emory Law Journal, Vol. 46: 3, p. 1253 (1997).

〔4〕参见［美］路易斯·罗思、［美］乔尔·赛里格曼：《美国证券监管法基础》，张路等译，法律出版社2008年版，第992页。

〔5〕See Wai Yee Wan, *Reconsidering Personal Liability of Directors and Senior Managers for Misstatements and Non – Disclosures to the Securities Market*, Journal of Corporate Law Studies, Vol. 9: 1, pp. 254 – 255 (2009).

超过其责任份额的被告对其他赔偿义务人进行诉讼，且诉讼时效限制在前述判决生效以后的6个月内，这就使得中介机构承担的赔偿责任实际可能兼有一定的连带责任特征，这也许是我国学者认为证券虚假陈述中的部分连带责任“师承”美国证券法律制度的缘由所在。如果要切实学习美国法对证券欺诈中介机构的归责思路，则应当牢牢把握其“对外连带、对内按份”的混合责任特征，[1]在中介机构对外可能承担连带赔偿责任的基础上，更要注意其在内部有一次性的、确定数额的最终赔偿责任比例，在司法审判中应当明确该内部份额，并且在立法上借鉴美国证券法的规定，制定确定该最终责任份额的考量标准。

（四）赔偿责任认定思路范式的转变与诉讼程序的衔接

结合对我国现阶段证券市场虚假陈述案件司法审判现实问题的反馈以及对美国证券法律制度的分析，可以得出以下结论。

其一，明确内部赔偿份额至关重要。在美国《1995年私人证券诉讼改革法》中，所确定的中介机构比例份额的实质便是其承担赔偿责任的最终范围，在此基础上才需要考虑对外可能承担额外的赔偿责任。而我国司法审判机关所确定的部分连带责任则是由外及内，仅考虑投资者保护，确定外部的赔偿比例范围，而搁置对最终责任份额的讨论与确定，其可能产生的不利后果只能由证券中介机构承受。中介机构所承担的额外的成本与风险最终将通过市场机制转移至投资者，这便与司法者所欲实现的保护投资者的初衷相背离。

其二，在确定最终责任份额时，应当重点参考加害人的原因力和过错程度。修改后的美国《1934年证券交易法》对于比例的确定主要依据因果关系与过错程度，我国司法审判机关在确定证券发行虚假陈述的民事赔偿责任时，对于中介机构最终责任的认定，也应当以参考行为人的原因力与过错程度为主。

其三，鉴于我国侵权责任法体系主要参考德国、日本，而在证券法领域的规定又多借鉴英美法，属于典型的混合继受立法体例，故而在审理法院确定中介机构的部分连带责任之时，也应当慎重考虑不同法律体系的冲突与融合。在确定外部连带赔偿范围时，审理法院主要系基于原因力与过错程度；[2]而在内部明确最终责任承担份额时，不管是依据我国《民法典》连带责任内部分摊规则的解释，还是参考美国证券立法的经验，均是以二者为主要考量因素。因此在内外比例的确立时，将极有可能对中介机构的违法行为性质进行重复评价，并且也无法清楚地界定内外标准的实质差异，故而法院在案件审理时，不如径直确定中介机构的最终赔偿责任承担份额，在此基础上再予厘定外部连带赔偿的比例范围，[3]从而能够在降

---

〔1〕 参见周淳：《证券发行虚假陈述：中介机构过错责任认定与反思》，载《证券市场导报》2021年第7期。

〔2〕 参见丁宇翔：《证券发行中介机构虚假陈述的责任分析——以因果关系和过错为视角》，载《环球法律评论》2021年第6期。

〔3〕 相似观点参见史欣媛：《比例连带责任在中介机构虚假陈述责任认定中的适用》，载《河南财经政法大学学报》2022年第4期。

低投资者求偿风险的同时，也对中介机构提供适度保护，更好地兼顾中介机构与投资者之间的利益诉求。在国内，已有学者提出审理法院应当在判决书中明确中介机构的内部追偿比例，[1]其观点的实质与上述主张并无不同，值得司法机关参考。

退而求其次，法院如果仍然认为内外部赔偿关系不宜在同一诉讼中一并解决，那么至少也应当在判决确定中介机构的外部连带赔偿比例以后，于文书中提示其有内部追偿权。考虑到另行提起诉讼必然存在着前诉执行阶段发行人与上市公司转移财产、逃脱责任的风险，则应当通过特殊诉讼时效规定督促中介机构及时行权。对此，可以借鉴美国《1934 年证券交易法》在判决生效后或者（在无法收回份额的情况下）支付其外部赔偿份额后的 6 个月内提出的规定，以尽快消除中介机构与其他赔偿义务人之间不确定的法律关系状态。

三、民事赔偿责任内部的分担与偿还

责任承担理论与分配正义紧密相连，配置责任承担规则的实质在于通过行为自由与受害人保护的价值衡量以实现分配正义。即使就法经济学的角度分析而言，配置责任的内部分担规则在经济层面上并未更有效率，然而其研究同样表明规则能够为赔偿义务人提供适当的安全激励。[2]因此，责任分担规则非常重要，对于证券虚假陈述民事赔偿责任的认定，判决中介机构承担部分连带责任时仅考虑外部赔偿问题的解决既有失公平又缺乏效率，故而对于相关案件的审理，法院不妨借鉴美国法对于中介机构赔偿责任的相关规定，径直确定最终责任的承担范围，在此基础上再明确外部连带份额。据此，在对中介机构民事赔偿责任的分担规则进行分析时，本文同样采取由内及外的说明思路。

（一）最终责任份额的确定

1. 赔偿义务人之间有分摊约定

对于数人侵权行为连带责任的内部承担，赔偿义务人可能在事前或者事后通过协议约定分摊份额。作为一种风险的分配方式，法院在确立最终责任份额时，是否应当尊重意思自治、以协议约定的比例确定中介机构的最终责任承担份额，存在不同观点。一种观点认为，在证券虚假陈述侵权赔偿案件纠纷当中，事前或者事后的分摊约定无效。该观点也得到最高人民法院部分法官的支持，其认为法定连带责任的内部份额应当通过比较过错和原因力的方式确定。[3]在新《虚假陈述若干规定》第 23 条第 2 款中也规定，对于中介机构等责任主体

[1] 参见湘财证券课题组、周卫青：《IPO 注册制下发行人与中介机构虚假陈述民事责任研究》，载《证券市场导报》2021 年第 4 期。

[2] 参见［美］理查德·A. 波斯纳：《法律的经济分析》，蒋兆康译，中国大百科全书出版社 1997 年版，第 118～119 页。

[3] 参见最高人民法院民法典贯彻实施工作领导小组主编：《中华人民共和国民法典总则编理解与适用》（下），人民法院出版社 2020 年版，第 889 页。

“以存在约定为由，请求发行人或者其控股股东、实际控制人补偿其因虚假陈述所承担的赔偿责任的”法院不予支持，以震慑作为证券市场“看门人”的中介机构，压实其对民事赔偿责任的承担。另一种观点则认为，意定规则依然有其适用空间，〔1〕赔偿义务人之间的责任风险分担约定应当得到尊重与承认。其实在最高人民法院的内部观点中，也只是否定责任份额约定的外部效力，而对其内部效力则不置可否。〔2〕因此，虽然中介机构的连带赔偿责任系法定责任，但只要其在外部仍然负担着法定的连带赔偿义务，则这种责任的威慑功能并不会因其内部享有追偿权而有所减弱，故而在内部关系上，似乎也并无强有力的理由断然否定赔偿义务人之间对于责任风险分担安排的效力。这也与经济学认为法定的内部分担规则并未更有效率的观点相契合。因此，赔偿义务人之间若有分摊约定，如发行人与中介机构事先在保荐协议、承销协议等中就其内部责任承担作出规定，则约定应当优先于法定，而在其内部具有约束力；对于外部赔偿义务的履行，则不得以内部存在约定为由进行抗辩，中介机构仍然应当按照司法审判机关所确定的责任份额进行赔偿。

2. 赔偿义务人之间无分摊约定时的认定标准

在赔偿义务人之间无内部协议时，其赔偿责任份额的确定应当依据法律规定。对此，新《虚假陈述若干规定》第23条第1款明确规定，承担连带责任的当事人之间的责任分担与追偿应当参照《民法典》第178条处理，即若无约定或者法律特殊规定，则应以原因力与过错程度作为主要考量因素。原因力与过错综合比较说是我国大陆地区以及台湾地区的主流学说，〔3〕该观点也一直是司法机关的主流观点。〔4〕同时，对于外部连带赔偿范围的确定，学界与实务界认为应当考察原因力与过错程度，如在“中安科案”中，审理法院便直言，对于证券服务机构应当“考量其过错程度、造成投资者损失的原因力等因素，分别确定其应当承担的法律责任”。如此，在赔偿责任的内外部分担便适用着同样的考察标准。鉴于美国《1995年私人证券诉讼改革法》中所体现的“对外连带、对内按份”的责任认定思路，没有必要再人为地切割内外、分别评价，而应径直以原因力大小与过错程度确定中介机构的最终赔偿责任份额，并以此为基准认定其外部应负连带赔偿的责任范围。

对于原因力与过错程度综合比较说的具体展开，既有学者认为应当采取以原因力比例为主、过错程度为辅的最终责任分担规则，〔5〕也有学者认为应当是以过错程度为主、法律原因

---

〔1〕 参见李中原：《连带债务人之间追偿权的法教义学构建》，载《法学家》2022年第2期；［德］埃尔温·多伊奇、［德］汉斯-于尔根·阿伦斯：《德国侵权法——侵权行为、损害赔偿及痛苦抚慰金》（第5版），叶名怡、温大军译，中国人民大学出版社2016年版，第75页。

〔2〕 参见王胜明主编：《〈中华人民共和国侵权责任法〉条文解释与立法背景》，人民法院出版社2010年版，第60页。

〔3〕 参见王泽鉴：《侵权行为》（第3版），北京大学出版社2016年版，第452页。

〔4〕 参见最高人民法院民法典贯彻实施工作领导小组主编：《中华人民共和国民法典侵权责任编理解与适用》，人民法院出版社2020年版，第55页。

〔5〕 参见王竹：《论数人侵权责任分担原则——对〈侵权责任法〉上“相应的”数人侵权责任立法技术的解读》，载《苏州大学学报（哲学社会科学版）》2014年第2期。

力比较为辅，[1]甚至存在对过错程度或原因力大小[2]作为考量因素的质疑观点。事实上，对于责任份额的确定，上述争论并无显见的实益，原因力与过错程度恰如“鸟之两翼、车之两轮”，在裁判者自由心证时应当一并纳入考量范围，不可偏废。

（1）原因力大小。原因力大小对应法律因果关系（或称损害因果关系），起着限制赔偿范围的作用。虽然，在确定责任范围的环节时本不应当再考虑事实因果关系（或称交易因果关系），因为若无事实因果关系则对中介机构的侵权责任认定并不成立，其评价内容为责任之有无而非责任之大小，然而，考虑到证券市场的复杂属性，投资者的损失结果往往是由多种因素造成的，[3]要证明中介机构的侵害行为与投资者的损失结果究竟有多大程度的关联其实非常困难，故对于责任大小的衡量，有时可能仍须借助事实因果关系的判断。

若结合事实因果关系，则对中介机构赔偿责任大小的衡量，应当围绕中介机构在信息披露中的功能作用以及其与投资者的信赖关系两方面展开分析。

其一，对于中介机构在证券发行信息披露的功能作用而言，发行人与上市公司是信息披露的主体，除保荐人以外，中介机构一般仅需要审验发行人或上市公司所提供的信息并出具相关报告，并不控制或者主动制造虚假信息，故其在信息披露过程中仅起到次要作用。这种对虚假陈述损害结果次要的作用力大小还可根据中介机构不同的具体分工而进一步细化，譬如，保荐人出具发行保荐书，并负责协调与督促会计师事务所与律师事务所尽职履责，其对于虚假陈述损害结果的作用力自然大于其他中介机构，而考虑到虚假陈述中原因力的确定来自盖然性判断，故这种作用力大小也将与其原因力大小息息相关，由此推定保荐人的原因力大于其他中介机构而可能须承担更重的赔偿责任。同样，会计师事务所负责审验财务信息，而证券律师则主要就发行文件的合规性作出判断，在涉及财务造假事项上，会计师的作用力又显然大于律师，则在最终责任承担也应当有所反映。[4]

其二，对于中介机构与投资者之间所形成的信赖关系而言，投资者在很大程度上是基于对中介机构专业性的信任而买入或抛出相关股票、债券，也将影响中介机构的最终责任份额。虽然近年来中介机构作为资本市场“看门人”的声誉担保机制的影响力正在逐渐缩小，流水线的审验作业一定程度上削减了审验报告的可信赖程度，且投资者自身的投资经验以及专业知识水平也在不断提高，其基本上不会单纯地基于中介机构对发行人或者上市公司发布

---

[1] 参见最高人民法院民法典贯彻实施工作领导小组主编：《中华人民共和国民法典总则编理解与适用》（下），人民法院出版社2020年版，第890页。

[2] 对于过错作为责任大小的决定因素的质疑可参见丁海俊、吴克孟：《论作为法律技术的连带责任——兼评我国〈侵权责任法草案（二次审议稿）〉第12、13条及相关条文》，载《政法论丛》2009年第4期；对于原因力作为责任大小的判断因素的质疑可参见刘海安：《共同侵权之“共同”标准：反思与重构》，载《西南政法大学学报》2010年第3期。

[3] 参见陈甦主编：《证券法专题研究》，高等教育出版社2006年版，第289～290页。

[4] 如在“五洋债案”中，一审法院便判决大信会计师事务所承担全额连带赔偿责任，而酌定锦天城律师事务所在5%的范围内承担连带赔偿责任。参见浙江省杭州市中级人民法院民事判决书，（2020）浙01民初1691号。

的信息所提供的声誉附加便进行买入或卖出交易；然而，声誉机制的作用是在减弱而非消亡，只要中介机构仍然在资本市场上重复提供服务，其便不可能完全不在意行业声誉，故一般而言其基于专业知识与职业素养而出具的审验报告依然值得投资者信任，且投资者的整体素质也依然良莠不齐，在一些时候仍然需要中介机构帮助其甄别发行人与上市公司的诚信状况以及相关证券的投资价值，从而作出投资决策，故在投资者与中介机构之间形成了特殊信赖关系，投资者基于对中介机构专业性的信任而实施交易，并最终因虚假陈述而遭受损失，中介机构须对此承担责任理固宜然。合理信赖的要件判断应当结合中介机构所提供的服务内容或义务范围。在具体案件的审理过程中，可能还需要从投资者的信赖利益是否存在、信赖是否合理、不实报告对其决策影响的大小等方面展开具体分析，[1]从而厘定最终责任份额的大小。

总之，以上述两个方面为切入点，对中介机构的原因力大小作出审慎判断，方为责任范围厘定的妥适进路。在此基础上，有必要完善司法解释或者行政法规、规范性文件的相关规定，在统一司法裁判标准的同时，也为中介机构提供合规指引。

（2）过错程度。所谓行为人的主观过错，可进一步细分为故意、重大过失以及轻过失。在过去的法条文本表述中，如最高人民法院《关于审理证券市场因虚假陈述引发的民事赔偿案件的若干规定》（以下简称旧《虚假陈述若干规定》）并不对故意和过失进行细分，为学界所诟病，而在最高人民法院2020年发布的《全国法院审理债券纠纷案件座谈会纪要》（以下简称《债券会议纪要》）中则明确表示对于中介机构的具体责任认定“在考量时要注意区分故意和过失”，体现出对于过错程度认定精细化的司法导向，因此，若判定中介机构承担部分连带责任，则在确认其最终责任份额时，也需要对其过错程度进行细致界定。

首先，应当排除故意。若中介机构对其侵权行为持故意的主观心态，则其对外应当承担全额连带赔偿责任，对内除非能证明其与投资者的损失无因果关系，否则断无责任限缩的空间。行为人的共同故意是其承担连带责任的正当性基础，即便行为因果关系贡献度微弱，其在法律层面上也并不值得同情。除我国《民法典》规定以外，不管是在德国还是美国，对于中介机构的故意侵权行为均持全额连带的立场。

其次，若中介机构的主观心态为过失，则须结合职业标准加以分析。根据德国法上的客观承担原则，任何人都会被赋予一种期待，其会保持在交往中处于其位置所应有的注意，如按照职业形成的交际圈，应当确立一个正直从业者的注意，[2]行为人因过失而违反注意义务，则应当承担相应责任。在证券领域，借鉴美国《1933年证券法》第11条规定，过失在学理上还被细分为专家过失与非专家过失，其逻辑基础是在不同职业领域、专业事项上应当适用不同的注意标准。在专业领域，中介机构被赋予更高的期待，就其负责审查的部分须进

〔1〕 参见陈洁：《证券虚假陈述中审验机构连带责任的厘清与修正》，载《中国法学》2021年第6期。

〔2〕 参见［德］埃尔温·多伊奇、［德］汉斯－于尔根·阿伦斯：《德国侵权法——侵权行为、损害赔偿及痛苦抚慰金》（第5版），叶名怡、温大军译，中国人民大学出版社2016年版，第60页。

行主动和全面的调查，核实文件中的各项数据，[1]否则其便具有过失，有违注意义务；而在非专业领域，中介机构受业务能力所限，并不应当被赋予比普通人更高的职业期待，如律师事务所对于审计报告中的财务信息，其只要在审阅过后认为没有理由怀疑报告存在虚假、遗漏抑或造假即可，在一定程度上还可信赖会计师的专业判断，若最终因财务信息造假影响投资者决策，造成投资者损失，则律师的过失程度较低，甚至可能并无过失，审理法院在确定最终责任份额时应当予以考虑。此外，基于义务范围理论，义务范围旨在确定法律意图预防的风险，[2]则中介机构职业标准的确定也须限定在其所预防之特定法律风险以内，如在“五洋债案”中，针对虚假陈述所涉及的发行人资产出售价格是否合理的问题应属商业风险，而非锦天城律师事务所所评估的法律风险范畴，故结合义务范围的职业标准判断过错甚至可以认为律师事务所并无过失或过失程度轻微，从而认定其不承担或少承担赔偿责任。

在司法审判实践中，面对审理法院对中介机构的过失程度缺乏衡量，甚至还出现执果为因、以结果推定过错的现象，一方面需要审理法院依循专家过失与非专家过失的区分思路，结合证券中介机构义务范围进行裁判，另一方面需要及时提供配套制度供给，行政机关及自律性组织须对中介行业制定审慎的执业规范，[3]在帮助中介机构明确其注意标准及专业边界的同时，也能够为司法机关提供更为清晰的过错判断标准。

最后，若受害人与有过失，如投资者在作出投资决策时自身也存在过失，则在外部责任分担时应当加以斟酌，但因内部责任分摊不涉及投资者利益，故无须将受害人的过错程度纳入考量。

（3）其他因素。根据我国连带责任内部分担规则的相关学理分析，在个案中审理法院可能也需要考虑赔偿义务人所获得的非法利益以及各个赔偿义务人的经济负担能力等特殊情况，[4]尤其是在证券虚假陈述案件中，应当考虑发行人或上市公司转移财产、逃脱责任的可能性，以及中介机构的资金实力，通过限缩最终责任而扩大中介机构可追偿范围，以最大限度维护其利益。

若结合各种因素皆无法认定中介机构的责任份额，此时才需要考虑采取平均分摊的方法。

（二）追偿权的确立与行使

1. 追偿权的性质及行使条件

对于连带赔偿责任，在内部原则上应当承认赔偿责任人之间的追偿权，以尽量避免资力

---

〔1〕 参见朱锦清：《证券法学》（第4版），北京大学出版社2019年版，第167～168页。

〔2〕 参见洪国盛：《义务范围理论下证券服务机构过失虚假陈述赔偿责任》，载《法学研究》2022年第5期。

〔3〕 法律所强制实施的社会习俗或行业最佳惯例，譬如会计师行业的谨慎审计的执业规范，也是对侵害或者风险采取的有效率的预防措施。参见［美］罗伯特·考特、［美］托马斯·尤伦：《法和经济学》（第6版），格致出版社、上海人民出版社2012年版，第202～205页。

〔4〕 参见程啸：《侵权责任法》，法律出版社2021年版，第389～390页。

充足者无辜成为“深口袋”；在学理上，这种追偿权被认为是“一种以公平为基础，以不当得利请求权和代位权为主要内容的复合型债权请求权”〔1〕。由于其性质上属于请求权而非形成权，因此其行使应当受诉讼时效限制。

在行使追偿权时，我国《民法典》规定及主流学说认为，应当以赔偿义务人实际承担债务超过自己的份额为前提，由于中介机构所承担的部分连带责任有“内部按份”的属性，故其外部赔偿范围很可能超过自己的份额，满足行使的实质要件。在提起追偿权诉讼时，须以中介机构履行外部赔偿义务为前提，然而，若是在法院确认外部连带赔偿范围时要求其一并确定最终责任份额，或者另起诉讼只是请求法院确定份额，因确认责任份额并非直接要求其他赔偿义务人对己清偿，两者虽有关联，但并非同一法律关系，自不在此限。此外，若被追偿的连带债务人无力负担，根据《民法典》第519条第3款所规定的二次分担规则，则仍可要求由其他赔偿义务人在相应范围内按比例分担。

中介机构可以向发行人行使追偿权，那么发行人是否可能向中介机构行使追偿权呢？一般而言，连带责任人内部本就互相享有追偿权，作为赔偿义务人之一的发行人自当如是，故有观点认为比例连带责任内部可以相互追偿。〔2〕然而，也有观点认为，基于中介机构与发行人之间成立的委托关系，作为委托人的发行人或上市公司是最终责任人，因而中介机构承担的是不真正连带责任，其内部的追偿权应是单向的，〔3〕其观点在结论上虽有可采之处，但解释路径却未必妥适。我国法律并未规定委托人须对受托人的过错侵权行为承担最终责任，根据《民法典》第930条所规定的委托人的赔偿责任，受托人得向委托人主张赔偿其损失，其适用前提是存在不可归责于受托人的事由，但在证券虚假陈述当中，作为受托人的中介机构并非没有过失，其并不满足第930条的适用条件。如果委托事务涉及的是复杂的经济活动，受托人在事务处理上往往具有较高的独立性，〔4〕即使中介机构所出具的不实报告系根据发行人所提供的虚假信息而作出，但依据自己责任的原则，若非受委托人的控制或者胁迫，其在理论上本可通过足够审慎行事而发现问题或者免责，如此则更无理由基于委托关系而让发行人在内部终局地承担全部赔偿。

实际上，若不受委托关系的责任理论框架所限，转而根据《民法典》第1198条（原《侵权责任法》第37条）所规定的安全保障义务人对第三人侵权的补充责任及相关学理解释进行分析，具有过失的安全保障义务人仅就部分范围承担补充赔偿责任，嗣后可向故意侵权的第三人追偿，其在法理构造上与中介机构和发行人之间的关系具有相似之处：第三人为故意侵权且积极作为，具有显见的道德上的可非难性。如学者所言，故意侵权所具有的道德上

〔1〕 李中原：《连带债务人之间追偿权的法教义学构建》，载《法学家》2022年第2期。

〔2〕 参见秦悦民、郑润镐、于焕超：《比例连带责任之反思：目标、困境及替代方案》，载《金融法苑》2021年第3期。

〔3〕 参见陈洁：《证券虚假陈述中审验机构连带责任的厘清与修正》，载《中国法学》2021年第6期。

〔4〕 参见杨代雄主编：《袖珍民法典评注》，中国民主法制出版社2022年版，第798~799页。

的可非难性使得法院不愿冲淡社会对故意侵权的责难要求。[1]故意侵权人在终局上就全部范围承担赔偿责任系公平和公共政策的要求，[2]与第三人行为性质相同的发行人或上市公司亦当如是，在中介机构过失而其故意侵权的情形中，由其终局地承担全部责任，符合普罗大众对司法正义之预期，故在内部关系上只可能是中介机构对发行人或上市公司具有追偿权。类推适用安全保障义务人与第三人的追偿关系可能是否定发行人及上市公司追偿权更为妥适的解释路径。

2. 追偿范围

追偿范围为超过自己最终责任份额的部分，譬如，审理法院判决酌定某中介机构对外在10%范围内承担连带赔偿责任，而确定其最终责任份额为赔偿总额的5%，则其可就超出的5%在本息范围内向其他赔偿义务人追偿。此外，追偿范围还可包括相关费用和损失（如诉讼费、执行费等）。

四、民事赔偿责任外部关系的处理

在一般连带责任的构造中，各连带责任人不加区分地一体对外负有全部赔偿义务，受害人可选择任一连带责任人要求其履行义务，[3]该人履行完全额赔偿义务以后将使其他赔偿义务人的债务归于消灭。考虑到部分连带责任在构造上与连带责任应当有所差异，且证券虚假陈述侵权案件赔偿额较大，故对其外部责任分担规则的配置也应当在传统连带责任分担规则的基础上构造其特殊性。

（一）对外连带赔偿范围

1. 外部连带赔偿比例限制

如前所述，由于外部连带赔偿责任份额的确定与内部责任分摊的标准并无差异，则在确定最终责任份额以后，并没有必要再依据过错程度和因果关系重新酌定，而是可以以中介机构的最终责任份额为基准，确定外部连带赔偿比例。

传统连带责任弹性不足、连带责任人须对外不加区分地承担全部赔偿责任，学界长期以来存有反对之声。恰如学者所言，侵权责任法既要保证受害人权益受到侵害时能够获得赔偿，同时也应确保侵权行为人不因该种赔偿责任的承担而陷入极端困境当中。[4]为此，在美国部分州的立法实践中，已经出现了一些将最终责任额与外部连带赔偿范围相关联的有益尝

〔1〕 See Reginald R. White, *III*, *Comment*, *Comparative Responsibility Sometimes: The Louisiana Approach to Comparative Apportionment and Intentional Torts*, 70 Tulane Law Review (1996), p. 1520.

〔2〕 参见孙维飞：《论安全保障义务人相应的补充责任——以〈侵权责任法〉第12条和第37条第2款的关系为中心》，载《东方法学》2014年第3期。

〔3〕 参见杨立新：《被侵权人对侵权连带责任人的选择权》，载《当代法学》2022年第1期。

〔4〕 参见潘俊：《英美侵权法可预见性规则之溯源、概念与逻辑》，载《法治研究》2018年第5期。

试。如在南达科他州，连带责任人所承担的连带赔偿责任的绝对范围不超过其最终责任份额的2倍;[1]而明尼苏达州的设计则更为精细，该州立法规定，如果赔偿义务人的最终责任份额不超过15%，则其承担连带责任的范围不得超过其责任份额的4倍，若最终责任份额在15%至35%，则不超过其责任份额的2倍。[2]虽然具体的倍数标准仍有待斟酌，但这种思路值得肯定：在最终责任份额的基础上，以一个固定的倍数关系确定外部连带赔偿的最大范围，最后在个案中结合其他因素（如受害人与有过失等）确定外部赔偿比例，不失为一种有效率的问题解决方案。在此基础上，还可以进一步设置责任限额，如在美国《1995年私人证券诉讼改革法》中，承担比例责任的中介机构的额外责任以其承担的初始赔偿金额的50%为上限，若配置责任限额标准，则我国审理法院在依据一定倍数关系确定外部连带赔偿范围以后，还应当确保该比例符合责任限额的要求。

当然，若赔偿义务人的内部责任份额系参照当事人之间的协议所确立，则根据内部约定对外无约束力的基本规则，外部连带赔偿范围依然主要通过原因力与过错程度综合比较确定，此时因最终责任份额的确定未曾考虑行为人的原因力与过错程度，故不涉及重复评价问题。

若如上所述，则需要司法机关与监管部门结合我国资本市场中介行业的经营发展状况以及审判执行经验，通过司法解释、会议纪要或者规范性文件的形式，制定切实可行的外部连带赔偿范围确定标准以及责任限额标准，以统一司法裁判与监管标准。此外，目前司法审判实践中一般以5%作为外部连带赔偿的最小比例档，[3]在巨额赔偿款面前，即使5%可能依然是一个天文数字，或可考虑1%、2%甚至更小的赔偿比例，以进一步消解中介机构无力偿债的风险。

与此相反，若仍依循传统赔偿责任的认定思路，即先确定外部连带赔偿份额，其实也未尝不可，只是此时需考虑以外部连带赔偿份额为基准确定最终责任份额。总而言之，既然内外赔偿责任的认定标准接近，便没有必要分别评价，而是应当在责任认定上体现出更多的关联或互动，如此也能限缩法官自由裁量的空间，减少恣意裁判的可能性。[4]进一步来说，如果能在同一诉讼中一并确定中介机构的最终责任份额，则更能避免当事人被诉讼所累，节约司法成本，实乃上佳之选。

2. 比例范围以外的责任承担

有观点认为，部分连带责任中，所谓的比例赔偿范围实际上是中介机构的最终责任份

---

〔1〕 S. D. Codified Laws §15 -8 -15.1 (Supp. 2000).

〔2〕 Minn. Stat. Ann. §604.01 (West 2000 & Supp. 2006).

〔3〕 如在“五洋债案”中，锦天城律师事务所在5%的范围内承担连带赔偿责任。而在“康美药业证券虚假陈述集体诉讼案”中也对有过错的独立董事分别确立了20%、10%与5%三档比例连带责任，其中5%也为最小比例单位。参见广东省广州市中级人民法院民事判决书，(2020) 粤01民初2171号。

〔4〕 参见冯德淦:《比例责任在侵权法上的适用之检讨》，载《法律科学（西北政法大学学报）》2020年第2期。

额，其对外仍然应当对全部赔偿数额承担连带责任，为此，须稍作澄清，虽然受害人有选择权，但若其可向中介机构主张由中介机构先行清偿超过比例范围的赔偿额，则部分连带责任与传统的连带责任并无区分实质，审理法院通过限制中介机构外部赔偿范围的方式以平衡投资者与中介机构利益的努力也将付诸东流。当然，若中介机构自愿承担超过比例范围的责任份额，则属意思自治的范畴，待对投资者清偿以后，其实质上便从投资者处取得了针对发行人或上市公司的债权请求权，可就该超出部分向发行人追偿，自不待言。

（二）赔偿责任履行顺位

在证券虚假陈述中，部分学者习惯将发行人或上市公司表述为第一顺位的责任人，这种说法可能并不准确。在对外承担赔偿义务方面，如果有顺位要求，则应当是先由第一顺位的责任人履行赔偿义务，若其无力清偿，再由第二顺位责任人进行赔偿，但在“中安科案”“五洋债案”等判决中介机构承担部分连带责任的案件中，不管是在判决文书内容里，还是具体执行过程中，均未体现这种赔偿责任履行顺位的要求，且这种纵向的连带往往需要法律明文规定，如《民法典》第 1198 条所规定的第三人侵权时安全保障义务人所承担的补充责任，〔1〕但在证券侵权领域的立法中，对于中介机构责任承担并未有类似规定，〔2〕不应当给投资者徒增求偿的程序负担。因此，在赔偿顺位方面，部分连带责任与传统连带责任应无差异，即只要受害人请求，连带责任人应当不分先后地向受害人履行赔偿义务。

五、结语

本文在梳理我国侵权法与证券法领域的学术观点以及比较法研究的基础上，对证券虚假陈述案件中中介机构的部分连带责任承担机制展开系统分析，并就审理法院的责任认定思路及标准提出改进建议，希望能为资本市场中介行业科学定责、激励相容目标的实现作出智识贡献。

证券市场既是企业融资的重要渠道，又是投资者投资理财的主要平台，为社会公众所广泛参与，是国家市场经济的重要组成部分。“法律为金融市场奠定了基础；私人治理可能会起到补充作用，但私人治理仍然受规则约束，并最终以法律为基础”〔3〕，欲使资本市场长期

〔1〕 我国侵权责任法创设的所谓“补充责任”，在学理上仍然存在争议。参见张平华：《连带责任的弹性不足及其克服》，载《中国法学》2015 年第 5 期。

〔2〕 根据最高人民法院在 2007 年公布的《关于审理涉及会计师事务所在审计业务活动中民事侵权赔偿案件的若干规定》第 10 条规定了会计师事务所过失出具不实报告下的补充责任，然而该规定仅针对会计师事务所，不具有普适性，且与上位法存在一定冲突，补充责任作为一种特殊的连带责任形态，一如前述，依据连带责任法定原则，应当由法律明确规定为宜。

〔3〕 [美] 斯蒂文·K. 沃格尔：《市场治理术：政府如何让市场运作》，毛海栋译，北京大学出版社 2020 年版，第 43 页。

稳定健康运转，需要依靠法治建设的不断更新，需要立法、司法以及行政监管等多方共同对规则的建构与完善。就该意义层面而言，中介机构的责任分担机制也是维持资本市场稳定运行的一环，涉及中介机构、发行人或上市公司以及投资者等多方利益，需要谨慎对待、及时完善。

在证券发行虚假陈述的案件纠纷中，一方面，应当注意到中介机构作为市场监督机制的一环，其功能也有限度，不应将其幻想成市场的“全能守护者”，而赋予远超其实际能力与薪酬的专业期待；另一方面，应当认识到对投资者的过度保护也是对市场机制的一种不当干预，从长远的角度来看实是弊大于利。为此，审理法院在处理赔偿义务人的责任分担问题时，需要注意中介机构与发行人、投资者之间的利益平衡，体现过罚相当，以维护资本市场的秩序与效率。同时，在商事领域中，法条规范如果过于抽象、粗糙，将使整个行业陷入不确定状态之中，[1]对于赔偿责任的认定思路与标准，也不应当以一般规则为依据，为应对司法实践现状中层出不穷的赔偿执行问题，相关立法规定与司法裁判标准须适时完善统一。

---

[1] See Alfred Jaretzki Jr., *The Investment Company Act of 1940*, Washington University Law Quarterly, Vol. 26: 3, p. 346 (1941).

我国证券责令回购制度的困境与路径优化

——以香港特别行政区洪良国际案为参考

何林华　宋　毅

目　次

一、移植与引进：证券责令回购制度的理论溯源与发展

（一）发端于美德的股份回购制度

证券责令回购制度的前身是股份回购制度，也即民事撤销交易制度，以美国和德国为典型。美国的股份回购制度规定在《1933年证券法》第12(a)(2)条："如证券发行人或者卖方在针对买方的招募说明书或者口头信息中有虚假陈述或重大遗漏，买方有权起诉要求卖方向其返还其买入证券支付的价款，并且应当支付利息，但应当返还买方因为购买证券获得的收益；同时卖方获得买方持有的

证券。"[1]该条赋予了投资者独特的民事交易撤销权，成为了美国证券侵权求偿体系的重要组成部分，也被称为股份回购模式。股份回购制度是指遭遇证券欺诈发行的投资者可以在得知真相后的法定时间内以起诉的方式撤销该证券投资，要求发行人回购投资者手中的证券份额，从而达到投资者返还证券份额，发行人返还投资者投资本金的效果。美国的股份回购制度实际上是以成文法的形式赋予了投资者证券交易的撤销权，在发行人欺诈发行时，投资者可以起诉的方式向法院请求启动股份回购模式。[2]

德国的股份回购制度以美国的股份回购制度为蓝本，但在此基础上进行了一定的发展。首先，在对诉讼方式的采用上，德国选择的是团体诉讼制度，将因为证券欺诈而权利受损投资者的起诉权授予某个具有社会公益性质的法定团体，由该团体代表所有利益受害方行使诉讼权，诉讼结果及于所有被代表投资者。其次，德国法律将股份回购的价格限制在"股票发行价及其以下"。与此同时，在欺诈发行之下，德国法律不允许投资者继续持有股票，亦不接受发行人以赔偿差价的方式进行私下调解，必须采用股份回购方式承担责任。[3]著名的德国电信股份有限公司便曾因为在信息披露中故意遗漏重大信息而被投资者起诉，要求其回购投资者的股票，在德国引起轩然大波。

（二）首创于香港：洪良国际案

证券责令回购制度的出现，要从香港洪良国际案谈起。于2009年上市的台资大陆企业洪良国际在2010年因试图贿赂为其提供审计服务的会计师事务所而被启动IPO核查，在此次核查中洪良国际被发现财务报表存在造假，最终被香港证监会定性为证券欺诈发行行为。2012年洪良国际被强制性判决回购所有已发行股票，在经历了停牌、冻结资金、回购股票、勒令退市等一系列程序后，以停牌时2.06元每股的股价向近8000名中小投资者进行股份回购，保荐机构也被吊销相应的牌照，有效地挽回了中小投资者的损失，成为打击证券欺诈发行的经典案例。[4]

此案之所以如此轰动，除了香港证监会对所有参与证券欺诈发行的主体都作出了合法且合理的处罚外，更重要的是在洪良国际案中首次适用了证券责令回购制度。该制度通过强制性手段迫使发行主体以特定价格收购投资者手中的全部股票，是使中小投资者权益及时、有效得到保护的有益探索。此案亦得到了国内不少学者的关注与讨论，获得了诸多肯定性评价，被看作是一种新的证券市场投资者救济模式。但我们在看到香港洪良国际案中责令回购制度发挥的巨大效用的同时，也应该看到该案一些不容忽视的个案特征。

---

〔1〕彭雨晨：《欺诈发行责令回购制度的法理误区与制度构建》，载《证券法苑》2020年第3期。

〔2〕参见王萍：《证券市场先行赔付制度研究》，载《清华金融法律评论》2022年第00期。

〔3〕参见梁俊凯：《证券欺诈发行中的责令回购制度研究》，载《上海法学研究》2021年第22卷。

〔4〕参见汤欣、谢日曦：《从洪良国际案到证券民事赔偿》，载《证券法苑》2019年第3期。

1. 发行时间较短，股票类型较为单一[1]

扣除法定节假日以及周末休市日后，洪良国际自成功上市到欺诈发行行为被揭露再到其停牌只经历了短短的 66 个交易日，发行人以及其他主体并没有足够的时间进行募集资金的转移，投资者大多也未来得及进行股票的转让与换手交易。如果其他案件中欺诈发行行为被发现得较晚，发行人及其他主体便有可能将募集资金进行转移和使用，随着股票在二级市场的流转，投资者属性也很有可能变得复杂而难办。此时，证券责令回购制度实行的难度将大大提升，该制度设计的初衷也将难以实现。

2. 股价未因欺诈发行发生大的变化

洪良国际案中的回购价格是统一按照市场价格进行操作的，这一步骤之所以能够顺利开展，得益于洪良国际上市时的股票发行价与停牌日的市场价相差不大，这期间股价波动相对平稳，而在别的案件中未必能满足这一条件。当然这也与洪良国际 IPO 造假被披露后相关部门采取举措的及时性与保密性有关，从被揭露到调查再到停牌，整个过程都未被媒体进行报道或传闻，也就避免了股价发生骤跌的可能。

3. 整个处理程序具有连贯性

洪良国际案的处理体现了香港证监会、港交所与香港法院的高度配合性，一连串的处理步骤与措施体现了极高的连贯性与专业性。2010 年 3 月，香港法院在香港证监会的申请下对洪良国际发出紧急强制令冻结其资产，与此同时，港交所在香港证监会的要求下对洪良国际进行停牌。而香港证监会也随后对洪良国际正式开展了调查，核实造假情况后即向香港法院申请对该公司实施责令回购。虽然募集资金并不是回购资金的唯一来源，即使因为处置不及时而导致募集资金无法追回，也可以要求发行人以其他资产作为回购资金的来源，但是这样一来必然会增加回购的难度和复杂性。

二、归去来从：我国责令回购制度的立法现状与构建逻辑

（一）责令回购制度在我国的立法现状

在 2013 年年底召开的“上证法治论坛”中，时任中国证监会主席肖钢便在会上认为我国应当研究建立责令回购制度。随后，中国证监会于当年年底发布的中国证监会《关于进一步推进新股发行体制改革的意见》中提到：要强化发行人及其控股股东等责任主体诚信义务，加强市场约束力部分要求，发行人及其控股股东应公开承诺，如果招股说明书中存在欺诈发行等行为，将依法进行股份回购。酝酿多年，责令回购制度在我国建立的想法终于迎来

[1] 参见刘华：《洪良国际 IPO 造假与毕马威审计风险管理案例分析》，载《财会学习》2012 年第 8 期。

了探索与尝试的机会。[1] 2019 年我国资本市场迎来了科创板的注册制改革试点，[2] 中国证监会发布的《科创板首次公开发行股票注册管理办法（试行）》（已失效）第 68 条指出：发行人存在欺诈发行行为并已发行上市的，可责令上市公司、控股股东、实际控制人进行股票回购。

科创板的成功试验为我国证券责令回购制度的建立奠定了基础，2019 年修订的《证券法》首次以法律条文的形式提出了证券责令回购制度，作为发行人虚假陈述案件中的一种民事责任制度。《证券法》第 24 条第 2 款规定：发行人欺诈发行上市的，可以责令其回购证券，或责令相关控股股东、实际控制人买回证券。由此，证券责令回购制度在我国得以正式确立，中国证监会有权要求欺诈发行的公司及其相关主体将投资者手中的股份以适当的价格进行回购以减少损失。[3] 然而，法律条文的规定终究是原则化且不细致的，还有待其他法律文件进行丰富和细化。2023 年 2 月，中国证监会公布了《欺诈发行上市股票责令回购实施办法（试行）》（以下简称《责令回购办法》），该文件对证券责令回购制度的具体内容进行了详细的规定。比如，从回购主体来说，证券责令回购制度的回购主体除了发行人，还包括有责任的控股股东或实际控制人；从被回购主体来说，证券责令回购制度中的被回购主体只能是"善意"投资者，即对公司欺诈发行的事实不知悉且不应当知悉的投资者。

（二）我国证券责令回购制度的体系构建

《责令回购办法》在《证券法》第 24 条基础上对证券责令回购制度的构建进行了较为详细的规定，使得该制度有了落地的基础而不至于沦为一纸空文。《责令回购办法》共 16 条条文，分别对立法目的、适用情形、回购对象、回购价格、决定作出、信息披露等具体方面进行了规定。

1. 责令回购的适用情形

关于发行主体在什么情况下中国证监会可以采取责令回购措施，也即具体适用情形，《责令回购办法》第 2 条规定：隐瞒重大事实、编造重大虚假内容并且成功注册发行上市。由此可见，并不是所有欺诈发行的主体都适用责令回购制度，只有欺诈发行并且成功上市的发行主体才是该制度需要规制的对象。事实上，证券责令回购制度的设立目的并不在于惩罚欺诈发行的上市公司，而是希望通过中国证监会的行政强制力量使得投资者的损失能够得到及时挽回，而未成功发行的公司对投资者尚未造成损失，因此并不符合责令回购制度的适用范围。与此同时，不具备清偿能力的发行人及相关主体也不会被强制回购，在明知其回购不

---

〔1〕 参见中国社会科学院课题组、陈甦：《证券法律责任制度完善研究》，载《证券法苑》2014 年第 1 期。

〔2〕 参见李有星、侯凌霄：《注册制下重大违法强制退市制度的困境与破解》，载《证券市场导报》2021 年第 10 期。

〔3〕 参见侯可欣：《论强制退市制度下中小投资者保护的法律困境与破解》，载《经济研究导刊》2022 年第 9 期。

能的情况下，既然无法实现挽回投资者损失的效果，便也不必适用证券责令回购制度了。另外，关于“重大事实”以及“重大虚假内容”的具体判断标准，该办法未多加赘述，这也留给了中国证监会一定的自我裁量空间。〔1〕

2. 回购价格和决定的作出

在回购价格的具体界定上，《责令回购办法》第4条将回购价格分为两种，即基准价格和实际买入价格，在个案中需要进行比较，哪个高便将哪个作为回购价格，当然回购者愿意承诺更高的价格便尊重回购者的意愿。在香港洪良国际案中，由于欺诈发行行为作出至案发的时间较短，发行主体的股价自上市发行后未出现较大波动，因此以当时的股票市场交易价格进行回购并无大碍，但实务案例中不排除发行人股票上市后存在股市震荡、股票下跌的可能性，因此我国对回购价格进行分情况的规定是合理的。〔2〕关于回购决定的作出主体，洪良国际案中是由香港证监会申请香港法院作出决定，即香港法院才是最终的决定主体，香港证监会只有向香港法院申请的权利。而我国内地在这一点上则完全不同，中国证监会可以直接作出责令回购的决定，根据《责令回购实施办法》第5条的规定，由中国证监会作出责令回购的决定，并公布责令回购决定书。在这一点上也体现了效率原则，责令回购制度的产生本来便是为了及时挽回投资者的损失，省去法院烦琐的诉讼流程将责令回购的权利直接赋予中国证监会，这或许是对香港责令回购制度的一种合理改造。

3. 回购程序

关于回购程序，《责令回购办法》仅第9条规定了欺诈发行人需在股票回购方案作出后特定时间内进行公告，并按照规定发出要约。以香港洪良国际案为参考，我国内地在这一方面的规定还忽略了对以下几个关键要素的考虑。首先，证券责令回购与民事救济路径的关系，责令回购制度的建立是为了给受害投资者在民事诉讼之外开辟一条新的救济渠道，但并没有排除民事诉讼这一救济方式，两者是并行不悖的。〔3〕其次，责令回购制度相比行政处罚有优点，目前对于欺诈发行作出的行政处罚数额都以发行人的全部募集资金作为基础，也就是说除此之外发行人也没有多承担其他违法成本。但在责令回购中，由于回购价格并不是固定的标准，《责令回购办法》第4条对此进行了灵活的规定，也有可能按比买入价格更高的市场交易价格来，此时发行人所需支付的回购资金很有可能超过募集资金本身，从而在一定程度上提高了证券欺诈发行的违法成本。最后，配套措施的完善，任何制度的落实都不可能是完全独立的，需要有其他配套的措施和与之相衔接的制度进行辅助，才可以最大限度地发挥这个制度的效用。

〔1〕 参见杨亚威：《证券欺诈发行背景下责令回购制度研究》，载《商法界论集》2020年第2期。
〔2〕 参见鲍彩慧：《欺诈发行责令购回的法律属性及制度实现》，载《投资者》2023年第1期。
〔3〕 参见梁俊凯：《证券欺诈发行中的责令回购制度研究》，载《上海法学研究》2021年第22卷。

三、我国证券责令回购制度的发展困境

(一) 责令回购的具体法律性质尚未明晰

事实上，关于证券回购我国立法经历了承诺回购到责令回购的变化与过渡，在证券责令回购制度正式出台前，2013年中国证监会的《关于进一步推进新股发行体制改革的意见》中规定的是承诺回购制度，发行人及其控股股东应在公开募集及上市文件中公开承诺，存在欺诈发行等行为的，将依法回购首次公开发行的全部新股。该“意见”颁布后的第二年，欣泰电气便因为欺诈发行而被中国证监会要求强制退市，成为国内该类型案件的第一案。

而责令回购制度借鉴自香港，我国内地的证券责令回购制度具体规定在《证券法》中新增的第24条第2款，在发行人“隐瞒重要事实或者编造重大虚假内容”的情况下，作为监管机关的中国证监会有责令发行人或其他相关主体回购证券的权力。实际上这也是对2014年修正的《证券法》第26条证券欺诈发行处理措施的补充，从而构成了完整的现行《证券法》第24条。从承诺回购制度到责令回购制度，体现了我国内地立法对于证券回购态度的转变，欺诈发行人的回购责任性质也从民事自愿性转化为行政强制性。[1]但这种强制性并不是绝对的，或者说这种强制性只针对发行人，责令回购措施施行下投资者仍然有选择是否接受回购要约的权利，仍然有一定的民事交易自愿性体现在这一制度中。[2]此时，对于证券责令回购制度的法律性质界定便存在了一些问题，证券责令回购制度与传统的民事责任追究方式具有一定的不同，同时似乎也与行政处罚等行政责任追究方式存在明显的差别。[3]

(二) 控股股东、实际控制人回购义务的合理性有待考察

根据《责令回购办法》第2条的规定，中国证监会可以直接要求实际控制人、控股股东承担回购股份的责任，甚至不论其是否对公司的财务造假行为存在主观过错。也就是说，在证券责令回购制度的体系之下，有关控股股东、实际控制人回购义务的相关规定直接刺破了上市公司独立法人人格的“面纱”，上市公司以其独立的法人财产独立承担责任并不是赔偿的第一顺位。所谓“法人人格否认制度”指的是在承认公司拥有独立法人人格的前提之下，若公司股东为了自身利益借此滥用该独立人格，对公司和其他主体造成损害，将与公司承担连带赔偿责任。在此制度之下，只有用充分的证据证明公司股东存在上述的滥用行为，法院才有可能判决公司股东对公司的损失承担连带赔偿责任。这其实是我国证券法体系在该条体现的控股股东、实际控制人与上市公司的一种“人格混同”，与我国《公司法》所提出的

---

〔1〕 参见杨亚威:《证券欺诈发行背景下责令回购制度研究》，载《商法界论集》2020年第2期。

〔2〕 参见李港:《欺诈发行上市股份责令购回制度的研究》，载《北方金融》2021年第4期。

〔3〕 参见孙泽杭:《欺诈发行责令回购制度的性质与功能定位探究》，载《金华职业技术学院学报》2022年第5期。

“公司法人人格独立”原则相悖。立法者希望追首恶、尽快挽回投资者损失的意图固然是可以理解的，只有这样才能够起到整治整个证券市场违法行为频发的乱象，但《证券法》与《公司法》并不是两个相互独立的部门法体系，两者的基本理念必须是一致的。换句话来说，一个国家的所有法律之间必须是并行不悖的，可以存在补充或重复规定的情况，但绝不能出现规定不一致且无法达到统一的情况，这将会给司法裁判带来难题，出现同案不同判的局面。

（三）责令回购制度与其他制度难以有效衔接

《证券法》除了确立证券责令回购制度以外，还在第93条和第95条分别确立了先行赔付制度和代表人诉讼制度，试图通过这三种制度的建立体系化地形成我国的证券投资者保护机制。乍看之下，这三种救济方式似乎互为补充，从不同的层面丰富了证券投资者维权的渠道，实际上它们之间并不是相互衔接的，目前来看只是法律对不同救济方式的罗列。

在这样的背景下，证券责令回购制度在整个投资者保护机制中的定位自然也不甚明晰，由于《证券法》除了第24条第2款的规定以外未对证券责令回购制度有所提及，导致救济者在具体选择救济方式时存在诸多疑惑：责令回购制度与先行赔付制度、代表人诉讼制度之间在救济选择上的不同点在哪里？换句话来说，这三种制度在投资者保护机制中分别承担着怎样的角色、应当应用于怎样的法律场景呢？这种制度定位的不明晰不仅违背了立法者希望赋予投资者多元化救济模式选择的立法初衷，也使得这三种制度无法各自充分发挥自己的作用。[1]以责令回购制度与代表人诉讼制度为例，倘若证券责令回购制度作为兜底的救济方式“备而不用”，那么投资者便会倾向于寻求代表人诉讼制度的帮助，责令回购制度最终将会面临被实质架空的局面。相反地，倘若证券责令回购制度被积极地进行适用，那么留给代表人诉讼制度的发挥空间将被大幅度压缩。因此，只有平衡好这三个制度在整个投资者保护机制中的定位与适用空间，解决制度之间的衔接问题，才能使得本文探讨的证券责令回购制度真正地落地生根，也才能使得我国的证券投资者保护机制更加完善和良性化发展。

四、路径演化：我国责令回购制度的改进与优化

（一）证券责令回购性质的明晰：属于行政命令的范畴

证券责令回购并不属于行政强制或行政处罚。行政强制分为行政强制措施和行政强制执行两种：所谓行政强制措施，是指行政主体在紧急情况下采取的针对相对人人身或财产的暂时措施；所谓行政强制执行，是指行政主体对于已经告知而拒不履行义务的行政相对人人身

〔1〕 参见孙秀振：《欺诈发行责令回购股票制度：目标定位及现实构建》，载《证券市场导报》2019年第5期。

或财产予以强行处置。[1]显然，证券责令回购制度并不符合行政强制措施的即时性特征，也不符合行政强制执行的拒不履行法定义务特征，因此，其并不属于行政强制的范畴。而所谓行政处罚，其最大的特征便是惩戒性，通过行政处罚来实现制裁与预防违法行为的目的。行政责令回购制度的设立显然并不是为了制裁欺诈发行人，首要目的是帮助中小投资者尽可能挽回损失，发行人支付的回购款也并不是归行政主体所有。

证券责令回购制度应当属于行政命令的范畴。所谓行政命令，是指对于行政相对人本身应当履行的义务且只能由其履行，由行政主体通过命令的方式要求相对人为或不为一定行为的意思表示。倘若行政相对人拒不履行行政命令所要求的内容，行政主体则可以对其作出行政强制或者行政处罚。证券责令回购制度显然满足行政命令的条件，是对于发行人的回购义务，由中国证监会进行强制性的命令要求，并且只能由发行人通过回购要约的方式才能实现相应的法律效果。虽然证券责令回购制度并不属于行政强制或行政处罚，[2]但一旦发行人拒不进行股份回购活动，则有可能受到行政强制或行政处罚的制约。在对责令回购制度性质进行明晰的基础之上，未来可以对其进行进一步的规定，比如拒不执行责令回购的命令应当受到怎样的行政处罚，使得我国责令回购制度体系更加完善。

（二）对控股股东、实际控制人承担回购义务进行合理的限制

据上文所述，为了保证我国证券法体系与公司法体系的统一与连贯，在证券欺诈发行案件中要求有清偿能力的控股股东、实际控制人无条件承担回购义务显然是不合理的。[3]但是，若将控股股东、实际控制人排除在证券责令回购的义务主体之外，又相当于成了欺诈发行主体的帮凶，很有可能放过真正的责任主体。因此，本文建议在保留此规定的基础之上对其适用条件进行合理的限制。目前《责令回购办法》只对没有清偿能力的控股股东、实际控制人进行了豁免。根据我国《证券法》第85条的规定，在证券虚假陈述案件中，为了追首恶、抓住“关键少数”，推定控股股东、实际控制人对上市公司的虚假陈述具有主观过错，除非上述主体能够证明自己没有过错。由此可知，在证券虚假陈述中，立法者将主观过错作为衡量控股股东、实际控制人是否应当负责的重要因素，而这也与公司法法人人格否认理论相契合。因此，在证券责令回购制度中也应当将主观过错作为一个重要因素进行考量，对不具有主观过错的控股股东、实际控制人，不能仅以其具有清偿能力为由强制要求其回购股票。虽然证券投资者由于处于信息弱势方等原因需要得到倾斜保护，但利益保护的天平不能一味地倒向投资者一方，[4]长此以往亦会影响整个证券市场的良性发展。

---

〔1〕 参见彭雨晨：《欺诈发行责令回购制度的法理误区与制度构建》，载《证券法苑》2020年第3期。

〔2〕 参见彭冰：《解构证券虚假陈述的民事赔偿制度——从先行赔付到投资者补偿基金》，载《商法界论集》2021年第1期。

〔3〕 参见于萍：《论上市公司因欺诈发行被责令回购股份制度的完善——以债券持有人权益保护为视角》，载《债券》2020年第2期。

〔4〕 参见彭雨晨：《欺诈发行责令回购制度的法理误区与制度构建》，载《证券法苑》2020年第3期。

（三）定位的修正及与其他制度的衔接

实践中，证券欺诈发行行为并不都是能在短时间内被发现的，在很多案例中欺诈行为被发现时距离行为发生已过去数年，此时持有该股票的投资者情况相对复杂，股价也跌宕起伏，更何况现实中会积极配合中国证监会的发行人更是寥寥无几。在这样的情况下，证券责令回购制度很难具体落实下去，极易面临沦为一纸空文的风险。因此，对证券责令回购制度的定位进行修正是极为有必要的事情，不宜继续停留在充分赔偿投资者损失的维度，不妨将其作为证券欺诈发行行为败露后走投无路的受害投资者退出的合适机会。[1]证券发行欺诈行为被曝光后，纵然有涨跌停板机制的存在，股价也必然面临急速下跌的风险，此时难以及时止损的投资者身陷困境。证券责令回购制度的出现给了这些受害投资者及时退出的机会，以较为合理的价格回购投资者手中的股票，以便他们及时脱手。

与此同时，对于其他的损失可以通过有能力的保荐机构进行证券先行赔付，将投资者与发行人之间外部矛盾转化为各责任主体之间内部追偿矛盾，证券先行赔付制度与证券责令回购制度的衔接构成了证券市场多元化解决机制中极为关键的一环。而对流程较为烦琐的证券代表人诉讼制度来说，其最大的优势便是解决了投资者自力救济环节中的一大难题——集体行动困境，并且司法执行的难度必然小于行政监管部门的执行难度，能够为证券投资者提供较为及时、有效的救济。因此，对证券代表人诉讼制度的定位应该是证券投资者寻求救济的兜底救济方式，虽然证券代表人诉讼制度需要等待的时间比责令回购制度与先行赔付制度要久，但是该种救济方式可以作为一种兜底救济方式，在其他救济路径走不通或者无法获得全部赔偿时发挥作用，从而真正、充分地做到维护中小投资者的合法权益。[2]

---

〔1〕 参见潘林：《股份回购中资本规制的展开——基于董事会中心主义的考察》，载《法商研究》2020 年第 4 期。

〔2〕 参见刘君博：《“双轨制”证券纠纷代表人诉讼的阶段化重构》，载《西南民族大学学报（人文社会科学版）》2021 年第 11 期。

泄密型内幕交易案件中“推定”的合理利用及其限度

许玉亲

目　次

一、问题的引入

（一）泄密型内幕交易的特征

根据《证券法》和《刑法》对内幕交易的规制，通过职务或者身份关系获得内幕信息的知情人和通过除了被泄密以外的非法手段获得内幕信息的人，既可能直接自己进行内幕交易，也可能作为内幕信息的第一手，通过泄露、建议的方式把内幕信息传递给后手，建议的方式包括明示和暗示，后手因此进行内幕交易，是内幕交易的行为人。这类包含信息传递的内幕交易属于泄密型内幕交易，第一手掌握内幕信息的人是泄密人，后手被称为受密人，内幕信息可能只经过一次传递，也可能传递多次，此时中间环节的前手受密人同时是后手泄密人，属于法律规定中通过泄密手段“非法获取内幕信息”类泄密人，最后环节根据被泄密的内幕信息进行内幕交易的是行为人。

泄密型内幕交易使内幕交易不仅可能发生在具有内幕信息相关性的人之中，任何第三方都可能成为受密人。从宏观的市场秩序上而言，内幕交易破坏了证券市场“公开公平公正”的交易基础；从微观的个案惩治上而言，泄密型内幕交易涉及的主体更广泛，因涉及泄密人和受密人的主观状态以及该行为往往属于单独个体之间的秘密行为，违法行为的隐蔽性更强，同时多环节的泄密型内幕交易的复杂性也增加，监管的难度更大。

（二）泄密型内幕交易案件中“推定”的必要性及其应用

在内幕交易案件中，往往需要合理利用推定来从客观角度证明主观意图和具有隐蔽性的客观行为，降低证券监管机构的证明难度，提高证券执法的效率。虽然现行法对内幕交易中泄密人和受密人的主观条件未做规定，但从法律逻辑的需要以及可操作性的角度而言，主观要件仍然有存在的必要，推定的应用也为证明主观要件提供了可能。

推定是指通过证明基础事实，假定另一个事实推论或者结论是正确的，基础事实和推定事实之间的联系是由于经验法则和逻辑法则的应用，只有在缺乏有效反证的情况下，推定事实才成立。推定是基于公共政策、公平性、便利性的考虑，往往推定事实是举证方所难以掌握和证明的。推定的特点是降低了负有举证责任的人的证明责任，转移了证明责任，使对方承担举证不能的证明风险，而且相对于“自由心证”又具有一定的确定性。[1]

内幕交易责任的主要推定包括：一是通过过错推定原则证明泄密人和受密人具有故意或重大过失；二是通过个人利益原则推定泄密人主观上具有不正当的泄密目的，客观上违背了应承担的义务、从事了泄密行为；三是综合受密人有获知内幕消息的可能且有异常交易，推定受密人“知悉”泄密人违反信义义务以及“利用”内幕消息进行内幕交易，理论上“知悉”要件也应当同时作为“利用”要件的前提。泄密人和受密人若符合以上推定的客观内容且达到一定证明标准，则内幕交易责任成立。

二、泄密人和受密人的过错推定原则

（一）泄密人和受密人都可能存在“一般过失”

过失是指在泄露内幕信息过程中的主观心理状态，由于法律对内幕信息的知情人提出更高的注意要求，因此可以区分重大过失和一般过失。一般过失是行为人虽然没有达到法律对其特殊身份的较高要求，但是没有违背一般人应当达到的一般注意义务；重大过失是连一般人应达到的注意标准都未达到的过失状态，也是多数情况下泄密人的主观状态。

---

〔1〕 参见龙宗智：《推定的界限及适用》，载《法学研究》2008 年第 1 期。

1. 泄密人可能存在的"一般过失"

属于"一般过失"的特殊情况主要包括以下四种类型：一是受密人是在公开场合偶然听到内幕信息知情人和其他人的对话的，不是通过泄密人和受密人之间的私人对话，该公开场合也不是商业活动等知情人应当保持更高警惕性的工作场合；二是泄密人在和行为人的私人对话中只是基于公开信息进行答复，[1]或者给予了如"风险不大"一类主要具有交流、推测性质的建议，[2]达不到实质性地泄露内幕信息的程度，受密人主要通过猜测和自行判断进行交易；三是泄密人未主动泄露，也已经进行了相关的保密工作，但一时疏忽被受密人偷看偷听；四是因受密人保证自己不会泄露或者利用信息，泄密人对信息泄露和内幕交易不具有预见性等。以上特殊情况下，泄密人应属于一般过失，不构成内幕交易。

2. 当且仅当泄密人满足"一般过失"时，受密人可能因为被动接受内幕信息而不具有主观罪过

在泄密人具有主观违法性的前提下，受密人对信息来源、信息内容和泄密人违法性都是明知的，其进行内幕交易不可能基于"过失"心态。受密人被动接受内幕信息只发生在泄密人处于不具有主观违法性的"一般过失"心态下，主要包括受密人无意听到内幕信息和只是在普通交流中对知情人的话语进行猜测这两类特殊情况，受密人基于可能属于具有重大非公开性的信息进行交易，也属于一般过失，但不应受内幕交易相关法律规制。

（二）应明确"一般过失"免责

1. 泄密人基于"一般过失"泄露内幕信息不应属于规制范围

首先，泄密人本身没有泄密目的。其次，采取一定保密措施可以体现泄密人对其合理谨慎义务的认识和履行，虽然没有达到法律对其特殊身份的较高要求，但是没有违背一般人应当达到的一般注意义务。美国证券法下过失泄露不承担内幕交易责任，泄密人如果善意地相信受密人不会根据其透露的内幕信息进行交易或者二次泄露，就可以免责，则比之更轻的过失更应当属于不承担责任的一般过失。

2. 受密人知悉特定的未公开信息，不当然负有保密和禁止交易的义务

如果受密人只是知悉特定的未公开信息，对信息的来源缺乏了解，也没有基于其他途径产生的明确的保密义务，则受密人也缺乏作为内幕交易行为人的主观要件，不宜以内幕交易的责任进行处罚。如果赋予所有知悉特定未公开信息的公众以禁止交易和禁止对外披露的义务，会影响公众对证券、期货市场正常咨询信息的获取和分析，[3]有过分扩大犯罪主体、不

---

〔1〕 参见《中国证监会行政处罚决定书（上海金瑞达资产管理股份有限公司、王敏文、刘晓霖）〔2013〕16号》。

〔2〕 参见《中国证监会行政处罚决定书（包维春、冯振民、吴春永）〔2013〕14号》。

〔3〕 参见韩轶：《内幕交易、泄露内幕信息罪犯罪主体认定的"辩审冲突"问题研究》，载《法商研究》2023年第1期。

符合文本解释的嫌疑。美国证券法实践也体现了这一观点，法律的重要原则是防止以接收、分析、分享、讨论各类金融市场信息包括以未公开信息为业的市场分析师、基金经理、财经记者因内幕交易法律制度的过度管制，妨碍证券市场的信息生产、使用和流通。

综上，强调泄密人和受密人的主观过错限制，明确“一般过失”不构成内幕交易责任，包括行政责任和刑事责任，一是为了将内幕交易相关法律规制的重点限制在泄密人和受密人具有故意串通的严重违法行为，明确行政和司法打击的重点，使行政机关和司法机关对内幕交易的打击都更精准，维护证券市场公平公正的整体利益；二是平衡市场效率和市场公平，使内幕信息知情人的普通行为和一般的社会公众不被过于严苛的法律所限制，促进证券市场信息流通的效率，增强证券交易的稳定性。目前内幕信息相关案件的行政执法中存在打击范围不明确的问题，将认定为一般过失的行为也认定为违法，可能导致打击面过宽，更容易出现选择性执法，[1]这个问题急需明确和改善。

（三）防止利用“一般过失”规避法律，采取过错推定原则

基于督促内幕信息知情人加强保密意识、完善保密措施的目的，以及实践中知情人和行为人很可能串谋后通过“一般过失”作为规避内幕交易法律责任的工具，一方面，法院如果认定泄密人属于“一般过失”需持谨慎态度，不能降低泄密人在内幕信息敏感期内的保密义务，如泄密场合是在商业活动中，或者泄密人明知其和内幕信息相关交易的关联性属于公开信息，仍和受密人就内幕信息进行交流，则泄密人没有达到合理谨慎的要求，不能认定为“一般过失”。参考英国法律，一般过失指的应当是知情人在过失泄露的时间点，对他人会根据该内幕消息进行交易或者再次泄露，缺乏预见性。[2]在认定泄密人属于“一般过失”的前提下，才考察受密人是否属于“一般过失”。

另一方面，由执法人员证明泄密人或者受密人的过错本身具有很大难度，而且内幕交易案件中“一般过失”属于特殊情况，一般情况下，泄密人传递了内幕信息且受密人进行了内幕交易，如果不存在上一部分所列举的特殊情形，泄密人至少明知受密人可能因其泄露内幕信息而进行内幕交易并对此持漠视和放任的心理，满足“故意”的要求，泄密人满足主观违法性则受密人不存在通过“一般过失”免责的空间。因此在主观构成要件方面需采取过失推定原则，在满足泄密和交易的客观要件的前提下，推定泄密人和受密人满足内幕交易责任的主观要件，除非行为人反证自己没有过错或者只是一般过失，否则行为人应当承担举证不能的不利后果。

（四）行为人提出抗辩时，考察“重大过失”的因素

采取过错推定原则一般直接推定行为人属于“故意”，除非行为人提出其属于“一般过

[1] 参见李超男：《内幕交易行政处罚的证明规则研究》，华东政法大学2019年硕士学位论文。
[2] 参见戴健：《内幕交易主观要件之探讨》，载《法制与经济（中旬刊）》2010年第11期。

失"的证据，才区分"重大过失"和"一般过失"。针对受密人，只需在可认定泄密人"一般过失"的情况下考察受密人提出的特殊情形是否属实；针对泄密人，则需要结合证据从以下几个方面综合考虑"过失"的程度：一是内幕信息的重大程度，包括内幕信息对交易价格可能产生的影响程度，越重大的信息泄密人应当保持越谨慎的态度；二是泄密导致的后果，包括信息扩散的广度和深度、对证券市场的影响程度，泄密的后果侧面反映了泄密人对其合理谨慎义务的违反程度；三是泄密人作为内幕信息知情人或者非法获取内幕信息的人，对内幕信息的了解和掌握程度，知悉程度越高，泄密人应当负有的注意义务更高；四是泄露内容占泄密人掌握的该内幕信息的百分比，以及泄露内容清晰程度，泄露的内容越多以及泄露得越具体，都表明泄密人更可能具有"故意"及"重大过失"的主观态度；五是泄密人采取的保密措施，保密措施越完善，体现泄密人的谨慎程度越高，过错程度就越低。

三、对泄密人违法性构成要件的推定

如果行为人提出抗辩后法院认定其主观为重大过失，则泄密人的违法性构成要件还需考察其客观方面是否构成违反信义义务或者违背信息保密义务；行为人没有特别抗辩主观罪过的情况下，一般推定为故意，则泄密人的违法性构成要件不仅考察客观方面，还包括主观方面是否具有不正当的泄密意图，如为获取个人利益。违反信义义务或者违背信息保密义务、具有不正当的泄密意图这两个构成要件具有很强的主观性和隐蔽性，在少数情况下，监管机构可以直接通过泄密人和受密人之间沟通交流的时间和内容证明泄密人的泄密行为，不需要运用推定；多数情况下，监管机构只能证明二者之间有联络、接触，或者二者具有身份或财产上的密切关系，从而有泄密的可能。

（一）个人利益标准的发展和内涵

从更具体可操作的角度而言，美国法参照个人利益标准，通过泄密人从泄密中获得个人利益推定泄密人属于不正当泄密且实施了泄密行为。从个人利益标准确立的立法意图而言，美国法院认为存在合法的内幕交易，典型情况是通过对公开可获得信息的搜集加工处理，发掘出未公开信息，以及公司内部的知情人是基于揭露公司内部不法行为的目的而泄密的，这类情形以泄密人未通过泄密获得个人利益为标志。

在美国判例法中个人利益标准的内涵通过案例进行了解释和演变。Dirks 案确立了内幕交易责任的构成要件，包括以个人利益作为泄密人违法性的客观标准。一是个人利益的内涵包括有形物质利益和最终可能转化为有形物质利益的间接利益，如名誉利益；二是泄密人将内幕信息"无偿"泄露给亲友的，视为泄密人获得个人利益。Newman 案中，上诉法院为了防止内幕交易的执法泛滥，将个人利益仅解释为有形利益，同时反驳了仅通过证明泄密人和受密人是亲友关系，就等同于泄密人获得个人利益的观点，强调这种亲友关系必须足以产生一种利益交换关系，这种利益是客观存在、具有一定重要性、至少能体现潜在的货币价值的。针对这两个案件判决的冲突，联邦最高法院在 Salman 案中做出指引，重申了 Dirks 案的标准，认为泄密人和受密人是亲友关系的，无须证明个人利益的货币属性。但仍然遗留的问题是：亲密关系达到何种程度可以将泄露给亲友的行为认定为泄密人获得个人利益？联邦最高法院给出的答案是必须结合个案案情而不能给予普适的标准。[1] Martama 案中，第二巡回区上诉法院产生了激烈的争议，多数意见认为只要泄密人存在使特定的受密人获利的意愿，就无须考虑泄密人和受密人之间的关系；少数意见则强烈批判了这种抛弃泄密人和受密人之间亲密关系的理解，他们认为，其一，要认定泄密人使特定受密人获利的意图，不能脱离二者的关系；其二，只考虑意图而不考虑关系使对泄密人违法行为的认定过于主观。

首先，个人利益显然不是单纯的有形利益，个人利益的内涵需要实践的不断完善，许多作为抗辩理由的“无偿泄密”实际上是隐蔽的具有货币价值的个人利益，如介绍客户、免费提供娱乐、推荐资格、和有实质性商业往来的受密人保持良好关系等。

其次，泄密人和受密人的亲疏关系决定“获得个人利益”的证明标准应当获得赞同，二者之间具有一定亲密关系的，即可以视为泄密人获得了利益的回报。原因如下：其一，亲密关系为利益交换提供了隐藏性，例如在泄密人和受密人保持长期亲友关系的前提下，泄密人和受密人之间形成一个利益共同体，对双方的收益和付出进行内化，泄密人获得的具体利益很难探查；其二，个人利益具有复杂性，从泄密人和受密人的亲密关系入手可以降低证明难度。同时，一定的亲密关系也不能过于宽泛，即使是亲属、同学、朋友，也应当满足二者其一才能确定亲密关系：一是考察二者之间的亲密程度是否能够构成利益共同体；二是考察双方的利益往来，是否可能存在隐蔽的利益交换，具有一定的可变现价值。

（二）个人利益标准应当作为首要的判断工具

有学者认为，在个人利益标准得到满足的情况下，可以确定泄密人的行为违法；但“获得个人利益”不是泄密人唯一的泄密意图，即使泄密人只要知道因其泄密他人会利用内幕信息，而且对他人的内幕交易提供了帮助，即使是“损人不利己”的行为，也应当受到谴责。[2]

本文认为，个人利益标准在判断泄密人具有不正当泄密意图和违法泄密行为方面至少应当作为首要的判断工具。首先，“获得个人利益”符合绝大多数的内幕交易案件中泄密人的情况，目前并没有更合理的客观标准对个人利益标准具有替代性。将具有客观性的个人利益标准只作为判断工具之一的话，更多情况下证券监管机构会因难以证明泄密人获得个人利益而草率抛弃这个标准，转而以更为模糊和主观的标准和证据给泄密人定罪，不利于平衡保护内幕信息知情人的利益。其次，泄密人完全不获得个人利益而泄密、损害证券市场的情况应

---

〔1〕 参见郑晖：《美国泄密型内幕交易法律责任中个人利益标准研究——兼谈泄密型内幕交易罪之中美对比》，载《证券市场导报》2017 年第 6 期。

〔2〕 参见朱子琳：《论泄密型内幕交易规制的问题与完善》，载《金融法苑》2023 年第 1 期。

当是很少见的，而且完全不利于泄密人，这至少说明泄密人和受密人不存在任何身份上和财产上的联系，此时受密人面对的是陌生人的泄密，其是否相信内幕信息并据此进行交易具有许多的主观因素，对损害证券市场公平性而言意义很小，如果未造成内幕交易责任应具备的损害后果，证券监管机构和法院也并非有一定必要进行规制。再次，个人利益标准应当继续完善，针对利益的流动性和货币价值属性进行拓展和限定，防止泄密人通过各种隐蔽的利益交换规避法律，但也要防止监管机构对证券市场的无节制干预。最后，在判断泄密人在主客观方面的违法性时，个人利益标准具有首要作用但也不是唯一判断工具，在例外情况下个人利益标准和所证明的主客观要件之间存在冲突的时候，也需要辅以其他更合理的判断因素。

（三）个人利益标准应用于中国法的问题和完善

中国未将获取个人利益作为泄密人内幕交易责任的构成要件。在我国证券市场发展的初期，内幕交易案件频发，这决定了应以打击内幕交易而非平衡保障内幕交易行为人的利益为主要任务。但为了市场进一步稳定发展以及法律制度更加完善，在打击内幕交易的过程中，需要以“个人利益标准”限制证券监管机构的权力和保障内幕信息知情人的利益，结合泄密人有“泄密行为可能”和“获得个人利益”推定泄密人满足泄露内幕信息责任的客观方面和主观目的。在中国法应用个人利益标准的过程中也需要解决一些问题。

1. 明确“个人利益”的含义

其一，在泄密人和受密人具有亲密关系或者利益联系的情况下，推定为泄密人获得个人利益，但亲密关系和利益联系的程度不是一个确定的标准，需要结合个案的具体情况。可以结合以下几个因素：一是配偶、子女、父母等属于近亲属关系的，应当直接认定为利益共同体；二是考察二者之间的交往频率、交流内容等，是否具有长期稳定的友好关系或者具有串谋共同获益的可能性；三是考察二者之间是否有资金上的出借、赠与等往来情况，是否具有一定利益上的相关性或者受密人以其他非物质回报的方式进行利益返还。

其二，个人利益本身具有一定的模糊性，例如个人利益是否包括泄密人精神上的满足感、声誉和影响力的提高或者暂未变现但具有变现可能的其他无形利益具有争议。监管机构和法院主要应当围绕该无形利益变现的可能性大小、变现和无形利益联系的紧密性程度进行考察，在认定泄密人属于“获得个人利益”的情况下，明确泄密人获得何种无形利益、该无形利益的变现途径以及可以变现的时间，从而增加论证的说服力，也为证券市场的参与者提供行为指引。

其三，“因泄密”而获得的个人利益才满足个人利益标准，基于执法者难以探查获得个人利益的原因，执法者无须证明“因泄密”，但如果行为人能够证明该个人利益是基于其他正当行为，和可能存在的泄密行为无关，此时应当视为不满足个人利益标准。

2. 个人利益标准的厘清

获得个人利益和泄密目的的正当性、违反信义义务或者保密义务之间具有关联性，但并非完全的对应关系。

一是泄密目的虽然不正当，行为人因违反信义义务或者保密义务可责，但泄密人没有获益，或者所获利益和泄密行为无关，不符合个人利益标准。例如泄密人可能基于对公司不满、报复公司的心态实施泄密行为，此时泄密行为也属于出于不正当的泄密目的，但泄密人未因泄密获得个人利益。如果能够明确泄密人的不正当目的，或者能够从内幕信息内容的层面明确泄密人实施了泄密行为，则不需要运用个人利益标准进行推定，泄密人作为员工违反了对公司的信义义务，且对无辜的证券市场参与者构成证券欺诈，应当对这类行为以内幕交易罪进行规制。但多数情况下，很难明确泄密人的主观目的和泄密行为是否发生，主要通过泄密人和受密人的供述等进行判断，因此才需要个人利益标准进行客观的佐证。在不能明确泄密人具有不正当目的或者具有泄密行为的情况下，如果没有证据证明泄密人获得个人利益，不应当过分广泛地应用内幕交易的相关法律规定，使内幕交易知情人陷入自证困境。

二是泄密行为具有正当目的，行为人本应被豁免，但泄密人在具有揭露公司不法行为的意图下又收受了物质回报，符合个人利益标准。为了促进和鼓励公司内部人对公司的监督，应适当允许以揭露不法的正当目的进行个别披露，首先，要结合泄密人所获个人利益和对证券市场健康有序运行的客观影响，结合可能避免的损失相应降低或者免除泄密人的责任，其次，不能允许泄密人借正当的泄密目的任意获利，过度获利应要求泄密人返还。

四、对受密人违法性构成要件的推定

（一）违法性构成要件："知悉"并"利用"内幕信息

1. "知悉"的内涵

对"知悉"要件有三个层次理解，一是知悉内幕消息内容本身，二是知悉内幕信息具有重大性和未公开性，三是知悉泄密人违反了信义义务或者保密义务和知悉泄密人因泄密获得了个人利益。

（1）固有的"知悉"对象：内幕消息的内容

第一层次中，内幕信息内容本身的真假应当影响对内幕交易责任的判断。有学者认为，受密人获取内幕信息的手段是非法的、据此进行交易是非法的，因此，无论内幕信息的真伪、内幕交易是否因传递而失真，行为人都应当承担内幕交易责任。[1]但既然内幕信息责任打击的是破坏市场交易秩序的行为，虚假的内幕信息自然不会破坏交易秩序，客体要件不满足，应当成为行为人抗辩的理由。

真实的内幕信息发生了部分改变但不影响证券市场价格趋势的，不应影响内幕交易责任

〔1〕 参见吴美满：《运用大数据分析突破"零口供"内幕交易案》，载《人民检察》2018年第2期。

成立。在苏某鸿案中北京市高级人民法院认为，内幕信息事实上是上市公司拟进行并购重组这一整体，方案内容的变化不影响内幕信息的认定。[1]因为内幕信息的主要功能是引导、促使受密人据此进行内幕交易，只要行为人进行内幕交易的趋势还满足内幕交易的整体内容对价格的影响趋势，行为人就已经通过不正当获取的内幕信息对市场秩序造成破坏。

(2) 具有争议的“知悉”对象

除了第一层次均包含在“知悉”对象内，美国法律实践中主要采取第三层次的要求。有学者认为，受密人承担责任的前提应包括知悉泄密人违反了信义义务或者非法获取内幕信息，通过泄密人从受密人处获得该内幕信息的对价而证明，从而受密人也必然知悉泄密人获得个人利益；在泄密人和受密人具有亲密关系的情况下，对价和受密人的“知悉”也就不需要证明。[2]还有学者认为，基于内幕交易泄露责任的基本框架应当是受密人的违法性源自泄密人的违法性，受密人应当知悉泄密人的行为违反了信义义务且获益。

中国法律实践则主要采取第一、二层次的要求。有学者认为，和美国法基于保障员工对公司的信义义务理论而禁止内幕交易不同，我国法律禁止内幕交易的理论是保障证券市场的参与者平等获取市场内的信息。还有学者认为，只需证明受密人知悉自己所获得的信息是重大、非公开的即可：一是基于禁止内幕交易保障市场公平的目的，知悉信息的重大非公开性，已经获得了不公平的信息优势，具有归责的前提；二是因为知悉泄密人违反信义义务主要发生在泄密人和受密人合谋的情况下，并非所有内幕交易案件都具有这个要件。实践中，如果监管机构要证明受密人了解信息的重大性和未公开性，难度很大，因此证监会采取的做法只需要达到第一层次“知悉”该内幕信息内容本身即可。

(3) 对“知悉”对象和证明责任的理解

本文认为，对“知悉”要件的理解，由于我国刑法分设“内幕交易罪”和“泄露内幕信息罪”，泄密人和受密人可以分别确定责任，并非必须遵循美国法上受密人责任源于泄密人责任的框架，受密人的违法性主要在于内幕交易对市场秩序的破坏，而不仅是和泄密人进行串谋。受密人的保密和禁绝交易的义务来源于：根据受密人的学识、能力，在明知信息来源是能够接触到内幕信息的知情人的前提下，明知其传递的信息很可能具有重大性和未公开性，也明知该信息的泄露会造成证券市场交易者的利益损失。例如，周某和内幕交易案中，受密人和泄密人具有师生关系，进行过合作投资，也存在资金往来，其知悉泄密人参与内幕活动，则其理应认为泄密人透露的内幕信息具有较强的确定性与较大的实现可能。[3]

因此，理论上受密人的“知悉”应当达到知悉该内幕信息的重大性和未公开性。只达到

---

[1] 参见北京市高级人民法院行政判决书，(2018) 京行终445号。

[2] 参见朱大旗、陈鹏：《反欺诈论下泄露型内幕交易推定的适用及其限度》，载《法律适用》2022年第4期。

[3] 参见最高人民法院行政裁定书，(2017) 最高法行申8678号。

对内幕信息内容本身的知悉，那么内容信息就成为了纯粹的市场中的信息，受密人不应承担过度的责任。虽然不必达到知悉泄密人违反了义务或者知悉泄密人因泄密获利的程度，但如果能证明受密人和泄密人之间存在和内幕交易相关的利益输送，当然可以从更高层次证明二者均具有违法性。另外，理论上的论证程度不等于实践中监管机构的证明责任，由于受密人"知悉"的内容主观性很强，必须适当平衡双方的证明责任，运用"推定"降低监管机构的证明难度，更多地留给受密人反证推翻的空间。

2. "利用"要件的必要性

除了《证券法》第50条，其他内幕交易相关法律未提及"利用"要件，其他行政法规等法律文件也表明"利用"要件的必要性存在分歧。

从法理基础上而言，仅仅"知悉"内幕信息以及在公开市场进行交易本身不构成犯罪，内幕交易相关的行为和"利用"内幕信息进行交易是分不开的，如果抛弃"利用"要件，不仅社会公众难以信服，根据法律规范自己的行为，执法者也无法自洽其中的法律逻辑。

从实践上看，如果排除"利用"要件，过于宽松的定罪标准也会影响证券市场的交易安全。有学者列举了在证券市场中具有正当性但没有特别豁免规定的交易行为，可能因不包含"利用"要件的定罪标准而被认定为内幕交易：如作为证券交易组织者的做市商，能够掌握调动市场活跃性和调节市场过度投机的主动权；基于法律许可的稳定证券价格的目的，证券承销商通过交易对价格进行控制等。[1]除了这些应被豁免的行为可能被不适当的法律过度控制，证券市场上还有许多其他的合理交易将陷入法律风险，随着证券市场、金融工具的不断发展这类现象将继续增加，证券市场的参与者难以建立合理的行为预期。

因此，对法律的解释应该遵循体系解释的方法，将内幕交易有关的法律规则统一为一个整体看待，《证券法》中对"利用"要件的确定也应当应用于所有内幕交易责任的相关规则。在实践中，办案人员为了简化程序和降低证明难度，灵活地认为既满足泄密人和受密人在内幕信息敏感期内有联络的条件，又能够证明双方联络的内容和内幕信息有关的可以直接认定为内幕交易。这样的观点实际上是法律对内幕交易构成要件规定不明确造成的缺陷，应当明确"知悉"和"利用"要件共同构成受密人的内幕交易责任。

实际上，唯一的问题在于证明"利用内幕信息是受密人进行交易的根据"十分困难，但工作的重点应当是如何解决"证明"难题，而不是纠结于"利用"要件的存废。从法律内在逻辑的严谨性和正当性而言，都不应当把废除"利用"要件作为应对措施。

（二）推定的基础事实和考察因素

在少数情况下，监管机构可以通过泄密人和受密人之间沟通交流的内容直接证明受密人知悉内幕信息；多数情况下，监管机构只能证明受密人"有获取内幕信息的可能"，这种可

〔1〕 参见曾洋：《证券内幕交易的"利用要件"》，载《环球法律评论》2013年第6期。

能往往通过泄密人和受密人有联络、接触或者二者之间具有密切的身份关系或者财产关系所体现，再结合证明“交易异常”推定受密人“知悉”内幕消息。“利用”内幕消息虽然也是独立的构成要件，但往往通过“知悉”和“交易异常”结合进行推定，因此认定受密人的责任重点在于“交易异常”的认定。

1. “交易异常”考察的因素

根据内幕交易司法解释的规定，“交易异常”主要考察三个方面的因素：一是时间上的吻合程度，主要是交易或撤销交易、账户以及资金变化的时间对比内幕信息敏感期，尤其是内幕信息形成后或者受密人和泄密人联络、接触后短时间内，受密人即进行有关交易或者交易准备的，其交易的动机很可能是“知悉”并“利用”该内幕信息。二是和正常交易的背离程度，一个对比因素是行为人的交易习惯，包括单次交易的金额、交易的频率和次数、通常的交易时间、交易的数量和比例等，典型情况是行为人在某一集中时间点或者分散多次购入，最终在短时间内以超过以往大部分交易的资金用以持有内幕信息相关的金融产品；另一个对比因素是市场上的一般交易情况，通常是根据该金融产品的公开信息反映的价格趋势。三是泄密人因内幕交易的获利情况，该内幕交易相关的账户或者资金和泄密人之间存在利益联系，如泄密人转移资金到受密人账户让受密人进行操作。

2. 考察过程

“交易异常”是一个综合考察的因素，不能单纯或片面地从一个方面进行考察，而应当结合全案证据综合分析三个方面的要素；[1]行为人就交易的异常因素提出抗辩时，也不能单从某一因素必然反驳“交易异常”。例如受密人确实有集中交易的习惯，内幕交易的交易方式并无特别异常，但不能据此必然抗辩受密人存在利用内幕信息进行交易的可能，如果受密人在交易时间上和可能获悉内幕消息的时间高度吻合，又不能提供有力的解释在敏感期内对内幕信息相关金融产品的偏好，仍然可能被综合认定为内幕交易。

例如周某和内幕交易案中，证明“交易异常”的因素主要包括：在内幕信息公开前，受密人采取了卖出其他股票回笼资金、集中交易、单一交易等方式，受密人所操纵的其他账户更是不惜亏损卖出股票也要将资金集中在内幕信息相关的股票上，证明受密人买入意愿坚决，体现出与市场上一般交易趋势以及行为人交易习惯的背离；受密人的交易时间与受密人和泄密人的联系时间、泄密人自身进行内幕交易的时间均高度趋同，体现了受密人很可能受泄密人告知内幕消息的影响而进行交易。在该案件中，受密人的辩称主要包括：其大量投入或转移的资金属于闲置资金，但即使资金不是通过筹集的方式进行集中，也不影响整体上大量资金转移用以持有内幕信息相关的金融产品；行为人辩称在内幕交易敏感期内有少量的卖出交易，但整体交易趋势是买入且获利，但是整体而言不能反驳“交易异常”的认定。

---

〔1〕 参见赵靓：《泄露内幕信息罪、内幕交易罪的认定——冯方明、陈晓霞、陈晓芳、高峰内幕交易案》，载《法律适用（司法案例）》2017 年第 24 期。

（三）对受密人的抗辩进行限定

受密人抗辩的原则应当是对推定事实的根本性反驳。反驳“知悉”要件是很困难的，很难证明泄密人和受密人在身份、财产、交流上的所有联系完全和内幕信息的内容以及属性不相关。因此如果满足“交易异常”的基础事实，主要抗辩方向是反驳“利用”要件，即受密人即使在完全不知道内幕信息的情况下，仍然会进行同样的交易行为。

受密人可能有多种多样的理由辩解不是因为内幕信息而进行交易，例如事先的长期交易计划、合同约定、其他交易目的如对冲等具有一定客观性的理由，执法者和司法机构可以更多关注受密人所提供证据的真实性；自身判断市场走势、相信另一非泄密人的友人的推荐等相对主观性的理由，执法者和司法机构可以结合受密人的知识、职业、专业程度、交易习惯、是否有专业团队帮助、进行推荐的友人的专业程度、友人推荐时的具体理由等进行综合判断。受密人的证明程度要达到能够排除“利用”内幕信息可能性。

五、间接证据推定需形成完整证明体系

随着中国证监会打击内幕交易的力度的增强，执法者对于责任构成要件的证明标准和程度相对忽视，对被内幕交易责任处罚的泄密人和受密人的辩称回应也较少，除了在防止内幕交易方面保障了市场安全以外，也在破坏交易稳定方面对市场的秩序造成了一定损害，而且涉及相关人的重大利益。内幕交易具有隐蔽性和复杂性的特点，以及当事人与证据距离的远近理论都决定了内幕交易案件中行政机关自由裁量权的客观必然性，主要的执法手段仍应当是通过间接证据推定案件事实，形成完整的证明体系，能够得出唯一结论的，应依法认定行为人责任。〔1〕但在此基础之上，需要从证据链和证明标准方面对执法者进行一定的限制，要求行政监管机构在行使自由裁量权的时候更加谨慎。〔2〕

（一）证据链应完整充分地体现责任构成要件的法律逻辑

泄密人泄露内幕信息的责任构成要件有以下几种：首先，主体要件，多数情况下，泄密人是身份犯，应当属于法律规定的“知情人”的范畴；少数情况下，有证据证明泄密人属于以泄密以外其他非法手段获取内幕信息的人员，其非法获取内幕信息的行为本身具有违法性，可先确定其非法获取应承担的相应责任。其次，客观要件，多数情况下，除了泄密人能够提供有力证据证明“获得个人利益”和“泄密行为可能”无关以外，通过“泄密行为可能”和“个人利益标准”推定泄密人实施了违反信义义务或保密义务的泄密行为；少数情况下可以直接确定泄密人泄密的时间及具体内容。最后，主观要件，在泄密人不能提供有力反

〔1〕 参见北京市高级人民法院刑事裁定书，（2020）京刑终 55 号。

〔2〕 参见陈洁：《内幕交易事实认定中自由裁量权的适用及其规制——以内幕交易“知悉”要件的推定为视角》，载《清华法学》2018 年第 6 期。

证的前提下，采取过错推定原则推定泄密人的主观罪过满足故意或者重大过失；除了泄密人能够提供有力证据证明自己有正当泄密目的以外，通过个人利益标准推定泄密人具有泄密意图的犯罪动机、目的。

受密人内幕交易的责任构成要件：首先，“知悉”并“利用”内幕信息的主观要件，少数情况下可以直接确定受密人“知悉”内幕信息的时间及内容，多数情况下，通过“获取内幕信息可能”和“交易异常”推定受密人“知悉”内幕信息，满足基础事实的，受密人很难完全反驳推定事实；其次，除了泄密人能够提供有力证据证明有正当理由或者正当信息来源以外，还可以通过“知悉”和“交易异常”推定受密人交易的主观状态是“利用”内幕信息。

（二）证据链应达到的证明标准

2011年最高人民法院以座谈会纪要的形式对内幕交易中监管机构需要证明的内容和标准做出了一些规定，关于泄露型内幕交易，主要规定的是认定“交易异常”：如果“获取内幕信息的可能”是基于身份关系，要求达到基本吻合的证明标准；如果“获取内幕信息的可能”是基于联络、接触，要求达到高度吻合的证明标准。[1]该规定的合理性在于，类似个人利益标准对泄密人和受密人亲疏关系的区分，平衡了监管机构和行为人之间的证明责任。但不足之处也很明显，一方面，密切关系的定义模糊，实践中中国证监会认定的密切关系人员范围很广；另一方面，没有规范性文件再进一步对这两种证明标准做出定义和解释。[2]另外，个人利益标准在中国的规范性文件中未有规定，也就没有相应的证明标准。

首先，内幕交易案件应当区分行政和刑事的不同证明标准。很长一段时间内幕交易的行政证明标准趋同于刑事证明标准，要达到排除合理怀疑的程度才可进行行政查处，[3]这造成了效率低下，也不符合内幕交易案件隐蔽性的特征，为证券市场的交易安全带来了更大的威胁。

其次，行政证明标准应当低于“排除合理怀疑”的程度，但至少应该达到一般理性人能够信服的程度。为区分行为人作为个人和行政机关作为监管机构的举证能力差异，行政机关的举证责任除特殊情况外应达到清楚且有说服力的标准。清楚是对证据的要求，执法者应当列明所有采取的证据和对应的证明对象，不能因缺乏证据而一笔带过，这样行为人和司法机关才能够一一明确证据是否符合标准以及证明力大小；说服力是对自由裁量权行使的指引，法庭应当以一般理性人的标准考察证据的说服力。中国证监会的执法实践也体现了这一标

〔1〕参见《关于审理证券行政处罚案件证据若干问题的座谈会纪要》第五部分。

〔2〕参见徐蕾：《苏嘉鸿内幕交易威华股份案评析——兼议内幕交易认定中的证明标准》，载《金融法苑》2020年第3期。

〔3〕参见蔡奕：《我国证券市场内幕交易的法学实证分析——来自31起内幕交易成案的统计分析》，载《证券市场导报》2011年第7期。

准。而行为人达到民事诉讼中的优势证明标准即可。

具体而言，在过错推定原则中，泄密人和受密人承担主要的证明责任，证明和行为人具有故意或重大过失相比，行为人属于没有过错或者一般过失的可能性更大。在根据个人利益标准推定时，行政机关应明确行为人具体所获得的个人利益以及该个人利益和泄密之间可能存在的联系，且证明力明显优胜于泄密人的抗辩，达到使法庭能够确信泄密行为存在的程度。在考察“交易异常”成立时，行政机关应当明确指出体现交易异常的因素。一方面，“基本吻合”标准的证明重点应当在于对密切联系进行限定，除了父母、配偶、子女的近亲属关系以外，其他任何密切联系都应当对二者的交往频率、利益关联程度等进行分析才可以认定，并在处罚文件中列明，有关证据的证明力也应达到明显优胜和形成确信的程度，此时内幕信息和交易的吻合程度只需要达到优势证明标准即可；另一方面，“高度吻合”标准则应当遵循清楚且有说服力的标准，使法庭对内幕交易的存在形成内心确信。行政机关对推定的基础事实承担主要证明责任时，行为人只要使行政机关达不到相应证明标准即可；行为人如果对推定事实进行抗辩，则需要达到优势证明标准，使推定事实处于真伪不明的状态。在个案中，行为人往往口头解释自己交易的原因是根据个人判断和分析或者其他公开信息的介绍、和泄密人联络接触的内容无关内幕信息等，但不提供相应的证据，这样的抗辩是不能合理反驳行政机关证据链的证明力的，否则口头可解释的理由太广泛，推定就会失去意义。

最后，内幕交易案件很难达到刑事法律“排除合理怀疑”的证明标准，应主要通过行政手段打击违法，以罚金和资格罚的方式消除对市场造成的不利影响；通过刑事手段处理少部分能够提出证明力强的证据的案件，以人身罚的方式对内幕交易犯罪进行威慑。

六、结语

综上所述，合理利用“推定”是打击泄密型内幕交易违法犯罪的重要前提，但也必须对行政监管机构和司法机关的自由裁量权进行限制，为达到平衡市场参与者的权益保障和市场安全及秩序的目的，法律应当提供更明确的指引，其中就包括将具有法律逻辑性和实践操作性的事实推定确定为法律推定。

目前推定所需的基础事实和推定应证明的责任构成要件都还未在法律中明确，如泄密人和受密人的主观罪过、泄密人的泄密意图、个人利益标准适用的场景、“利用”要件等，属于事实推定的层面。事实推定中，基础事实和推定事实之间的联系由法庭主观判断是否接受，更多依赖于法官的自由心证，差异较大；事实推定只能是或然性推定，运用在刑事案件中达不到“排除合理怀疑”的证明标准；更重要的是，事实推定混淆了推定机制和证明机制的界限，可能造成证明机制的紊乱、丧失推定机制的意义。将推定及责任构成要件都通过法律的形式明确下来，是内幕交易规制更加合法合理的必要前提。

同时，在法律推定确定的情况下，掌握内幕信息的相关人员也要保持更高的谨慎态度，在内幕信息敏感期内，不仅要限制联络、接触的对象，或者保留联络、接触具体内容的证据，而且要对具有密切联系的亲友采取更加严格的保密措施，才不会被“推定”误伤。监管机构和市场参与者应共同保障市场的公开、公平、公正。

中美期货和衍生品交易监管制度比较研究

李　衡*

目　次

一、中国期货和衍生品交易监管规则与立法体系

（一）中国期货和衍生品交易的监管

在中国期货市场的试点期间，国务院就明确由中国证监会负责期货市场的监管工作，对期货市场实行集中、统一管理。多年来中国证监会被赋予多项审批权、调查权和行政执法权，依法、从严、全面履行各项监管职责，对衍生品市场实施全面监管。中国建立了包括中国证监会、各地证监局、期货交易所、中国期货市场监控中心和中国期货业协会在内的“五位一体”的监管体系，按照“统一领导、共享资源、各司其职、各负其责、密切协作、合力监管”的原则开展工作，增强了防范和化解市场风险的能力。尤其是创新性地在中国证监会统一协调下由

* 李衡，法学硕士、上海市锦天城律师事务所律师。

四家期货交易所共同出资组建中国期货市场监控中心，对期货保证金及相关业务加强监控和管理，避免投资者资金互相占用及期货公司挪用客户保证金的风险。

1. 中国期货和衍生品交易机构的监管职能

（1）中国证监会的职能

中国证监会是期货和衍生品市场的监管核心，既是期货市场各类规章制度的制定者，也是规则实施的监督者。依照法律、法规和国务院授权，统一监督管理全国证券期货市场，维护证券期货市场秩序，保障其合法运行。中国证监会期货监管部门由之前的监管一部、监管二部改为期货监管部[1]对期货市场实施监督管理，具体职能如表1所示。

表1　中国证监会期货监管部机构职能明细

序号	职能内容
1	拟订监管期货市场的规则、实施细则
2	依法审核期货交易所、期货结算机构的设立，并审核其章程和业务规则
3	审核上市期货、期权产品及合约规则
4	监管市场相关参与者的交易、结算、交割等业务活动
5	监管期货市场的交易行为
6	负责商品及金融场外衍生品市场的规则制定、登记报告和监测监管
7	负责期货市场功能发挥评估及对外开放等工作
8	牵头负责期货市场出现重大问题及风险处置的相关工作等

（2）期货交易所的职能

目前，我国共有五家期货交易所，即上海期货交易所、大连商品交易所、郑州商品交易所、中国金融期货交易所和广州期货交易所。职能具体如表2所示。

表2　期货交易所的职能明细

序号	职能内容
1	提供期货交易的场所、设施和服务
2	设计期货合约、标准化期权合约品种，安排期货合约、标准化期权合约品种上市
3	对期货交易进行实时监控和风险监测
4	依照章程和业务规则对会员、交易者、期货服务机构等进行自律管理
5	开展交易者教育和市场培育工作
6	国务院期货监督管理机构规定的其他职责
7	期货交易场所不得直接或者间接参与期货交易
8	未经国务院批准，期货交易场所不得从事信托投资、股票投资、非自用不动产投资等与其职责无关的业务

〔1〕证券基金机构监管部也涉及部分期货类监管职责，如依法审核境外机构在境内设立从事期货经营业务的机构并监管其业务活动；牵头负责期货机构出现重大问题及风险处置的相关工作等。

（3）中国期货市场监控中心的职能

中国期货市场监控中心的前身是中国期货保证金监控中心，于2015年4月更名为中国期货市场监控中心，其主要职能具体如表3所示。

表3　中国期货市场监控中心的职能明细

序号	职能内容
1	期货市场统一开户
2	期货中介机构监测监控
3	为期货投资者提供交易结算信息查询
4	期货保证金安全监控
5	代管期货投资者保障基金
6	建设运营期货及衍生品交易报告库
7	期货市场运行监测监控
8	期货市场调查
9	为监管机构和期货交易所等提供信息服务
10	宏观和产业分析研究
11	协助风险公司处置（相关资产）

（4）中国期货业协会的职能

中国期货业协会的职能如表4所示。

表4　中国期货业协会职能明细

序号	职能内容
1	教育和组织会员及期货从业人员遵守期货法律法规和政策
2	制定和实施行业自律规则，监督、检查会员和期货从业人员的行为，对违反本章程及自律规则的会员和期货从业人员给予纪律处分
3	组织开展期货行业诚信建设，建立健全行业诚信评价制度和激励约束机制，进行诚信监督
4	负责期货从业资格的认定、管理以及撤销工作，负责组织期货从业资格考试、期货公司高级管理人员资质测试及法律法规、中国证监会规范性文件授权的其他专业资格考试
5	制定期货业行为准则、业务规范，推进行业廉洁从业文化建设，参与开展行业资信评级，参与拟订与期货相关的行业和技术标准
6	开展投资者保护与教育工作，督促会员加强期货及衍生品市场投资者合法权益的保护①

①具体可参见中国期货业协会官网：http：//www. cfachina. org。

2. 中国期货和衍生品交易监管规则

从中国期货和衍生品的监管法律体系来看，在《期货和衍生品法》出台之前，法规体系就已经包括了国务院颁布的行政法规即《期货交易管理条例》，最高人民检察院、最高人民法院出台的司法解释，中国证监会制定的相关规章及规范性文件，还包括了各自律监管机构出台的自律规则等。《期货和衍生品法》的出台在期货监管层面上构成了自律规则、行政法规、法律逐级递进的完整体系。目前，期货和衍生品监管的法律法规、自律规则等规范性文件涵盖了投资者保护、期货交易管理、开户管理、风险监管指标管理等整个期货交易的流程，也涉及期货交易所、期货公司、期货风险管理子公司等多级主体。

（二）中国期货和衍生品市场的监管和交易体系

1. 场内期货和衍生品市场交易的监管体系

场内衍生品监管主要路径为“中国证监会—交易场所（结算机构）—经营机构—交易者”这一单一监管模式。单一的监管机构负责对系统风险、审慎监管和金融机构行为进行监管具有一系列的优势。第一，在趋向于混业经营的今天，需要全面把握大型金融集团的整体风险。所以选择单一金融监管机构模式更加适宜。第二，单一监管结构集中监管不同的金融行业，可以在一定程度上降低监管成本，提高监管效率，取得规模经济和范围经济的好处。第三，这种监管模式反映了金融机构一体化和集团化的发展趋势，而传统的监管机构赖以存在的基础因金融业务发展的这一趋势而产生动摇。第四，市场发展过程中，监管条例难免会出现不一致、重复、交叉等问题，从而产生金融机构之间的竞争不公，单一的监管机构可以有效避免其发生。第五，该监管路径是根据交易的模式形成的，对于交易风险的把握更具有综合管理的优势。第六，在单一的更为简单的监管结构下，监管责任也可以更为明确地确定。但同样的，该监管路径也有一定的不足，比如监管目标和原则方面不够明确，对金融机构和金融产品之间的差异不能给予足够的认识和区分。此外，单一监管机构模型中，强大的监管权力集中在一个政府部门中，容易导致官僚主义、垄断和滥用权力，也会为道德风险的产生提供便利。金融机构和金融产品之间的差异也不容易得到监管机构的关注，不利于发展。所以依然有非常多的市场选择多监管机构并存的模式。

2. 场外衍生品市场交易体系

（1）场外衍生品市场交易监督管理办法

《期货和衍生品法》自 2022 年正式施行以来，行业内相关的规范性法律文件、自律规则、交易规则等也亟待配套更新。比如，2023 年 3 月 17 日中国证监会就《衍生品交易监督管理办法（征求意见稿）》向社会公开征求意见，但《衍生品交易监督管理办法（征求意见稿）》限定了其调整的衍生品交易的范围，规定仅调整证券期货交易场所组织开展的衍生品市场和中国证监会监管的证券公司、期货公司及其子公司柜台衍生品市场，不调整银行间衍生品市场，也不调整银行业、保险业金融机构组织的柜台衍生品市场。这里需要明确的是，由于国内衍生品发展长期存在分业监管、分业经营的历史渊源，当前即便《期货和衍生品法》已生效执行，分业监管下的沟壑不是一日即可填补的。下文将主要论述证券衍生品监管体系。

衍生品经营机构。《衍生品交易监督管理办法（征求意见稿）》所称的“衍生品经营机构”主要是指中国证监会监管的衍生品交易市场中的主体，包括证券公司及其子公司、期货公司及其子公司等，如图 1 所示：

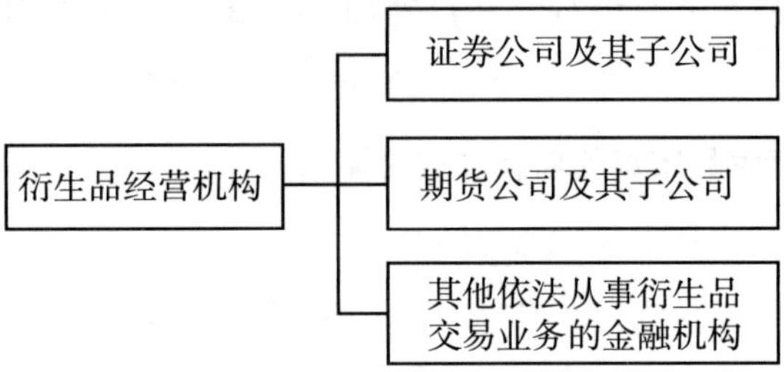

图 1　衍生品经营机构

根据中国证监会公布的相关名录，我国当前共有 141 家证券公司和 150 家期货公司。证券公司依法经许可或者备案后可以参与的场外衍生品交易为权益类互换和期权交易，期货公司风险管理公司经备案后可以参与的场外衍生品交易可以分为商品类和金融类两类，具体有期权、远期、互换三种。当前证券公司场外衍生品交易已经实现了分层管理，根据证券公司的资本实力、分类评级结果、风险管理水平、专业人员及技术系统的情况，参与场外衍生品业务的证券公司分为一级交易商和二级交易商，一级交易商在满足相关条件后需要取得中国证监会的认可，二级交易商则是满足条件后经证券业协会备案即可。二级交易商如一年内展业情况良好，未有重大风险事件，可以向中国证监会提请变更为一级交易商。期货行业内的场外衍生品交易不同于证券公司的由衍生品部门直接负责，而是通过另外设立风险子公司，并由其风险子公司来管理场外衍生品交易。当前我国共有 150 家期货公司，其中 100 家期货公司设有风险管理子公司并经期货业协会备案，其中，有 77 家风险管理公司备案了场外衍生品业务，开展场外衍生品交易。具体类别如表 5 所示。

表 5　衍生品经营机构类型

类别	数量	分类分级	数量	资质取得	衍生品交易类型
证券公司衍生品经营机构	141 家	一级场外期权交易商	8 家	证监会认可	收益互换，场外期权个股对冲交易
		二级场外期权交易商	37 家	证券业协会备案	收益互换，与一级交易商的场内个股对冲交易
		其他	96 家	—	基于自营的收益互换

续表

类别	数量	分类分级	数量	资质取得	衍生品交易类型
期货公司衍生品经营机构	327家	期货公司	150家	—	
		期货风险管理公司	100家	期货业协会备案	场外衍生品业务、基差贸易、含权贸易等
		备案包括场外衍生品业务的期货风险管理公司	77家	期货业协会备案	期权、远期、互换等

其他金融机构：根据《衍生品交易监督管理办法（征求意见稿）》规定，其他依法从事衍生品交易业务的金融机构也属于“衍生品经营机构”，比如依法可以参与衍生品交易的基金公司的子公司，符合衍生品交易资质的特殊法人产品，银行业、保险业金融机构在中国证监会监管的市场（如证券公司、期货公司子公司的柜台市场和交易所衍生品市场）作为交易者进行衍生品交易或者开展衍生品交易业务，跨境从事衍生品交易业务的境外经营机构等。

（2）衍生品交易场所

《期货和衍生品法》对期货交易场所进行了法律层面的规定，而衍生品交易场所在法律这一层级的规定中是留白的，本次《衍生品交易监督管理办法（征求意见稿）》并未单独就衍生品交易场所进行定义，仅规定了已经依法设立的证券期货交易场所在经中国证监会批准后，可以组织开展衍生品交易，衍生品交易场所框架如图2所示。

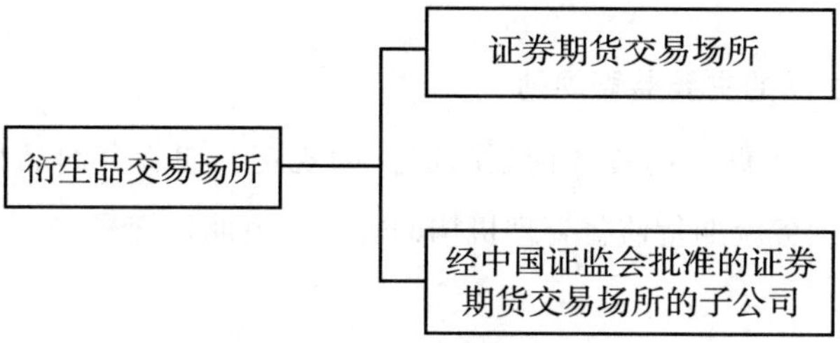

图2　衍生品交易场所框架

当前行业内涉及的衍生品交易的主要场所有：上海证券交易所、深圳证券交易所、上海期货交易所等，其中交易品种如表6所示。

表6　各交易场所衍生品交易品种

序号	证券期货交易场所	衍生品交易品种
1	上海证券交易所	上证50ETF期权、沪深300ETF期权、中证500ETF期权
2	深圳证券交易所	沪深300ETF期权、中证500ETF期权、创业板ETF期权、深证100ETF期权

续表

序号	证券期货交易场所	衍生品交易品种
3	上海证券交易所	原油期权、铜期权、铝期权、锌期权、螺纹钢期权、黄金期权、白银期权、天然橡胶期权等
4	大连商品交易所	豆粕期权、玉米期权、铁矿石期权、液化石油气期权等场内期权，场外期权，商品期权
5	郑州商品交易所	白糖期权、菜籽油期权、棉花期权等场内期权，场外期权，商品期权等
6	中国金融期货交易所	沪深 399 股指期权、中证 1000 股指期权、上证 50 股指期权
7	广州期货交易所	工业硅期权
8	国际能源交易中心（INE）	原油期权

（3）衍生品交易的概况

无论是国际市场还是国内市场，近几十年衍生产品发展迅速，众多新品种和复杂的交易模式日渐出现，一方面丰富了金融市场的结构层次，提供了更多风险对冲和投资收益的选择，另一方面由于其复杂的结构和交易组成，也对金融市场的风控合规提出了更高的要求。如前文所述，衍生品交易的市场分为场内市场和场外市场，场外衍生品交易早期常见的为银行端的衍生品交易，银行业的衍生品交易品种多见利率类、外汇类和部分贵金属类的衍生交易产品，其交易市场、交易机构和产品风控类型等均不同于场内和证券公司等场外交易市场。

（三）期货和衍生品的主要监管规则

1. 交易品种注册。依据《期货和衍生品法》的规定，期货合约品种和标准化期权合约品种的上市应当符合国务院期货监督管理机构的规定，由期货交易场所依法报经国务院期货监督管理机构注册。

2. 上市备案。依据《期货和衍生品法》的规定，期货合约品种和标准化期权合约品种的中止上市、恢复上市、终止上市应当符合国务院期货监督管理机构的规定，由期货交易场所决定并向国务院期货监督管理机构备案。

3. 账户实名（开户管理制度）。依据《期货和衍生品法》的规定，期货交易实行账户实名制。交易者进行期货交易的，应当持有证明身份的合法证件，以本人名义申请开立账户。实务中，交易者在期货公司开立期货交易账户，均应当按照法律和监管的要求，提供实名开户的相关资料。同时，期货公司还将根据监管要求，对开立期货交易账户的法人交易者进行受益人调查，实质为进行“穿透式监管”提供信息基础。

4. 进场交易（交易所）。期货，通常指的是期货合约，是一份合约，是由期货交易所统一制定的、在将来某一特定时间和地点交割一定数量标的物的标准化合约。这个标的物，又叫基础资产，与期货合约所对应的现货，可以是某种商品，如铜或原油，也可以是某个金融工具，如外汇、债券，还可以是某个金融指标。

5. 关于程序化、高频的特殊规定。依据《期货和衍生品法》的规定，通过计算机程序自动生成或者下达交易指令进行程序化交易的，应当符合国务院期货监督管理机构的规定，并向期货交易场所报告，不得影响期货交易场所系统安全或者正常交易秩序。这次立法首次将程序化交易纳入监管范畴，相应各期货交易场所将会把程序化交易或所谓“高频交易”纳入自律监管的范畴，出台更为详尽的监管措施。

6. 保证金制度。依据《期货和衍生品法》的规定，我国期货交易实行保证金制度，期货结算机构向结算参与人收取保证金，结算参与人向交易者收取保证金。保证金用于结算和履约保障。保证金的形式包括现金、国债、股票、基金份额、标准仓单等流动性强的有价证券以及国务院期货监督管理机构规定的其他财产。

7. 持仓限额制度。依据《期货和衍生品法》的规定，期货交易实行持仓限额制度，防范合约持仓过度集中的风险。从事套期保值等风险管理活动的，可以申请持仓限额豁免。持仓限额是指期货交易所规定期货经营机构、境外经纪机构或交易者在某一期货合约、标准化期权合约或品种上持仓的最大数量。交易所可根据不同期货品种的具体情况，分别确定每一品种每一月份的限仓数额。市场总持仓量不同，适用的持仓限额也不同。

8. 实控关系报备制度。依据《期货和衍生品法》的规定，期货交易实行交易者实际控制关系报备管理制度。同一实际控制关系账户组内的各个账户，持仓量应当合并计算。根据《上海期货交易所实际控制关系账户管理办法》第 4 条的规定，实际控制是指行为人（包括个人、单位）对他人（包括个人、单位）期货账户具有管理、使用、收益或者处分等权限，从而对他人交易决策拥有决定权或者重大影响的行为或事实。中国期货市场监控中心负责实控账户信息报备工作。具有实际控制关系的控制人和被控制人，均应当通过各自开户的期货公司主动向监控中心报备相关信息。符合实控账户认定标准的客户应当在签署期货经纪合同后 10 个交易日内完成实际控制关系账户报备。

9. 当日无负债结算。依据《期货和衍生品法》的规定，期货交易实行当日无负债结算制度。在期货交易场所规定的时间，期货结算机构应在当日按照结算价对结算参与人进行结算；结算参与人应当根据期货结算机构的结算结果对交易者进行结算。结算结果应在当日及时通知结算参与人和交易者。当日无负债结算制度，也称“逐日盯市”制度，结算机构按当日结算价对结算参与人结算所有合约的盈亏、交易保证金及手续费，对应收应付的款项实行净额一次划转，相应增加或减少保证金。一旦结算参与人的保证金余额低于规定的标准，将收到追加保证金的通知，要求结算参与人在规定时间内补足账户内的保证金；否则将执行包括强行平仓的风控措施或违约处置制度等措施。

二、对美国期货和衍生品交易监管框架、立法体系及监管规则的观察

（一）交易监管框架

纵观世界范围内的期货监管制度，大部分国家是在三元监管制度的合作协调下平稳运作。本文以美国模式为代表，美国期货市场监管制度不单单有健全的法律法规基础作为底层依据，三元监管制度之间的相辅相成更体现了它的监管效用，美国期货交易监管框架如图 3 所示。

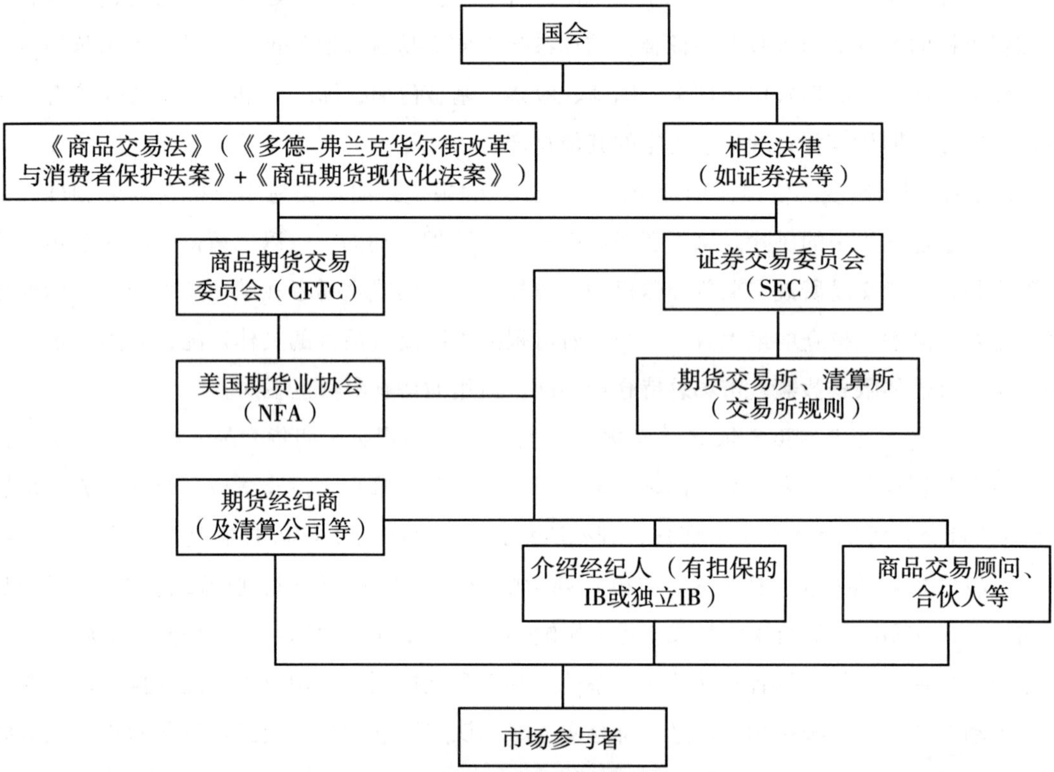

图 3　美国期货交易监管框架

美国商品期货交易委员会（U. S. Commodity Futures Trading Commission，CFTC）作为美国联邦政府机构由联邦政府财务支持，该机构有着独立管辖权，可以管控美国发生的所有期货交易行为，它作为美国期货市场地位最高的监管机构，目标是保证市场参与者的资金安全以及信息的公开透明，保证了交易市场没有恶性操纵事件以及市场的独立经济性。CFTC 主要由三大部门——清算和中介监管部、市场监管部、稽查部组成，其监管范围覆盖商品期货、期权交易，它的职能范围包括通过赔偿庭审客户对从业人员的上诉及后续处罚，审核批准交易所规章制度以及上市新的期货合约，商品交易法的解释权。

美国全国期货业协会（National Futures Association，NFA）是受美国证券交易委员会

（United States Securities and Exchange Commission，SEC）和 CFTC 管辖的行业自律性机构，属于非营利性会员制组织，其基本监管职责在于：（1）通过建立各种相关规章制度来保护市场投资者；（2）明确从业人员及市场所有经纪商需要在 NFA 注册为会员并遵守 NFA 的规章制度；（3）提供仲裁程序以解决投资者与经纪商之间的纠纷问题；（4）处理场内经纪人和场内交易员的申请；（5）确定会员要求标准，并确立培训要求和组织后续考试；（6）行使由 CFTC 等监管部门授权的市场监管权力。

期货交易所为市场监管机构，其管理职能表现为建立并运行市场交易规则，管理场内交易员与交易所会员。其职能具体包括：（1）实时管控会员的交易活动，防止违规交易以及保障投资人权益；（2）严格审查会员资格；（3）对会员进行严格的监督，主要是监督会员的财务状况要始终符合交易所的严格要求，避免恶性倒闭事件；（4）对场内交易员或经纪人进行严格的监督和管理，主要包括素质监督、交易行为监督；（5）管理期货价格的涨跌，为了避免价格脱离供求关系产生剧烈波动而对某些期货交易设立涨停板的限制。

（二）美国期货和衍生品交易监管的体系

1. 美国期货体系及监管立法体系

自从美国在 1982 年推出了期货这一金融产品以来，期货就保持着一种迅猛的发展势头，这既受益于其本身的投资优势，同时也归功于美国期货市场严密的法律制度，使得美国的期货市场在短短的三十多年时间内迅速地成熟起来，并成为美国金融市场中的重要组成部分。由于期货属于衍生品的一种，美国并没有对其设立单独的部门和法律。

在 2000 年和 2010 年，美国国会分别通过了《商品期货现代化法案》和《金融监管法案》。这两部法案的通过，为期货的监管开辟了新的篇章，使其更加适应新金融环境下国家和投资者对投资安全的要求。《商品期货现代化法案》主要贡献在于简化了 SEC 和 CFTC 共同监管期货的法律程序，由此提升了进行监管的自由度，同时对期货行业的保证金制度进行了创新，解除了单个股票期货交易的禁令，并授权 CFTC 与 SEC 对其进行制度设计，运行管理及风险监管，还扩大了 CFTC 的权限，规定其负有对场外市场外汇衍生品的准入审批责任。而 2010 年的《金融监管法案》则着重对金融衍生品监管进行改革，要求所有的衍生产品，不论场内场外，都必须进行集中交易、统一清算，并限制银行参与涉及高风险的衍生品交易活动，大大丰富了监管机构对期货的监管。

2. 美国衍生品体系及监管立法体系

美国的场外衍生品监管体系包括政府监管、自律监管以及国际监管合作，主要以政府监管为主，自律监管包括行业协会以及交易执行设施的自律监管。NFA 行使自律监管权，但需要接受 CFTC 的监督，市场组织的自律监管主要是推动场外衍生品集中清算；[1]国际监管合

---

〔1〕 Miller R S.，*Commodity Futures Trading Commission: Background and Current Issues*，Congressional Research Service，2013.

作体现在以国际掉期与衍生工具协会（International Swaps and Derivatives Association，ISDA）为代表的组织制定 ISDA 系列协议，推动协议标准化进程，以便于集中清算、交易信息报告制度的建设；还包括国际证监会组织（International Organization of Securities Commissions，IOSCO）和巴塞尔委员会（BCBS）等国际监管组织发布一系列监管措施要求和建议，但主要关注点均在场外金融衍生品的风险。

美国对场外衍生品采取的监管模式是政府主导型监管，主要由 CFTC 和 SEC 两个监管机构分别监管。两者监管范围的划分不是依据基础资产是商品类还是金融类而进行区分，而是依据基础资产是否具有“证券性质”进行区分。在监管职权的传统划分上，CFTC 负责对期货市场监管，SEC 负责对证券市场监管。然而对于以证券为标的物的场外金融衍生品来说，若从基础资产的标的性质来看，其具有证券类特征；若从衍生品的衍生特质来看，又具有期货或期权交易特征。此外，CFTC 和 SEC 对场外衍生品监管规则和标准的确立及细化方面具有较大权限，确保监管的确定性与灵活性。1922 年首次尝试监管衍生产品，颁布了《谷物期货法》，并于 1936 年重新制定为《商品交易法》（CEA）。CEA 有两项主要规定，一是授权 CFTC 监督和规范私人商品交易所，二是要求所有期货合约均在规范的场所进行交易。因此，CEA 确保了商品的投机性衍生工具在有组织和规范的场所内进行交易。1989 年 CFTC 通过发布政策声明，宣布互换必须由当事方就实质性条款进行谈判，基于个人信用确定，并由当事方在协议或一系列协议中记录在案，从而免除互换需要符合 CEA 关于要在规范场所内交易的要求。由于 CEA 没有授权 CFTC 可以豁免在规范场所内交易的要求，为避免歧义，国会于 1992 年对 CFTC 进行授权。2000 年颁布的《商品期货现代化法案》（CFMA 法案）是金融危机爆发前，对场外衍生品交易领域最后也最为重要的法案，该法案豁免了场外衍生交易需符合 CEA 的交易场所要求，但必须满足交易双方均是“合格的合约参与者”，并且交易本身的执行发生在交易设施之外的要求。[1] 大多数银行类或非银行类金融机构均属于“合格的合约参与者”，因此大部分交易可以豁免监管。当时，受监管的场外衍生交易范围有限，政府部门对是否需要加强监管亦难以达成统一意见。

2008 年金融危机爆发后，美国收紧场外衍生品监管。2010 年《多德－弗兰克华尔街改革和消费者保护法案》通过对互换、证券互换概念的界定范围来明确 CFTC 与 SEC 的监管范围，很大程度上解决了 20 世纪 70 年代场外金融衍生品创新浪潮中 CFTC 与 SEC 两大监管机构的监管冲突。该法案中的互换定义并非狭义的互换，而是涵盖期权等概念的广义互换，但明确排除商品类远期合约及该类合约上的期权等；证券互换的定义仅指代证券类互换，不包括证券类期权，根据该法案第 721（a）（21）条规定可知，证券类期权属于《1933 年证券法案》《1934 年证券交易法案》的管辖范围，不属于互换，也不属于证券互换，但仍属于SEC

---

〔1〕 对于存在实物交付的套期保值合同存在例外，其属于 CEA 范围之外的“现金远期合同”。

监管范围。[1]除了基于概念界定区分监管范围为原则外，也存在两种例外：(1) 存在CFTC与SEC的交叉监管。比如对于具有双重性质的产品需要协调监管；对于为规避监管而设计的银行产品衍生品需要CFTC、SEC以及联邦银行业监管机构交叉监管。(2) 存在基于交易产品类型或参与交易主体类型而免受CFTC或SEC的监管。[2]对于公认的银行产品归联邦银行业监管机构监管；对于部分外汇类衍生交易，在获得财政部豁免的基础上而不受CFTC或SEC监管；交易商或主要参与者是CFTC或SEC的监管重点，而终端用户非金融实体，其参与交易的主要目的是套期保值，其实质上获得了CFTC或SEC的豁免监管。[3]

（三）期货和衍生品主要监管规则

美国现有的期货和衍生品市场监管制度有很多种，按照不同的监管目的，可以把这些种类繁多的制度分为三类，分别是注重安全的监管制度，例如准入制度、保证金制度等；注重效率的监管制度，例如标的指数的选择制度等；注重不同投资主体间平等性的监管制度，如信息披露制度等。

1. 期货市场参与者的准入制度

美国期货监管机关对交易所的会员和中介机构设立了严格的准入制度，只有在相关期货和衍生品交易参与者满足了资本金、保证金的最低标准之后，才能够进行相应的期货和衍生品交易活动，并且，正式会员资格并不是终生的，一旦出现违规的交易行为，或者出现资金问题，会员资格就会被取消。准入制度的设置，确保了期货和衍生品交易参与者有一定的行为能力，进而能够降低期货的交易风险。美国期货和衍生品交易所的具体准入制度主要针对的是结算机构，结算会员以及期货经纪公司三类主体，监管好了这三类主体，期货和衍生品交易的安全性才能够得到保障。

2. 期货市场的保证金制度

保证金是将交易者在进行结算时所要承担的风险降到最低的一种制度。通过建立良好的保证金制度，可以防范期货和衍生品交易中的信用风险，以保证顺利地进行交易活动。美国的保证金水平是由期货和衍生品交易所决定的，当前，美国期货市场采用的是净额保证金制度，期货和衍生品交易所通常利用两种方法来计算初始保证金：用每份合约中所规定的保证金数额直接乘以合约数，同时，利用SPAN系统这一组合模拟模型来计算初始保证金的参数。由此可见，美国期货的保证金的额度不是一个固定数值，其会随着市场的变化而进行相

---

〔1〕 Garslian L., *Towards a Universal Model Regulatory Framework for Derivatives: Post – Crisis Conclusions from the United States and the European Union*, U. Pa. J. Int'l L., Vol. 37: 941, 2015.

〔2〕《多德—弗兰克华尔街改革和消费者保护法案》第721(a)(21)条规定，互换即包括货币互换、利率互换、总收益互换、信用违约互换等风险转移工具，也包括基于货币、利率、指数等的期权以及将来普遍认可的互换交易，但不包括未来交割的商品合约及其期权、杠杆合约、证券期货、延期交货的非金融商品或证券合约、证券期权或证券指数期权等受证券法或证券交易法管辖的产品等。

〔3〕 熊玉莲：《场外金融衍生产品法律监管研究》，复旦大学出版社2014年版。

应的调整。

3. 违约处理与退出机制

为了解决期货和衍生品交易投资者与期货佣金商发生的纠纷，交易所在美国商品期货交易委员会的要求下，制定了专门的仲裁程序，用于解决客户对交易所会员的投诉和不满。同时，为了更好地保护投资者的利益，保障期货和衍生品交易的安全，美国政府规定投资者在中介机构申请破产时，可以享有优先求偿的权利。不仅如此，中介机构需要设置专门的资金项目来保障投资者的求偿权利能够实现，这种做法最大限度地维护了投资者的利益。在美国《破产法》、《商品交易所法》和《商品期货和衍生品交易委员会规则》中对这点都有明确的规定，当期货佣金商破产时，除了管理费用外，其所设置的专门资金应该在投资者中进行分配。如果该项专门资金不能弥补投资者的损失，那么该期货佣金商的其他资产也应该首先用于补偿投资者的损失。

4. 停板制度与熔断制度

美国期货和衍生品交易所在1987年“股灾”爆发后，期货就采用了熔断制度，其设置的目的是防止期货价格因特殊事件或突发情况发生巨大变动而给市场参与者带来不利的影响。当股价指数下跌到规定的幅度时，就采取自动熔断的方式，包括价格限制和在规定的时间内暂停交易，并且如果期货和衍生品交易者连续几个交易日都在停板位置上进行交易，那么交易所还会进一步扩大价格限制的幅度。自从美国设置了停板和熔断制度之后，期货和衍生品市场多次平稳地度过了一些市场波动所带来的危机，为期货市场的安全交易起到了作用。

5. 期货标的指数的选择

期货和衍生品的优劣取决于人们对期货标的的筛选，因此，期货和衍生品的标的筛选者应该用科学的方法进行筛选。为了使推出的期货和衍生品能够更受欢迎，从选样上，指数的样本股票应该有足够大的规模，同时还要有相应的流动性。设计者应该选择那些自身套期保值成本比较低的标的，这些标的往往都获得了投资者和市场的广泛认可，能够客观地反映整个股票市场的情况，并且还要剔除那些容易被人操纵的股票。最后，股票指数的编制方法要公开透明，便于期货和衍生品市场参与者对其进行预期和跟踪。

6. 信息披露制度

为了及时地将期货和衍生品交易活动的主要风险公开给交易市场，所有的期货和衍生品交易所都应该建立相应的期货信息披露制度。在期货的信息披露工作中监管者必须坚持全面性和及时性的原则，这是因为期货和衍生品交易市场变化频繁，市场信息的时效性非常强，如果没有及时、完整地披露相关的交易信息，就可能会给市场、投资者都带来很大的损失。在这方面，美国商品期货交易委员会就会要求相关的期货和衍生品交易主体定性定量地披露市场风险和会计处理方法，期货和衍生品交易主体可以通过报告交易合同的条款和期货的真实价值披露市场风险的定量信息，相关监管部门还可以通过这些数据，汇总有效价格向交易参与者披露。同时，各主体还可以根据利率的变化所引起的收益、期货的真实价值和现金流量的变化来进行风险的披露，监管主体通过这些分析，综合信息给出风险报告。

三、中美交易的立法和监管规则体系的比较分析

（一）立法体系的比较

我国期货和衍生品法的立法体系基本已经形成“1 法律 + 1 条例 + 多部门规章 + 自律规则 + 操作指引”等较为完整的监管框架，包括《期货和衍生品法》、《期货交易管理条例》、中国证监会颁布的各类部门规章，协会和交易所的自律规则、交易规则以及期货市场监控中心等主体的相关规范性文件。

美国的法律体系则是以《商品交易法》为基础，《商品期货现代化法案》和《多德 - 弗兰克华尔街改革与消费者保护法案》为更新依据，CFTC 和 SEC 的管理手册等规则协同发展。

我国的立法体系体现了根本性法律立法重原则轻细节的特点，而美国的立法体系在根本法律条款方面比我们更细致和丰富，层级更为分明，对于不同级别的规范性文件涉及的管辖范围的划分更加清晰，相较于他们的安排，我国的立法体系中，《期货和衍生品法》的原则性规定相对简略，中国证监会部门规章的权限比较大，协会自律性规则的文件多为引导作用，仅有较低的法律位阶和监管效力，交易所的交易规则在执行力上很强，但跨交易主体同其他规范性法律文件的关联较少，不易形成协同效应。

（二）监管主体的比较

以上分析表明，美国采取的是二元三级的监管模式，而我国采取的是一元三级的监管模式。

首先，对一元监管和二元监管进行比较分析，我国对于期货和衍生品采取的是集中监管制度，因此，当前最高的监管机构只有中国证监会，而美国对期货和衍生品的监管采取的是分别监管的模式，导致了 SEC 和美国商品期货交易委员会对监管权限的争夺，经过长时间的博弈，最后形成以美国商品期货交易委员会的监管为主，SEC 为辅的二元监管模式。

其次，对三级监管模式的比较，虽然我国和美国的期货监管制度同为三级，三级的组成也同为政府监管，期货协会监管及期货和衍生品交易所自律监管，但是通过上述论述可以知道，美国对于期货和衍生品交易监管的三级制度是一种自然形成的监管模式。由于美国的期货市场发展时间较长，发展的规模较大，因此，政府监管，期货和衍生品协会监管以及期货和衍生品交易所自律监管三者经历了长时间的分配监管权的博弈。这种长时间的博弈，带来的结果就是三者能够达到一种有机的结合，三者能够进行良性的互动和制衡。这种随着期货

市场的发展而不断磨合形成的监管制度反过来对期货市场的促进作用也非常有力，这一点从美国这么多年来的期货和衍生品交易市场的繁荣也可以看得出来。而我国虽然也是采取三级监管模式，但是这是一种设计和借鉴出来的模式，是否能够很好地适应我国期货和衍生品交易市场的发展还有待实践的验证。此外，我国三级监管模式有些头重脚轻，政府监管的权限比较大，法定的监管权力都集中在中国证监会的手中，期货协会和交易所的作用相对微小，较难发挥出它们在监管期货和衍生品交易市场中应该起到的作用。尤其是期货协会，早期更偏重其行业自律的属性，并没有拥有实质的监管权力。从更深层次讲，美国在期货和衍生品交易市场的每个监督机构都存在一种相互制衡的关系，没有哪个机构是完全受另一个机构领导或控制的，这与美国强调权力制衡的政治文化分不开。而我国之所以会出现中国证监会权力较大的现状也是与我国的政治文化密不可分的。在我国，政府具有较大监管和引领的权限，并且一直以来计划经济的思维也较难完全转变，市场的发展初期也是政府通过政策的调控干预来实现的。同时，政府各个机构之间以及其他主体之间未形成相互制衡的机制，未能形成联动和有效的监督，所以才会出现虽然有三级监管主体，但是权力都向上集中的现象。

（三）交易监管规则的比较

《期货和衍生品法》主要规定了九大监管交易规则，而美国有六大交易监管规则的安排，这些监管规则贯穿整个交易流程，虽然在具体的交易安排上有国家和法域之间的差异，但是从监管规则适用的角度，有以下比较研究。

1. 交易合约定义方式的区别

无论是我国还是美国都在交易监管规则文本开头对交易合约，即对监管的对象进行了定义，但又各有差异。我国对于期货交易用了比较常见的种差定义法，期货交易是指“以期货合约或者标准化期权合约为交易标的的交易活动”；衍生品交易的定义则是以期货交易为坐标，除期货交易以外的其他几类交易活动。我国还对归属于衍生品交易的交易合约的类型进行了表述，其是指“互换合约、远期合约和非标准化期权合约及其组合”，对交易合约类型的分类体现了我国更为概括凝练的大陆法系的立法特点。

美国监管规则中涉及对交易合约类型的分类和定义，比如“基于结算的互换”“外汇远期”“证券期货产品”等，但是，其监管规则中同样存在细化到交易品种的交易合约，比如对于“商品”和“互换”的交易品种的罗列〔1〕，其详细程度可比我国期货交易所的交易品种介绍，而在我国监管规则的体系内，该类规则属于交易所的交易规则领域，而非法律规定。

---

〔1〕 互换包括但不限于利率互换、利率下限期权、利率上限期权、利率上下限期权等共计 22 个交易品种；商品包括但不限于小麦、棉花、大米等众多品类。

2. 新上市合约的审核流程存在差异

国内期货合约和标准化期权合约的上市是由交易所报中国证监会注册，而注册是等同于审批还是结合市场需求的备案，在法律层面尚未给出明确的解释，根据相关工作经验，该流程多为交易所立项论证后报中国证监会批准。

相较于我国对新上市合约的审慎态度，美国该方面的监管规则更为灵活，其由注册实体（法律框架下的相关机构）自行选择上市交易的任何新合约品种或者其他工具，并提供书面自查证明，审查主体如未通知中止，则自收到自查证明之日起的第10个营业日自动生效。不同于由交易所提出立项论证和申请的要求，美国提出主体的范围更广，自由度也更高，这和他们已经成熟发达的资本市场密切相关，而我们国家市场基数大，但是质量不高，相关交易人员的专业水平参差不齐，不具有由经营机构自行申请生效的“土壤”。

3. 我国期货与衍生品监管规则的法律不一致

我国《期货和衍生品法》自全国人大第一次立项至法律颁布经历了一个漫长的过程，最终的成稿也充分考虑了我国期货和衍生品市场当前交易监管的实际情况，因此从法律监管规则的要点分布上来看，明显能发现对期货的监管规则自成体系，与交易类型、规则、交易主体、监管等相互呼应，也和国内的实际市场情况密切相关，但在衍生品交易监管规则的法律制定层面则存在一定的不统一和空白。比如，在《期货和衍生法》中提及“期货和衍生品行业协会”，对期货业协会从立法层面给予完整一章共3条规则，但并未提及衍生品行业协会是指衍生品协会还是另外新设立衍生品行业协会，或者就是等同期货业协会。更不用说衍生品交易的监管规则，其在立法层面相较于期货的监管规则更是寥寥，对于外汇类、利率类衍生品的交易规则均未有规定。相对而言，美国当前的交易监管规则没有出现明显不一致的现象，对于其市场中较常见的交易品类都进行了详细的立法规定，对比中国的监管制度，从基本法律的规定范围和框架角度来看，其更加完善。

4. 美国法中设定了更严谨的合约参与者门槛

在美国《商品交易法》第1a条定义中第18项对“适格合约参与者”进行了明确的规定，其中最重要的是根据不同参与者的主体性质，对其资产类别专门进行了明确的规定，比如“总资产超过500万美元的商品基金”“总资产超过1000万美元的公司、合伙信托”等，可以说该类规定很好地筛选了可以参与到相对高风险的金融交易市场的参与者。对照“适格合约参与者”的是我国“投资者适当性”制度的安排，中国证监会颁布了相关的部门规章——《证券期货投资者适当性管理办法》，但是无论是中国证监会的部门规章还是期货业协会的细则指引，对于合格投资者判定方面的权限都下放给了经营机构，而不是在立法层面统一制定。比如《证券期货投资者适当性管理办法》第15条规定：“经营机构应当了解所销售产品或者所提供服务的信息，根据风险特征和程度，对销售的产品或者提供的服务划分风险等级。”并且配套的罚则，使得相关经营机构一方面有较高的道德合规风险，另一方面也使得投资者适当性的监管规定一定程度上沦为一纸空文。

5. 美国过度投机的规定更精细化

美国《商品期货现代化法案》专门通过第 4a 条对过度投机行为进行了监管规则的立法，包括一般规定、应对规则、功能、意义等进行了非常全面的监管规则的立法。在该部分，我国的监管规则在法律层面主要通过《期货和衍生品法》第 5 条规定的“依法限制过度投机行为，防范市场系统性风险”来做原则性的规定，在美国交易监管规则的体系下，其将“持仓限额”作为应对过度投资的手段之一，而在中国的交易监管规则体系下，是防范合约持仓过度集中的风险，同样的规定在不同的监管规则体系下作用也有差异。

6. 原则性的规定与“细节 + 原则”的安排

如前述第（1）项交易合约的定义，美国的交易监管规则整体上非常详实，做了很多细节化的规定，但同时，其除了具体细化的规则外，也对交易市场和主体通过原则性的规定涵盖了一些细节罗列方式所无法规定到的事项用作兜底和补充，比如衍生品结算组织的核心原则、互换执行设施的核心原则等。

7. 关于刑事责任或“重罪”的安排

美国期货和衍生品交易监管规则还有一个重要的特点和不同点就是违反《商品交易法》的相关行为可达到重罪的级别，重罪在美国法律体系中属于刑事犯罪中更为严重的犯罪细分，诸如一级谋杀、绑架等均为重罪范畴，美国通过《商品交易法》在立法层面明确规定（第 9 条）了六类重罪的行为，包括但不限于操纵或试图操纵任何商品市场价格，在知情的情况下遗漏应陈述的重大事实等。该类规定可以理解为是美国市场活跃且有序的防护墙，正是因为从立法层面对扰乱金融市场行为的定罪处罚，才能更有序地维护金融市场的秩序，相较美国交易监管的规则，在该类规定中，我国仅有“违反本法规定，构成犯罪的，依法追究刑事责任”的表述，根据罪刑法定的原则，没有明确的立法无法实质上从刑事责任方面追究相关嫌疑人的责任，其处罚力度和市场影响力有天壤之别。

此外，作为全球金融交易的头部市场，美国“一如既往”地在其监管制度中设置了相当篇幅说明其涉外管辖的权力，这点我们国家在本次的《期货和衍生品法》立法中也进行了充分地参考和借鉴，但是其管辖的广度和力度仍不及美国，短期内美国的“长臂管辖”的效力对全球金融市场的影响仍在，美国对于集中结算规则的详细论述，本文因篇幅原因不再详述。

四、结语：对中国期货和衍生品监管的展望

通过对监管主体和监管制度的比较，我们发现我国期货和衍生品交易市场的监管模式相较美国而言在以下两个方面可以继续考虑提升：首先，我国的监管主体权限分配不合理，中

国证监会的权限太大，较难发挥期货协会和期货交易所的监管作用，可以参考美国的监管制度，从法律层面细化不同层级的监管机构的权限；其次，我国期货和衍生品交易的监管制度体系虽然已经较为丰富和完善，满足了现阶段的要求，但是在不同主体之间，比如监管之间的联动管理，不同级别主体间的层级差异化管理，具体的制度设计科学性、有效性上还有待进一步的提高。希望后续的规范性文件的更新不仅能适应现阶段要求，还能对我国期货和衍生品市场的发展起到促进作用。

破产法制

破产重整中的劳动关系调整

周　栩

目　次

一、问题的提出

在上海易果电子商务有限公司（以下简称易果公司）与张某某的劳动争议案件中，因易果公司经营不善进入破产重组阶段，主要业务停止，公司员工张某某被辞退后起诉，要求法院确认易果公司应承担违法解除劳动合同的法律责任，按违法解除劳动合同赔偿金数额计入其破产债权。易果公司认为，张某某从事岗位已被取消，依据《企业破产法》第18条的规定，参照《劳动合同法》第41条的规定，解除劳动合同并无不当。张某某则主张，劳动合同关系不能适用《企业破产法》第18条的规定，根据《劳动合同法》第42条的规定，其尚在孕期、产期、哺乳期内，不能解除劳动合同。法院经审理认为，《企业破产法》第18条所指的合同应指企业签订的外部合同，一般只具有财产属性，破产法律关系属私法领域范畴；劳动合同作为典型的内部合同，不仅具有财产属性，还兼具人身属性，劳动法律关系除有私法性质外，还有公法性质，国家通过强制力干预劳动合同的签订、履行、解除等各项事宜。故对于劳动合同的解除，应当适用劳动法律法规。根据《劳动合同法》第42条的规定，易果公司不能与张某某解除劳动合同，解除违法，应承担违法解除的赔偿责任。[1]

《企业破产法》第18条赋予管理人待履行合同的解除权。根据学界通说，劳动合同作为一种特殊类型的合同，不应在管理人的合同选择权行使的对象之列。理由大致可以有以下两个方面：（1）管理人的合同选择权之所以不适用于劳动合同，是因为其关系到企业的继续营业与否，原则上属于债权人会议的职权范围，管理人不应当享有破产法上对劳动合同的选择履行权，但可根据劳动法上的有关规定解除劳动合同；[2]（2）由于就业维持和雇佣安定是各国基本的立法政策，因此限缩合同选择权的正当性建立在社会公益上。[3]作为重整程序中涉及劳动合同解除的典型案例，该案裁判思路与通说相符。

但不难发现，破产重整中适用《劳动合同法》第42条存在明显的逻辑悖论：第42条刚性要求企业将"老弱病残孕"的劳动者留下，但是要节省人力成本，那就只能解雇年轻、能力强的劳动者，这样的处理方案显然不符合通过裁员改善生产经营状况的初衷。[4]该案反映出破产重整中适用劳动法的一个争议问题，即经济效率与劳动者保护之间的价值背离。关注劳动者利益角度需要优先考虑劳动保护，尽可能保留就业，企业则希望最大限度地提高灵活性和利润。虽然这些目标并不完全相反，但如果能成功地实施破产重整，就能保住就业机会，促进就业的连续性，然而这两个目标很难同时实现，它们往往会发生冲突。[5]

由于我国破产法对于待履行合同解除权规则的构造并不系统，对于管理人待履行合同的解除权行使范围以及必要限制没有做出清晰的规定，这种冲突与压力转移到了管理人与法院身上。结合我国破产法修改的背景，本文将就破产重整中包括劳动合同解除与员工挽留计划等劳动关系问题进行分析，尤其是破产重整中相关价值失衡的状态进行分析，在经济效率与劳动者保护的再平衡的基础上提出相应的解释论路径和立法改革建议。

---

〔1〕参见上海市第一中级人民法院民事判决书，（2021）沪01民终10428号。

〔2〕参见王欣新：《谈破产企业劳动合同的终止问题》，载《人民法院报》2014年12月17日，第7版。

〔3〕参见刘颖：《论破产法中合同规则体系的完善——以管理人的选择权应受限制的合同为对象》，载《中国法律评论》2021年第6期；李永军：《论破产管理人合同解除权的限制》，载《中国政法大学学报》2012年第6期；陈本寒、陈超然：《破产管理人合同解除权限制问题研究》，载《烟台大学学报（哲学社会科学版）》2018年第3期。

〔4〕参见黄丽娜、杨晓宁：《经济性裁员优先留用条款之检视与完善——基于62份司法判决之实证研究》，载《法治社会》2020年第1期。

〔5〕See J. L. L. Gant, *Balancing the Protection of Business and Employment in Insolvency: An Anglo-French Perspective*, The Hague: Eleven International Publishing, 2017, p. 200.

二、劳动法的固有张力：经济效率和劳动者保护的平衡

从方法论上讲，劳动法在历史上一直是韦伯实质法的典范。[1]不同于追求最高度的形式上的法律精确性，使正确预测法律后果和程序理性系统化的机会最大化的形式性的法律，实质性法律的目标在于“发现一种最适合当局通达权变和道德目标的法律类型”[2]，其以价值或者职能为中心，追求特定的社会目标。这意味着，劳动法的性质将受法律之外的因素影响，它在这些因素中找到最终的理由，这需要一个与其解释和应用相关的持续行动，迫使劳动法进入一个对其技术和解决方案进行永久论证的社会过程。就此，除非经济原因对于劳动者与整个社会来说是不相关的，就没有任何理由能排除在如此众多的正当化过程中纳入经济性质的正当化。当然，任何经济简化论，即经济学对劳动法的任何支配，都必须被拒绝。[3]民主、再分配、人权、社会包容、稳定性、经济效率、人的自由和能力、社会平等均是劳动法追求的目标，在大多数情况下，不同的目标可以并存，[4]劳动法包罗万象，其目的无法用一个单一的标语来概括。[5]

而对于劳动法经济合理性的解释，古典经济学家认为劳动法旨在减少劳动力市场中存在的摩擦，解决市场失灵，尤其是信息不完全问题，劳动法规范解放了谈判的不确定性，从而提高了交易的效率。而新制度主义者认识到市场不完善的普遍存在，将劳动法理解为有时“纠正”市场，但也有系统的方法将劳动法视为经济增长和发展所必须的制度。按照这种观点，劳动法与其他经济和政治制度一起发展成为发达经济体的组成部分，并具有“市场构成”或“市场创造”的作用。根据这种观点，它不是对自由市场的干预，而是市场不可或缺的必要部分。[6]就此而言，虽然强制性规范的存在仍可能是有效的，但劳动法的主线应当旨在加强人在市场中的地位和选择自由，而不是陷入“家长式”和无所不包的保护。[7]我国学者王全兴教授便指出，劳动法应实现社会功能和经济功能的对立统一，劳动法的经济功能在于保护、配置、开发劳动力资源，而且不应当在保护劳动者利益的同时，有不利于保护用人

---

[1] See Del Punta & Riccardo, *Is the Capability Theory an Adequate Normative Theory for Labour Law?*, in Brian Langille (ed.), The Capability Approach to Labour Law, Oxford University Press, 2019, pp. 82 -102.

[2] 夏立安、钱炜江：《论法律中的形式与实质》，载《浙江大学学报（人文社会科学版）》2012年第5期。

[3] See Casale, Giuseppe & Perulli Adalberto, *Compliance with labour legislation: Its Efficacy and Efficiency*, 19 January 2010, International Labor Organization, working document.

[4] See Davidov & Guy, *A Purposive Approach to Labour Law*, Oxford University Press, 2016, pp. 55 -71.

[5] See Matthew W. Finkin, *The Death and Transfiguration of Labor Law*, 33 CLLPJ 171 (2011).

[6] See Deakin & Simon, *The Contribution of Labour Law to Economic and Human Development*, in Guy Davidov & Brian Langille (eds.), The Idea of Labour Law, Oxford University Press, 2011, pp. 156 -176.

[7] See Casale, Giuseppe & Perulli Adalberto, *Compliance with labour legislation: Its Efficacy and Efficiency*, 19 January 2010, International Labour Organization, working document.

单位利益的问题。[1]

回到解除劳动关系的问题上，各国均对解雇做出了限制，即使是赋予雇主"出于正当理由、无理由甚至是道德错误的原因"终止合同自由的美国，亦规定了一些消极要件，如不当解雇的侵权行为与诚信和公平交易的默示义务都对雇主施加了不可免除的义务。[2]当然，包括我国在内的大多数国家的劳动法通常仅允许雇主因无能力（个人原因）、行为不当（纪律原因）和裁员（经济/运营原因）进行解雇。

显然，不正当解雇法的正当性构建在"正当理由"衡平经济效率与劳动者保护的基础上。有观点认为在劳动法追求的诸多目标中，不正当解雇法为处于"从属性"的劳动者提供了安全保障，防止任意、机会主义或其他"不公平"解雇。尽管放松劳动市场管制的支持者仍批评解雇法是造成失业的原因，并进一步斥责这是劳动市场"僵化"的典型例子，阻碍了企业的有效管理并削弱了维持企业所必须的"灵活性"，看起来确实对效率有一些不利影响，但事实可能并非如此。

就潜在的低效率而言，有两种情形：一种是用雇用成本更低、更年轻但同样优秀的员工替换原有员工。鉴于对公司声誉的不利影响，此举的长期效率值得怀疑。在许多情况下不仅构成对劳动合同的违反，还会对劳动关系的稳定性与企业内部治理的有效性产生消极影响。一个人在享受收益后逃避承诺，通常在短期内有利可图，但从长远来看，不仅对整个社会是没有效率的，对过于采取短期行动策略的企业而言也是如此。另一种情况是将"有能力"但效率不高的员工替换为效率更高的员工。这大概是被法律禁止的，但却是有效的。"无能力"标准应允许雇主解雇生产率低于合理预期的员工，故没有理由相信这种情况很普遍。[3]故而，在不正当解雇法保护劳动者的外衣下，规制企业主短视行为以提升经济效率也是其重要目标。

对小型雇主而言，不正当解雇法的应用可能会打破经济效率与劳动者保护的平衡，导致效率低下，这源于与必须证明"正当理由"相关的成本：诉讼成本（包括相关成本，例如收集证据）、裁决者可能的错误（这意味着错误地没有承认正当理由），并且在协商时浪费了时间。此类成本可能非常高，甚至只有一名无能力的员工（错误地复职），对于一家拥有五名员工的企业来说也是一个大问题。将个人雇用关系强加给小雇主可能会产生士气低落的影响，从而进一步削弱小企业的效率。这解释了为什么在许多国家将小企业排除在"正当理由"法规范围之外。

然而，相对于经济效率考量，我国立法者显然更青睐劳动者保护的价值取向，《劳动合

---

〔1〕 参见王全兴：《社会法学的双重关注：社会与经济》，载《法商研究》2005 年第 1 期。

〔2〕 See Stone K. V. W. , *Revisiting the at-will employment doctrine: Imposed terms, Implied Terms and The Normative World of the Workplace*, Industrial Law Journal, Vol. 36: 1, pp. 84-101 (2007).

〔3〕 See Davidov & Guy, *A Purposive Approach to Labour Law*, Oxford University Press, 2016, pp. 72-112.

同法》第1条作为表述法益保护的立法宗旨条款选择了“单保护标准”——“保护劳动者的合法权益”。[1]学界在讨论劳动法问题时亦遵循“从属性→不平等性→矫正自由→劳动法的干预与调整”[2]的构建路径，对经济效率问题关照不足。尽管在保护劳动者与经济效率存在冲突性的同时也存在一致性，司法实践亦考量“平衡劳动者和用人单位之间的利益关系”，[3]但普遍单向度的价值追求仍导致了“劳动力市场灵活性不够”“企业用工成本比较高”“立法过度倾斜”三大失衡问题，极大地打击了市场经济应有的机制，导致管制与自治的系统性失衡。[4]

三、失衡的格局

（一）破产重整中劳动者保护的必要性：打破“从属性”迷思

法律发展的中心不在于立法，不在于法律科学，也不在于司法判决，而在于社会本身。不同于正常经营下劳动者与用人单位的权力格局，劳动者在破产时具有了债权人的身份，获得了《企业破产法》上的相应权利，主要体现在以下两个方面：第一，在破产程序中劳动债权获得优先受偿地位，劳动者相较于其他一般债权人具有显著的优势地位；第二，劳动债权代表得以通过债权人委员会、债权人会议参与破产程序，实施监督与参与决策。《企业破产法》第59条和第67条明确规定，债权人会议应当有债务人的职工和工会代表参加，债权人委员会也必须有职工代表或工会代表参加。债权人会议作为企业在破产状态下的权力机关，对破产程序中涉及债权人利益的各种重大事项做出决定。[5]易言之，拥有劳动债权的劳动者在破产程序中行使着公司正常经营状态下类似股东的权利。可以说，除既存的劳动关系外，劳动者作为债权人，同时成为剩余收益索取人和事实上的风险承担者。《企业破产法》第82条将债务人所欠职工债权单列一组对重整计划进行表决，实际上赋予了劳动者群体对重整计划重要的共同参与决定权，甚至具有一定否决性权利，劳动者群体在破产重整程序中的议价能力进一步提升。

除了法律规范，政府的政策导向也是企业破产重整的行为指引，在一定程度上甚至会超越法律的影响和制约，尤其是涉及社会大局的稳定以及弱势群体的保护问题，政府力量常常

---

〔1〕 参见王全兴：《劳动合同法条文精解》，中国法制出版社2007年版，第5、第6页。

〔2〕 肖竹：《劳动关系从属性认定标准的理论解释与体系构成》，载《法学》2021年第2期。

〔3〕 例如，在黄某某、绵阳市人力资源和社会保障局、四川启天建筑工程有限公司劳动和社会保障行政管理案中，四川高级人民法院认为，“将‘上下班途中’宽泛地扩张，劳动者发生事故的概率必然增加，用工单位的用工风险随之增大，虽立法本意是从最大限度保护劳动者利益，但过度扩张‘上下班途中’的认定，不利于平衡劳动者和用人单位之间的利益关系”。从而驳回了申请人的再审请求。参见四川省高级人民法院行政裁定书，（2020）川行申1084号。

〔4〕 参见董保华：《〈劳动合同法〉的十大失衡问题》，载《探索与争鸣》2016年第4期。

〔5〕 参见施天涛：《商法学》，法律出版社2020年版，第666页。

会更积极地介入企业重整。[1]实证研究表明，地方政府基于稳定就业的目的对员工规模大的破产企业有更多支持，从而导致员工规模越大越有利于与债权人达成债务重组协议。[2]甚至某些措施会损及其他经济主体的利益，例如在大规模债权调整中占有特殊地位的银行债权，因政府出面与银行协商，银行最终往往会做出重大让步。事实上，不仅政府要保就业、促稳定，人民法院的司法政策亦是如此。在"浙江南方石化工业有限公司等三家公司破产清算案"中，最高人民法院撰写的典型意义中明确指出，审理中，通过运用政府的产业和招商政策，确保"破产不停产"，维持职工就业；而在"云南煤化工集团有限公司等五家公司破产重整案"中指出，"人民法院切实发挥破产审判职能，积极化解产能过剩，保障地方就业稳定"[3]。

由此可见，无论是规范意义上的法律还是现实中实际运行的法律都基于破产中的劳动者保护的价值取向，赋予了劳动者在正常经营情况下并不拥有的权利，使得劳动者通过债权人身份参与重整计划的制定以及其他重整事务时，具有更高的议价能力，这与"从属性"理论中个体仅作为劳动者与雇主订立、履行劳动合同中的弱势地位是不同的。正如我国学者指出的，一方面我们应当防范将劳动者完全降格为与土地、资本一般的资源，另一方面，不能片面地将"受害者"视作宪法与破产法对于劳动者的唯一定位，应当不断探索主人翁形象及其对应的积极、奉献和有权特质与"从属性"形象所对应的消极、谋生、无权特质的合题之路。[4]在重新确定相关规范时，我们应当重新审视基于"从属性"理论假设为基础的平衡支点。

（二）破产中的经济效率追求

显而易见，破产注重效率，这通常意味着需要赋予雇主在解雇问题上更多的自由。例如德国《破产法》第113条便规定在启动破产程序时，劳动关系可由破产管理人和另一方终止，无论劳动合同原来有何约定；如果未商定更短的期限，则通知期限为3个月；管理人解除合同的，对方可以作为破产债权人要求提前解除劳动关系的损害赔偿。德国联邦政府在立法说明中指出，"如果债务人的业务不再继续，破产管理人必须能够在短时间内解雇债务人的雇员和其他雇员。如果不再需要的雇员在更长的时间内从破产财产中领取全额工资，这对破产债权人来说意味着不合理的劣势"。同样，这也会阻碍破产重整的成功。

然而，人力资本的"发现"将破产重整中劳动关系调整的视野从"如何去"扩大到了

---

〔1〕 参见李雨松：《政府行为与利益平衡——上市公司破产重整计划研究》，经济管理出版社2020年版，第47、48页。

〔2〕 参见宋淑琴、陈澈：《债务重组中债权人关注劳动力成本吗——基于破产的对比分析》，载《会计研究》2021年第3期。

〔3〕 《最高人民法院发布10起全国破产典型案例》（2018年3月6日），参见杨临萍主编：《供给侧结构性改革司法实践：破产重整与和解最新理论及实务》，法律出版社2020年版，第312～323页。

〔4〕 参见阎天：《破产法上劳动者形象的变迁及其宪法根源》，载《中国法律评论》2020年第6期。

"如何留"。随着产品标准化和社会信息化的发展，实体资产不再那么专门为特定的公司服务，它们在很大程度上能够用于其他公司，任何行业的公司都倾向于使用大部分相同的资产，更多投入集中在制定和实施商业计划、培训员工、建立客户基础、协调和供应商的关系及开发技术，充分彰显人力资本在现代社会经济活动中的重要价值。人力资本的下列定义方式很好地体现了这一点：人力资本是"由与沟通、协调和解决问题的相关知识组成，不容易形成或难以在不同的劳动者群体之间转移"的无形资产，通常由董事、高管以及技术人员等员工所代表，尤其是在依靠知识创新的科创企业。[1]正是从这个意义上，Baird 和 Rasmussen 教授认为建立在实体资产再分配基础上的企业重组法承诺带来的实质性利益已经一去不复返了，健全的重组法必须关注那些拥有有价值的团队但面临财务困境的公司。[2]

有观点更进一步指出，企业的持续经营价值主要依存于人与人之间、资产之间、资产与人之间的关系，这些关系只有经过了足够多的时间并在产生了创建这些关系的成本之后才会结合并开始协调地发挥作用。随着时间的推移，企业正是通过这些关系的有效运作，才成为其持续经营价值。[3]这些关系构成了网络，它不是独立于员工而存在的，但也不依赖于某个特定的员工。因此，这些网络往往是特定于企业的，除非整个网络可以转移到另一家企业。即使这种情况发生了，由于网络的部分价值来自个人和资产之间的关系，因此如果资产不随着网络转移，一些价值仍然会损失。[4]故而，保持公司的持续经营价值通常需要大部分团队成员留在原地，并在重整中继续生产，但对团队生产安排的调整可能是必要的。例如，团队可能需要解雇和更换经理，或支付奖金让他们留任。[5]

这意味着，我们需要对企业内部的员工进行区分，对于构成人力资本的劳动者，经济效率往往要求以留任为主，解雇仅是次要的选择，这就是美国法上关键员工挽留计划的初衷；[6]对于那些普通劳动者，破产重整中的经济效率则要求在解雇上有更多的自由裁量权。

---

〔1〕 See Ramin P. Baghai, Rui C. Silva & Luofu Ye, *Teams, and Bankruptcy* (July 18, 2019). Swedish House of Finance Research Paper No. 17 ~19, European Corporate Governance Institute – Finance Working Paper No. 626/2019, Available at SSRN: https://ssrn.com/abstract =3042304 or.

〔2〕 See Douglas G. Baird & Robert K. Rasmussen, *The End of Bankruptcy. Stanford Law Review*, Dec., 2002, Vol. 55, No. 3, pp. 751 –789.

〔3〕 See Lynn M. LoPucki, *The nature of The Bankrupt Film: Response to Baird and Rasmussen's the end of bankruptcy*, Stanford Law Review, Vol. 56: 3, pp. 645 –671 (2003).

〔4〕 See Mailath G. J. & Postlewaite A., *Workers Versus Firms: Bargaining over a Firm's Value*, The Review of Economic Studies, Vol. 57: 3, pp. 369 –380 (1990).

〔5〕 See Lynn M. LoPucki, *A Team Production Theory of Bankruptcy Reorganization*, Vanderbilt Law Review, Vol. 57: 3, pp. 741 –780 (2004).

〔6〕 关键员工挽留计划是美国法上为了顺利留任与公司相关的关键员工而率先在实践中发展，并于2005年正式写入美国《破产法典》第503（c）条的制度，其可以是单纯挽留性质的保留计划，即重整期间工作满一段时间就可以获得相应的报酬；也可以是具有激励因素的激励计划，将业绩和报酬挂钩，同时给予报酬共益债的地位。具体收益的关键员工则由指定人根据实际需要进行选定，可以包括企业高管，也可以包含一般职工。参见［美］查尔斯·J. 泰步：《美国破产法新论》，韩长印、何欢、王之洲译，中国政法大学出版社2017年版，第755 ~759页。

（三）失衡状态的出现及加剧

对“从属性”假设的质疑和人力资本价值的发现之后，我们不得不再次审视：规制正常运营下企业用工关系的劳动法继续在破产重整状态下同样适用是否会造成经济效率与劳动者保护之间的失衡状态？

1. 解雇

回到 Davidov 教授对解雇的分析，破产重整中的效率损失在规模上是否还是微不足道的呢？首先，在陷入财务困境的情况下，证明“正当理由”的相关成本不再是微小占比。其次，低能力员工错误复职产生的低效率也不再无关紧要，如果法律实施过于严格，实际上提供了过多的工作保障，这势必会导致效率低下。[1]再次，雇佣成本更低、更年轻（同样优秀）的员工替换原有员工以及将“有能力”但效率不高的员工替换为效率更高的员工，对企业上述行为的限制不再是潜在的低效率，而是真实且昂贵的机会成本损失。最后，正常经营下的解雇规则迫使企业将解雇的部分成本内部化，从而减少外部性，这亦有助于企业与劳动者之间的长期合作关系。但当企业进入破产重整状态，在灵活性和利润上的损失增加了企业重整失败的可能性，相较于解雇，显然重整失败带来的负外部性更大。

当企业进入破产重整状态，由于经济损失相对比重的上升，经济效率与劳动者保护之间的平衡应当被重新审视，尤其是刚性的劳动者保护，往往会成为重整成功的阻碍。《有关既有权利的欧盟指令》[2]（European Union Acquired Rights Directive，ADR）由于规定了即使出卖人企业进入破产程序，在雇主企业被出售且该出售导致部分或全部劳动合同终止的情况下，除非对雇员的解雇是因为经济、技术或者组织结构的原因，被解雇雇员对原雇主享有的权利，仍将转变为对买受人企业行使，[3]该观点受到了破产法学界以及破产执业事务群体的广泛批评。[4]有观点就指出，附属于企业出售的员工可能会成为一种负担，降低企业的内部价值，并可能减少通过企业拯救机制成功恢复的企业数量。考虑到转移员工的潜在责任，实质性的就业保护通过阻碍收购损害了企业救援的有效性。无效的企业救援可能会因企业清算和失业的增加对经济和工作保障产生不利影响。因此，劳动者就业保护必须与企业救援相平衡，以成功促进企业拯救机制的实施。[5]

---

〔1〕 See Andrea Ichino & Regina T Riphahn, *The Effect of Employment Protection on Worker Effort: A Comparison of Absenteeism During and After Probation*, (2004) IZA Discussion Paper No 385.

〔2〕 该指令在 1977 年首次出台（Council Directive 77/187/EEC），之后被重订（Council Directive 2001/23/EC of 12 March 2001）。

〔3〕 参见［美］杰伊·劳伦斯·韦斯特布鲁克、［美］查尔斯·布斯等：《商事破产：全球视野下的比较分析》，王之洲译，中国政法大学出版社 2018 年版，第 162 页。

〔4〕 在我国破产清算程序中，根据《劳动合同法》第 44 条第 4 项的规定，“用人单位被依法宣告破产”时，劳动合同终止，学理上认为根据《企业破产法》的规定，用人单位一旦进入被依法宣告破产的阶段，意味着劳动合同一方主体资格必然消灭，劳动合同归于终止，故该时点应以人民法院做出破产宣告裁定为准。而在实践中，破产程序较为漫长，如果等到人民法院做出破产宣告后终止劳动合同，显然增加了企业不必要的成本。

〔5〕 See Hugh Collins, *Transfer of Undertakings and Insolvency*, Industrial Law Journal, Volume 18: 3, pp. 144 – 158 (1989).

宝马（BMW）出售 Rover 就是一个很好的例子。在该事件中，如果 Rover 找不到买家，将面临被清算的危险，Alchemy 与其达成初步协议试图避免 TUPE 的适用，无论是转岗还是岗位的裁减都没有通知和咨询 Rover 的员工，工会提出了覆盖数千名员工的索赔申请，这些索赔的价值预计超过 3 亿英镑。在潜在责任相当大的背景下，Alchemy 在交易最终敲定的前一天退出了谈判，交易告吹。最终，Rover 被象征性地以 10 英镑卖给了 Phoenix 财团，出售后四年的亏损导致 Rover 被行政托管，失去了 6000 个工作岗位。[1]

更为重要的是，如果企业因为上述劳动者保护而面临清算的巨大风险，那么员工是否会同意放弃权利，这是存在争议的。正式处置成本低将提高企业的持续经营价值，如果成功进行重整将为员工提供就业机会。无论如何，员工作为一个群体，在企业成功纾困之后，将比在清算之后过得更好。可以推断的是，在雇用合同的限制使企业拯救程序处于高风险失败的情况下，允许一些条款的放松是“最公平”的做法。[2]

经济学研究亦表明，破产重整中对劳动者的普遍保护会减损破产重组的效率。首先，陷入困境的公司经常被迫解雇劳动者以弥补现金流短缺，但解雇劳动者导致的额外雇佣成本增加了陷入困境的总成本。[3]其次，劳动者工资与一般商品价格不同，劳动者工资永远不会因有关劳动者生产力的坏消息而下降，因此劳动者在终止合同时的工资通常会大大高于其竞争性市场工资。[4]最后，对劳动者的保护会导致企业的资本结构失衡，较低的劳动力灵活性迫使公司保留更多的现金流来支付公司必须承担的雇佣和解雇成本，导致财务困境的程度更深，这同样会导致在重整过程中调整杠杆水平的可能，具有更大灵活性的公司可能被贷方视为风险较小，从而改善他们获得外部融资的机会。[5]

2. 关键员工挽留计划

与解雇选择不同的另一种需要被考虑的平衡是关键员工保留计划，这同样表现为劳动者公平保护和经济效率之间的紧张关系，不过与解雇的选择正好相反。一般认为，破产重组的目标包括企业价值最大化，使得债权人亦能最大化其利益。通过保留关键员工，企业可以继续运营，并能更快、更有效地实施重整过程，进而为了经济效率部分牺牲公平保护。据统计，与不采用任何计划的公司相比，采取激励性质计划的公司平均每季度资产收益率

---

〔1〕 See J Armour & S Deakin, *Insolvency, Employment Protection and Corporate Restructuring: The Effects of TUPE*, ESRC Centre for Business Research - Working Paper No 204, 2001, pp. 35 - 36.

〔2〕 See J. L. L. Gant, *Balancing the Protection of Business and Employment in Insolvency: An Anglo French Perspective* (May 1, 2017), Eleven International Publishing 2017 (PhD Monograph), Available at SSRN.

〔3〕 See Messina, Julián & Giovanna Vallanti, *Job flow dynamics and firing restrictions: Evidence from Europe*, Economic Journal, 2007, pp. 279 - 301.

〔4〕 See BERK et al., *Human Capital, Bankruptcy, and Capital Structure*, The Journal of Finance, 2010, pp. 891 - 926.

〔5〕 See Dewaelheyns et al., *Employment Protection and SME Capital Structure Decisions*, Journal of Small Business Management, 2019, pp. 1232 - 1251.

（ROA）可额外提高 2% ~4%。[1]在程序效率层面，无论是挽留性质的，还是激励性质的计划均可有效减少程序的时间。[2]

在这方面，我国亦有实践上的积极探索，在易果公司等公司实质合并破产重整案中，管理人在听取核心职工意见上，结合债务人实际情况，制定了“关于债务人破产重整期间薪资调整方案”，以重整计划被裁定批准为节点，对按照薪资调整方案参与重整激励的员工，按方案确定的原则进行奖励，同时对奖励计算方法、给付内容等进行了规定，相关内容写入重整计划草案。“上述方案实施后，三家公司核心管理层保持稳定，无一人辞职、离岗。重整计划执行期内正值上海疫情封控期间，核心团队十余员工发挥战斗堡垒作用，高管又以企业情感为纽带，带领员工共渡难关，为各大企业、机构提供生鲜保供服务，取得了维持并提升债务人经营价值的良好效果。”[3]

然而，尽管有效率上的积极性，亦不可忽视其消极方面，“内部人士”对计划的参与往往导致公平保护和经济效率同时受到损害：第一，当奖金支付给已经普遍获得高薪的关键人员，尤其是高管，普通员工的士气更容易丧失。在重整中，普通员工常常被要求牺牲工资、福利和工作条件，同时面临着被解雇的风险，而在财务开始出现问题时掌管公司的高管则会得到奖金和激励措施，这些提议的结果对公司而言是灾难性的，[4]降低了重整成功可能。第二，直接侵害职工利益，在 Polaroid 案中，公司要求法院允许向大约 45 名高管支付奖金，最高可达 1900 万美元，这些奖金来源于这些高管从出售企业资产所得收益的 5% 到 6% 的额外收入，但此时 Polaroid 已经裁员数千人并削减了退休人员的医疗和人寿保险，最终在员工的反对下，Polaroid 撤回了计划。第三，制度滥用导致了监管套利。部分高管将关键职工挽留计划作为经营失败后继续控制企业的工具，或者作为破产程序中的“黄金降落伞”。[5]虽然美国《破产法典》503（c）对“内部人士”参与关键员工挽留计划做了严格限制。同一时期 PIP 的数量、采用可能性和覆盖面都有所增加，这表明 KERP 已被 PIP 取代，但零绩效门槛的发生率更高，管理人员对奖金的自由裁量权更大，从而削弱了 PIP 的绩效激励。有证据表明，改革后的 PIP 与较弱的重组效率和运营绩效有关，PIP 激励减弱与效率和绩效恶化之间存在联系。[6]而这些消极影响需要立法和司法上有完善的规则体系进行克服。

---

[1] See Capkun，Vedran & Evren Ors，*When the Congress Says “Pip Your KERP”：Performance Incentive Plans，Key Employee Retention Plans and Chapter 11 Bankrutpcy Resolution*，working paper，2014，pp. 1 –33，https：//people. hec. edu/ors/wp –content/uploads/sites/24/2018/02/PIP_your_KERP_20140104. pdf.

[2] 参见金春、冷帅达：《破产重整视角下关键职工挽留计划的制度建构》，载《东方论坛》2021 年第 6 期。

[3] 参见上海破产法庭等：《提名案例丨上海易果电子商务等公司实质合并破产重整案评析》，载微信公众号“上海破产法庭”2023 年 5 月 26 日，https：//mp. weixin. qq. com/s/zWBgd –QvaciRZYQWsa6Plg。

[4] See Bethany C. Suhreptz，*Key Employee Retention Plans*，*Executive Compensation*，*and BAPCPA*：*No Rest for Congress*，*No More for Execs*，William Mitchell Law Review，Vol. 35：3，pp. 1194 –1234（2009）.

[5] 参见金春、冷帅达：《破产重整视角下关键职工挽留计划的制度建构》，载《东方论坛》2021 年第 6 期。

[6] See Vedran Capkun & Evren Ors，*Replacing key employee retention plans with incentive plans in bankruptcy*，Accounting，Organizations and Society，Volume 94，2021.

（四）我国破产重整中的失衡与缺位

企业破产实践中，劳动关系的调整或者延续需要体系性思考。除企业被宣告破产作为劳动合同终止事由外，重整程序、和解程序、清算转入重整程序等情形，都存在《劳动合同法》关于劳动合同解除规范的适用问题，除第42条外，需要同时考虑第40条（无过失辞退）与第41条（经济性裁员）的适用问题。

首先，第41条第1款第1项明确规定“依照企业破产法规定进行重整的”，企业可以进行经济裁员。而第40条第3项同样规定，当“劳动合同订立时所依据的客观情况发生重大变化，致使劳动合同无法履行，经用人单位与劳动者协商，未能就变更劳动合同内容达成协议的”，用人单位可以进行无过失辞退。

问题在于，无过失辞退在破产重整中是否同样有适用的可能性？对于无过失辞退，学理上认为与合同法中的情势变更原则类似，法条中的“客观情况”是指据以订立劳动合同的履行劳动合同所必要的客观条件，如生产设备条件，产品销售条件等，这些客观情况由于自然条件、企业迁移、被兼并、企业资产移转等原因，发生了足以使劳动合同不能履行或者不必要履行的变化。〔1〕在适用要件上，第40条（无过失辞退）是“客观情况”发生重大变化，而第41条（经济性裁员）则是“客观经济情况”发生重大变化。〔2〕事实上，根据上述对“客观情况”的释义，企业破产重组通常伴随着资本结构、营业结构、产业布局上的变动，劳动者的劳动生产条件极有可能发生订立劳动合同时难以预料的变化，例如生产设备的出售、先进生产线的引进、并购等，可以被第40条（无过失辞退）所涵涉。至于“客观经济情况”和“客观情况”，由于企业申请破产重整的原因既可能是宏观经济，也可能是自身经营不善等，此等划分不仅难以界定客观标准，也无必要。故而，第40条（无过失辞退）在破产重整中有适用之可能。

其次，无过失辞退和经济性裁员在程序上以及实质处理上有重大区别。第一，在具体程序上，无过失辞退以“协商不成”为前置，而经济性裁员则无须就劳动合同变更进行协商，其程序要件为：（1）提前30日告知工会或全体职员并听取意见；（2）将方案报告劳动行政部门。比较而言，虽然目的都是限制企业的解除权，但无过失辞退侧重与劳动者协商，经济性裁员则以劳动行政部门报备为核心。〔3〕在我国政府较为关注劳动者就业保护的环境下，显然适用无过失辞退对破产重整企业更为有利。第二，就实质处理而言，经济性裁员比无过失辞退多了社会福利原则，在经济性裁员中还需要考虑社会因素，对用人单位贡献大、再就业

---

〔1〕参见信春鹰、阚珂主编：《中华人民共和国劳动合同法释义》，法律出版社2013年版，第143页；王全兴：《劳动合同法条文精解》，中国法制出版社2007年版，第150页。

〔2〕参见王全兴：《劳动合同法条文精解》，中国法制出版社2007年版，第153页。

〔3〕参见刘大卫：《“情势变更”导致劳动合同解除的法律适用转换分析——基于〈劳动合同法〉第40条第三项和第41条第一款第四项的比较研究》，载《求索》2011年第9期。

能力差的劳动者，法律上明确规定了三类优先留用人员。同时，在重新招用人员时，经济性裁员中被裁减人员具有优先就业权。无过失辞退则没有这些限制，对劳动者保护较少。

最后，尽管无过失辞退与经济性裁员间就解雇人数存在差异，但因为规则有明确的界限，允许人们通过从事技术上豁免但会造成相同或类似伤害的行为来“规避”它们。〔1〕破产重整的管理人显然可以“少量多次”来规避经济性裁员规则的适用，第 41 条对裁减人数的明确规定事实上也给管理人提供了明确的规避路径。

可见，管理人可以通过在破产重整程序中适用第 40 条来规避第 41 条的适用，进而减少重整中的成本，提升重整的效率，使重整计划顺利执行，避免陷入二次破产的困境。但严格分析，向第 40 条逃逸的处理策略难谓合理：允许管理人在重整程序中适用第 40 条会使《劳动合同法》唯一明言“依照企业破产法规定进行重整”的第 41 条成为“纸面上的法”，难以实现保护劳动者的立法目的，显然过度倾向于经济效率，会造成劳动者权利保护与经济效率的再度“失衡”。

同时，对于中小微企业而言，无过失辞退的适用更有其特殊意义。由于经济性裁员规定的是裁减人数“二十人以上”或者“百分之十”以上，那么一个雇工仅有 50 人的企业，裁撤 6 人就要适用经济性裁员的规定，必然增加其程序成本，对企业要求未免过于严苛。在绝大多数国家，中小微企业尽管规模不大，但都发挥着维持与促进经济、提供产品与服务、创造和保持就业机会的重要作用，面对复杂的市场竞争环境，也需要回应诸多挑战。因此，通常需要提供更为积极的制度与政策予以支持。联合国国际贸易法委员会第五工作组在《小微企业破产法立法指南（草案）》（2021）讨论了建议破产制度等问题，拟建议各国应当以“建立快捷、简单、灵活和低成本的破产程序”，“向小微企业提供简单易行的简易破产程序”，“通过简易破产程序使无生命力的小微企业得以快速清算，并对有生命力的小微企业进行重整，从而促使小微企业债务人重获新生”〔2〕。在简易破产程序未被明确规定的情况下，允许企业进行无过失辞退有一定积极意义。

对于关键员工挽留计划，我国法则存在制度上的空白且激励不足。从体系上看，《企业破产法》第 113 条第 3 款规定对高管破产受理前未偿付的工资按企业职工的平均工资给予保护，这更会刺激作为关键员工的高管提前离职。〔3〕从人力资本理论出发，这显然不利于重整的经济效率。

由此可见，破产重整中《劳动合同法》提供的解雇规则体系存在规则适用不清以及制度

〔1〕 See Cass R Sunstein, *Problems with Rules*, Calif. L. Rev., 1995, p. 953.

〔2〕 联合国贸易法委员会编：《小微企业破产法立法指南草案》（2021），载联合国国际贸易法委员会网站，https://uncitral.un.org/sites/uncitral.un.org/files/media-documents/uncitral/zh/part_5_ch.pdf，最后访问日期：2022 年 11 月 12 日。

〔3〕 参见［美］查尔斯·J. 泰步：《美国破产法新论》，韩长印、何欢、王之洲译，中国政法大学出版社 2017 年版，第 20 页。

刚性问题，同时，在关键员工挽留问题上，则存在制度空白甚至是反向激励，这不仅导致了劳动法内在价值的失衡，也显然违背了破产重整的制度目标。故而，下文尝试在解释论上缓和破产重整中经济效率与劳动者保护之间的张力，同时在我国破产法修改的背景下，从立法论上提供可能的改革方案。

四、再平衡之员工挽留计划的解释论路径

（一）程序内涵：以债权人会议为中心

我国学界认为，关键员工保留计划作为利害关系人关注的敏感话题且涉及金额通常巨大，属于处分《企业破产法》第69条规定的债务人重大财产，根据最高人民法院《关于适用〈中华人民共和国企业破产法〉若干问题的规定（三）》（以下简称《〈企业破产法〉司法解释（三）》）的规定，应当交由债权人会议进行表决。[1]故而，从文义解释出发，将其纳入债权人会议决议范围并无不可。同时，债权人会议本身是各方债权人重新评估现实与未来的风险与可能的收益，管理破产财产并在客观上形成利益减让共同意愿的场所，对员工挽留计划进行调整符合债权人会议本身的价值定位。

债权人会议的信息披露制度较为完善。[2]关键员工挽留计划的滥用会损害他人利益，债权人会议作为利害关系人自主协商的场所，在相互对立的主体之间保证信息充分、准确、对称的各种制度是消解利益冲突的重要手段。[3]对关键员工挽留计划而言，其构建的合法性基础在于债权人利益最大化，为确保目标实现，美国法规定由债权人会议对计划进行审查，具体而言：首先，债权人在决定是否批准一个特定挽留计划时，需要对其是否能从债权人的角度充分提高企业价值进行成本效益分析；其次，债权人团体必须有机会审查债务人为支持其计划而声称的财务和人力资本；最后，要求债务人通过说明所提议计划背后的特定理由证明其构成了良好的商业判断。[4]可见，考虑到内部人的道德风险、信息不对称问题，债权人会议的信息披露制度对避免关键员工挽留计划的消极作用至关重要。

同时，考虑到债权人会议的召开时间以及债务人企业挽留关键员工的急迫性，根据《企业破产法》第26条和第69条的规定，关键员工挽留计划可由管理人制定，并经法院许可实施。

---

〔1〕 参见金春、冷帅达：《破产重整视角下关键职工挽留计划的制度建构》，载《东方论坛》2021年第6期。

〔2〕 例如《北京破产法庭破产案件管理人工作指引（试行）》86条第4款，“会前向参会人员提供会议议程，分发供审议、表决的文件以及表决票，告知注意事项”；《河北省高院发布破产案件审理规程（试行）》第61条，“提交债权人会议核查的债权表，管理人应当会前向债权人、债务人公开”。

〔3〕 参见杨忠孝：《破产法上的利益平衡问题研究》，北京大学出版社2008年版，第160页。

〔4〕 See Emily Watson Harring, *Walking and Talking Like a KERP: Implications of BAPCPA Section 503 (C) for Effective Leadership at Troubled Companies*, University of Illinois Law Review, Vol. 2008: 4, pp. 1285 –1318 (2008).

（二）实体内涵：共益债

须注意的是，关键员工挽留计划的关键在于“共益债”的解释问题。而如何认定共益债，我国《企业破产法》在第42条具体列举确立了共益债务认定的二元识别标准，即“法院受理破产申请+债权人共同利益”，学界通说亦认为“共益债务是指破产程序进行中，为了全体债权人的利益所发生的债务和因债务人财产所发生的债务的总称”，但往往认为破产管理人对破产财产进行管理符合每一位债权人的预期利益，所以只要满足了“法院受理破产后”的时间标准，就被认为具有“共益性”，属于共益债务，但这存在损害全体债权人利益的风险。[1]故而，如何认定“共益性”成了问题的关键。

最关键的是《〈企业破产法〉司法解释（三）》第2条将“破产申请受理后”，“债权人会议决议通过，或者第一次债权人会议召开前经人民法院许可”的“借款”纳入《企业破产法》第42条第4项，认定为共益债务。这意味着，最高人民法院有意对《企业破产法》第42条第4项做出广义解释，“为债务人继续营业而应支付的劳动报酬和社会保险费用以及由此产生的其他债务”中的“由此产生的其他债务”可以广义解释为继续营业而形成的所有债务只要满足要件均可作为共益债务，“借款”属于其中的一种形式，以保持共益债务认定的法律弹性空间。在“东北特殊钢集团有限责任公司、中国第一重型机械股份公司破产债权确认纠纷案”中，辽宁省高级人民法院便认定东北特殊钢集团有限责任公司在破产申请受理后仍持续使用案涉货物，该货物及设备实际上维持了破产人的继续经营，由此，“将该债务确认为共益债务符合共益债务的基本含义，也符合破产法第四十二条第一款第四项规定‘人民法院受理破产申请后发生的下列债务，为共益债务：……（四）为债务人继续营业而应支付的劳动报酬和社会保险费用以及由此产生的其他债务’中为债务人继续营业产生的其他债务”[2]。由此可见，司法实践对于《企业破产法》第42条第4项亦采用了广义解释。

同时，根据《〈企业破产法〉司法解释（三）》第2条的规定，最高人民法院将“债权人会议决议通过”以及“人民法院许可”作为判断“共益性”的标准。有学者指出，由于“共益性”判断意味着结果标准，这意味着在重整中做出商业判断的决策者需要承担所有的风险，无法贯彻风险与收益一致的风险分配原则，因此按照纯粹程序正义标准建构共益债务认定规则体系实为正确选择。[3]但考虑到债权人会议机制的不完善以及事前判断的不可预测性，“共益性”标准完全构建为“债权人会议决议通过”或“人民法院许可”的程序性要件，仍无法克服损害债权人利益的弊端。《〈企业破产法〉司法解释（三）》第2条规范语言表述为“参照企业破产法第四十二条第四项”，“参照”一词是准用性法条的外观识别依据，而准用性

[1] 参见陈伟：《共益债务的认定——从“绝对程序标准”到“双重标准”》，载《南京航空航天大学学报（社会科学版）》2017年第1期。

[2] 辽宁省高级人民法院民事判决书，（2018）辽民终359号。

[3] 参见郭云峰：《程序正义视角下的共益债务认定》，载《人民司法》2021年第22期。

法条根据类比推理而设置。[1]故而，将《〈企业破产法〉司法解释（三）》第2条中的“许可/通过”与“为了全体债权人的利益”之间的关系理解为在经验法则上的相同或相似可能，即“许可/通过”是对“共益性”的一种事实“推定”，可能更为恰当。

通过解释论的路径，可以将员工挽留计划产生的债权债务关系纳入《企业破产法》第42条第4项的范围：由于员工挽留计划而产生的债权债务关系是使企业获得特定员工一段时间内的劳动力而产生的负担性给付，同《〈企业破产法〉司法解释（三）》第2条中的借款，属于帮助企业持续经营的商业决策，可以理解为《企业破产法》第42条第4项中的继续营业“由此产生的其他债务”。同时，将其纳入债权人会议决议范围，进而在债权人会议中审议通过则赋予其“共益性”上的推定，促使各方债权人形成利益调整共识。这有利于管理人对员工挽留计划进行商业判断，也有利于人民法院在批准重整计划中进行合理的审查，从而有助于重整程序的有序推进。

五、再平衡之劳动合同解除的立法论路径

（一）一般劳动合同解除规则

如前所述，关键员工保留计划纳入债权人会议决议的轨道在解释论上是可以接受的，商业和司法实践对制度需求尚不迫切，无须进行立法改革。但考虑到劳动合同解除对企业降低成本、增加效益的重要性，提供关于重整等存续性破产保护程序中有关劳动合同解除问题的更为明确的一般规则，甚为必要。同时，由于《劳动合同法》中解雇体系无法适应破产重整中经济效率与劳动者保护之间“平衡”要求的现状，因此恰当的方式是进行立法改进。

1. 德国法的规则

通过考察国外法，本文注意到德国破产程序中对劳动关系采取了一种更为合理的方案。如前文所述，德国《破产法》第113条规定了管理人在最长不超过3个月的时间内可以终止劳动合同，并赋予劳动者损害赔偿请求权。但破产并没有完全免除《解雇保护法》的要求，即终止必须是“社会正当的”：第一，除了雇员的个人或行为方面的原因，企业必须存在一个令人信服的理由，雇主必须说明为什么特定的工作职位不复存在，在工厂中继续雇佣劳动者与重大的经营需要相悖；第二，在员工中进行了“社会选择”，考虑到个人保护因素，包括工作期限、年龄、家庭抚养义务、残疾，这四个标准具有弹性，雇主可以在劳资委员会的同意下进行积分计划（例如，资历——每年服务2分，年龄——每年1分，已婚——5分，严重残疾——10分），依次确定留用的优先级；第三，不应该有其他可用的工作职位可以提供给相关员工。[2]

---

〔1〕 参见刘风景：《准用性法条设置的理据与方法》，载《法商研究》2015年第5期。

〔2〕 需要注意的是，根据德国《解雇保护法》的规定，该法案仅适用于雇用10人以上的企业，同时，与员工的行为，个人相关或者运营相关的理由构成了证成“社会正当性”的三个可能原因。See Kirchner & Jens, eds. *Key aspects of German employment and labour law*, Springer, 2010, pp. 135 –155.

同时，破产重整往往会涉及营业变更，根据德国《企业组织法》第111条和第112条的规定，企业若计划做经营变更且企业员工超过20人时，必须进行利益补偿，[1]该原则也同样适用于破产。为了在强有力的员工保护和债务人业务的成功重组之间取得平衡，就此，德国《破产法》引进了集体谈判制度：

（1）破产管理人可能会尝试与劳资委员会进行谈判[2]，并就进一步的破产程序过程中必要的所有权结构性变化达成协议。如果不能在3周内达成这样的协议，破产管理人可以向劳动法庭申请替代协议的决定（第122条）。

（2）这些集体层面上的努力将对雇员提起的个人诉讼产生影响：如果与劳资委员会达成协议，允许终止特定的劳动合同，则推定终止是合法且出于令人信服的理由，法院只会对严重错误的“社会选择”进行评估（第125条）。如果无法与劳资委员会达成协议，破产管理人仍可要求劳动法庭宣布终止合法，这也将约束雇员提起任何个人诉讼，不需要破产法院进一步批准终止（第127条）。[3]

2. 对我国的具体改进建议

回到我国破产重整的语境，除鼓励企业与劳动者积极协商，在协商一致的情况下解除合同外，一般劳动合同解除规则应做以下调整（如图1）：

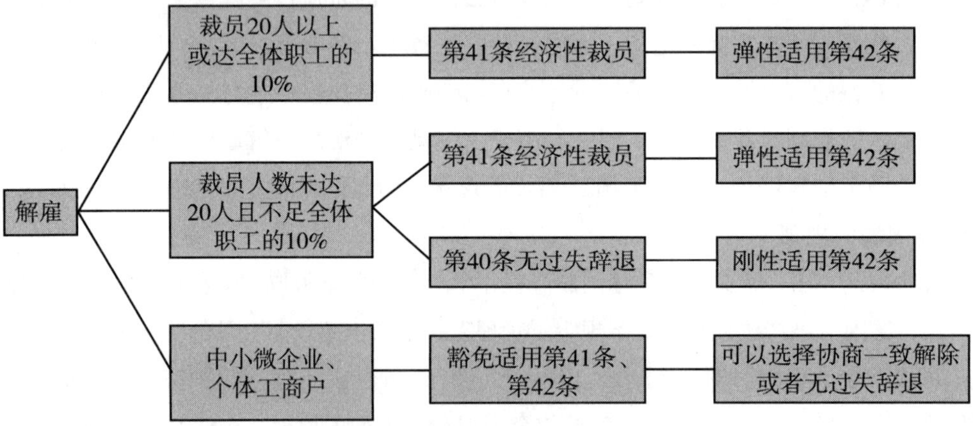

图1　一般劳动合同解除规则流程

---

〔1〕参见［德］乌尔里希·福尔斯特：《德国破产法》，张宇晖译，中国法制出版社2020年版，第144页。

〔2〕应当注意到的是，该集体谈判程序运行良好的前提是强大的劳资委员会，其享有法定的知情权、协商权和共同决定权。知情权随着企业规模的扩大而扩大，企业需要“充分和及时”的资料，在固定员工超过100人的工厂，必须成立经济或财务委员会，由劳资委员会任命，了解企业目前和未来的情况，并提供所有相关的财务信息，这给了劳资委员会重组谈判中的充分信息；同时咨询权和共同决定权则与劳动者权益保护相关，企业在法定的事物范围内需要获得劳资委员会的支持，包括重整的裁员计划。See John T. Addison, Claus Schnabel & Joachim Wagner, *Works Councils in Germany: Their Effects on Establishment Performance*, Oxford Economic Papers, Volume 53: 4, pp. 659–694 (2001).

〔3〕See Faber Dennis et al., *Commencement of Insolvency Proceedings*, Oxford University Press, 2012, pp. 313–364.

首先，明确在破产重整中适用《劳动合同法》第41条经济性裁员的规定，可在裁员方案中弹性适用第42条的规定。就第42条的弹性适用，可参照德国法，构建三步判断：第一，企业必须说明特定工作职位为什么不复存在，特定工作职位的裁撤需要具有经济合理性；第二，对第42条规定的员工进行社会评价，这步判断不考虑企业利益，关注员工的社会脆弱性，可以进行积分计划确定优先顺序；第三，完成裁员后不应该有其他可用的工作职位提供给相关员工，在结果上回溯检查。

其次，为确保企业不会利用裁员方案中第42条的弹性适用侵害劳动者权益，应当改造第41条的程序性要件。我国《劳动合同法》第41条的程序要件中，仅有“通知”“听取意见”的权利，虽然工会能够参加债权人会议，但第一次债权人会议的召开时间与重整开始时间并不一致，以及由于工会本身的能力和其掌握的信息仍然有限，导致其无法做出合理的判断，这显然不具有德国法上劳资委员会享有的知情权、协商权和共同决定权。故而，法院和劳动行政部门应当发挥更加积极的作用。依学理解释，第41条中的“报告劳动行政部门”不仅是一种程序性权利，还应当理解为集体合同的缔约义务，进而适用《劳动合同法》第54条的规定，劳动行政部门应当对裁员方案进行合法性审查。〔1〕进而，建议明确劳动行政部分的该项职权，同时规定若劳动行政部门并没有在15日内提出异议，则裁员方案生效，若提出异议，考虑到地方政府的维稳考量，法院应进一步审查，做出维持或者变更的决定。对已经过劳动行政部门或法院审查的决定，除了有重大明显的不合理或违法，劳动者不能对解雇决定提出异议。〔2〕

再次，协调《劳动合同法》第40条和第41条的适用。明确即使解雇人数不足20人且不足全体职工的10%，管理人或债务人也可以选择《劳动合同法》第41条进行经济性裁员。若选择适用第40条无过失辞退的规定，则企业应受《劳动合同法》第42条的刚性约束，即“老弱病残孕”一律不得解雇。目的在于，考虑到第41条程序上的负担以及企业破产重整中解雇的不同需求，应当保留无过失辞退在破产重整中的适用，通过对第42条的弹性调整以及第41条裁员方案的诉讼预防效果来达到“胡萝卜＋大棒”的效果，鼓励破产重整中管理人或者债务人适用第41条，防止前文中提到的向第40条逃逸现象的发生。

最后，量大面广的中小微企业和个体工商户是我国国民经济和社会发展的重要力量，是我国经济韧性的重要支撑，促进其发展是保持国民经济平稳较快发展的重要基础，是关系民生和社会稳定的重大战略任务。〔3〕同时，中小微企业和个体工商户具有受宏观经济、法律制

---

〔1〕 参见江锴：《论经济性裁员中的劳动合同解除》，载《政治与法律》2015年第4期。

〔2〕 若前述劳动行政部门和法院的审查体系能够建立，劳动者的异议权当然受限，但该限制不会侵犯劳动者权益，理由如下：第一，在实践中，行政部门和法院普遍保护考虑社会维稳压力，保护劳动者权益；第二，理论上，劳动行政部门的决定是具体行政行为，法院审查具体行政行为时同样依据违法或者重大明显不合理的标准；第三，若是法院审查通过，则对于既定的裁判，生效者具有既判力，不能轻易再审理。

〔3〕 参见《国务院关于进一步促进中小企业发展的若干意见》国发〔2009〕36号，《促进个体工商户发展条例》（中华人民共和国国务院令第755号）。

度、政策环境影响较大以及成本变化敏感的特征，立法应当制定特殊的破产裁员规则，豁免《劳动合同法》第 41 条、第 42 条的适用，为中小微企业、个体工商户破产重整解负。当然，这并不免除企业的经济补偿义务，同时需要社会构建完善的社会保障体系。

（二）营业转让中的劳动合同继受

实践中，破产重整可采取三种形式及其组合：用债务重整拯救公司法人或其主要业务，通过整体收购实现业务拯救以及出售连续营业中的部分业务。[1]较债务重整形式的企业存续型重整，整体收购及出售连续营业中的部分业务形式所代表的出售式重整多了“营业转让”问题。需注意的是，我国《企业破产法》虽多次提及“营业”，但并未明确其含义，我国亦没有商法典或商法通则等商事一般法律对何为“营业”做出界定，关于营业转让的直接规制条款仅出现在地方性法规《深圳经济特区商事条例》（已失效），全国性法律法规则通过股权转让/产权转让/企业出售、重大资产转让、企业名称转让、营业执照转让等四类功能等值物构建起了间接规制模型。由于营业转让作为破产企业在融资、剥离和清理现有财产和债务的方便途径，对破产重整的意义重大，有学者便认为设立关于营业转让的一般规则虽然不适宜由破产法代劳，但一旦通过某种方式就营业的转让建立起一般制度，破产法应当作出反应，在一般制度的基础上，为发生在破产清算或重整程序中的营业转让作出特别安排。[2]就本文而言，关于营业一般制度的构建显然超出了讨论范围，故将视野集中于营业转让中的劳动合同继受问题。[3]

就该问题，目前我国仅对国有企业做出了明确规定，例如《关于国有大中型企业主辅分离辅业改制分流安置富余人员的实施办法》（国经贸企改〔2002〕859 号）第 14 条[4]，对于国企改制后与员工重新签订劳动合同做了明确规定，即强制受让方继受劳动关系，但对非国有企业则付之阙如。我国学者尝试运用“营业纽带理论”，解释强制继受主义的法理依据，主张受让方必须继受既存劳动关系，以充分保护劳动者权益。[5]但问题在于，强制继受主义在正常营业环境下或可平衡劳动者保护和经济效率之间的关系，但这往往不利于企业重整，以过去的国有企业破产兼并实务为例，在实施整体拍卖或者资产转让的过程中出现了以受让企业接收更多的职工为代价降低转让价格的现象。[6]事实上，强制继受主义正是欧盟 ADR 采取的立场，这招致了大量的批评。

---

〔1〕参见齐砺杰：《破产重整制度的比较研究——英美视野与中国图景》，中国社会科学出版社 2016 年版，第 3 页。

〔2〕参见马哲：《“营业”的破产法意义——兼论对我国〈企业破产法〉的完善建议》，载《中国政法大学学报》2021 年第 4 期。

〔3〕参见蒋大兴：《营业转让的规制模型：直接规制与功能等值》，载《清华法学》2015 年第 5 期。

〔4〕具体规定为，“（十四）依法规范劳动关系。对从原主体企业分流进入改制企业的富余人员，应由原主体企业与其变更或解除劳动合同，并由改制企业与其变更或重新签订三年以上期限的劳动合同。变更或签订新的劳动合同应在改制企业工商登记后 30 天内完成”。

〔5〕参见马钰凤：《营业转让中的劳动者保护》，载《河北法学》2013 年第 1 期。

〔6〕参见金春：《中国重整程序与和解程序的功能及构造》，载《政法论坛》2008 年第 1 期。

在德国法上，如果破产债务人的业务在重组过程中转让给第三方，收购方将自动承担所有劳动合同，受让人不应对转让前应付的任何未付雇佣索赔负责。此外，劳动合同终止不能基于业务转让本身。然而，这种情况通常被认为重组的重大障碍，实践中出现了两种解决方法：第一，双方同意解除雇佣合同并转移到一家以担任临时雇主为目的而成立的中转公司。[1]中转公司系德国法上独特的制度安排，其通过公司中雇主与雇员代表之间的协议以及职业介绍所根据《社会保障法》第三册第2条第3款[2]的有关规定设立，资金由雇主与国家财政共同负担，为雇员提供最长达到12个月的就业过渡期。同时，由于是自愿解除雇佣合同，亦可规避“社会正当性”等劳动保护要求。通过中转公司的设立，营业上劳动者债权的负担被清理，营业转让交易的效率可以得到极大提升，有利于破产债务人、第三方以及社会利益，而劳动者通常亦会同意这样的解决方案，原因有二：首先，受让方可以重新聘用中转公司的前员工。因此，劳动者可能期待会在旧企业的新所有者手中保住他们的工作。其次，在劳动者离开债务人前往中转公司时，他们还没有失业。这样一家公司的目标是重新定位员工以适应新工作，从而最大限度地减少过渡期结束后最终失业的员工人数。[3]第二，解雇由破产管理人在业务转让之前进行，此时解雇并不是因为“工厂”转让，而是因为当事人追求的企业重整。[4]即使买方根据雇佣合同承担义务，他也不会对在破产程序开始之前产生的任何债权负责。

这两种方式均有助于业务的顺利转让，推动重整计划的达成和执行，法院亦认可其合法性。但是，这并不意味着德国法削弱了对劳动者的保护。在工资请求权上，破产重组程序开始前“强势”临时管理人请求以及程序开始后提供劳动力，工资请求权属于财团债权，而对劳动关系持续最后3个月内的其他欠款由联邦劳工局制度净工资数额破产金负责。[5]

进而，在营业转让中的劳动合同，可以效仿德国法的默示继受主义，即除非营业转让双方通过特别约定排除劳动关系的继受，否则视为受让方同意概括性继受劳动合同关系。当然，政府应当从对私法自治的干预转向对劳动者的社会保障，制定一套积极的劳动力市场服务方案是政府应当负起的责任，具体做法上，可以参考德国法鼓励设立专门的中转公司，或吸取我国在扶贫攻坚战中的经验，为失业者提供专门的就业培训，[6]同时通过失业保险、职

---

〔1〕 德国通说认为，转让方、受让方和劳动者均有权拒绝劳动合同权利义务的概括转移，亦即营业转让双方有权通过特别约定排除劳动关系的继受。参见［德］卡尔·拉伦茨著：《德国民法通论》，王晓晔等译，法律出版社2003年版，第237页。

〔2〕 Sozialgesetzbuch (SGB) Drittes Buch (III) – Arbeitsförderung – (Artikel 1 des Gesetzes vom 24. März 1997, BGBl. I S. 594).

〔3〕 See European Commission, *European Restructuring Toolbox* (*July 2010*), pp. 338 –341.

〔4〕 参见［德］雷蒙德·瓦尔特曼：《德国劳动法》，沈建峰译，法律出版社2014年版，第307、308页。

〔5〕 参见［德］乌尔里希·福尔斯特：《德国破产法》，张宇晖译，中国法制出版社2020年版，第143页。

〔6〕 有研究表明，扶贫攻坚战中，参加过就业培训能够显著增加家庭纯收入，说明就业培训机制在我国有落地条件，能够带来社会正面效益。参见平卫英、罗良清、张波：《就业扶贫、增收效应与异质性分析——基于四川秦巴山区与藏区调研数据》，载《数量经济技术经济研究》2020年第7期。

业介绍所等措施，改进失业者再进入劳动力市场的机会，或发展自己的事业。

六、结语

经济效率与劳动者保护之间的平衡是劳动法所固有之要求，当企业从正常经营状态走向破产重整时，无论是劳动者议价能力增强对“从属性”理论提出的质疑，还是人力资本理论所揭示的关系网络价值的重要性，均要求原有的平衡机制，即一般劳动法规范，做出调整以适应破产重整中经济效率与劳动者保护之间的“再平衡”，这具体表现为劳动合同解除规则以及关键员工挽留计划的构建。

对于劳动合同解除，我国现行规则存在《劳动合同法》第 40 条和第 41 条之间的规范适用不清以及第 42 条适用刚性等问题，显然这对破产企业失之于严，不利于达成企业拯救的目的。就此而言，建议在《企业破产法》中参照德国法，对破产重整中一般劳动合同解除规则进行改革。考虑到我国“营业转让”制度在一般商事法层面上的缺失，出售式重整中劳动合同的继受问题亦在立法论层面上进行，构建劳动合同默示继受主义的规则体系有现实需要。同时，由于关键员工挽留计划具备提升企业破产重整效率，保留持续经营价值等特殊功能，引进相关规范对于破产重整具备积极意义，但应看到其弊端，我国理论讨论亦不充分，在立法论上引入员工挽留计划为时尚早，故而将员工挽留计划产生的债权债务关系解释为“共益债务”，将其纳入债权人会议决议或是一种可接受的安排。当然，司法实践对员工挽留计划应当进行不断调试，构建一定的裁判标准以应对实践中出现的相关问题。

破产重整中债务人自行管理制度研究

宋 烨*

目 次

一、现行自行管理制度的规范分析

债务人自行管理制度（以下简称自行管理）源于《美国破产法》第十一章的 Debtor In Possession（以下简称 DIP）[1]。20 世纪 80 年代，美国破产法学界就有对于债务人企业重整的价值目标的论战。以 Douglas G. Baird 为代表的一方赞成以债权人利益最大化为重整价值目标，并认为我们不能生活在一个债务人可以无拘无束地释放自己过去无成本的义务这样一个世界里[2]；而 Elizabeth Warren 则认为破产是在多重利益主体之间如何分配债务人财产上的一个平衡，需要对更多的受破产影响的主体如消费者、雇员等给予保护，并认为破产重整制度没有一个占

---

* 宋烨，法学硕士。

〔1〕 11 U. S. C. § 1107。

〔2〕 Baird Douglas G.，*A World Without Bankruptcy*，Law and contemporary problems，Vol. 50：2，p. 179（1987）.

主导地位的价值，因此破产的政策成为协调各方利益冲突的问题。[1]自行管理模式下，经营困境中的债务人并未失去对企业的经营控制权。以保留其对企业的经营控制权作为对债务人主动申请重整程序的激励手段，自行管理能最大程度激发债务人参与重整程序的热情，更加体现市场化破产法律制度的性质。

（一）现存法律规范原则性较强

我国早在2006年的《企业破产法》（以下简称《破产法》）中便确立了债务人自行管理制度，但因法律规范内容较为原则性，该制度至今未得到合理适用。

现行法律规范下，我国破产重整语境中有管理人管理及自行管理两种管理模式。《破产法》第73条、第80条规定了我国破产重整语境下的债务人自行管理制度：第73条规定，在重整期间，经债务人申请，人民法院批准，债务人可以在管理人的监督下自行管理财产和营业事务；第80条第1款规定，自行管理下债务人拥有重整计划草案制作权。2007年4月，最高人民法院《关于审理企业破产案件指定管理人的规定》（以下简称《破产管理人规定》）要求进入破产程序的债务人都由法院指定的管理人主导破产程序，但是最高人民法院并未对第八章重整、第73条和第80条第1款实行债务人自行管理的重整制度作出司法解释。

截至2023年8月，笔者以债务人自行管理为关键词对该制度现行法律规范在北大法宝中进行检索。中央层面，现行有效的关于债务人自行管理的法律规范主要集中在《破产法》、《全国法院破产审判工作会议纪要》（以下简称《破产审判会议纪要》）、《全国法院民商事审判工作会议纪要》（以下简称《九民纪要》）以及《中华全国律师协会律师担任破产管理人业务操作指引》中；地方层面，为落实上述法律规范中对自行管理的制度更新，部分地方的破产法庭、高、中级法院、破产人管理协会、人大法制委员会等有权机关以地方性法律文件的形式对自行管理模式的应用进行地方个性化解读和规范[2]。

从规范效力层级看，自行管理制度的具体运行尚未存在法律或司法解释层级上的规范；从规范内容看，在该制度适用过程中，债务人对重整企业的具体管理权限、此管理模式下管理人监督权的行使、债权人合法权益的保护等重要事项尚未存在相关法律规范。目前，我国亟待通过立法或司法解释的方式对上述嗣后法律漏洞进行补充，以推动自行管理制度的向好发展。

（二）法律适用情况不佳

我国破产重整语境中，管理人监管下的债务人自行管理模式在司法实践中呈现出提高重整启动效率、提高债务人在破产重整中的积极性、更大程度保护债权人利益等优点。有学者统计，自新破产法实施至2018年，在50余家进入重整的上市公司中，仅有10家适用自行管

---

〔1〕 参见张思明：《破产重整债务人自行管理的适用性分析》，载《商业研究》2019年第1期。

〔2〕 2016～2022年北京、上海、广东、重庆、贵州、江苏、浙江、山东、河北等地先后出台细化自行管理的相关法律规范。

理模式[1]，制度适用率低于20%。近年来，自行管理模式逐渐跃入重整上市公司的视野。不同于早年的上市公司重整多以管理人管理模式为主流，DIP模式在我国上市公司重整中的适用比重逐渐增加。为了规范法官的自由裁量权，2019年颁布的《九民纪要》第111条第1款细化了自行管理的条件。在该规定的规范和指引下，债务人自行管理的适用出现增长态势。

截至2023年8月，笔者以债务人自行管理为关键词在全国企业破产重整信息网中进行检索，共检索出328份法律文书，其中包括破产审查案件96件、破产案件219件[2]。从2018～2022年的适用债务人自行管理案件数量来看，债务人自行管理模式的发展大体呈现上升趋势。2018年、2019年分别出台的《破产审判会议纪要》《九民纪要》对该管理模式适用进行细化，促使制度适用率逐年提高。2019年年末暴发的新冠疫情导致大量企业经营出现困难，大量企业走向破产，在后疫情时代的背景下该管理方式在2021年达到近五年来适用的峰值。

伴随国家供给侧结构性改革的不断推进，市场经济稳步发展对现重整制度提出新的要求和挑战。新冠疫情背景下，市场经济态势在短时间内因复杂且不可预见的主客观因素出现巨变，大量企业因运营情况不佳进而出现破产原因。自行管理契合这一独特的时代背景，以债务人作为重整驱动力能够有效缓解破产司法资源紧缺的状况，推动重整管理模式的优化。（见图1）

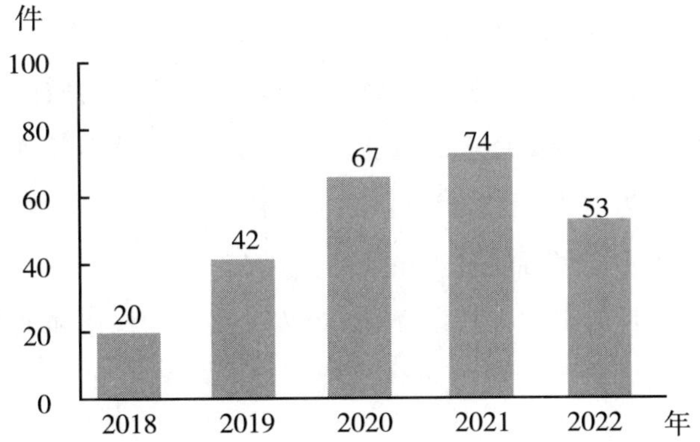

图1　2018～2022年破产重整债务人自行管理适用案件统计

二、自行管理制度存在的缺陷

高效健全的破产制度无疑为市场经济的稳定运行注入一针强心剂，其制度运行保障市场

[1] 10家适用自行管理模式的上市公司按裁定重整时间先后排序分别为是＊ST华源、＊ST秦岭、＊ST偏转、＊ST盛润、＊ST方向、＊ST科健、＊ST宏盛、＊ST金城、＊ST中华与＊ST新亿，数据来源于巨潮资讯网：http：//www.cninfo.com.cn/，最后访问日期：2023年8月23日。

[2] 全国破产重整信息网：https：//pccz.court.gov.cn/，最后访问日期：2023年8月26日。

经济主体拥有明确的退出通道。而在当今市场经济高速发展的中国，自行管理蕴藏的巨大效率优势对激活有效市场资源、推动市场经济发展起到积极作用。在实践中自行管理呈现提高重整启动效率、提高债务人在破产重整中的积极性、更大程度保护债权人利益等优势特征。但根据上文提及，自行管理模式的适用率并未与其在重整过程中的优势特征相匹配。明晰其问题所在，增强债务人自行管理在重整制度中的适用，有助于健全社会主义市场化退出机制。

（一）法律移植本土化问题

按照孟德斯鸠在《论法的精神》中所提出的观点，法律的精神与气候、地理、人口等都有重大关系。[1]债务人自行管理制度作为法律移植的产物，应当立足于我国破产重整之实践，兼采域外经验，完善中国式自行管理制度。

我国债务人自行管理制度构建可以借鉴《美国破产法典》第 11 章中的 DIP 制度，并在其基础上进行中国式演绎，即构建管理人管理与债务人自行管理并行的管理

美国的 DIP 制度发展至今历经 100 多年历史的演化，其间充满了争论、质疑以及立法观念与现实的博弈。[2]观之德国 DIP 制度发展，相较下，我国的 DIP 制度与德国破产重整 DIP 制度中更为相似。德国破产法规定管理人仅仅充当协助或监督者的角色。[3]依据《德国破产法》第 270 条的规定，破产法院可以在启动破产程序的决定中授予债务人自行管理的权利，但必须符合第 270 条第 2 款规定的前提条件。[4]

此外，我国破产法变革的具体进程中还面临诸多挑战，强烈的破产耻感使制度变革存在诸多障碍。[5]基于国家对优化营商环境的追求，近年来国家以营商环境指标为导向对破产制度进行改革。重整程序作为“办理破产”这项指标中一项子指标深受改革的青睐。2015 年我国中央经济工作会议中提出尽可能多兼并重组，少破产期清算，以实现积极稳妥去产能这一目标。伴随供给侧结构性改革进入深化阶段，新发展格局的构架和推进需要有效的市场化破产机制的保障。[6]司法实践中的破产重整呈现出重整价值识别机制模糊、行政权过度介

〔1〕 参见［法］孟德斯鸠：《论法的精神》，许明龙译，商务印书馆 2009 年版，第 315 ~326 页。

〔2〕 19 世纪末美国的铁路公司衡平接管程序中，法官任命的接管人就是铁路公司的原管理层，这即为债务人自行管理制度的源头。1938 年，钱德勒法案将债务人自行管理与管理人接管作为两种并行的经营控制权配置模式。1978 年破产法改革法案又恢复了债务人自行管理作为基本程序设定的地位。参见［美］大卫·G. 爱泼斯坦、史蒂夫·H. 尼克勒斯、詹姆斯·J. 怀特：《美国破产法》，韩长印等译，中国政法大学出版社，2003 年版，第 2 ~3 页。

〔3〕《德国破产法》在第 261 条中提及，管理人的职责是监督，将管理人的权利划定在监督范畴之内。参见［德］莱因哈德·波克：《德国破产法导论》（第 6 版），王艳柯译，北京大学出版社 2014 版，第 207 ~210 页。

〔4〕 参见何旺翔：《〈德国破产法〉中的债务人自行管理——兼评我国〈破产法〉第 73 条》，载《法学研究》2008 年第 1 期。

〔5〕 参见［匈］蒂伯·塔基提：《破产耻感与再生政策》，李泽民译，载李曙光、刘延岭主编：《破产法评论》（第 1 卷），法律出版社 2018 年版，第 56 ~57 页。

〔6〕 在改革过程中陆续出台包括 2018 年《破产审判工作会议纪要》、2019 年最高人民法院《〈企业破产法〉司法解释（三）》、2019 年《九民纪要》等法律规范文件。

入、大量僵尸企业残存于市场等问题。有学者通过文章论证了我国上市公司重整中出现的府院失衡现象，即政府身份混同垄断多元角色，造成上市公司重整市场化较弱的现象。[1] 上述情况使大量破产司法资源倾斜至并不具有实际重整价值的企业，破产司法资源并未得到合理利用，本不具有重整价值的企业因地方行政需求苟活于市场之中。

（二）自行管理下债务人权力边界不明

《破产法》第 73 条第 2 款规定，适用自行管理制度的重整企业，其债务人享有企业的财产管理和经营控制等相关权利，但对管理人模式下管理人拥有的撤销权、监督权等并未明确其归属。根据目前《破产法》及相关法律规范的表述，自行管理下的债务人不能完全取代管理人的职权。根据已有的实践经验，如管理人之权限完全为自行管理之债务人取代，则有可能造成自行管理债务人的道德风险、权力滥用等隐忧。因而，厘定自行管理下债务人权力边界应成为促进自行管理制度发展所必须解决的问题。

（三）自行管理下权力监督体系尚未健全

"一切不受约束的权力必然腐败。"债务人自行管理模式下，管理人从破产重整程序的操作者转变成监督者。自行管理模式下债务人行使经营控制权，它对全体债权人和债务人的财产整体利益产生巨大的影响。因此，居于中立和公正地位的管理人对债务人应实行有效的监督，《破产法》和有关司法解释没有就债务人自行管理模式中管理人监督权内容和行使方式作出具体规定。

目前立法并没有对管理人监督方式作出明确规定，导致管理人对自行管理下的债务人的权力行使难以实现有效监督，监督缺位导致债务人滥用权力。学界普遍认为应当强化目前的管理人监督体系，并完善不同管理模式下的针对性监督法律规范。[2] 亟待以相关法律规范或基于原有法条加以司法解释的方式设定管理人监督权，防范在债务人自行管理过程中易发的道德风险。

三、完善债务人自行管理制度的制度构想

（ ）尝试调整上市公司适用自行管理制度的顺序

1. 调整上市公司适用自行管理制度的可行性分析

依据我国现行法律规范，自行管理模式并未针对特定主体适用。有学者提出基于本轮《破产法》修改契机，构建以自行管理模式为核心的破产重整体系。全主体适用自行管理将

---

〔1〕 参见王毓莹：《论我国上市公司重整中的"府院失衡现象"及其协调》，载《法学评论》2022 年第 2 期。

〔2〕 参见王欣新，李江鸿：《论破产重整中的债务人自行管理制度》，载《政治与法律》2009 年第 11 期；邹海林：《供给侧结构性改革与破产重整制度的适用》，载《法律适用》2017 年第 3 期；张思明：《破产重整债务人自行管理模式的适用性分析》，载《商业研究》2019 年第 1 期。

对现有管理人中心主义发出强烈挑战，重整各方利益主体可能会因思维惯性畏惧甚至抵触自行管理模式的适用。笔者认为，可先尝试调整上市公司重整管理模式的适用顺序（在重整程序中默认适用自行管理制度），使此种管理模式依托自身优势结合主体特性在重整程序中发挥其应有作用。

上市公司之重整需协调各方错综复杂的利益矛盾，实现各方主体间的利益平衡。司法实践中我国上市公司的重整过程中存在行政干预过强的问题，政府的强干预手段虽保障上市公司的经济价值，但严重影响市场化重整目标的实现。而适用自行管理制度可以依托制度架构将企业的经营控制权转移至债务人手中，有效减轻行政权对上市公司重整的过度控制，使重整程序回归至市场化路径。

上市公司自身因其具有较高的营运价值、较完备的公司治理机制和运营体系平衡，较其他企业拥有适用自行管理的先天制度优势。而自行管理对进入重整程序中的上市公司吸引合适战略投资人也能产生助益。基于债务人对企业运行的了解，在挑选战略投资人时债务人易选择与重整企业未来运营方向契合度更高的投资人。而从战略投资人角度看，将资金投入至更了解企业运作的债务人手中，其投资转化率在某种程度上可得到一定的保障。

2. 上市公司优先适用自行管理制度之实证分析

我国上市公司重整拥有较健全完备的信息披露制度，因此本文基于各上市公司于巨潮资讯网中披露的公开信息对自行管理制度与上市公司重整的适配性进行分析。截至2023年6月1日，我国共有98家上市公司已进入重整程序，其中有29家上市公司采用债务人自行管理模式，占29.6%；2018～2022年（以破产重整受理时间为基准时间）共受理46家上市公司破产重整，其中适用债务人自行管理模式20家，占43.5%，超同比总体自行管理适用率147%。各上市公司重整详细管理情况详见附表1。

上市公司公司因其拥有较大剩余运行价值，对重整成功会产生更加迫切的需求。自行管理下，重整程序的效率价值依托制度构建得以更好地实现。笔者以2020～2022年启动重整程序的上市公司（共32家上市公司）为样本进行分析。据公开数据显示，采用自行管理模式的共18家（详见附件表2），占56.3%，采用管理人模式的共14家（详见附件表3），占44.7%。其中适用自行管理的公司从重整申请至法院裁定受理重整的平均时间为185天，ST海航、ST大集、ST基础三家公司在此项时间上仅用短短12天；而管理人模式下此项的平均时间为202天，较自行管理模式下多17天，在此模式下耗时最少的ST力帆亦经过了53天的时间，较自行管理下的上述三家公司超出41天。而在裁定受理重整至重整计划获批这一时间段，两种管理模式下的上市公司呈现出与上述时间段相同的规律。自行管理下此时间段的平均时间为131天，其中ST大集、ST海航在此时间段耗时最长共计324天；而管理人模式下的平均时间为134天，其中ST华奥在此时间段耗时最长共计419天，同比自行管理下超出95天。

此外，有学者统计了自2006年至2020年各重整上市公司的在拟破产清算情况下对普通债权的偿债能力。[1]偿债能力是一种假设性分析，即假设上市公司在清算状态下，按照法定的清偿顺序清偿后，普通债权能获得多少清偿的比率。数据显示，采用自行管理模式企业的偿债能力普遍在2%～13%区间内，其中ST德奥（002260）普通债权拟清偿率高达到36.47%，ST新亿（600145）拟清偿率为0。笔者以2020～2022年适用自行管理的上市公司为样本，对其在清算情况下的普通债权清偿率及重整计划中普通债权的清偿情况进行比较分析（详见附件表4）。样本中18家上市公司在模拟清算下的平均清偿率为15.9%，除海天防务拟偿债能力达79.54%之外，其余17家上市公司的偿债能力大都低于20%。而根据各上市公司披露的重整计划来看，上述18家上市公司通过重整程序，其中10家公司实现普通债权100%清偿，剩余8家公司在普通债权类清偿率也较直接清算有明显提升。

综上，在上市公司重整过程中，自行管理模式能充分发挥其独特效率优势，节约重整程序各时间段耗时，缩短重整程序周期，为上市公司恢复正常运营争取更大的机会。

（二）厘定自行管理下债务人权力边界

自行管理制度核心意义在于既提高债务人重整积极性，使其主动进入重整序化解危机，又保障相关利益主体和社会利益不受损害。因此自行管理下，除监督职责外，债务人和管理人之间的权利分配，应当围绕制度核心意义，最大程度激发自行管理债务人的重整积极性，减轻自行管理下债务人诱发道德风险概率，最大程度还原制度设计优势。

美国《破产法典》第1107条将占有中的债务人置于受托人的地位，享有破产受托人的权利和权力，并要求其履行除受托人的调查职责以外的所有职权。[2]《企业破产法》第25条中仅对管理人模式下管理人职权进行规定，此模式下管理人拥有以下三种职权：（1）调查及检查权；（2）撤销及追讨财产型职权；（3）重整事务型职权。而在自行管理模式下，债务人职权不应照搬管理人模式下的职权内容。根据《九民纪要》第111条的规定，自行管理债务人享有重整企业财产管理和企业经营权。笔者认为应以司法解释的形式对自行管理模式下债务人职权进行细化。

自行管理债务人之核心职权是企业经营管理权。企业经营管理权的表现为以下内容：恢复营业、管理企业内部事务、决定日常支出、人事聘用、处分财产选择继续执行或者解除合约、决定借款和担保及其他事项上的决定权。由于债务人最明确自身财务等情况，由它继续承担企业经营管理任务能充分发挥自行管理制度在效率和成本方面的优势。

自行管理下债务人职权还应当包括：（1）编写财产详情报告；（2）质物、留置物的取回权；（3）拟定重整计划草案；（4）申请人民法院批准重整计划；（5）申请人民法院批准

[1] 参见申林平：《上市公司破产重整：原理与实务》，法律出版社2020年版，第302～315页。
[2] Commodity Futures Trade Commission v. Weintraub，471 U. S. 343，355（1985）.

未通过的重整计划草案等其他管理人职权。其中最为重要的一项职权是制作并通过重整计划草案。我国《破产法》第 80 条第 1 款规定自行管理模式下的重整计划的制定权归属于债务人。重整计划草案作为重整程序的行动指南，对企业清偿、未来企业运营方向作出规划。将重整计划草案制定权交给债务人，即希望依托其对债务人企业的精准了解、全面的商业知识积累以及对所在行业前景的前瞻眼光实现企业重生，这是清算组或第三方专门机构作为管理人所无法企及的优势。

此外，建议可对企业剩余控制权分配增加约定模式。市场经济中产业升级与产业专业化分工增强这一趋势使得单由管理人管理或是债务人自行管理难以为企业重整提供健全的重整方案。因此，笔者希望基于现有管理模式，灵活变通重整中剩余控制权的分配，立足于各项管理模式的优势，以意思自治原则为指引，构建协商分配重整中的剩余控制权。例如，基于重整企业的现实，为了最大化重整价值，自行管理人模式中约定管理人编制重整计划草案。司法实践中已出现对于约定分配剩余控制权这一理念的尝试。北京破产法庭受理了万瑞飞鸿（北京）医疗器材有限公司破产重整案，债务人是一家心脏支架制造高新技术企业，管理人承担企业继续经营有较大困难。债务人和管理人按业务特长划分，债务人办理营业事务，管理人处理财产事务和拟定重整计划草案。北京破产法庭结合案件的具体情况，对债务人自行管理的申请依法予以核准。当然，商定分工管理模式还应符合有关避免利益冲突的条款，管理人应当履行的权力，不得交由债务人履行。

（三）健全以管理人监管为中心的多维监管体系

1. 管理人监管体系的完善

破产重整语境中的管理人管理模式，其目的是通过对债务人的财产进行管理对其进行处分、业务经营和制订破产法方案，让债务人免于“死亡”厄运，回归常态化企业运作。而在自行管理模式下，管理人的工作从企业的经营管理转移到对债务人管理行为的监管。全过程、高质量、强效益的管理人监管如悬挂在自行管理债务人头上的达摩克利斯之剑，能有效控制自行管理下债务人权利滥用的风险。

自行管理的债务人拥有重整企业的企业经营、财产控制以及制定重整计划等权利。但基于利益平衡理论，为保证重整中的公平，以下职责只能由管理人承担：（1）调查债务人的财产及行为，制作并向法院、债权人会议、债权人委员会提交相关报告；（2）行使撤销权；（3）追缴债务人股东未缴纳的出资，追回债务人的董事、监事和高级管理人员利用职权从企业获取的非正常收入和侵占的企业财产；（4）登记申报债权、制作债权表；（5）审查取回权、抵销权、要求恢复行使的担保权。建议在《破产法》修订时，明确上述职权归属，以保障管理人行权[1]。

---

〔1〕 参见谢肇煌：《公司重整中的债务人自行管理：功能定位与权责配置》，载《天府新论》2021 年第 3 期。

自行管理模式下，管理人监督职权伴随重整程序的推进，在不同阶段呈现差异化监督重点。在裁定重整至重整计划批准前，管理人的监督权主要聚焦于对债务人行使企业控制经营权的监督。管理人对自行管理债务人的企业运营行为、内部治理结构的调整、选取战略投资人以及重大财产处分行为进行监督，以保障各方利益主体，尤其是债权人的合法利益不受侵害。在重整计划执行阶段，管理人监督权的重点应落在保障重整计划实施中。[1]

2. 其他重整参与主体监督—司法监督

法院作为司法机关，在市场化破产法体制下亦对重整程序中的某些事项享有决定权。[2]有效的司法监督依托完备的司法机构建设和大量的破产法律知识专业人才储备。目前我国部分涉破产案件较多的地区已成立专门破产法庭。新冠疫情后，不少企业走向破产，已成立专门破产法庭或破产法院地区的司法实践相继呈现出人员短缺、办案压力激增的情况。因此，着力构建专业破产法官队伍已是势在必行。

此外，建议完善自行管理模式下经营管理重大事项披露制度。人民法院作为司法主体应处于被动中立地位，主动以司法权力介入重整程序中，违背构建市场化破产制度这一发展方向。因此构建自行管理下重大事项披露制度不失为法院有效行使监督权的合理方式。自行管理债务人在经营管理破产企业中涉及重大标的额合同签订、投资人选择以及重整计划草拟等重大事项时，应在重整企业内部履行相关决议程序后报送人民法院。人民法院对债务人报送材料进行书面审查，形成有效事后监督。但需要说明的是，人民法院此时的事后监督并不影响自行管理债务人所做出的决议效力。

3. 其他主体监督—股东监督

美国 DIP 制度中出于对股东弱势地位的保护，规定股东在重整过程中享有监督权。当自行管理债务人违背诚信原则或有其他损害行为时，请求破产管理人接管破产企业。我国公司法目前仍遵循股东会中心主义，自行管理中的股东监管对于完善多维监督体系有积极作用。按照破产法规定，股东享有重整计划的投票权，至于是否享有其他权利尚未明确。我国自行管理下的债务人多为破产企业的大股东或实际控制人。但伴随着所有权与经营权的逐步分离，股东与经理层之间存在着明显差异的现象已经普遍出现在规模较大的企业当中，自行管理亦应顺应这一变化趋势进行相应制度构建。美国 DIP 制度中即存在股东监督委员会这一制度架构，股东监督委员会成员以自愿为原则，优先选择持股占比超过 5% 以上的股东。在股东监督委员会的权利内容上建议参照债权人委员会的权利内容。

由此，自行管理模式下的监督体系由管理人监督为主，法院、股东各自在其权利范围内

〔1〕 参见刘雯丽：《我国企业破产重整管理人职能研究》，载《广西大学学报（哲学社会科学版）》2018 年 3 月第 2 期。

〔2〕 参见郑伟华：《破产审判中法院的角色定位—基于典型案例的思考》，载《法律适用（司法案件）》2017 年第 22 期。

合理行使监督权利，构成对自行管理制度运行的良好监督机制。

（四）自行管理下债权人权利之保障

1. 调整债权人异议权顺位

在世界银行 2022 年 2 月 4 日发布的《项目初步概念书：营造宜商环境（BEE）》（Pre-Concept Note：Business Enabling Environment）中，其"商事破产"指标提及要"提升债权人参与度"，对这一要求的解读中，也明确列出包括"债权人是否参与对破产管理人的指定"与"债权人是否可以对影响其权利的决定提出异议"等考虑因素。

债权人作为企业重整的主要参与者，在一定程度上对公司重整的命运起到了决定性作用。尤其是在我国以债权人保护为中心的《破产法》框架下，债权人对公司重整的作用贯穿于整个程序之中，并颇具影响。债权人在重整程序中的控制权，不涉及重整程序的管理模式，债权人在重整程序中的控制权并无实质区别。我国《破产法》不论在最初的立法理念上，还是在其特定的制度安排上，基本上都是趋向于对债权人利益的保护。在法律的维度，重整程序仍以债权人利益为重。这不同于美国 DIP 制度对债务人的大量授权。美国 DIP 制度中对于债权人对自行管理的异议权进行充分保障，其允许相关利害关系债权人直接申请法院终结债务人自行管理。观之我国，《破产法》第 61 条中明确，债权人会议有权申请人民法院更换管理人，有关司法解释也并未对此条内容中的管理人进行规范解释。《破产法》第 61 条中明确的债权人会议对于管理人模式下其拥有的异议权是否当然适用与自行管理模式仍然存疑。

自行管理模式下债务人权力较管理人模式得到扩张。作为原本身处债务人对立面的债权人来说，若不赋予未对其自行管理制度异议权，极易造成债权人对自行管理模式和自行管理债务人的不信任，导致重整程序难以开展。笔者建议调整债权人在自行管理制度中异议权的顺位。《九民纪要》中已经对债权人异议权进行初步制度建议："债务人有上述行为（存在严重损害债权人利益的行为或者有其他不适宜自行管理情形的）而管理人未申请人民法院作出终止决定的，债权人等利害关系人可以向人民法院提出申请。"由此可见，目前司法实践中认可债权人对债务人自行管理的异议权，但此种异议权为附条件行使。按照条文表述，只有在管理人怠于履行监管职责时，债权人才可行使异议权。此种第二顺位异议权行使既会打击债权人对债务人自行管理的认可，也对管理人行使监督权提出更高挑战。笔者认为，将债权人异议权调整至第一顺位，更有利于对其合法利益的保护，增强债权人对自行管理制度的信任，进而推动自行管理模式的发展。

2. 保障债权人知情权

破产程序中，只有妥善解决信息不对称问题，才能实现对破产案件管理过程的有效监管。美国破产经验和中国破产司法实践亦证明，债权人对重整企业实际财务情况了解不足会出现行权困难。基于商事法律理念下的市场化破产法改革，应在加强债权人保障的基础上，构建债务人与债权人的公平协商平台，以更好地契合重整程序的协商共赢价值。自行管理模式下的重整企业不应突破以债权人利益为中心的传统破产法价值，因而债权人除了通过债权人代表机构（债权人会议、债权人委员会）以群体方式行使知情权外，也应当被赋予作为个体债权人行使知情权的权利。

对于债权人自身知情权构建，笔者认为《公司法》中的股东知情权构建为其提供良好的制度借鉴范本。[1]由于自行管理下债务人承担重整企业的经营权利，保障债权人自身的知情权能有效降低债权人对于自行经营债务人的不信任感，共同助力重整企业的继续发展经营。自行管理下债权人自身知情权的内容应在现行法律规范之基础上加入重整企业的经营情况、重大经营决策等与债权人自身利益紧密联系的相关内容。此外，为保障信息及时披露，可将在自行管理下的披露义务归属于管理人。自行管理下的管理人在该模式下承担的监督职责适宜扮演披露者这一角色。在具体披露制度构建中，可借鉴一些国家设计的标准化信息披露表格（若提供虚假或误导信息将遭受法律制裁）[2]，实现重整企业的信息披露。

四、结语

破产法实施初期，有较多的重整案实行债务人自行管理的重整制度，债务人自行管理采取以下两种方式：一种方式是法院受理债务人重整申请后，由债务人申请，法院批准，债务人在管理人监督下自行管理财产和经营业务并制订重整计划。这类实行债务人自行管理的重整案例都取得重整成功。另一种方式是债务人向法院申请重整的同时，从市场聘请第三方专业机构组成清算组。法院受理重整申请后，指定清算组为管理人，但清算组由债务人的实控人或大股东主导，这类案例多数也取得成功。根据对 2018～2022 年上市公司重整管理模式的分析，亦可知自行管理模式在我国的适用率呈上升趋势。由此可见，自行管理制度在我国拥有其繁茂生长的土壤。

提高破产重整中自行管理制度的适用率是顺应我国市场化破产体制改革之举。本文希望基于本轮《破产法》修订契机，对《破产法》第 73 条和第 80 条第 1 款作出司法解释，借鉴国际经验并结合我国司法实践情况，强化自行管理制度的适用。建议对调整上市公司重整管理模式使用顺序、自行管理下债务人职权边界、管理人监督权及债权人在该模式下的异议权、知晓权等问题进行法律回应。

---

〔1〕《公司法》第 33 条规定，股东有权查阅、复制公司章程、股东会会议记录、董事会会议决议、监事会会议决议和财务会计报告。股东可以要求查阅公司会计账簿。

〔2〕参见［美］杰伊·劳伦斯·韦斯特布鲁克、［美］查尔斯·布斯、［德］克里斯托弗·保勒斯、［英］哈里·拉贾克：《商事破产：全球视野下的比较分析》，王之洲译，中国政法大学出版社 2018 年版，第 121～122 页。

附表 1　2018～2022 年进行破产重整程序的上市公司管理人模式汇总

序号	证券简称	证券代码	管理人模式	破产重整受理时间
1	*ST 瑞德	600666	债务人自行管理	2022/11/29
2	*ST 博天	603603	管理人管理	2022/11/7
3	*ST 中安	600654	债务人自行管理	2022/11/4
4	*ST 雪莱	002076	管理人管理	2022/10/31
5	ST 天马	002122	管理人管理	2022/10/30
6	*ST 尤夫	002427	债务人自行管理	2022/10/28
7	*ST 安控	300370	债务人自行管理	2022/10/24
8	*ST 方科	600601	管理人管理	2022/9/27
9	*ST 海核	002366	债务人自行管理	2022/8/18
2022 年汇总			共计 9 家上市公司	
10	*ST 赫美	002356	管理人管理	2021/11/29
11	*ST 实达	600734	债务人自行管理	2021/11/26
12	*ST 索菱	002766	管理人管理	2021/11/26
13	*ST 实达	600734	债务人自行管理	2021/11/26
14	*ST 华英	002321	管理人管理	2021/11/20
15	*ST 星星	300256	管理人管理	2021/11/19
16	*ST 华昌	300278	管理人管理	2021/11/18
17	沈阳利源	002501	管理人管理	2021/11/14
18	*ST 凯瑞	002072	债务人自行管理	2021/11/5
19	*ST 嘉信	300071	债务人自行管理	2021/10/28
20	*ST 东网	002175	管理人管理	2021/10/27
21	*ST 浪奇	000523	债务人自行管理	2021/9/29
22	*ST 恒康	002219	管理人管理	2021/7/9
23	*ST 众泰	000980	债务人自行管理	2021/6/29
24	ST 康美	600518	债务人自行管理	2021/6/4
25	*ST 雅博	002323	管理人管理	2021/4/25
26	*ST 松江	600225	债务人自行管理	2021/4/20
27	*ST 海航	600221	债务人自行管理	2021/2/10
28	*ST 基础	600515	债务人自行管理	2021/2/10
29	*ST 大集	000564	债务人自行管理	2021/2/10
2021 年汇总			共计 20 家上市公司	
30	*ST 中孚	600595	管理人管理	2020/12/11

续表

序号	证券简称	证券代码	管理人模式	破产重整受理时间
31	*ST 中南	002445	管理人管理	2020/11/24
32	ST 华奥	831331	管理人管理	2020/11/3
33	*ST 飞马	002210	管理人管理	2020/9/18
34	*ST 力帆	601777	管理人管理	2020/8/21
35	*ST 宝实	000595	债务人自行管理	2020/7/21
36	*ST 银亿	000981	管理人管理	2020/6/23
37	*ST 德奥	002260	债务人自行管理	2020/4/22
38	天海防务	300008	债务人自行管理	2020/2/14
2020 年汇总			共计家 9 上市公司	
39	*ST 莲花	600186	管理人管理	2019/10/15
40	*ST 中绒	000982	管理人管理	2019/10/15
41	*ST 盐湖	000792	管理人管理	2019/9/30
42	坚瑞沃能	300116	管理人管理	2019/9/30
43	*ST 庞大	601258	管理人管理	2019/9/5
44	*ST 沈机	000410	债务人自行管理	2019/8/16
45	*ST 厦工	600815	管理人管理	2019/7/26
2019 年汇总			共计家 7 上市公司	
46	*ST 抚顺	600399	债务人自行管理	2018/9/20
47	*ST 柳化	600423	管理人管理	2018/1/31
2018 年汇总			共计家 2 上市公司	

附表 2　2020 ~ 2022 年我国采用自行管理模式重整上市公司的时间成本统计

序号	证券简称	证券代码	管理人模式	重整申请到受理时间/天	重整受理至重整计划获批时长/天
1	*ST 瑞德	600666	债务人自行管理	81	31
2	*ST 中安	600654	债务人自行管理	316	32
3	*ST 尤夫	002427	债务人自行管理	293	32
4	*ST 安控	300370	债务人自行管理	511	25
5	*ST 海核	002366	债务人自行管理	307	103
6	*ST 实达	600734	债务人自行管理	290	31
7	*ST 凯瑞	002072	债务人自行管理	329	33

续表

序号	证券简称	证券代码	管理人模式	重整申请到受理时间/天	重整受理至重整计划获批时长/天
8	*ST 嘉信	300071	债务人自行管理	237	49
9	*ST 浪奇	000523	债务人自行管理	118	85
10	*ST 众泰	000980	债务人自行管理	20	154
11	ST 康美	600518	债务人自行管理	43	208
12	*ST 松江	600225	债务人自行管理	25	311
13	*ST 海航	600221	债务人自行管理	12	324
14	*ST 基础	600515	债务人自行管理	12	263
15	*ST 大集	000564	债务人自行管理	12	324
16	*ST 宝实	000595	债务人自行管理	123	115
17	*ST 德奥	002260	债务人自行管理	275	36
18	天海防务	300008	债务人自行管理	330	209
平均天数				185	131

附表 3　2020～2022 年我国采用管理人管理模式重整上市公司的时间成本统计

序号	证券简称	证券代码	管理人模式	重整申请到受理时间/天	重整受理至重整计划获批时长/天
1	*ST 博天	603603	管理人管理	208	31
2	*ST 雪莱	002076	管理人管理	116	32
3	ST 天马	002122	管理人管理	130	37
4	*ST 方科	600601	管理人管理	117	57
5	*ST 赫美	002356	管理人管理	333	32
6	*ST 东网	002175	管理人管理	124	65
7	*ST 恒康	002219	管理人管理	319	287
8	*ST 雅博	002323	管理人管理	311	158
9	*ST 中孚	600595	管理人管理	113	383
10	*ST 中南	002445	管理人管理	183	31
11	ST 华奥	831331	管理人管理	未知	419
12	*ST 飞马	002210	管理人管理	366	81

续表

序号	证券简称	证券代码	管理人模式	重整申请到受理时间/天	重整受理至重整计划获批时长/天
13	*ST 力帆	601777	管理人管理	53	101
14	*ST 银亿	000981	管理人管理	259	171
平均时间				202	134

附表 4　2020~2022 年适用自行管理模式上市公司重整后普通债权清偿情况

序号	企业名称	清算情况下普通债权清偿率	重整后普通债权清偿情况
1	*ST 瑞德	0.19%	1. 每家普通债权人 20 万元以下（含 20 万元）的债权部分，以现金方式全额清偿； 2. 每家普通债权人超过 20 万元以上的债权部分，按照 5% 的清偿比例以现金方式清偿
2	*ST 中安	24.48%	1.6 万元（含本数）以下部分现金清偿普通债权以债权人为单位，每户债权人债权金额在 6 万元以下（含本数）的部分，将获得一次性现金清偿； 2.6 万元以上部分采用以股抵债方式清偿
3	*ST 尤夫	15.59%	1. 以现金方式即时受偿； 2. 以现金方式留债清偿； 3. 以资本公积转增股份受偿； 4. 以信托受益权份额受偿。 上述第 1、2 两项资产对普通债权的现金清偿率合计提高至 17.5%。在重整完成后，上市公司原有主营业务得以正常经营，尤夫股份的股票价值将得到提升，综合考虑上述因素，尤夫股份普通债权的清偿率为 100%
4	*ST 安控	24.71%	1. 每家债权人 50 万元以下部分（含 50 万元）全额现金清偿； 2. 每家债权人超过 50 万元的普通债权部分分三种情况进行清偿，进而实现对普通债权的全额清偿
5	*ST 海核	0.25%	1. 每家普通债权人 20 万元以下的债权部分，将由台海核电在本重整计划执行期间以现金方式清偿； 2. 每家普通债权人超过 20 万元的债权部分，按照 14.00 元/股的抵债价格获得相应数量的转增股票，该部分债权视为 100% 清偿

续表

序号	企业名称	清算情况下普通债权清偿率	重整后普通债权清偿情况
6	*ST 实达	12.29%	1. 普通债权每家债权人 35 万元以下（含 35 万元）的债权部分将以现金方式全额清偿； 2. 超过 35 万元的债权部分将以现金方式按照 31% 的比例清偿
7	*ST 凯瑞	1.06%	1. 资本公积转增股票 5000 万股用于提高清偿； 2. 债权人放弃其应分配款项及股票用于提高清偿。 通过上述措施，普通债权人的债权清偿率得到大幅提高，最大限度保护了普通债权人的利益
8	*ST 嘉信	8.69%	1. 16 万元以下部分现金受偿。 2. 超过 16 万元部分的债权人可在如下方案中择一选择清偿，以股抵债部分的清偿率为 100%；按 10% 的清偿率在重整计划执行期间内现金清偿，剩余部分华谊嘉信豁免清偿
9	*ST 浪奇	10.14%	以股抵债价格 6.61 元/股方式，清偿率为 100%
10	*ST 众泰	2.55%	1. 每家普通债权人 10 万元以下（含 10 万元）的债权部分，现金方式全部清偿； 2. 每家普通债权人超过 10 万元以上的债权部分：以股票方式清偿，此部分清偿比例为 100%
11	ST 康美	21.93%	1. 50 万元（含 50 万元）以下部分现金清偿； 2. 50 万元以上部分采用以股抵债、现金清偿、信托受益权方式清偿
12	*ST 松江	9.97%	1. 全部普通债权中 50 万元以下，一次性现金方式清偿； 2. 全部普通债权中超过 50 万元以上部分以转增股票抵偿。该部分清偿比例达 100%
13	*ST 海航	4.45%	以现金清偿、救助贷款、关联方清偿、以股抵债等方式结合可实现其他普通债权的全额清偿
14	*ST 基础	12.25%	以现金清偿、救助贷款债权、其他普通债权等方式结合，可实现其他普通债权的全额清偿
15	*ST 大集	3.93%	1. 每家债权人 1 万元以下（含 1 万元）的部分，由 25 家公司在本重整计划执行期限内以自有资金一次性清偿完毕； 2. 超过 1 万元的部分以供销大集股票抵债，通过上述方式，可实现其他普通债权全额清偿

续表

序号	企业名称	清算情况下普通债权清偿率	重整后普通债权清偿情况
16	*ST 宝实	17.79%	1. 每家普通债权人 20 万元以下（含 20 万元）的债权部分，由宝塔实业在本重整计划执行期限内以现金方式全额清偿； 2. 每家普通债权人超过 20 万元的债权部分，由宝塔实业在本重整计划执行期限内以资本公积金转增的部分股票抵偿
17	*ST 德奥	36.47%	1. 50 万元以下部分全额受偿； 2. 50 万元以上部分按 85% 的比例受偿
18	天海防务	79.54%	1. 普通债权每家债权人 5000 万元以下（含 5000 万元）的债权部分将以现金全额清偿； 2. 超过 5000 万元的债权部分将以现金方式按照 85% 的比例清偿

域外法制

欧洲证券与市场监管局2023～2028年战略

叶文昭　译

1　摘要

2023～2028年战略将指导欧洲证券与市场监管局（ESMA）第二个十年阶段的发展。它建立在ESMA自成立以来的成功发展基础之上，并且反映了其运行过程中逐渐变化的环境。ESMA计划在未来几年中逐步实施这一战略，聚焦于战略重点以及主题驱动力，同时关注市场发展、新风险，以及ESMA和国家主管部门（NCA）的新获法定监督任务和现有资源。

该战略考虑到欧盟在金融服务领域的关键重点，旨在解决与欧盟金融市场相关的最重大风险。战略围绕以下关键领域展开：

- 有效的金融市场和金融稳定性；
- 监管和监督趋同；
- 散户投资者保护；
- 可持续金融；
- 科技创新以及加强数据利用。

在欧盟金融市场中，市场的完整和信用是促成更多市场主导型的经济融资，便利公司融资以及使投资者安全参与金融市场的先决条件。在市场生态系统不断变化以及未来经济状况具有不确定性的背景下，维护金融稳定尤为重要。因此，ESMA的战略重点之一包括促进有效市场和金融稳定性——提高欧盟金融市场的效率和弹性，同时重视相称性原则。这包括进一步制定、维护和精简单一规则手册以顺应新的发展，并确保其有效性和普适性，从而既稳固欧盟单一市场又使其更具吸引力。

跨境活动重要性的增强以及欧盟单一资本市场的深入发展使得跨境监督以及贯穿整个供应链的有力、高效的监督成为必要，无论是国家层面的监督还是欧洲层面的监督。各类金融市场参与者的相互依存度提高，意味着一种更具整体性的监督手段成为必要。因此，ESMA 以及 NCA 将专注于集中监督力量和手段以确保有效和高效的监督。ESMA 将会进一步加强其作为直接监督者的作用，并注重对整个欧盟金融市场的有效协调监督。

长期财政规划的需要以及金融和技术创新为散户投资者进入金融市场创造了新的需求和途径。然而，这些趋势也为这些投资者带来了新的风险，金融监管机构在化解这类风险上具有重要作用。新型产品以及分销渠道给投资者带来了不同类型的挑战。因此，加强投资者保护，特别是散户投资者保护，是 ESMA 的一个关键战略重点。重要的是，投资者保护包括为散户投资者提供清晰、可靠且易懂的信息，同时确保为其提供中立的投资建议。同时，ESMA 将致力于加强与散户投资者的接触，以提升其金融素养。

最后，ESMA 将考虑到由可持续发展的日益重要性与不断加速的技术革新所导致的金融市场的根本性变化。这些发展将支撑 ESMA 在未来几年的各项活动中的工作。通过将环境、社会和治理（ESG）因素纳入监管与监督实践中，ESMA 促使投资者能够做出理性的投资决策并参与到气候以及更广泛领域的可持续发展转型中去，其尤其注重确保 ESG 披露的完整性。技术和数据是实现 ESMA 战略重点任务的助推器。技术创新能够为市场、投资者以及监管领域带来新的机遇。同时，ESMA 也意识到有必要保持警惕，以识别和化解与这些技术发展相关的潜在风险。ESMA 还有一个雄伟构想，就是在数据领域进一步加强对数据集的使用，从而采取一种更加系统化的、数据驱动的监管和监督形式，并进一步发展成为一个泛欧洲化的数据中心，满足所有利益相关者（市场参与者、投资者、学者以及国家和欧盟层级的监督者）的需求。

2 ESMA：欧盟金融市场的监管者与监督者

2.1 ESMA 的使命

ESMA 是欧盟金融市场的监管者与监督者。ESMA 的使命是增强投资者保护，促进有序的金融市场以及保障金融稳定性。

- 投资者保护。更好地满足金融消费者的需求，提升其作出理性决策的能力。
- 有序的金融市场。促进金融市场和市场基础设施的完整性、透明性、效率性和运转机能。
- 金融稳定性。增强金融系统，使其能够抵御金融失衡对金融系统的冲击和瓦解。

2.2 ESMA：作为欧洲金融监管体系的组成部分

ESMA 通过和国家以及其他欧盟当局的积极合作，实现了其在欧洲金融监管体系（ESFS）中的使命。虽然 ESMS 在 ESFS 中具有独特的地位——专注于欧盟层面证券市场和金融市场的监督和管理，但其与 NCAs 也开展紧密合作，以确保对整个欧盟金融市场进行最有效的监管和监督。考虑到不同金融行业的日趋融合，ESMA 将加强其与欧盟其他当局和机构的合作，特别是与保险和银行部门与欧洲银行管理局（EBA）以及欧洲保险职业养老金管理局（EIOPA）展开合作，也包括通过欧洲监管机构的联合委员会开展合作。

ESMA 还将通过积极参与多样化的国际论坛，包括国际证监会组织（IOSCO）以及金融稳定委员会（FSB），充当欧洲金融市场监管部门的代言人。

2.3 ESMA：作为欧洲金融市场的专业技术中心

ESMA 的目标是成为一个强大、有效、开放和透明的欧洲金融市场监管机构和监督者。其对欧洲机构负责，并定期向欧洲议会和理事会报告。ESMA 和 NCAs 通过对欧盟规则达成统一的解释并加强共同的监督措施来为发展高效的欧盟单一市场做贡献。ESMA 将继续发展成为一个有能力应对未来的挑战与发展的监管和监督机关。其欢迎利益相关者的参与并旨在加深与所有利益相关者的对话，包括政策制定者、投资者、市场参与者以及学术界人士。

在未来，ESMA 将继续发展维持其作为金融市场监管技术知识宝贵资源库的地位。基于其广泛的金融市场专业技术，ESMA 将开展实证化的、透明的、恰当的监管与监督工作。其将为进一步加强欧盟金融市场监管框架作出积极贡献并在欧盟立法过程中向联合立法者以及欧盟委员会提出建议以及提供高质量的技术支持。此外，ESMA 将通过其趋同行动促进法规实施的一致性。

作为一个拥有 300 多名尽职尽责、才华横溢的专家职员的组织，ESMA 有志于加强其人力资源战略，从而通过持续学习培训和职业发展前景留住和吸引合格的人才。ESMA 还将努力促进与 NCAs 在人力资源方面的合作，通过借调计划从 NCAs 吸引专家人才。ESMA 希望提升其包容性与多样性，形成一种开放的组织文化。其将通过更多地调用多职能团队来实现其战略重点，提升组织灵活性。

ESMA 计划通过将 ESG 因素纳入其自身行动，从而为可持续改革作出贡献。其已经申请了生态管理和审计规程认证并计划进一步减少其环境足迹。ESMA 也将在其工作实践中寻求数字化转型并鼓励使用数据和技术——包括在其监督行动中。ESMA 还将通过提高自动化和数字化，继续精简其核心行政程序。

3 充满挑战性和急剧变化的环境

2023～2028 年战略建立在 ESMA 第一个十年的成功发展之上。该战略考虑到了重大立法变革的实施、监管趋同的实质性进展以及新型监督任务的承担。该战略将伴随着一个组织的品牌重塑，在 2023 年初使 ESMA 的视觉形象现代化。

该战略设立了 ESMA 的长期关注重点和目标，是在充满挑战的经济和政治背景下制定的。

• 当前的环境，以不确定的经济前景和显著的地缘性发展为标志，在国际层面上制造了市场分裂的风险。欧洲一体化和战略趋同在应对金融市场的相关挑战和促进欧洲经济与金融部门的战略自主权建设方面至关重要。这些挑战的全球化性质也彰显了 ESMA 与其国际同行之间适当的监督和监管合作的重要性，并要求 ESMA 及时灵活地作出反应。

• 金融市场的发展凸显了证券市场中金融稳定的重要性。如对中央对手方（CCPs）和资产管理部门而言，不仅需要通过修改欧盟立法来持续加强金融部门的韧性，EFSF 也需要在监督方面加强协调，以确保有效的危机管理准备。

• 能源转型需要重点关注全球商品和金融市场之间的相互依赖性。这与欧洲正在进行的低碳经济转型相互影响，可能导致欧洲经济和金融市场的重大变化。

• 在长期低通胀率后重新出现的较高的通货膨胀凸显了长期财政规划和有效的投资者保护的重要性。它还强调了需要提升散户投资者的金融素养，使它们能够进入金融市场并且了解相关风险，例如新型的复杂产品和分销渠道，以及狼性营销所带来的风险。

• 建立更加高效、稳健和有弹性的金融市场，能够提供充足的私有资金，对于支撑欧盟经济的可持续发展十分重要。考虑到相对较高水平的公共债务和私人债务以及货币政策的转变，调动以市场为基础的股权融资对于支撑经济增长，同时减轻相关风险是至关重要的，特别是对于散户投资者而言。

• 在 2030 年之前实现联合国的可持续发展目标将成为欧盟在应对气候变化时的一个重要里程碑。可持续发展重要性的日益增加导致对可持续投资产品的供应和需求不断增加。这也导致了对于企业的 ESG 性质更严格的审查要求以及市场对于带有 ESG 性质的投资产品更浓厚的销售兴趣，这要求监管部门采取监督行动来应对洗绿风险。

• 同时，技术创新正在改变金融产品设计、分销和消费的方式，促进散户对金融市场的参与。再加上数据所发挥的越来越重要的作用，这也为金融监管者和监督者确保监管符合新型参与者和传统参与者的利益带来了新的挑战和机遇。金融和技术创新，包括加密资产的发展，去中心化金融和开放金融为企业和投资者提供了新的机遇，但同时也为有序市场和投资者保护带来了新的风险和威胁。与此同时，高质量和可机读数据使监督者能够有效地监测市场发展，新型技术能够为监督者带来新的机遇。

考虑到不断变化的环境以及上述的未来挑战，ESMA 将在 2023 ~ 2028 年通过关注以下三个战略重点来完成其使命：促进有效市场和金融稳定性、加强对欧盟金融市场的监督、加强对散户投资者的保护。同时，ESMA 将通过以下两个主题驱动力来实现战略重点：实现可持续金融、促进技术创新和有效利用数据。

4 战略重点

4.1 促进有效市场和金融稳定性

ESMA 积极支持深化一体化的欧洲资本市场联盟（CMU）。为此，欧盟委员会的 CMU 行动计划成为支撑这一战略重点关键支柱之一。

4.1.1 公平、有序和有效的市场

ESMA 促进金融市场公平、有序地运作并维护欧盟单一市场的完整性。ESMA 将进一步专注于通过制定高标准的行为准则并确保透明度来支持有效市场的运作以及提升投资者信心，从而应对市场行为风险。

ESMA 将通过其在欧洲单一接入点（ESAP）的发展和运行中的作用帮助进一步提高透明度，这一接入点将提供唯一的获得必要监管信息的通道，以促进欧盟范围内的投资，并通过实施合并，促进更加有效的资本分配和价格形成机制的形成。

为了促进通过金融市场筹集资金，ESMA 将专注于减少跨境交易的壁垒，包括实施即将出台的《欧盟上市规则》。ESMA 对于公平和有效市场的贡献很大程度上包括确保单一规则手册的一致适用以及对其的有效监督（见第 4.2 节）。为了支持有序市场的发展，ESMA 的关注重点将会是增强针对市场滥用行为的监督与合作。

4.1.2 有助于增强金融系统的稳定性

最近的市场动荡和 ESMA 监督任务的变化，特别是关于 CCPs 的变化，凸显了 ESMA 的金融稳定任务的重要性。所以，ESMA 将进一步加强对证券市场的风险评估，为旨在加强与稳定性相关的监管与监督工具的审查作出贡献，并更加注重对危机处理的准备和规划。

ESMA 将识别和评估那些将会对欧盟金融市场的稳定构成威胁的市场发展动向。EMSA 将会与其他欧洲监管机构和国家监管部门的风险评估一起为欧洲和国际层面的系统性防范风险工作作出贡献。这类活动越来越关注证券市场中的金融稳定风险（包括可能使用宏观审慎工具）。ESMA 还将考虑去中心化金融和加密资产对金融稳定的影响，特别是与交易和结算有关的影响。

在实践中，将包括：

- 增强金融市场基础设施的弹性，应对市场参与者间的相互依存关系，包括有效实施中央对手方的恢复和处置机制；
- 通过稳固适用于非银行金融中介的框架来促进金融稳定［如果欧盟委员会同意，可以通过实施货币市场基金（MMFs）监管框架变革来实现］；
- 在 ESMA 职权范围内完善对当前的和突发的稳定风险的监测和分析；

• 与 NCAs 一起，在危机管理方面开展更加紧密的合作，提高应对未来金融市场中潜在外部冲击的防备水平。

4.1.3　欧盟单一市场的发展

为了促进金融服务领域一个完全、高效、高流通性、无障碍的欧盟单一市场的发展，并提升其吸引力，ESMA 将：

• 完善、维护并精简单一规则手册；

• 确保单一规则手册的一致适用以及有效的监督；

• 通过为欧盟范围内的市场参与者创造一个公平的竞争环境，促成跨境活动。

为了支持单一市场，ESMA 将特别注重对跨境活动的监管并加强对跨境活动的监督，以求改善整个欧盟金融市场中消费者的决策、成本效率、竞争力和透明度。

ESMA 通过向联合立法者提供建议和专业技术支持，并在必要和适当时制定更加详细的监管规定，为单一规则手册的制定作出贡献。

在实施了来源于 CMU 行动计划以及可持续发展金融、数字金融战略的提案后，ESMA 将根据法定授权，致力于制定技术标准以及指导方针。此外，ESMA 将通过对技术标准和指导方针进行定期的落地后审查，通过评估其有效性以及是否需要进一步修改，尽可能地用现有数据来完善单一规则手册。ESMA 旨在精简和简化其监管工具，使其与监管主体的性质、规模、复杂性或投资产品的性质和类型相匹配。

ESMA 是一个务实的监管机构，其旨在以一种敏捷、迅速、实用的方式解决新出现的监管问题。虽然市场监管是复杂的，但 ESMA 将致力于使其变得更加简易、易懂。一个与时俱进的、恰当的监管框架，有助于为一个高效的欧盟单一资本市场的发展创造条件，这一市场对于全球投资者而言都是具有吸引力的，企业，特别是中小型企业可以利用这个市场来筹集资金。

4.1.4　全球市场中的欧盟声音

ESMA 将继续提升全球标准，加强与国际监管同行的合作与对话，以应对全球性的风险。ESMA 支持国际市场更加紧密的一体化发展以及欧盟单一市场的持续性开放。通过发挥其在 IOSCO、FSB 以及其他国际监管机构中的地位，以及与国家主管部门和其他欧洲监管部门的紧密合作，ESMA 旨在对国际争端产生影响力并利用其专业技术和其独特的欧盟证券监管者视角为全球化标准的制定提供支持，其中特别关注监管漏洞的应对以及市场碎片化问题的解决。

考虑到金融服务日益数字化，以及跨境金融服务越来越多，但目前缺乏一个普适的全球监管手段这一事实，监管者和监督者需要更加努力，确保在国际层面上对跨境公司进行有效监督，同时也需要加强合作，以化解风险并遏制可能迅速蔓延至全球市场中的危机。ESMA 将继续发展和深化与欧盟以外的监督机构的监督合作。在 ESMA 对第三国公司具有特殊监督作用的情况下，ESMA 将更加注重监管实践方面的信息交流与合作。

4.2 加强对欧盟金融市场的监督

ESMA 和国家监管部门在整个投资链中共同负有监督责任。欧盟金融市场主要在国家层面上进行监督，而 ESMA 则对有限数量的在欧盟范围内活动且具有重要影响的金融市场主体进行监督。ESMA 还负责确保在欧盟范围内采取协调一致的监督手段。

ESMA 的任务和作用是不同的，这取决于监督机制的设置以及风险评估的情况。ESMA 和 NCAs 的行动是相互补充的，其致力于最大限度地发挥这一系统的协同作用。ESMA 和 NCAs 将会以适当的、经济有效的方式加强对欧盟单一市场的监督。（ESMA 在监督过程中的参与程度详见图 1）

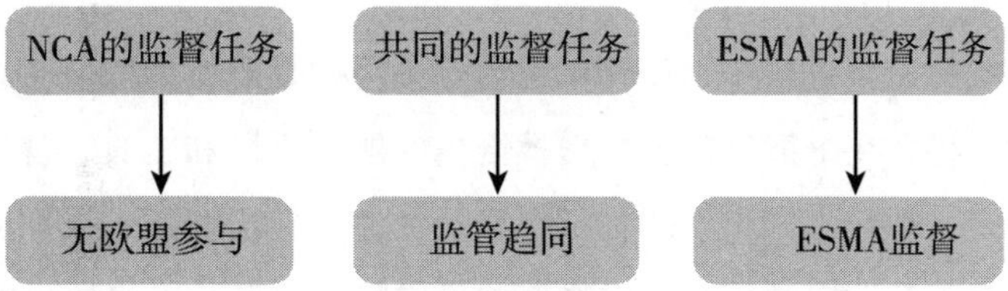

图 1　参与程度

4.2.1　增进欧盟共同监管文化

ESMA 和 NCAs 通过共同适用基于风险、数据驱动和结果导向的监督原则，确保对欧盟金融市场的有效监督。

欧洲监管框架是以 ESMA 和 NCAs 在整个监督周期内所共同适用的监督原则为基础的。ESMA 将会在加强风险识别和风险评估的基础之上继续促进有效的优先次序的确定，为监督活动选择适当的工具、加强 NCAs 之间以及 ESMA 与 NCAs 之间的合作。建设共同监督文化并不意味着所有监督活动的完全同一化，而是采取一种最适合实现共同监督目标的方式。

欧盟的共同监督文化与 ESMA 和 NCAs 针对相同类型主体共同承担的监督任务联系更具相关性。例如包括对第三国的监督任务，对于数据报告服务供应商（DRSPs）的监督，或者 ESMA 和 NCAs 的职责相互补充的情形。（如报告主体和贸易存储库）

为了改进共同风险评估和监督手段，ESMA 将会深化 NCAs 和 ESMA 在数据收集以及数据共享方面的合作，促进欧盟层面的信息共享并开发共同的分析工具。ESMA 将制定共同的监督重点并致力于建设一种共同、高效的监督文化，包括通过采取共同监督行动（CSAs）以及促进在 NCAs 范围内建设联合监督团队。

金融市场部门之间的相互联系以及新出现的金融市场参与者要求公权部门之间实行更加紧密的合作，包括与审慎监管机构和中央银行之间的合作。

4.2.2　增强风险优先级以及结果导向的监督

基于风险的优先级排序是欧盟监督手段的基石。通过使用欧盟范围内的风险热力图、压力测试以及利益相关者外联服务，ESMA 和 NCAs 对于欧盟金融市场所面临的关键性风险有共同的理解。因此，联合战略重点（USSPs）将会确定有限数量的高度优先领域，在这些领域中，欧盟的监督资源将更多集中于此，或者需要使用更高强度的监督工具来实现有效监督。在 USSPs 中，ESMA 将重点关注在欧盟范围内具有影响的监督问题，以及在较小范围的成员国中发现的可能对欧盟单一市场具有系统性影响的问题。

ESMA 将在其职权范围内促进对各部门立法的整体性监督评估和衡量。例如，市场滥用和发行人企业信息披露之间的相互影响。为了应对监管和监督中套利行为的风险，ESMA 会将其工作重点放在实现持续性的监督成果之上。ESMA 将会专注于开发促进跨境监督的工具，包括加强母国和东道国之间的合作和信息互换，并在相关情形下开发促进联合监督行动的新型工具。

在以风险为基础的监督手段中，ESMA 将重点关注在欧盟协调监督手段中具有真正附加价值的部分。ESMA 将会在个案基础上，选择恰当的融合手段和工具，使用那些最适合用于解决已被发现的风险、适应不同市场的特征以及最能够实现均衡的共同监督成果的手段和工具。ESMA 将会致力于开发定制工具，以最好地适应特定情形并满足加强监督合作的需要。

4.2.3 欧洲证券与市场监管局的趋同手段

在整个欧盟单一市场中加强监督趋同是 ESMA 的一个关键目标。监督趋同行动既包括对规则手册的一致性理解与适用，也包括对其在欧盟范围内的有效监督。虽然 ESMA 正逐步将趋同行动的重点转向有效协调监督，其将继续努力确保对规则手册的一致理解与适用。ESMA 的趋同工作将会从技术层面转向有效的实地监督。这项工作将会赋予监督者对被监督主体日常活动的关键方面提出质疑的权力，如商业模式或有效的治理体系设置。

ESMA 的趋同作用取决于具体的情形以及 NCAs 的监督任务的性质和完成度。在某些情况下，ESMA 是一个引导者，其充当了专业技术共享的中枢，为监督工作的共同规划和优先级安排提供支持。在其他情况下，ESMA 扮演着协调者的角色，帮助组织协调一致的监督行动。如有必要，ESMA 能够在协调不能带来有效成果的特定情形下使用更具侵入性的工具，如针对国家监督部门的同行评审或采取违反欧盟法律的处置。

ESMA 将以从实际监管案例的研究和讨论中获得的经验为基础，持续为全欧盟的有效监督制定实用的行动指南。ESMA 将逐步制定以原则为主的监督指南（包括欧盟监督手册），优先考虑那些需要协调监督的领域，以推动形成一个全欧盟范围内共同、有效的监督手段。

强有力的监督需要在必要时充分利用强制执行权，以实现监督目标。ESMA 将会成为加强欧盟证券市场的共同执法文化的推动力量。这意味着鼓励 NCAs 在监督周期的最后一步更好地相互合作与协调，并潜在地鼓励 NCAs 在必要时采取强制手段以实现有效的风险化解。此外，ESMA 将适当地使用类强制性工具，如产品干预措施。

ESMA 将定期审查实现监督趋同的进展，包括在有关情况下进行同行评审。ESMA 会努力克服衡量监督成果的固有难点，并将通过监测 ESMA 的行动对趋同化所产生的实际效果，衡量其趋同行动的有效性（例如，通过认定监督的矛盾）。

4.2.4 欧洲证券与市场监管局的监督

ESMA 对特定的市场主体负有直接的监督责任，例如非欧盟中央对手方、信用评级机构（CRAs）、欧盟关键基准及其管理者、数据报告服务供应商、交易存储库以及证券化存储库。ESMA 监督任务的异质性以及完成度的差异决定了每一项任务都需要有不同强度的监督策略。ESMA 的监督工作将会与风险以及被监督主体的规模大小相称。ESMA 会确保其各项监督任务执行中都具备强大的趋同监督文化、手段和方法，并以此为监督工作的基础。在专注于尽其所能地履行其现有的监督职责的同时，ESMA 也会为未来的任务做好准备。

因此，未来几年的监督战略将会从巩固既有的任务开始。ESMA 的目标是成为一个尖端的监督者，改进监督手段，同时也为最近所承担的监督任务培养能力。ESMA 还将为未来可能承担的监督任务，在市场评估和专业建设方面做好准备。

ESMA 的监督文化和程序将利用目前所获得的经验以及在监督任务中所获得的专业技术。ESMA 将会在监督中进一步利用数据，特别是在支持优先级排序、专注于重点风险以及推动结果导向的监督手段方面。此外，ESMA 将加强对被监督主体的主体监督，例如风险评估框架、现场访问方法、信息技术和网络安全监督等。

最后，ESMA 的监督行动致力于寻求一个积极的监督结果，旨在满足高度合规标准并在授权范围内对被监督主体的行为予以适当的纠正。ESMA 期望在其负有监督任务的领域展现其思想引领并不断改进，从他方的经验中获益，为趋同监管贡献一份力量，例如，作为合格的官方机构开展同行评审。

ESMA 将会加强对其强制执行权的行使，在必要时使用强制执行工具以实现高效的监督成果。ESMA 的重点是提升其强制执行的效率和效果，以及其在所有监督任务中的一致性。ESMA 将改进强制执行程序并确保对违规行为作出及时、适当的回应。

4.3 增强对散户投资者的保护

4.3.1 投资者保护

ESMA 会进一步开展散户投资者动向监测和分析。其将集中精力关注由新型和创新产品或服务（例如加密资产和非同质化通证）以及散户投资者需求强烈的产品（如 ESG）所带来的风险。ESMA 将评估复杂产品的销售、多样化市场和销售渠道如社交媒体广告所可能给散户投资者带来的风险。

ESMA 将加强其趋同工作，特别是在跨境活动的监管方面，其希望通过促进共同监管文化并提升监管结果的一致性，以防止给投资者带来重大的消费侵害。ESMA 将充分利用其在这一领域的趋同工具包，包括在适当的时候进行产品干预。确保有效跨境服务监督的新举措将旨在促进：

• 母国和东道国之间有效的信息交流；

• 支持有效监督和强制执行的联合监督措施，如联合监督工作、监督协会或代表团的运用。

ESMA 还将通过共同的监督工作，如由一定数量的 NCAs（见第 4.2.2 节、第 4.2.3 节）来执行的共同监督行动和神秘顾客购物行动。

4.3.2　散户投资者参与

ESMA 将通过与散户投资者进行接触，通过与 NCAs 的协同交流，补充、加强 NCAs 的监督措施和信息传递。实际上，ESMA 通过加强协调活动和使用新型沟通工具和平台来改进其监督手段，例如通过将 ESMA 的警告和声明与 NCAs 的版本相适配，以及通过 ESMA 和 NCAs 发行联合出版物。

ESMA 致力于使其采取的与散户相关的行动更加可视化，例如通过 ESMA 网站上设置的“散户投资者角”来实现。其将以一种用户友好性的形式提供信息，利用现有的数据库和登记册，使预定义的信息更易获取并以与 NCAs 的密切合作为基础在欧盟层面上对信息进行整合。欧盟的干预目标清单（如禁售产品）和警告即为一个范例。

4.3.3　信息披露

ESMA 的目标是为散户投资者提供清晰、可靠和易懂的产品信息。

虽然 ESMA 认识到信息披露存在着局限性，但通过提供便捷的高质量信息，ESMA 将会赋予散户投资者作出明智的投资决策的自主权。其将会通过利用可获得的监管信息和工具，对产品以及它们的成本、风险和性能进行比较，使投资者能够获得可靠、可比较的产品信息。ESMA 将会努力实施 ESAP，为监管信息提供有效的一站式服务，使其更易于获取和使用。ESMA 还将致力于促进对所有产品和部门的比较（例如，开发投资基金的比较工具）。

在其监督任务范围内，ESMA 将会进一步加深对供应产品的理解，通过创造条件，达成以下事项：

• 为投资者降低信息的规模和复杂度；

• 简化产品信息披露，鼓励在信息披露要求和实践中使用清晰的语言表述。

在这种情形下，ESMA 将会进一步探讨如何使各个层级的信息披露助力于这些目标的实现。

4.3.4　散户参与

ESMA 旨在为希望在资本市场进行投资的人提供一个安全的投资环境，从而为散户投资者从市场参与中获益创造条件。同时，重要的是投资者也能够对其投资决策负责。ESMA 的举措有助于为散户投资者制定一个框架，以满足其长远的融资需求，并促成高成本效益、安全和易入的金融市场和产品的形成。

ESMA 旨在通过开展以下行动来支持直接和间接的散户参与：

• 监测和分析市场发展，以评估新型产品（包括那些尚未被监管的产品）的风险水平；

• 确保监管框架在精简的同时仍然符合监管目的，平衡与时俱进的制度更新需要与监管稳定性需要；

• 助力于创造一个有利于产品精简、清晰的监管和监督环境，包括探索对特定的产品类型标签化的举措；

• 在政策制定中增加对散户投资者的测评；

• 关注投资建议的成本和质量，包括确保投资顾问具备适格的资格和能力，能够提供不受利益冲突影响的中立建议，并只需花费散户投资者适当的成本。

ESMA会加强对相关金融教育活动的协调，将不同的国家结构和NCAs的能力纳入考量。这包括加强和促进NCAs之间的合作，激励所有NCAs采取国家层面的措施，在各自的工作中相互学习、相互影响，例如设立专题投资者日或开通博客。

ESMA还将关注金融教育活动的具体内容，例如跨境贸易、服务供应自由、通货膨胀对实际收益的影响、创新产品和可持续金融。要想取得长期的进展，就必须加强并利用与国家和国际组织间的合作，这些组织有着更深远的金融教育使命。例如欧洲合作和发展组织、国际证监会组织，以及通过欧洲监管机构的联合委员会与其他欧洲监管机构开展跨部门的工作。

5 主题驱动力

5.1 实现可持续金融

5.1.1 ESG市场的有效性和完整性

ESMA将会从可持续投资价值链的整体性视角来支持ESG转型。当在这一领域采取监管和监督行动时，ESMA将会对复杂的框架进行改进。ESMA将通过促进高质量的可持续发展信息披露维持投资者对于ESG投资的信心，从而减少洗绿风险。

鉴于对ESG产品的高供求量且该供求量仍持续增多，ESMA将进一步加强对ESG相关趋势、风险和可能对金融市场产生巨大影响的弱点的评估，尤其是洗绿风险和过渡风险。

虽然对ESG要素的关注最初集中在环境和气候方面，但ESMA会逐步将重点放在其行动中的社会和治理要素上，无论是通过制定单一规则手册还是协调有效监督。

最后，ESMA将促进国际合作，以确保能够对金融市场参与者适用一套协调一致的规则。例如，确保欧洲和全球报告准则的互通性以及促进对跨境活动的监督。

5.1.2 一个可行的监管框架

为了提高可持续发展信息披露的质量并解决洗绿问题，ESMA将会致力于改进监管框架，降低其复杂性，增强数据的可用性，并提高各类要求的一致性。通过其自身的行动，其希望支持金融市场为可持续经济转型提供资金。

欧盟现有的监管框架已经取得了迅速发展。在现有的基础之上，ESMA 和 NCAs 将会在其各自的任务范围内努力不断改进，使得可持续的金融规则手册变得更加可行。特别关注点将会是提高手册的清晰度、全面性和一致性。鉴于规则的适用将面临较大的挑战，ESMA 将会评估金融市场参与者和投资者所遇到的实际挑战。因此，随着针对不同类型的活动和产品的监管框架正逐步建成，单一规则手册行动将会在很长一段时期内在 ESMA 的议程上占据重要地位。ESMA 还将在与欧盟机构、国际证监会组织、国际可持续发展标准委员会和欧洲财务报告咨询小组的交流中确保持续的参与和思想引领，以持续影响该领域的发展。

5.1.3　有效和持续的监督

复杂的规则手册的实施和监督不仅给金融市场参与者带来挑战，也给监管部门带来了挑战。因此，有效和持续的监督始于 ESMA 和 NCAs 在可持续发展事项上的能力建设。在持续致力于完善监管框架的同时，ESMA 还将特别关注其对规则手册的实施和监督的一致性。

可持续金融仍然是一个新兴领域，在这一领域中，ESMA 有机会引入有效的、普适的监督标准。欧盟监督部门建立的共同解决方案对于应对可持续性挑战至关重要。ESMA 将利用其数据分析能力来支持其自身的和 NCAs 的监督工作并推动 NCAs 在这一领域中采取统一的监督手段。作为其中的一部分，ESMA 将会专注于建立可靠的监督手段，特别是在可持续性信息披露方面。在这一领域中 ESMA 和 NCAs 将会提升对新要求的落实监督的干预，以确保其正确适用。

打击洗绿行为是非常重要的，因为它给希望将资源分配给可持续性投资的投资者造成了潜在的侵害。洗绿这一领域，概念、定义和实践都需要在欧盟范围内进行调整，这一调整通过为各个细分市场提供实施指南并制定明确的监督预期来实现。

可持续金融也是 ESMA 需要做好承担新监督任务准备的领域，如果联合立法者决定将这一任务赋予 ESMA 的话（如欧盟绿色债券标准委员会、ESG 评级供应商）。ESMA 将能够依赖其作为 CRAs 监督者和关键基准管理者的经验，以及那些已将 ESG 要素与监督相融合的监督任务的经验。

5.1.4　散户投资者的作用

ESMA 认识到，散户投资者在为转型提供资金方面发挥着重要的作用。然而，对于产品的可持续性特征的披露是复杂的。ESMA 将通过推动开发易读的信号和标签、高质量的投资建议以及易于获取的高质量 ESG 数据来促成理性的投资决策，从而为提高散户投资者的参与度作出贡献。同时，需要认识到散户投资者将持续受到洗绿行为的影响。因此，ESMA 将会深化对洗绿现象的理解，然后确定相关的共同监管对策。

5.2 促进技术创新和有效利用数据

5.2.1 技术创新

ESMA 和 NCAs 致力于确保可能对金融市场产生影响的技术创新被强有力的欧盟规则所充分吸收。重点在于评估科技创新（包括自动化、去中心化、数字化和平台化）对金融市场的影响，在适当的时候为市场发展提供机会，同时化解潜在的风险。

依托其风险评估能力，ESMA 将会继续识别可能对投资者保护和/或金融稳定性产生高度影响的新趋势、风险和弱点。由于技术创新对现有的市场管理产生了挑战，并可能打破市场机构，这将可能为 ESMA 的目标造成新的风险或产生新的威胁，需要通过有效的监管和监督加以化解。

5.2.1.1 ESMA 的监管作用

考虑到金融市场在技术创新驱动下的急剧变化，ESMA 意识到对监管框架的灵活性和适配性的需要越来越大。ESMA 将努力确保监管不对创新造成阻碍，同时确保为新旧市场参与者和产品提供一个公平的竞争环境。ESMA 的重点将主要是评估在金融市场中运用的技术对监管框架所产生的影响，如算法、人工智能、机器学习和分布式账本技术的运用，以确保监管框架仍然符合其监管目的。ESMA 还将重点制定详细的监管标准，特别是在实施《数字运行弹性法案》的背景下，与其他欧盟监督机构一起聚焦于运行弹性的标准制定。根据相关法律，ESMA 还将协助制定对加密资产服务供应商的具体监管要求，并将散户投资者的利益纳入考量。

由于技术创新能够促进散户参与并确保成本效益（见第 4.3 节），一方面，ESMA 将继续确保欧盟投资者保护和零售产品分销规则将这些技术发展因素考虑在内，并在日益数字化的环境中保持与技术发展的关注。另一方面，ESMA 将会监测和关注由技术创新给散户投资者带来的具体风险，例如金融排斥的风险和数据滥用风险。ESMA 还将致力于确保投资者对信息的获取，并利用技术来促进对这些信息的利用。

5.2.1.2 ESMA 的监督和促进作用

ESMA 将致力于确保正确理解、识别和化解由技术创新对市场及其完整性所带来的风险。作为监督者，ESMA 会评估新技术给其不同的监督任务所带来的具体影响。在对市场参与者的监督中，ESMA 特别关注运行弹性和网络风险威胁。重点将是执行欧洲监管机构对第三方服务供应商的联合监督任务，在现有的 ESMA 监督任务中有效落实运行弹性要求，以及加强针对市场参与者的国家层面监督行动的趋同性。

除了评估技术创新是否会对被监督主体的业务和运营方式产生影响外，ESMA 还将重点关注在 ESMA 和/或 NCAs 监督范围内，针对新型主体和新型业务模式的监督。这包括对监管和监督范围内的活动进行监测、分析和审查。此外，考虑到由数字化所带来的越来越多的跨境活动，ESMA 将会更多关注对监督实践趋同化的支持以及对跨境监督合作的推动。

ESMA 将继续推动 NCAs 的监督——加强在数字化技术运用和监管科技工具运用的趋同，包括共享最优实践方案和开展联合项目。在与 NCAs 和其他欧盟当局的密切合作下，ESMA 将会探索一些监督技术的中心化，以集中资源并实现高效率。其目的在于共享专业技术并从现有的时机中获益，并在条件允许的情况下为 NCAs 提供监督工具。

此外，ESMA 将会促进对新型金融服务供应商的监管、授权和监督方面的创新。特别是，ESMA 将与 ESAs 一起，继续为欧洲创新促进者论坛作出贡献，这一论坛为监督者提供了一个定期会晤的平台，并分享其通过国家创新促进者或沙盒行动与企业进行接触的经验。

5.2.2　在 ESMA 的活动中加强数据的有效利用

数据是了解市场及其特征和风险的关键。数据对于国家和欧洲层面的有效监督也是至关重要的。ESMA 的数据行动和专业技术覆盖了整个数据声明周期，包括数据治理、监管、标准化、数据质量和分析、数据粒度以及聚合统计数据的分享和发布以及对报告主体的监督。ESMA 将进一步发挥其作为欧盟数据和信息中枢的作用，为在金融市场监督中扩大数据的有效利用作出贡献。

ESMA 已经确立了以下关键目标，从而将数据战略引领至一个新的高度：

- 加强 ESMA 作为数据中枢的作用，重点是改善数据、信息的可得性、互通性和可用性，以及数据的统一化和标准化；
- 实现尖端、智能和有效的数据驱动监督；
- 在数据标准、技术和报告创新方面进行思想引领；
- 提升数据政策的效率、透明度和合作，减少报告的负担；
- 系统地利用数据进行实证化政策制定、监督和风险评估；
- 助力于以机读形式向市场提供相关的、实用的和易懂的信息，并促进信息的运用，包括散户投资者利用。（见第 4.3 节）

ESMA 将会继续发挥其在欧盟金融市场中数据领域的中枢作用。其将发挥数据的公共产品性质、网络外部性以及对其规模化管理和使用的经济效益这些固有优势。

ESMA 将于 NCAs 继续开展公共数据项目，为委员会关于欧盟金融服务的监督数据战略作出贡献，并采取进一步的措施以降低合规成本。其目的在于为监督者、监管者、散户投资者和所有其他利益相关者提供更多的信息，使他们能够在充分掌握市场信息的情况下作出基于事实的决策及行动。

欧盟可持续金融披露条例*

王 菁 编译

第一章 主旨与定义

一、背景与主旨

（一）背景

2018年以来，欧盟通过一系列立法举措，鼓励资金向可持续金融领域流动。然而，在绿色金融加速发展语境下，由于绿色金融存在的监管空白和信息不对称，金融“漂绿”现象迭出。作为欧盟可持续金融战略的重要支柱，《可持续金融披露条例》（Sustainable Finance Disclosure Regulation）的出台，旨在通过规范金融市场参与者和财务顾问行为，提高金融产品可持续性相关信息的透明度，减少“漂绿”行为的同时，引导投资者理性决策，推动欧洲金融市场的规范化发展。为了向读者介绍该条例，同时更便于读者理解，保证体系的完整性和连贯性，笔者选取了《可持续金融披露条例》的主体重点内容，对此进行编译。

（二）第一条 主旨

《可持续金融披露条例》为金融市场参与者和金融顾问制定了关于可持续性风险整合，业务流程中对可持续性不利影响考量，以及金融产品可持续性相关信息提供的透明化统一规则。

---

* 欧洲议会和理事会2019年11月27日第（EU）2019/2088号金融服务部门可持续性相关披露法规。

二、条例主要概念定义

第二条　定义

《可持续金融披露条例》中，主要概念定义如下。

1. 金融市场参与者

其是指提供基于保险的投资产品（IBIP）[1]的保险公司（豁免适用情况见脚注内容）[2]；供投资组合管理的投资公司；提供职业退休准备金机构（IORP）[3]；养老金产品的制造商；另类投资基金经理（AIFM）；泛欧个人养老金产品（PEPP）提供商；根据欧盟法规注册的合格风险投资基金的经理；根据欧盟法规注册的合格社会创业基金的经理；可转让证券集合投资计划（UCITS）管理公司[4]；或提供投资组合管理服务的信贷机构。

2. 财务顾问

其是指为保险投资产品提供保险建议的保险中介机构；为保险投资产品提供保险建议的保险承保机构；提供投资意见的信贷机构；提供投资意见的投资公司；根据欧盟指令提供投资建议的另类投资基金经理；或根据欧盟指令提供投资建议的可转让证券集合投资计划管理公司。

3. 金融产品

其是指受管理的投资组合；另类投资基金；基于保险的投资产品；养老金产品[5]（扩展适用情况见脚注内容）；养老金计划；可转让证券的集合投资计划；或泛欧个人养老金产品。

4. 可持续投资

其是指对有助于实现环境目标的经济活动进行的投资，例如，可持续投资可以通过衡量能源、可再生能源、原材料、水和土地的使用，废物的产生和温室气体排放，或对生物多样性和循环经济的影响的关键资源效率指标来衡量。或对有助于实现社会目标的经济活动的投

[1] “提供基于保险的投资产品”是指：欧洲议会和理事会法规定义的基于保险的投资产品；或到期日或退保价值全部或部分直接或间接受市场波动影响的向专业投资者提供的保险产品。

[2] 根据本条例第十七条规定，《可持续金融披露条例》不适用于为基于保险的投资产品提供保险咨询的保险中介人，也不适用于提供投资咨询的投资公司，无论其法律形式如何，包括自然人和自雇人员，只要其雇用人数少于 3 人即可豁免适用。成员国可以决定将本法规适用于就基于保险的投资产品提供保险咨询的保险中介机构或前述的提供投资咨询的投资公司。如成员国根据前款作出任何决定，应通知欧盟委员会和欧洲监管局。

[3] “提供职业退休准备金机构”是指：根据欧盟指令授权或注册的提供职业退休准备金的机构，或者是成员国选择适用该指令第 5 条成立的机构或成员总数少于 15 人的养老金计划执行机构。

[4] “可转让证券集合投资计划管理公司”是指：欧盟指令定义的管理公司；或根据欧盟指令获得授权的投资公司，但该指令尚未指定根据授权的管理公司进行管理。

[5] 根据本条例第十六条规定，成员国可以决定将本法规适用于（EC）No 883/2004 和（EC）No 987/2009 法规所涵盖的经营国家社会保障计划的养老金产品制造商。在这种情况下，养老金产品的定义，除以上养老金产品，还应视为包括经营国家社会保障计划的退休产品。成员国据此作出的任何决定，应通知欧盟委员会和欧洲监管局。

资，特别是有助于解决不平等问题或促进社会凝聚力、社会融合和劳动关系的投资，或对人力资本或经济或社会弱势社区的投资，前提是此类投资不会严重损害上述任何目标，而且被投资公司遵循治理良好，特别是在健全的管理结构、员工关系、员工薪酬和税务合规方面。

5. 可持续性风险

其是指环境、社会或治理事件或状况，一旦发生，可能对投资价值造成实际或潜在的重大负面影响。

6. 可持续性因素

其是指环境、社会和员工事项，尊重人权、反腐败和反贿赂事项。

第二章　通用披露规则

《可持续金融披露条例》从实体（entity）与产品（product）两个层面，为金融市场参与者和财务顾问制定了一套有关整合可持续性风险，考虑可持续性的不利影响，提供与特定类型金融产品相匹配的可持续信息的统一规则，具有双重实质性特征。（本章规则框架见附件图 1）

一、实体层面披露规则

（一）第三条　实体层面上的可持续发展风险政策透明化

1. 金融市场参与者应将其在投资决策过程中整合可持续性风险的政策信息，在其网站上公布。

2. 财务顾问应将其投资建议或保险建议中整合可持续性风险的政策信息，在其网站上公布。

（二）第四条　实体层面上的可持续性不利影响透明化

- **金融市场参与者**。

1. 金融市场参与者应在其网站上公布并持续性保留以下内容：

（a）他们考虑投资决策对可持续性因素产生的主要不利影响，并说明这些影响的尽职调查政策，适当考虑其业务规模、活动性质和活动范围，以及其所提供的金融产品类型。

（b）如果他们不考虑投资决策对可持续性因素的不利影响，则应明确说明不这样做的原因，包括在相关情况下，说明他们是否打算以及何时考虑这种不利影响。

2. 金融市场参与者应在根据前款（a）提供的信息中至少包括以下内容：

（a）关于他们对主要不利的可持续性影响和指标进行识别和优先级排序的政策信息。

（b）对主要不利的可持续性影响的说明，以及就该等影响已采取的或在有关情况下计划采取的行动的说明。

（c）在可适用的情况下，对根据相关欧盟指令作出的约定政策进行的简要摘要。

（d）对其所负有责任的商业行为准则和国际公认的尽职调查和报告标准的遵守情况的提及，并在相关情况下，说明其与《巴黎协定》[1]目标的契合程度。

3. 作为本条第一款的豁免，从 2021 年 6 月 30 日起，金融市场参与者在集团资产负债表日以合并基础超过财务年度平均雇员人数标准，应在其网站上发布并持续性保留一份关于投资决策对可持续性因素的主要不利影响的尽职调查政策声明。声明应至少包括本条第二款所述的信息。

4. 作为本条第一款的豁免，从 2021 年 6 月 30 日起，欧盟指令所述大型集团母公司的金融市场参与者，在集团资产负债表日以合并基础超过财务年度平均雇员人数标准，应在其网站上公布并持续性保留一份关于其尽职调查政策的声明，该政策涉及投资决策对可持续性因素的主要不利影响。声明应至少包括本条第二款所述的信息。

• 财务顾问

5. 财务顾问应在其网站公布及持续性保留下列信息：

（a）在适当考虑其业务规模、活动性质及活动范围，以及就其提供意见的金融产品的类别，在其投资建议或保险建议中考虑的对可持续性因素的主要不利影响。

（b）关于他们为何在其投资建议或保险建议中不考虑投资决策对可持续性因素的不利影响的信息，并在相关的情况下，包括他们是否以及何时打算考虑此类不利影响的信息。

• 欧洲监管局

6. 在 2020 年 12 月 30 日之前，欧洲监管局[2]应通过联合委员会，根据法规就本条前述的与气候不利影响和其他与环境相关的不利影响有关的可持续性指标的内容、方法论和信息表述方式，起草规范性技术标准。

在相关的情况下，欧洲监管局应当征求欧洲环境署和欧洲委员会联合研究中心的意见。

7. 在 2021 年 12 月 30 日之前，欧洲监管局应通过联合委员会，根据法规就本条前述的社会和员工事务、尊重人权及反贪污及反贿赂事宜领域的不利影响相关的可持续性指标内容、方法和信息的表述方式，起草规范性技术标准。

（三）第五条　实体层面与可持续性风险整合相关的薪酬政策透明化

金融市场参与者和财务顾问应在其薪酬政策中，包含该等政策如何与可持续性风险整合

---

〔1〕《巴黎协定》（The Paris Agreement），是由全世界 178 个缔约方共同签署的气候变化协定，是继 1992 年《联合国气候变化框架公约》和 1997 年《京都议定书》之后，人类历史上第三个应对气候变化的里程碑式的国际法律文本，对 2020 年后的全球气候治理行动与格局作出统一安排。《巴黎协定》的长期目标是将本世纪全球平均气温上升幅度控制在前工业化时期水平之上 2 摄氏度以内，并努力将全球气温上升幅度控制在前工业化时期水平之上 1.5 摄氏度以内。

〔2〕 2010 年 11 月 24 日欧洲议会和理事会条例（EU）No 1095/2010 决定设立欧洲监管局（European Supervisory Authority，ESA），即欧洲证券和市场管理局（European Securities and Markets Authority，ESMA）。

相一致的信息，并在其网站上公布。以上信息应包含在金融市场参与者和财务顾问根据行业立法要求建立和维护的薪酬政策中。

二、金融产品层面披露规则

根据《可持续金融披露条例》，金融产品可分为：一般金融产品，具有促进环境或社会特征特性的产品，以及以可持续投资为目标的产品。具有促进环境或社会特征以及以可持续投资为目标的金融产品，相比其他一般金融产品，应当遵守更高的披露要求。

（一）一般金融产品及披露规则

第六条　一般金融产品可持续性风险整合透明化

1. 金融市场参与者应在合同前披露中包括以下说明：

（a）将可持续性风险纳入其投资决策的方式；

（b）可持续性风险对其提供的金融产品收益的可能影响的评估结果。

第一款所提及的说明，金融市场参与者认为与可持续性风险无关的，应清楚、简明地说明理由。

2. 财务顾问应在合同前披露中包括以下说明：

（a）将可持续性风险纳入其投资或保险建议的方式；

（b）可持续性风险对其提供建议的金融产品收益的可能影响的评估结果。

第一款所提及的说明，财务顾问认为与可持续性风险无关的，应清楚、简明地说明理由。

3. 对于本条前两款所述的信息，不同金融市场参与者与财务顾问应按照相应欧盟指令要求，进行信息的提供与披露。

第七条　金融产品层面不利可持续性影响透明化

1. 在2022年12月30日前，金融市场参与者考虑投资决策对可持续性因素的不利影响，或适用实体层面可持续性不利影响披露的豁免规定的，在适用以上规定的每种金融产品可持续性风险整合披露时，金融市场参与者与财务顾问所涉及的披露应包括以下内容：

（a）对金融产品是否考虑，以及如果考虑，如何考虑对可持续性因素的主要不利影响，作出清晰、合理的解释；

（b）对可持续性因素主要不利影响的信息声明，可根据第十一条规定，在定期报告中披露促进环境或社会特征和可持续投资的信息中获得。

如果根据第十一条在定期报告中披露的信息，包括对可持续性因素的主要不利影响的量化，则该信息可依赖于根据欧洲监管局就可持续性指标的内容、方法论和信息表述方式制定的规范性技术标准的规定。

2. 当金融市场参与者不考虑投资决策对可持续性因素的不利影响时，一般金融产品可持续性风险整合披露，应包括金融市场参与者未考虑投资决策对可持续性因素的不利影响及其原因的声明。

（二）差异性特征金融产品披露规则

● 差异性特征金融产品在先合同披露中的要求

1. 具备促进环境或社会特征的金融产品

第八条　先合同披露中促进环境或社会特征的透明化

（1）如果金融产品除其他特征外，还具有促进环境或社会的特征，或这些特征的组合，只要投资的公司遵循良好的治理实践，则根据一般金融产品可持续性风险整合规则要求，披露的信息应包括以下内容：

（a）如何满足这些特征的信息；

（b）如某项指数已被指定为参考基准，该指数是否及如何符合该等特征的信息。

（2）金融市场参与者应根据第六条，就可持续性风险整合进行披露的信息中，注明用于计算本条前款所述指数的方法。

（3）欧洲监管局应通过联合委员会起草规范性技术标准，以规定根据本条披露的信息的表述方式和内容的细节。

在制定第一款所述规范性技术标准草案时，欧洲监管局应当考虑金融产品的不同类型、特点及其之间的差异，以及力求实现披露准确、公平、清晰、不具有误导性、简单、简明的目标。

欧洲监管局应在 2020 年 12 月 30 日前向欧盟委员会提交第一款所述的规范性技术标准草案。

2. 以可持续投资为目标的金融产品

第九条　先合同披露中可持续投资的透明化

（1）当金融产品以可持续投资为目标，并指定指数作为参考基准时，根据第六条披露的可持续性风险整合信息应包括以下内容：

（a）指定指数如何与该目标相一致的信息；

（b）解释符合该目标的指定指数为何及如何有别于广义市场指数。

（2）若金融产品以可持续投资为目标，且未指定指标作为参考基准，则根据第六条披露的可持续性风险整合信息应包括如何实现该目标的说明。

（3）若金融产品以减少碳排放为目标，则根据第六条披露的可持续性风险整合信息，应包括为实现《巴黎协定》（防止）全球变暖的长期目标而进行的低碳排放目标。

作为本条第二款的克减，如果没有根据欧洲议会和理事会法规提供的欧盟气候转型基准或欧盟与巴黎一致的基准，则第六条所述信息，应包括详细解释如何确保实现《巴黎协定》中（防止）全球变暖的长期目标而持续努力减少碳排放。

（4）金融市场参与者应在根据第六条作出的可持续性风险整合信息，注明本条第一款所定指数计算方法及本条第三款中第二项所定基准的寻求方法。

（5）欧洲监管局应通过联合委员会起草规范性技术标准，以规定根据本条披露的信息的表述方式和内容的细节。

在制定本款第一项所述的规范性技术标准草案时，欧洲监管局应考虑到金融产品的不同类型，第一款至第三款所述的目标及其之间的差异，以及力求实现披露准确、公平、清晰、不具有误导性、简单、简明的目标。

欧洲监管局应在2020年12月30日前向欧盟委员会提交第一项所述的规范性技术标准草案。

• 差异性特征金融产品在网站上披露的要求

第十条　在网站上进行环境或社会特征促进以及可持续投资的透明化

1. 金融市场参与者应在其网站上公布并持续性保留促进环境或社会特征、以可持续投资为目标的每种金融产品的以下信息：

（a）对环境或社会特征或可持续投资目标的描述；

（b）为金融产品选择的用于评估、衡量和监测环境或社会特征的方法的信息，或可持续投资的影响，包括其数据来源、基础资产的筛选标准，以及用于衡量金融产品的环境或社会特征或整体可持续影响的相关可持续性指标；

（c）第八条和第九条所述的信息；

（d）第十一条所述的信息。

依第一款所披露的信息，应清晰、简洁、易于投资人理解。

发布方式应准确、公正、清晰、不具有误导性、简洁、准确，并放置于网站的显眼易读区域。

2. 欧洲监管局应通过联合委员会制定规范性技术标准草案，以规定第一款第一项（a）和（b）所述信息的详细内容，以及该款第二项所述的列报要求。

在制定本款第一项所述的规范性技术标准草案时，欧洲监管局应当考虑到第一款所述的各种金融产品的特征和目标以及它们之间的差异。欧洲监管局应根据监管和技术发展更新规范性技术标准。

欧洲监管局应在2020年12月30日前向欧盟委员会提交第一项所述的规范性技术标准草案。

● 差异性特征金融产品在定期报告中披露的要求

第十一条　定期报告中的环境或社会特征促进及可持续投资的透明化

1. 当金融市场参与者提供促进环境或社会特征、以可持续投资为目标的金融产品时，他们应在定期报告中包括对以下内容的描述：

（a）对于促进环境或社会特征的金融产品，其符合环境或社会特征的程度；

（b）对于第九条前三款所述的以可持续投资为目标的金融产品：

（i）通过相关可持续性指标衡量该金融产品与可持续性相关的总体影响；或

（ii）在指定指数作为参考基准的情况下，通过可持续性指标，将具有指定影响的金融产品的整体可持续性相关影响，和广泛市场中的指数的影响进行比较。

2. 金融市场参与者根据本条第一款提供的信息，应按照相应欧盟指令要求，在所述的年度报告或其他书面报告中载明。

3. 就本条第一款而言，金融市场参与者可以根据相关欧盟指令在管理报告中使用信息，或在适当情况下根据指令在非财务报表中使用信息。

4. 欧洲监管局应通过联合委员会制定规范性技术标准草案，以详细规定第一款所述信息的内容和表述方式。

在制定第一项所述的规范性技术标准草案时，欧洲监管局应当考虑金融产品的种类、特点和目标以及它们之间的差异。欧洲监管局应根据监管和技术发展更新规范性技术标准。

欧洲监管局应在2020年12月30日前向欧盟委员会提交第一项所述的规范性技术标准草案。

第三章　后续审查与报告

第十二条　信息披露的审查

1. 金融市场参与者应确保根据第三条、第五条或第十条发布的任何可持续发展风险政策，与可持续性风险整合有关的薪酬政策，以及在网站上公布的促进环境或社会特征和可持续投资产品信息都是最新的。金融市场参与者修改信息的，应当在同一网站上公布修改说明。

2. 第一款应比照适用于财务顾问根据第三条和第五条公布的任何可持续发展风险政策与可持续性风险整合有关的薪酬政策信息。

第十三条　营销传播

1. 在不影响更严格的部门立法的情况下，金融市场参与者和财务顾问应确保其营销传播不与根据本法规披露的信息相矛盾。

2. 欧洲监管局可通过联合委员会制定执行技术标准草案，以确定关于促进环境或社会特征和可持续投资的信息的标准列报方式。

第十四条 主管机关

1. 成员国应确保根据部门立法，特别是本条例第六条，和根据相关欧盟指令指定的主管机关，监督金融市场参与者和财务顾问遵守本条例要求。主管机关应当拥有行使本条例规定的职能所必需的一切监督和调查权。

2. 就本条例而言，主管机关应相互合作，并应毫不拖延地相互提供与履行本条例规定的职责有关的信息。

第十八条 报告

欧洲监管局应当根据第四条和第七条对自愿披露的程度进行评估。到 2022 年 9 月 10 日及其后的每一年，欧洲监管局应向委员会提交一份关于最佳实践的报告，并就自愿报告标准提出建议。该年度报告应考虑尽职调查实践对本条例项下披露的影响，并应就此事项提供指导。该报告应予以公布，并送交欧洲议会和理事会。

第十九条 评估

1. 到 2022 年 12 月 30 日，欧盟委员会应评估本条例的适用情况，并应特别考虑：

（a）是否应保持、取代或对第四条第三、四项中对雇员平均人数的提及附有其他标准，并应考虑相关行政负担的利益和比例性；

（b）本条例的运作是否因缺乏数据或数据质量欠佳而受到抑制，包括被投资公司对可持续性因素的不利影响指标。

2. 第一款所述的评价应酌情附有一项立法建议。

第二十条 生效和适用

1. 本法规自其在欧盟官方公报上公布之日起第 20 天生效。

2. 本法规自 2021 年 3 月 10 日起适用。

3. 作为对本条第二款的克减，第四条第六、七项，第八条第三项，第九条第五项，第十条第二项，第十一条第四项和第十三条第二项自 2019 年 12 月 29 日起适用，第十一条第一至三项自 2022 年 1 月 1 日起适用。

本法规整体具有约束力，并直接适用于所有成员国。

附件：《可持续金融披露条例》主体内容框架及条文指引

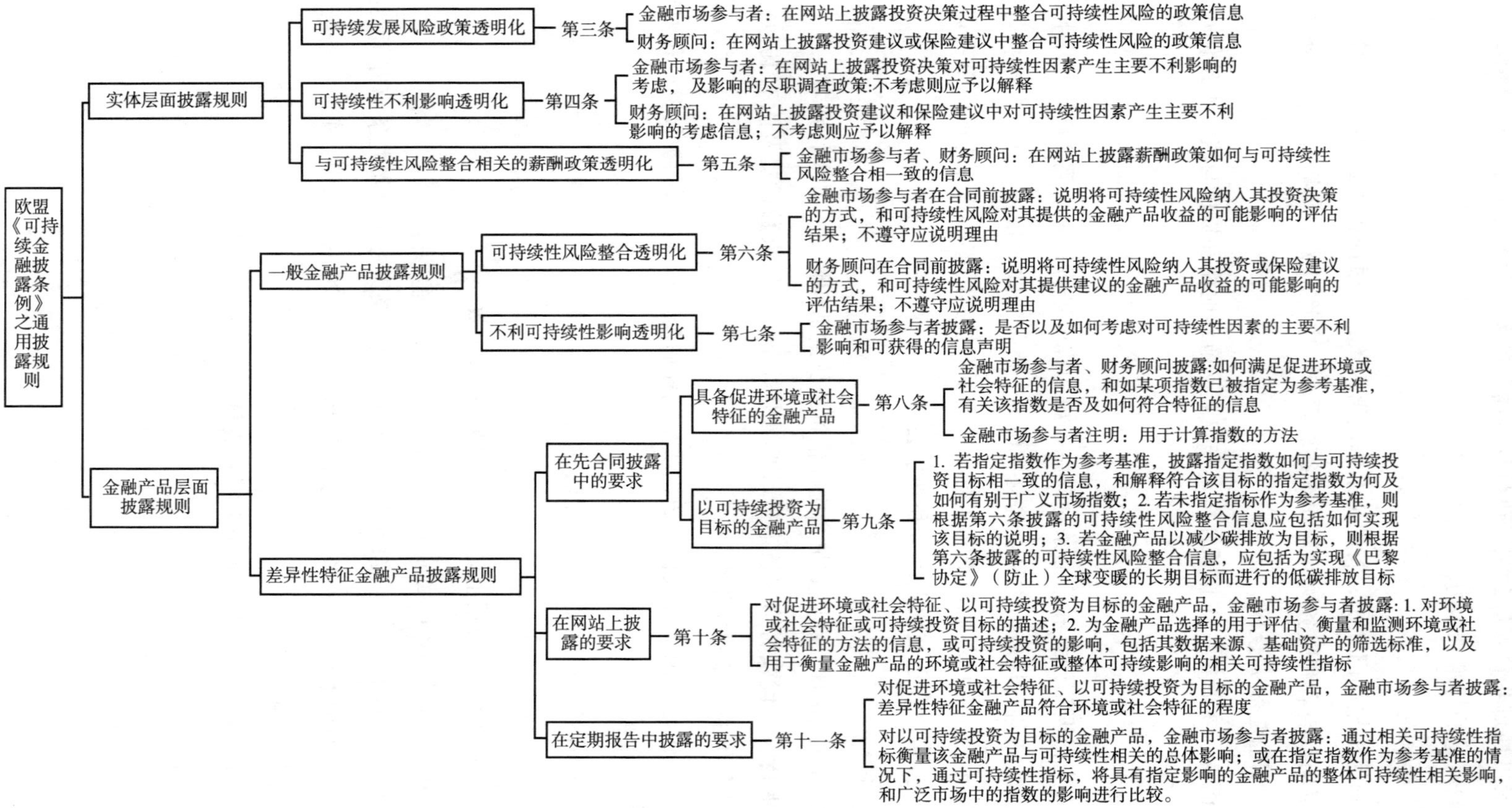

图1 《可持续金融披露条例》通用披露规则

美国 SEC 举报人计划规则*

鲁淑婷　周天圆　译

摘要：美国证券交易委员会（SEC）正在通过针对 SEC 举报人计划规则的修正案。1934 年《证券交易法》第 21F 条和 SEC 的实施细则规定，举报人自愿向 SEC 提供有关违反联邦证券法行为的原始信息，促使成功执行 SEC 涵盖司法或行政诉讼[1]（以下简称 SEC 涵盖诉讼或涵盖诉讼）或者非 SEC 相关诉讼的，SEC 应向其支付奖励。修正案扩大了 SEC 举报人计划项下有资格获得奖励的相关诉讼的范围；阐明 SEC 可以依据第 21F 条行使其法定权力考虑可能的奖励金额以增加奖励，但不能行使其可能拥有的任何法定权力来减少奖励金额；并进行了一些一致性修订和技术性修订。

日期：该最终规则自 2022 年 10 月 3 日起生效。此修正案自该日起应适用于尚未终结的任何奖励申请，以及未来提交的所有奖励申请。（见表 1）

表 1　SEC 正在修订的规划

修正案	
SEC 索引	《联邦法规》引文（第 17 编）
Rule 21F－3	§ 240.21F－3
Rule 21F－4	§ 240.21F－4

---

* 《举报人计划规则》由美国证券交易委员会发布，于 2022 年 10 月 3 日起生效。联邦法规第 17 编第 240 节（公告号：34－95620；文件号：S7－07－22）。

〔1〕 术语“SEC 涵盖司法或行政诉讼”是指 SEC 根据《证券交易法》提起的导致超过 100 万美元的金钱制裁的司法或行政诉讼。参见 15 U.S.C.78u－6（a）（1）。

续表

SEC 索引	《联邦法规》引文（第 17 编）
Rule 21F – 6	§ 240. 21F – 6
Rule 21F – 8	§ 240. 21F – 8
Rule 21F – 10	§ 240. 21F – 10
Rule 21F – 11	§ 240. 21F – 11

I. 简介

SEC 举报人规则被编写于《联邦法规》第 17 编第 240 节第 21F – 1 条至第 21F – 18 条，规定了实施 SEC 举报人计划的操作性定义、要求、标准和流程。正在通过的修正案对该等规则做出若干修改。

首先，SEC 正在修订《联邦法规》第 17 编第 240 节 21F – 3（b）（3）条，或称第 21F – 3（b）（3）条规则（以下简称多重奖励规则），以修改“相关诉讼”的定义。在 SEC 举报人规则项下，对于符合相关诉讼定义的非 SEC 诉讼，举报人可能有资格获得 SEC 的奖励。多重奖励规则目前规定，当 SEC 奖励计划和另一项奖励计划可能同时适用于一起非 SEC 诉讼时，为 SEC 奖励之目的，只有在 SEC 举报人计划与该诉讼有“更直接或相关的联系”时，该诉讼才会被视为一起相关诉讼。经修订的多重奖励规则规定了一些例外情形，在这些情形下，一起非 SEC 诉讼可能符合相关诉讼的条件，而无需考虑 SEC 的计划是否与该诉讼有更直接或相关的联系。具体而言，根据修订后的多重奖励规则，非 SEC 诉讼在以下情形中可作为相关诉讼：

- 当非 SEC 奖励计划存在奖励范围或固定金额的奖励上限，其可产生的奖励显著低于根据 SEC 举报人计划可以获得的奖励；
- 当根据非 SEC 计划授予奖励的决定是自由裁量的，即使任何特定的奖励标准和资格要求都已经得到满足；
- 当 SEC 在非 SEC 诉讼中可能支付的最高奖励不超过 500 万美元时（以下简称 500 万美元规定）。

其次，SEC 正在修订第 21F – 6 条规则，该条涉及 SEC 适用奖励因素以及确定奖励金额的自由裁量权。新的第 21F – 6（d）条规定，SEC 在做出奖励决定时，只有以增加而非减少奖励金额为目的时才可以行使其权力以考虑可能奖励的美元数额。

SEC 还通过了对第 21F – 10 条和第 21F – 11 条规则的一致性修订，以及对第 21F – 4（c）条和第 21F – 8 条规则的技术性修订，以纠正规则文本中的错误。

II. 最终规则修正案的描述

A. 关于至少涉及一项其他奖励计划的非 SEC 诉讼的第 21F－3（b）（3）条规则修正案

根据《证券交易法》第 21F 条，基于一起 SEC 涵盖诉讼获得奖励的举报人，也可能有资格基于相关诉讼中所收取的金钱制裁以获得奖励。《证券交易法》第 21F（a）（5）条和第 21F－3（b）（1）条规则规定，非 SEC 的司法或行政诉讼必须满足特定条件才有可能成为相关诉讼。首先，该诉讼必须由美国司法部、适当的监管机构[1]［如《证券交易法》第 21F－4（g）条规则所定义的机构］、自律组织[2]［如《证券交易法》第 21F－4（h）条规则所定义的组织］或刑事案件中的州检察长提起。其次，举报人向 SEC 提供的相同的原始信息也必须促使非 SEC 诉讼的成功执行。

多重奖励规则对非 SEC 诉讼提出了额外要求，以使其具备相关诉讼的资格，其中 SEC 举报人计划和至少一项其他独立的举报人计划都可能适用于该诉讼。第 21F－3（b）（3）条规则授权 SEC 仅在其确定 SEC 举报人计划与非 SEC 诉讼有更直接或相关的联系时，才能对此类诉讼支付奖励，判断基于下列因素做出：（1）非 SEC 诉讼所涉的不当行为涉及联邦证券法的政策考虑（如投资者保护）而非其他执法或监管利益的相对程度；（2）在非 SEC 诉讼中施加的金钱制裁在多大程度上可归因于作为 SEC 涵盖诉讼对象的违反联邦证券法的行为；以及（3）非 SEC 诉讼是否涉及州法律奖励申请，以及该州有多大可能具有一项适用于该类执法行动的举报人奖励计划。[3]

1. 拟议规则

SEC 建议修订多重奖励规则以确定有限的例外情形，在这些情形下，出于奖励之目的，非 SEC 诉讼构成“相关诉讼”。主要的拟议修订被称为“可比性方法”，旨在帮助确保多重奖励规则不会降低举报人举报的积极性，也不会因主动提供信息而给举报人带来过度的负担。[4]

---

〔1〕 适当的监管机构是指除 SEC 以外的适当监管机构。参见 17 C. F. R. 240. 21F－4（g）。

〔2〕 自律组织是指任何全国性证券交易所、注册证券协会、注册清算机构、市政证券规则制定委员会（Municipal Securities Rulemaking Board）以及根据《证券交易法》第 3（a）（26）条（《美国法典》第 15 编第 78c（a）（26）条）可定义为自律组织的任何其他组织。参见 17 C. F. R. 240. 21F－4（h）。

〔3〕 多重奖励规则的另一项规定是，如果相关诉讼的申请人已经从另一项计划中获得了奖励，该申请人就不能从 SEC 获得奖励或付款。与此相关的是，多重奖励规则规定，如果其他计划拒绝对相关诉讼申请人支付奖励，就已由其他计划对申请人做出决定的任何事实，该申请人将不能重新判断。如果 SEC 裁决其举报人计划与非 SEC 诉讼有更直接或相关的联系，多重奖励规则规定，除非申请人及时且不可撤销地放弃向其他计划的奖励申请，否则将不予支付奖励。这些修正案将不会影响到多重奖励规则的既存条款。

〔4〕 多重奖励规则旨在防止 SEC 的奖励计划取代国会为其他举报人计划设定的重要角色，并促进 SEC 继续谨慎管理投资者保护基金（Investor Protection Fund，IPF）的愿望，SEC 所支付的奖金就来源于此。可比性方法的目标仅聚焦于维护多重奖励规则的基本目标。

该提案解释称，如果替代性奖励计划可能提供的最大金钱奖励显著低于 SEC 计划的最大可能奖励（已收取金钱制裁总额的 30%），则可比性方法将允许 SEC 把非 SEC 诉讼视为相关诉讼。显著较低标准或因另一计划涉及一个不同奖励范围而被触发，或因另一计划规定了固定的美元奖励上限而被触发。如果在其他计划项下，是否发放奖励的决定是完全自由裁量的，拟议的可比性方法还将授权 SEC 将非 SEC 诉讼视为相关诉讼（而不考虑哪一计划具有更直接或相关的联系）。

为了将可比性方法的这些方面纳入多重奖励规则，SEC 建议修改第 21F－3（b）（3）条规则的开头句，规定仅在其他举报人计划符合“可比举报人计划”的条件时，适用多重奖励规则。相应地，一项可比举报人计划在以下情况会被定义为奖励计划：（1）不存在限制最大可能奖励金额的奖励范围或固定金额的奖励上限，使其显著低于 SEC 在特定诉讼中可能给予所有符合条件的申请人的最大或最小可能奖励（以美元计）；或（2）即使已满足既定的资格要求和奖励标准，也不给予管理其他计划的实体拒绝提供奖励的自由裁量权。

SEC 进一步提议，根据可比性方法，多重奖励规则将被修订，使得：如果 SEC 在任何情况下可能被要求向所有与非 SEC 诉讼有关的举报人支付的最高奖金不超过 500 万美元，则 SEC 将认为该事项有资格获得相关诉讼地位（不考虑哪一计划与该诉讼具有更直接或相关的联系）。正如 SEC 所解释的那样，这种情形将会在非 SEC 诉讼中施加的金钱制裁的 30% 合计小于等于 500 万美元时出现。[1]

尽管可比性方法是征求公众意见的主要提案，但 SEC 还确定了其他三种可能的备选方案：“举报人选择法”、“抵消法”和“封顶法”。根据举报人选择法和抵消法，现行的第 21F－3（b）（3）条规则将被全部废除。

举报人选择法将允许举报人在收到来自 SEC 和管理其他计划的实体的奖励决定后，决定接受哪一项奖励（但 SEC 向举报人提供奖励的前提是，举报人不可撤销地放弃对其他计划的奖励申请）。根据抵消法，SEC 可以对非 SEC 诉讼进行奖励，尽管另一奖励计划可能对同一诉讼做出奖励决定并支付奖励，但 SEC 将抵消另一计划对同一诉讼支付的相应奖金数额。根据封顶法，多重奖励规则的现行框架将被保留，但是，如果 SEC 认为其他计划对非 SEC 诉讼的奖励不足，SEC 将拥有自由裁量权以增加其自身涵盖诉讼的奖励金额（奖金总额最高可达所施加金钱制裁的 30%）。

2. 收到的评论

几乎所有评论者都支持修改“多重奖励规则”，以将非 SEC 诉讼符合相关诉讼的例外情

---

〔1〕 为确保申请人不会因同一非 SEC 诉讼而获得多重奖励，拟议修正案要求申请人在收到 SEC 的奖励通知后的 60 个日历日内不可撤销地放弃对其他计划的奖励申请，并要求申请人证明其遵守了“不可撤销地放弃”之要求。拟议修正案还规定，如果不遵守修订后规则的任何条款或条件，可能会导致申请人没有资格获得 SEC 对非 SEC 诉讼支付的奖励（尽管先前具有奖励通知）。

形包含在内，其中一些评论者对四种拟议备选方案中的哪一种为最佳选项表达了看法。

评论者普遍赞成可比性方法或举报人选择法,〔1〕尽管两位评论者支持抵消法，一位评论者表示倾向于封顶法，其他几位评论者提出了他们自己的建议方法。〔2〕

许多评论者赞成可比性方法。其中一位评论者表示，这种方法“实现了一种平衡，确保合格举报人不会因较弱的替代性举报人计划而被减少奖励，同时也限制了举报人在相关诉讼中获得双重奖励的能力”〔3〕。另一位评论者表示，在奖励范围不同、其他计划有固定的美元奖励上限或其他计划是“自由裁量的而非法定的”情况下，可比性方法具有极强的实用性。〔4〕第三位评论者表示其倾向于采用可比性方法，因为与其他提案相比，它可能会给员工和机构施加更少的行政负担。〔5〕

一些评论人士对可比性方法表示担忧。其中一位评论者表示，可比性方法“令人困惑”且“难以执行”。〔6〕但另一位评论者提出了相反的观点，称“可比性方法是以一种易于遵循和理解的方式阐述的，即很容易理解举报人如何通过 SEC 而非另一项计划获得奖励”。〔7〕又一位评论者表示，可比性方法是次优的，因为它“在其他举报人计划被发现‘具有可比性’或者与非 SEC 诉讼‘有更直接或相关的联系’但提供的奖励却比 SEC 更少的情况下，会导致不利”。〔8〕

一些评论者谈到了可比性方法的具体要素。例如，一位评论者建议，将可比性方法中 500 万美元规定改为授权 SEC 将任何可能涉及另一奖励计划的非 SEC 诉讼视为潜在相关诉讼，SEC 将同意对该相关诉讼支付相当于在该非 SEC 诉讼中“已收取金钱制裁总额的最低 5%、最高 10%”的奖励。该评论者表示，对可比性方法的这一方面进行调整，对于那些若非如此则将被排除在 500 万美元规定之外的大型诉讼来说是“更加公平的”。〔9〕类似地，另一位评论者建议，如果举报人计划规则在未来没有定期更新，那么基于百分比的最高限额可能会比 500 万美元或其他固定的美元数额更好。〔10〕一位评论者建议，如果采用可比性方法，

---

〔1〕 一位评论者提出了一个适用于可比性方法和举报人选择法的一般性意见，即未能遵守这些拟议方法的不可撤销地放弃或通知之规定的申请人“不应完全失去获得奖励的资格，除非有证据表明存在极其恶劣的或恶意的不遵守行为”。Mark C.（2022 年 2 月 19 日）。这两种方案的拟议规则文本将允许 SEC 在做出申请人不遵守规定的决定之时，酌情将这些因素纳入考量。

〔2〕 见下文注释 30 ~37。

〔3〕 NWC（2022 年 4 月 7 日）（“NWC 支持 SEC 提出的可比性方法。”）。

〔4〕 匿名者 -2（2022 年 2 月 19 日）。

〔5〕 Mark C.（2022 年 2 月 19 日）。

〔6〕 Kohn，Kohn & Colapinto，LLP（2022 年 3 月 22 日）（“‘举报人选择’是更好的选择，它规定了明确的标准和程序。”）。

〔7〕 Talia Finamore（2022 年 4 月 3 日）。

〔8〕 Cohen，Milstein，Sellers & Toll PLLC（2022 年 4 月 8 日）。然而，该评论者确实指出，“每一种拟议备选方案都代表了对‘现有’多重奖励规则的改进”。

〔9〕 Cohen，Milstein，Sellers & Toll PLLC（2022 年 4 月 8 日）。然而，该评论者确实指出，“每一种拟议备选方案都代表了对‘现有’多重奖励规则的改进”。

〔10〕 Mark C.（2022 年 2 月 19 日）。与之前的评论者不同，这位评论者没有提出一个特定的百分比数字（或范围）的建议。

那么只要 SEC 诉讼和非 SEC 诉讼的总付款额不超过 2000 万美元，就应该授予奖励。〔1〕

一些评论者谈到了用于确定一项替代性计划是否具有可比性的显著较低标准。〔2〕其中一位评论者解释说，显著较低标准的一则好处是，它将允许 SEC“在举报人自愿向 SEC 提供信息时考虑举报人的财务状况”。〔3〕另一位评论者建议，必须始终将显著较低标准理解为涉及来自另一计划的奖励，即这一奖励低于在非 SEC 诉讼中已收取金钱制裁的 10%。〔4〕

一位评论者建议，如果另一项奖励计划缺乏 SEC 计划所提供的保密性保护，那么它就不应该被视为具有可比性。〔5〕为支持其观点，该评论者称：“国会通过了非常具体的程序，允许 SEC 将信息转发给同样保护举报人身份的其他替代性政府计划，并要求这些其他政府机构遵守‘第 21F（h）（2）条’的保密规定。”〔6〕

一些评论者支持“举报人选择法”。一位评论者说，这种方法的一则好处在于，如果“举报人觉得任一举报人奖励计划拟发放的奖励不够，那么他/她可以自行决定，选择他们想要由哪一项奖励计划来支付奖励”〔7〕。同样，另一位评论者表示，举报人“应该自主决定他们获得哪种奖励”。〔8〕还有一位评论者说，举报人选择法更可取，因为它可以使 SEC 只关注“SEC 计划所要求的举报人的功劳和资格”，因为“是否适用其他计划不应影响 SEC 授予奖励的最终决定”；同时能够通过删除“SEC 目前处理申请的一个步骤”，使“该流程对普通申请人来说更加清晰、直接和易懂”。〔9〕最后，一位评论者表示，根据举报人选择法，“由于举报人被允许选择最有利的奖励方案，他们将不再因为担心最终的奖励会受到另一项计划的限制而故意隐瞒某些申请或信息”。〔10〕

---

〔1〕 Kohn，Kohn，and Colapinto（2022 年 4 月 11 日）。

〔2〕 没有评论者建议用一个固定的数字或百分比来取代显著较低标准。

〔3〕 Cornell Securities Law Clinic（2022 年 4 月 11 日）。这位评论者还以“边际收益递减法则（the law of diminishing marginal returns）”为依据，反对用固定的美元金额或百分比来代替显著较低标准。该评论者建议，显著较低标准应侧重于捕捉奖励之间的差异，“这些差异足以激励举报人常在冒着职业风险的情况下自愿提供相关信息”。

〔4〕 Kohn，Kohn & Colapinto，LLC（2022 年 4 月 11 日）。

〔5〕 Kohn，Kohn & Colapinto，LLP（2022 年 4 月 11 日）（“保密权必须是任何‘可比’相关诉讼的一部分”）。

〔6〕 Kohn，Kohn & Colapinto，LLP（2022 年 4 月 11 日）（“保密权必须是任何‘可比’相关诉讼的一部分”）。

〔7〕 匿名者 -2（2022 年 2 月 19 日）。另参见 Cohen，Milstein，Sellers & Toll PLLC（2022 年 4 月 8 日）（指出唯有在举报人选择法这一方案下，“当举报人提供的信息导致相关诉讼的追偿，同时牵涉到 SEC 和另一机构的举报人计划时”，举报人无论如何都不会因被要求接受另一机构的奖励而承受被“置于不利地位”的风险）；Laura Bonomini（2022 年 3 月 21 日）（指出举报人选择方案将“让有功的举报人机构获得的奖励比他们自己所申请的更多”）。

〔8〕 Talia Finamore（2022 年 4 月 3 日）。

〔9〕 Laura Bonomini（2022 年 3 月 21 日）。另参见 Cornell Securities Law Clinic（2022 年 4 月 11 日）（指出通过消除评估哪个计划与案件有更“直接或相关”的联系，或在特定申请当中评估另一计划与 SEC 计划的可比性的需要，举报人选择法将提高“行政效率”并且“减少行政成本”）；Kohn，Kohn & Colapinto，LLP（2022 年 3 月 22 日）（指出举报人选择方案将比其他提议的方法“更不易令人困惑且更加容易实施”）。

〔10〕 Cornell Securities Law Clinic（2022 年 4 月 11 日）（解释称：“在替代性计划提供的经济激励明显少于 SEC 计划（即奖励的绝对金额上限）的情况下，一些潜在的举报人可能会做出某些申请决定（即隐瞒某些信息）以避免日后严重限制其经济奖励的陷阱，这是非常合理的”）。

一位评论者指出，举报人选择法可能会导致奖励处理的延误，因为在申请人决定接受哪一计划的奖励之前，任何奖金的支付都将取决于 SEC 计划和替代性计划的奖励决定的发布。[1]其他一些评论者提出了对举报人选择法的可能的修改，包括修改举报人选择法以使举报人既能从 SEC 获得全额奖金，又能从其他机构获得“非 SEC 诉讼中所收取金钱制裁的10%或以下”的奖金。据评论者称，针对举报人选择法中所含的一般多重奖励禁止规定，10%的例外是合理的，因为它只允许相对较小的单独奖励，并且允许举报人“接受来自其他计划的小额奖励”而不会被取消适用 SEC 计划的法定资格。[2]

两位评论者支持抵消法。其中一位评论者称，抵消法可以使奖励更迅速，也许能够进一步激励举报人主动提供信息，但没有对此做出解释。[3]另一位评论者说，抵消法“是一个很好的选择，因为它允许举报人从两项计划中获得奖金，但实际上并不是双份奖励”[4]。但一位反对抵消法的评论者表示，这可能会违反拟议第 21F－6（d）条规则的基本原则，即禁止 SEC 在下调奖励金额的情况下考虑美元数额。[5]

一位评论者支持封顶法，称其可以迅速产生奖励，但没有对此做出解释。[6]然而，另一位评论者反对封顶法，称“如何实施封顶法令人困惑”[7]。

除却以上讨论的四种方法，一些评论者还建议了其他方法。两位评论者指出，应允许举报人从他们符合条件的所有计划中获得奖励，即使这可能导致对非 SEC 诉讼中的举报人的总奖金额超过诉讼中所收取金钱制裁的 30%。[8]根据其中一位评论者的说法，SEC 应该通过“简单地废除多重奖励规则”来实现这一目标。[9]另一位评论者建议，“所有上市公司的举报人报告都应被考虑用于 SEC 计划奖励”，而不论其他计划是否与相关的非 SEC 诉讼有更直接

---

〔1〕 Talia Finamore（2022 年 4 月 3 日）。

〔2〕 Kohn，Kohn & Colapinto，LLP（2022 年 3 月 22 日）。另参见 Kohn，Kohn & Colapinto，LLP（2022 年 4 月 11 日）（指出如果举报人从其他机构获得的奖金低于《证券交易法》第 21F 条所允许的 10% 的最低奖励，SEC 不应禁止举报人获得相关诉讼奖励，除非举报人在知情的情况下自愿放弃获得 SEC 相关诉讼奖励的权利）。

〔3〕 John Lao（2022 年 2 月 20 日）。

〔4〕 Talia Finamore（2022 年 4 月 3 日）。然而，这位评论者承认，抵消法的一个潜在困难是，它可能需要更多的处理时间，因为 SEC 需要等到其他奖励计划做出奖励决定之后才能够做出奖励决定。

〔5〕 Andres Rodriquez（2022 年 4 月 3 日）。

〔6〕 John Lao（2022 年 2 月 20 日）。

〔7〕 Talia Finamore（2022 年 4 月 3 日）。

〔8〕 匿名者（2022 年 2 月 8 日）；Better Markets（2022 年 4 月 11 日）。另参见 Andres Rodriquez（2022 年 4 月 3 日）（建议采取这样一种方法，使得“在举报人也从其他可比计划中获得奖励的情况下，举报人也将获得 SEC 的全额金钱奖励”）。

〔9〕 该评论者称，SEC 可能缺乏一项法定权力，即仅因为另一项奖励计划也可能适用且提供奖励就“拒绝为相关诉讼提供奖励”。Better Markets（2022 年 4 月 11 日）（指出第 21F 条的“明文”规定使得相关诉讼的奖励为法定性的，虽然法规“规定了 SEC 必须拒绝给予奖励的情形”，但这些情形都不涉及适用其他奖励计划的可能性）。评论者继续建议，如果 SEC 拒绝废除多重奖励规则，“最佳”备选方案是举报人选择法。该评论者指出，“其他提议方法留下了一种可能性，即 SEC 本身不会就相关诉讼向其他符合条件的举报人提供奖励”，（据该评论者称）这“与第 21F 条的文字和精神相冲突”。

或相关的联系。[1]

3. 最终规则

SEC 正在通过提议的可比性方法，因为它是对多重奖励规则的具有实用性和针对性的修改，当另一项计划存在法定奖励上限、明显较低的奖励范围或自由裁量的奖励结构时，它将提供额外的激励，以鼓励举报人报告可能违反联邦证券法的行为。[2] SEC 同意这样的说法，即可比性方法“在确保合格的举报人不会因为较弱的替代性举报人计划而减少奖励，同时限制举报人在非 SEC 诉讼中获得双重奖励的能力之间取得了适当的平衡”[3]。SEC 还同意一位评论者所说的：“可比性方法的规定是易于遵循和理解的，以便举报人评估他们在非 SEC 诉讼中，何时可能通过 SEC 计划而非另一项奖励计划来获得更多的奖励，反之亦然。”[4]

尽管这些评论提出了深思熟虑的论点来支持举报人选择法、抵消法和封顶法，但总的来说，考虑到各种竞争因素，SEC 认为该等备选方案均不太可取。作为一个基础性问题，这三种备选方案可能会造成申请处理和/或奖励支付大量延迟，因为每种方案都可能要求 SEC 推迟奖励直到其他计划做出奖励决定。[5] 例如，根据美国国税局[6]所管理的举报人计划，最终决定“不能在收取诉讼所得之前做出”，即便那时，最终决定也可能推迟到纳税人申请退税的多年法定期限届满之时。[7] 若 SEC 采用举报人选择法，在这种情况下，SEC 的奖励程序可能会额外推迟几年（因此不会付款），以等待美国国税局的最终奖励决定。[8] 抵消法也是

---

〔1〕 Joshua Moran（2022 年 4 月 12 日）（指出在涉及上市公司的情况下，“不清楚还有什么其他的计划会更具相关性”）。

〔2〕 SEC 不认为可比性方法“在其他计划具有可比性且举报人被要求从该其他计划中寻求奖励的情况下会导致不利”。Cohen，Milstein，Sellers & Toll PLLC（2022 年 4 月 8 日）。评论者称，由于其他计划“提供的奖金少于 SEC 将会提供的奖金”，因此会导致不利。但是，为了符合可比计划的条件，替代性计划的结构必须能够产生与 SEC 可比的奖励，因此任何“较小的奖励”都不会是其他奖励计划的奖励结构的产物。相反，“较小奖励”的风险可能反映 SEC 和其他计划在对一个具体的奖励申请的事实和情况进行评估后，可能对合适的奖励金额得出不同的结论。在特定情形下，较小奖励的风险无论如何都会被一种可能性抵消，即其他计划可能比 SEC 更有利地看待特定的奖励申请。

〔3〕 NWC（2022 年 4 月 7 日）。

〔4〕 Talia Finamore（2022 年 4 月 3 日）。

〔5〕 提案简要地假设，举报人选择法不会因为另一项奖励计划在进行奖励决定时的延误而导致延误。然而，基于上述原因，SEC 同意一位评论者的意见，即举报人的选择将增加奖励处理时间的延误。参见 Talia Finamore（2022 年 4 月 3 日）。然而，提案确实认为，举报人选择法可能会导致延迟，因为它可能会对有限的人力资源造成额外的负担。参见 87 FR 9280，9287（“鉴于人力资源的有限性且这种方法可能会增加工作人员的行政工作量，举报人选择法可能会延缓对奖励申请的整体处理。”）。

〔6〕 美国国税局（Internal Revenue Service，IRS），根据《国内税收法》第 7801 条，美国国税局是根据财政部长管理和执行国内税收法之权力而设立的，使命在于为美国纳税人提供优质服务，帮助他们理解和履行税务责任，并以诚信和公平的态度执法。参见 26 U. S. C. 7801。

〔7〕 美国国税局，Special Topics Manual，25. 2. 2. 6. 1（1），可以在以下网址获取：https：//www. irs. gov/irm/part25/irm_25 -002 -002。

〔8〕 美国国税局，Chief Counsel Directives Manual for Litigation in District Court，Bankruptcy Court，Court of Federal Claims，and State Court，34. 5. 2. 4. 2. 1（1），可以在以下网址获取：https：//www. irs. gov/irm/part34/irm_34 -005 -002#idm140486826695168（“一般来说，纳税人必须在提交纳税申报表后的三年内或支付税款后的两年内提出退款申请，以较晚者为准。如果没有提交纳税申报表，则必须在支付税款后的两年内提出申请。”（内部引文略））。

如此，因为 SEC 将被要求扣留所有支付款，以避免超额支付美国国税局最终可能支付的款项之风险。重要的是，其他奖励计划造成的任何时间延迟都可能影响涉及第二项奖励计划的非 SEC 诉讼的所有奖励事项；相比之下，根据多重奖励规则（经可比性方法修订），SEC 不会在对非 SEC 诉讼的奖励中出现此类延迟，因为修订后的规则不取决于其他计划的奖励程序或决定。[1]封顶法也会带来延迟风险，因为在决定一起涵盖诉讼是否“封顶”以及“封顶”奖励金额之前，SEC 需要等待其他计划对非 SEC 诉讼的最终决定。[2]

使 SEC 相信举报人选择法、抵消法和封顶法是不太可取的备选方案的另一个考虑因素是，这些备选方案可能会在 SEC 与监督替代性奖励计划的合作监管和执法机构之间造成非故意的冲突。与可比性方法不同，在每一种备选方案下，SEC 和其他机构之一在审查相同的非 SEC 诉讼后都有可能做出“相互冲突的事实认定”。在每一种备选方案下，都存在额外的风险，即举报人即使未能满足其他监管和执法机构基于重要政策考虑和判断的重要资格要求和奖励标准，也能因非 SEC 诉讼而获得 SEC 计划的奖励。SEC 认为，为使得 SEC 被认为对合作监管机构和执法机构的判断进行事后猜测或先发制人的可能性降到最低，相比于其他备选方案，当局更倾向于采用可比性方法。[3]

一些评论者对可比性方法提出了多种修改建议，但 SEC 不认为这些修改是有必要的或适当的。这些建议大体上涉及显著较低标准和 500 万美元规定。[4]

首先来谈用于评估替代性奖励计划是否为可比计划的显著较低标准，SEC 相信这一灵活的标准是适当的，而固定金额上限或者百分比将不会带来任何计划性优势。例如，在这一标准下，一位举报人可能争辩，SEC 在举报人报告违反证券法行为时应当考虑这一特定举报人自身经济情况。SEC 不同意，任何时候另一项计划可能产生的奖励低于 SEC10% 的

---

〔1〕 在举报人选择法的语境下，其他奖励计划造成的延误可能会导致有功的举报人在其他计划做出最终奖励决定之前放弃（先发制人且不可撤销地放弃）他们的申请，以便他们能够继续接受 SEC 提供的奖励。这将导致 IPF（SEC 对举报人的奖励由其支付，参见《证券交易法》第 21F（g）条）支出完全由另一奖励计划延迟和低效率所导致的成本。

〔2〕 除了可能造成处理和支付延迟外，SEC 认为封顶法不太可取的原因还包括，正如提案中所解释的那样，"在许多情况下，SEC 提高或‘封顶’涵盖诉讼的奖励的能力将是有限的，即为对于非 SEC 诉讼根据另一计划获取奖励不充足的举报人提供救济"。参见 87 FR 9280，9288。这种情况尤其体现在“当涵盖诉讼的奖金已经（即，对于非 SEC 诉讼，在其他计划的奖励不足而提高金额之前）达到或接近 30% 的法定最高奖励时”。在这种情况下，“SEC 将没有能力显著提高百分比”。

〔3〕 虽然有两位评论者建议 SEC 允许对同一非 SEC 诉讼的举报人进行多重奖励（即使该行动的奖励总额将超过联邦举报人奖励计划的一般奖励上限 30%），但这种做法可能与国会的意图不一致。参见 87 FR 9283；85 FR 70898，70908 -09 & n. 93。

〔4〕 尽管一位评论者建议应扩大可比举报人奖励计划的定义范围，以要求其他奖励计划包含与《证券交易法》第 21F（h）（2）条加之于 SEC 的保密措施相当的高度保密措施，但 SEC 认为这并无必要。正如评论者自己所解释的，第 21F（h）（2）条的高度保密要求延伸至其他特定的机构和实体，包括可以提起符合“相关诉讼”条件的诉讼的机构和实体。比较同上第 21F（h）（2）（D）条以及第 21F（a）（5）条。这似乎在很大程度上解决了对保密性的基本担忧，而没有修改可比性方法。

最低奖励金额，另一计划下的奖励应自动被认定为显著较低。评论者没有就这一立场提出有说服力的正当理由，SEC 未被说服从而偏离显著较低标准所提供的灵活的、针对具体案例的方法。

关于可比性方法中的 500 万美元规定，SEC 决定不采用评论者提出的修订建议。在 SEC 看来，当 SEC 可能被要求在诉讼中支付的最高奖金不超过 500 万美元时，不考虑另一项奖励计划是否与诉讼有更直接或相关的联系而允许对非 SEC 诉讼提供相关诉讼的奖励（假设满足其他相关标准），这是合适的。正如提案所解释的那样，如果在任何情况下最高奖励金额都不会超过 500 万美元（如果事实上收取了全部金钱制裁），允许申请人为避免适用第二个奖励计划的费用和负担而选择向 SEC 提出相关诉讼的申请是合理的。[1] SEC 不同意的是，SEC 应批准对所有可适用另一奖励计划（不考虑哪个计划有更直接或相关的联系）的非 SEC 诉讼支付“已收取金钱制裁总额的最低 5%，最高 10%”的奖励，以代替 500 万美元规定。SEC 担心拟议修订可能会违反第 21f（b）条，该条规定最低奖励不低于在诉讼中已收取金钱制裁的 10%。更为根本的是，这一提议（与 500 万美元规定不同）未能与 SEC 的核心关切密切一致，即在非 SEC 诉讼仅涉及相对较小的奖励金额的情况下，减轻申请人的费用及其他负担。

同样，SEC 不认为 500 万美元规定应该被“基于百分比的数字”（大约是与法定最低奖励 10% 等同或者更高的百分比）所取代。即使只采用最低奖励金额 10%，在涉及收取巨额金钱制裁的非 SEC 诉讼中仍会产生高额支出。[2] 鉴于这种可能性，SEC 认为，基于百分比的数字不会像正在通过的 500 万美元规定那样与 SEC 的基本政策目的密切一致。

此外，SEC 拒绝修改 500 万美元规定，如此一来，如果非 SEC 诉讼和 SEC 涵盖诉讼的可能支付总额小于等于 2000 万美元，该非 SEC 诉讼就有资格成为相关诉讼（无论哪一奖励计划有更直接或相关的联系）。与之前的建议相同，拟议修订并不像 500 万美元规定那样符合总体目标，即在非 SEC 诉讼的可能最高奖励相对较小的情况下，减轻申请人可能不得不承担处理另一奖励计划的额外费用和负担的风险。500 万美元规定仅关注相关诉讼的可能支付款，更适合解决基本的政策关注问题。

最后，当不止一个个人向 SEC 提供导致诉讼成功的信息，且其他奖励计划不具可比性时，以下原则将适用。如果举报人为两名或两名以上的个人，且他们并非通过联合行动来促成相关诉讼的成功（并且 SEC 确定其他机构的奖励计划不具有可比性，或者应付的最高奖励总额不超过 500 万美元），每名举报人将能够单独决定是否继续适用 SEC 计划。此外，正

〔1〕 参见 87 FR 9280，928。

〔2〕 举例来说，如果 SEC 规定它将对任何非 SEC 诉讼支付 10% 的奖励，即使另一项计划可能与该诉讼有更直接或相关的联系，那么在一个 1 亿美元的案件中，SEC 将支付 1000 万美元。

如所有涉及多名独立举报人的相关诉讼申请一样，每位申请人的申请将被单独评估，以确定申请人是否有资格获得奖励。而对于已选择适用 SEC 计划的举报人，为其确定适当奖励金额时，将适用《证券交易法》第 21F－5 条[1]和第 21F－6 条规则所规定的奖励准则和考虑因素来进行奖励评估。与此相关的是，在为适用 SEC 计划的举报人设定奖励金额时，SEC 可以考虑任何选择适用替代性举报人计划而非 SEC 计划进行诉讼的举报人的相对贡献。也就是说，在相关诉讼中支付给所有适用 SEC 计划进行诉讼的有功举报人的奖励总额无论如何都不会低于相关诉讼中所收取金钱制裁总额的 10%，或高于相关诉讼中所收取金钱制裁总额的 30%。但共同向 SEC 提供信息的个人将必须集体决定适用 SEC 计划还是其他计划进行诉讼。这种做法符合 SEC 长期以来的实践，即把联合行动的个人作为一个单位来评估资格要求、适用奖励标准，并确定具体的奖励金额。一般可参见《证券交易法》第 21F（a）（6）条（提及“2 名或 2 名以上的个人共同”向 SEC 提供信息）。

以下是一个决策树，概述了实施可比性方法的第 21F－3（b）（3）条规则的修正案一般将如何运作。

第 1 步：是否有另一项举报人计划可能适用于申请人正在寻求奖励的潜在相关（非 SEC）诉讼？

- 如果有，继续进行第 2 步。
- 如果没有，该事项将被视为潜在相关诉讼，SEC 将根据举报人规则的一般奖励标准和资格要求处理申请人的奖励申请。

第 2 步：如果有另一项计划适用于潜在相关诉讼，它是否为“可比奖励计划”？

- 如果其他奖励计划具有可比性，则进入第 3 步。
- 如果其他计划不具有可比性，该事项将被视为潜在相关诉讼，SEC 将根据举报人规则的一般奖励标准和资格要求处理申请人的奖励申请。

第 3 步：如果该计划具有可比性，则应确定：（1）SEC 在潜在相关诉讼中可能做出的绝对最大奖励为 500 万美元或更少（命令的金钱制裁的 30% 为 500 万美元或更少）；或（2）根据该诉讼的事实和情况，SEC 奖励计划（相对于其他计划）与该诉讼具有更直接或相关的联系。

---

〔1〕《证券交易法》第 21F－5 条关于“奖励金额”规定如下：（a）奖励金额由 SEC 自由裁量决定。（b）如果符合与 SEC 诉讼或相关诉讼有关的举报人奖励的所有条件，SEC 将根据本章第 240 节第 21F－6 条中规定的标准和本章第 240 节第 21F－10 条和第 21F－11 条中规定的程序决定奖励的百分比数额。百分比数额将至少为 SEC 和其他机构能够收取的金钱制裁的 10%，但不超过 30%。与 SEC 诉讼有关的奖励百分比可能不同于与相关诉讼有关的奖励百分比。（c）如果 SEC 就同一诉讼或相关诉讼向一名以上举报人做出奖励，SEC 将为每个举报人确定个人百分比奖励，但在任何情况下，给予所有举报人的奖励总金额不得低于 SEC 或其他机构收取金额的 10% 或高于 30%。参见 17 C. F. R. 240. 21F－5。

• 如果上述（1）和（2）的答案均为“否”，则该事项不属于相关诉讼。

• 如果步骤 3 中（1）和/或（2）的答案为“是”，该事项将被视为潜在相关诉讼，SEC 将根据举报人规则的一般奖励标准和资格要求处理申请人的奖励申请。

B. 关于做出奖励决定时考虑可能的奖励金额的第 21F－6（d）条规则修正案

第 21F－6 条规则确定了 SEC 在确定奖励金额时所要考虑的一般标准和规范。第 21F－6（a）条规则规定，在决定是否增加奖励时，SEC 将考虑：（1）举报人提供的信息对诉讼成功的重要性；（2）举报人所提供协助的程度；（3）SEC 通过向举报人提供奖励来阻止证券违法行为的计划性利益；（4）举报人对内部合规系统的参与。第 21F－6（b）条规则规定，在决定是否减少奖励时，SEC 将考虑：（1）举报人在与 SEC 诉讼或相关诉讼有关的事项中的过失或参与情况；（2）举报人是否不合理地拖延了对不当行为的报告；（3）举报人是否破坏了实体的内部合规和报告系统的完整性。最后，第 21F－6（c）条规则规定了一项推定，即（如果不涉及某些特定的排除情况）如果根据已收取或可能收取的款项，任何 SEC 涵盖诉讼和相关诉讼的法定最高奖励的总额将不会超过 500 万美元时，则举报人应获得法律允许的最高奖励金额。

1. 拟议规则

SEC 建议在第 21F－6 条规则中增加新的（d）款，以限制 SEC 在确定奖励金额时行使其法定权力考虑奖励的美元数额。拟议（d）款将限制 SEC（在适用第 21F－6 条规则规定的奖励因素时，或以任何其他方式）考虑可能奖励的美元数额以减少可能的奖励。但拟议（d）款将重申，SEC 仅能够为增加奖励金额之目的而考虑可能奖励的美元数额。

综合来看，拟议（d）款的规定将确保可能的大额奖励不会因其规模而蒙受减损，从而体现了 SEC 在监管和计划方面的决心，即“大额奖励通过激励举报人向 SEC 报告违反证券法的行为，直接推动了举报人计划目的的实现（并延伸至投资大众的利益）”。[1] SEC 进一步推断，由于有关 SEC 如何适用奖励因素的公开信息必然受到限制，以避免发布可能暴露举报人身份的信息，[2] 基于美元数额降低可能奖励的权力的不确定性会造成 SEC 经常行使此类权力的错误印象。提案担心这可能反而阻止个人对不当行为的举报。

2. 收到的评论

特别提到针对第 21F－6 条规则拟议增加（d）款的评论者，表示支持该提案。此外，支持拟议修正案的理由基本上与 SEC 在提案中提出的理由一致。例如，一些评论者表示，拟议修正

---

〔1〕 拟议规则中不存在任何内容会扰乱 SEC 在公开的举报人奖励令中的长期实践，即以适当的美元数额而非百分比（通常经过编辑）来描述奖励。与此相关，（d）款“不影响第 21F－6（c）条规则所确立的最高奖励推定”。参见 87 FR 9280，9291 n. 65。

〔2〕 一般参见《证券交易法》第 21F（h）（2）条。

案将解决对根据美元规模降低奖励可能会阻止举报人主动提供信息的忧虑。[1] 与此相关，一位评论者表示，拟议修订将减少举报人的不确定性，增加其对报告违法行为的信心。[2]

3. 最终规则

SEC 已决定修订第 21F－6 条规则，按提议采用新的（d）款。基于提案中提出的理由以及就该提议收到的评论意见的支持，该修正案将通过鼓励内部人士和其他掌握潜在违反证券法行为原始信息的人开展高质量的举报，从而强化举报人计划。

C. 对第 21－4（c）条、第 21F－8（e）条、第 21F－10 条和第 21F－11 条规则的技术性和一致性修订

在提案中，SEC 确定了对第 21F－4（c）条和第 21F－8（c）条规则的各种技术性修订，以纠正规则文本中的错误。未收到关于这些拟议修订的意见。基于提案中解释的原因，SEC 将采纳对该等规则的拟议技术性修订。

此外，SEC 提议对第 21F－10 条和第 21F－11 条规则进行修订，使这些规则符合正在对多重奖励规则和第 21F－6 条规则所作的修改。SEC 未收到专门针对这些细微修改的意见，并根据提案中解释的原因采纳这些修改。[3]

III. 生效日期及其他事项

就拟生效日期，SEC 未收到任何意见。因此，据拟议，修订规则将于其在《联邦公报》（Federal Register）上公布 30 日后生效。此外，此修正案自生效之日起应适用于尚未终结的任何奖励申请，以及未来提交的所有奖励申请。

如果此修正案的任何规则被认定为无效，或者这些规则对任何人或情况的适用被认定为无效，此无效性不应影响其他规则或者这些规则对其他人或情况的适用，在不存在无效规则

---

〔1〕 参见 Cornell Securities Law Clinic（2022 年 4 月 11 日）（解释称，取消根据美元规模减少奖励的权力是适当的，因为 SEC 可能以这种方式减少奖励的风险“只会让那些正在考虑提供相关信息的人更加犹豫不决”）；Better Markets（2022 年 4 月 11 日）（表示对限制 SEC 根据美元规模减少奖励的权力的支持，原因如 SEC 在提案中所述，包括“高额奖励通过吸引公众关注从而激励举报人主动提供信息，有利于实现举报计划的目的”）；Cohen，Milstein，Sellers & Toll PLLC（2022 年 4 月 8 日）（表示对第 21F－6 条规则的拟议修订的支持，因为“考虑美元数额以减少奖励规模的自由裁量权增加了不确定性且降低了对奖励程序的信心”，而“大额奖励增加了对 SEC 举报人计划的关注和参与的动力”）；Lee（2022 年 2 月 21 日）（指出拟议修订将是“激励最高级别举报人的重要工具”）；Benjamin Ng（2022 年 2 月 21 日）（“阐明 SEC 永远不会减少对举报人的奖励金额是激励最高级别举报人的重要激励措施”）。另参见 Kohn，Kohn & Colapinto，LLC（2022 年 4 月 11 日）（“强烈赞同拟议的第 21F－6（d）条规定”，并解释说“通过支付更高额的奖励，SEC 将激励有地位的内部人士提供高质量的报告，并将大大增强《多德－弗兰克法案》的威慑力”）；Cornell Securities Law Clinic（2022 年 4 月 11 日）（支持 SEC“增加奖励金额的自由裁量权”，因为“大额奖励会产生更多公共利益”）；NWC（2022 年 4 月 7 日）（指出拟议修正案“阐明了大型案件中符合增加奖励标准的举报人，不会仅仅因为金钱制裁的规模而受到损害”）。

〔2〕 参见 Andres Rodriquez（2022 年 4 月 3 日）。

〔3〕 参见 87 FR 9280，9284 n. 24，9290 n. 57（解释了对第 21F－10 条和第 21F－11 条规则的一致性编辑）。

或无效适用的情况下，该规则具有效力。

根据《国会审查法》,[1]信息和监管事务办公室[2]已指定该修正案并非《美国法典》第5编第804（2）条所定义的“主要规则”。[3]

最后，最终修正案没有规定1995年《减少文书工作法》[4]所指的任何新的“信息收集”，也没有制定任何新的备案、报告、记录或披露要求。

IV. 经济分析

SEC对其规则的经济后果十分敏感，包括收益、成本及对效率、竞争和资本形成的影响。《证券交易法》第23(a)(2)条[5]要求SEC在根据《证券交易法》颁布规则时，考虑规则可能对竞争产生的影响，并禁止SEC通过任何会对竞争造成负担的规则，而这种负担对于促成《证券交易法》之目的而言是不必要的或者不适当的。此外，《证券交易法》第3(f)条[6]要求SEC在制定规则时，需要考虑或确定一起诉讼对公众利益是否必要或适当，除保护投资者外，还要考虑该诉讼是否会促进效率、竞争和资本形成。

本经济分析着眼于《证券交易法》第21F-3条与第21F-6条规则的最终修正案。如上所述，第21F-3(b)(3)条规则的最终修正案允许对相关诉讼进行奖励，前提是一项替代性举报人计划存在奖励范围或奖励上限，而这将限制该计划的最大可能奖励，致使其奖励金额

[1]《国会审查法》(Congressional Review Act)，规定在一项规则生效之前，颁布该规则的联邦机构应向国会各议院和总审计长提交相关报告，此外还规定有规则生效日期、否决程序等。参见5 U. S. C. 801 et seq。

[2] 信息和监管事务办公室（the Office of Information and Regulatory Affairs，OIRA）是美国总统行政办公室内管理和预算办公室的法定组成部分。OIRA是美国政府的中央机构，负责审查行政部门法规、批准政府信息收集、建立政府统计惯例以及协调联邦隐私政策。该办公室由六个分支机构组成，由总统任命并经参议院确认的OIRA行政长官领导。

[3] “主要规则”是指管理和预算局信息和监管事务办公室主任（the Administrator of the Office of Information and Regulatory Affairs of the Office of Management and Budget）认为已导致或可能导致以下结果的任何规则：(1) 每年对经济的影响达到或超过1亿美元；(2) 对消费者、个别行业、联邦、州或地方政府机构、地理区域的成本或价格造成重大提升；(3) 对竞争、就业、投资、生产力、创新，或对美国企业在国内和出口市场与外国企业竞争的能力产生重大不利影响。该术语不包括根据1996年《电信法》及其修正案颁布的任何规则。参见5 U. S. C. 804（2）。

[4] 1995年《减少文书工作法》(Paperwork Reduction Act of 1995)，旨在提高政府项目的生产力、效率和效益，减少公众的信息收集负担，并改善对公众的服务，尽量减少个人、小型企业、教育和非营利机构、联邦承包商、州、地方和部落政府以及其他人员因联邦政府收集信息或为其收集信息而产生的文书工作负担。参见44 U. S. C. 3501 et seq。

[5] 根据《证券交易法》第23（a）（2）条的规定，SEC和财政部长在根据本章的任何规定制定规则和条例时，除其他事项外，应考虑任何此类规则或条例将对竞争产生的影响。SEC和财政部长不应通过任何会对竞争造成负担的规则或条例，而这些负担对于促成本章之目的而言是不必要的或不适当的。SEC和财政部长应在根据本章通过的任何规则或条例所包含的基础和目的声明中，说明SEC或财政部长确定该规则或条例所施加的竞争负担对于促成本章之目的必要或适当的理由。参见15 U. S. C. 78w（a）（2）。

[6] 根据《证券交易法》第3（f）条，每当SEC根据本章制定规则或审查自律组织的规则时，被要求考虑或确定一起诉讼对公众利益是否必要或适当时，除保护投资者外，SEC也应考虑该诉讼是否会促进效率、竞争和资本形成。参见15 U. S. C. 78c（f）。

显著低于 SEC 可能做出的最大可能奖励。此外，当替代性计划具有自由裁量结构时，或者当 SEC 对非 SEC 诉讼可能支付的最高奖励不超过 500 万美元时，最终修正案允许对相关诉讼予以奖励。第 21F－6 条规则的最终修正案取消了 SEC 考虑减少奖励数额的自由裁量权。尽管最终修正案的影响预计较小，但在有影响的范围内，修正案可能会扩大一些举报人奖励规模，从而增强举报人提交线索的动力。

以下所讨论的收益和成本很难量化。例如，我们无法定量估计最终规则通过转变举报激励对执法计划的影响程度。同样，我们也无法量化与可比性方法或上述用于修订第 21F－(b)（3）条规则的备选方案相关的任何 IPF 成本（或收益）。因此，对最终修正案经济影响的分析在本质上是定性的。

我们收到了若干针对拟议规则制定的意见，这些意见提出了额外备选方案，并讨论正在通过的规则变更将引致的经济后果。以下是对于该等评论做出的回应。

A. 经济基线

在对最终修正案的潜在经济影响进行审查时，我们采用了一套规则作为基线，该规则于 2020 年 9 月修订并落地 SEC 的举报人计划〔1〕。在过去的 10 年间，举报人计划一直是 SEC 于证券市场上发现不法行为和保护投资者的重要机制，特别是在欺诈行为难以发现的情况下。该计划已经收到大量举报人提交的举报，并且举报人从中获得了丰厚的奖励。〔2〕自该计划启动以来，每年的举报数量、奖励数量和金额都大幅增加。〔3〕(见表 2)

表 2　SEC 举报人计划年度奖励情况

年份	总奖励金额/百万美元	获奖人数
2021	564	108
2020	175	39
2019	60	8

经济学家针对举报人计划（包括 SEC 的举报人计划）展开研究，他们的调查结果与此相吻合，即奖励计划有助于发现违法行为。〔4〕此外，一份新近出版的报告称，除其他收益

〔1〕 2022 年稍早前，SEC 发布了一则声明，明确在临时政策审查期间举报人奖励计划可以使用的程序。公告号 34－81207（2021 年 8 月 5 日），可在以下网址获取：https：//www. sec. gov/rules/policy/2021/34－92565. pdf。该等程序在经济基线中予以考虑。

〔2〕 在 2021 财年，SEC 向 108 名个人发放了约 5. 64 亿美元奖励，这是发放奖励金额最高、受奖人数最多的财年。该计划在 2020 财年也十分活跃，向 39 名个人发放了约 1. 75 亿美元奖励。

〔3〕 参见 SEC 2020 年举报人计划报告，第 9－16 页，可在以下网址获取：https：//www. sec. gov/files/enforcement－annual－report－2020. pdf。

〔4〕 Andrew C. Call，et al.，*Whistleblowers and Outcomes of Financial Misrepresentation Enforcement Actions*，56 J. Acct. Res. 123，126（2018）（“我们的集体调查结果与此一致：举报人的参与与更快地发现财务不当行为有关”）。See also Alexander Dyck，et al.，*Who Blows the Whistle on Corporate Fraud?*，65 J. Fin. 2213，2215（2010）（“举报的强烈金钱刺激确实会激励握有信息的人站出来发起举报”）。

外，“（执行过程中）举报人的参与度与对于目标公司及其雇员的更高额罚款密切相关”〔1〕。另外，已发表的研究文章和当前的工作报告称，SEC 的举报人计划阻止了激进的（可能具有误导性的）财务报告〔2〕和内幕交易。〔3〕我们收到了一些意见，这些意见认可 SEC 的举报人计划兼具价值和效力这一结论。〔4〕

B. 最终规则

1. 第 21F－3（b）（3）条最终规则

如果潜在相关诉讼可能适用另一项举报人计划，修正案可能会影响 SEC 的举报人奖励。如上所述，SEC 正在采用可比性方法，该方法授权 SEC 在特定情况下做出奖励，即根据多重奖励规则，如果另一项奖励计划与潜在（非 SEC）相关诉讼有更直接或相关的联系，则该计划将予以适用。〔5〕如果其他奖励计划是自由裁量的，或者其提供的奖励显著低于 SEC 计划可能授予的最大可能奖励，或者如果 SEC 可以支付的最高总奖励金额小于或等于 500 万美元，在该等情况下，可比性方法将授权 SEC 做出奖励，而无需考虑相关诉讼与两项奖励计划的相对关系如何。相比之下，举报人选择法将允许 SEC 在不考虑其他计划存在的情况下做出奖励，并允许举报人自主决定是否接受 SEC 的奖励或其他计划的奖励。虽然这两种方法的结构不同，但与基线相比，两者都可能增加举报人的总奖励金额。因此，这两种选择都可以增强对举报人的激励。〔6〕

举报人选择法可能会产生些许不同的激励效果，因为将在可实现的奖励金额之间进行比

〔1〕 见上文注释 74，Andrew C. Call 等人，第 126 页。

〔2〕 See Philip G. Berger & Heemin Lee，*Did the Dodd－Frank Whistleblower Provision Deter Accounting Fraud*?，60 J. ACCT. RES. 1337，1359（2022），可在以下网址获取：https：//onlinelibrary. wiley. com/doi/10. 1111/1475－679X. 12421（“对于在《多德－弗兰克举报人法》颁布之前未受到州《虚假申请法》影响的公司，相较之于已经受到影响的公司，新法律将欺诈的可能性比降低了 12%～22%。”）；see also Christine Weidman & Chummei Zhu，*Do the SEC Whistleblower Provisions of Dodd Frank Deter Aggressive Financial Reporting*（2020 年 2 月）（未发表的手稿），可在以下网址获取：https：//papers. ssrn. com/sol3/papers. cfm? abstract_id = 3105521；Jaron H. Wilde，*The Deterrent Effect of Employee Whistleblowing on Firms' Financial Misreporting and Tax Aggressiveness*，92 ACCT. REV. 247（2017）.

〔3〕 See Jacob Raleigh，*The Deterrent Effect of Whistleblowing on Insider Trading*（2021 年 9 月 29 日）（未发表的手稿），可以在以下网址获取：https：//papers. ssrn. com/sol3/papers. cfm? abstract_id =3672026。

〔4〕 参见 Taxpayers Against Fraud（2022 年 4 月 11 日）（“举报人计划在过去十年中的成功清楚表明，当发现、阻止并尽早补救重大欺诈行为时，投资者和公众都会受益。”）；（“SEC 的举报人计划正在发展成为美国历史上最成功的公私合作机制之一”）；Better Markets（2022 年 4 月 11 日）（“美国 SEC 的举报人计划取得了巨大成功”）。一位评论人士表示，“公众和投资者基于举报人法的威慑作用获得的利益是巨大的”，并引用了其他来源来支持这一结论。Kohn，Kohn & Colapinto（2022 年 4 月 8 日）。

〔5〕 很难有把握地预测可比性方法的适用频率，特别是随着举报人计划的变化和新举报人计划的实施。如上所述，SEC 已经发现可能涉及可比性方法的奖励事项的数量在增加。

〔6〕 我们考虑了支持可比性方法和举报人选择法将增强对举报人的激励这一结论的意见。例如，Andres Rodriguez（2022 年 4 月 3 日）（指出“通过对第 21F－3（b）（3）条的拟议修订，SEC 可以通过提供金钱奖励的方式进一步最大化举报人的举报频次”。）匿名者（2022 年 3 月 21 日）（“这将诱导和激励那些负有道德的人更多地站出来”）。

较，而不是对于奖励结构进行分析。[1]如果举报人对于同一相关诉讼的奖励选择倾向于行使自主决定权，那么举报人可能更倾向于举报人选择法，因为举报人将有机会在其他奖励计划可能适用的每一种情况下自主做出决定。相比之下，可比性方法并未为举报人提供行使自主决定权的机会。一些评论者的反馈表明，举报人可能更愿意行使这种自主决定权。然而，如上所述，举报人选择法可能会削弱对举报人的激励，因为它可能会造成申请处理和/或奖励支付大量延迟。

由于这些修正案提高了一些个人对潜在证券违法行为的举报意愿，我们预计它们将增加 SEC 的执法活动，并阻止不法行为的发生。[2]由于这些规则变化的适用情形有限，并且存在许多其他举报人激励因素（包括非金钱奖励），因此这些规则变化的影响预计较小。[3]工作人员对奖励数据的审查表明，如果该修正案在 2010 年 7 月 21 日（该计划创立之时）至今的这段时间内实施，该修正案将导致总额低于 1050 万美元的 IPF 额外支付。尽管这些规则修正案不会大幅增加先前相关诉讼奖励的总支付金额，但经济研究使我们相信，像这样增强举报激励的变化应当对举报活动的频率产生积极影响。[4]

由于这些修正案在特定情形下可能会增加支付给举报人的金额，因此最终规则修正案可能会引致成本。一种可能性是 IPF 将被暂时耗尽。[5]例如，假设司法部在一起相关诉讼中缴获了 15 亿美元。如果存在一个有功的举报人，那么即使是 20% 的中等奖励也需要 SEC 向举报人支付 3 亿美元，而这一金额可能会暂时耗尽 IPF。[6]用尽 IPF 的奖励可能会引致额外的影响，这将取决于缺口的大小以及在缺口期间本来有资格予以发放和支付的 SEC 举报人奖励。[7]

此外，我们预计修正案将导致 SEC 举报人计划的行政成本小幅增加。例如，最终通过的修正案将要求 SEC 根据举报人计划的预期奖励金额对这些计划予以比较。但这些成本相对于基线来说将是微不足道的，并且在计划结构稳定的情况下，可能不需要对每个案件进行重复

---

〔1〕 理论上，适用举报人选择法可能会导致比可比性方法更丰厚的奖励。例如，一项可比性计划，如 CFTC 计划，可能确定获得 20% 的奖励金额。如果在这种情况下，SEC 行使其自由裁量权，确定对相关诉讼的奖励金额为 30%，那么举报人在举报人选择法下获得的金额将多于可比性方法。

〔2〕 我们已经收到了支持这一预期的评论者的信件，例如，国家举报人中心（2022 年 4 月 7 日）（“高额奖励提高了更多举报人向 SEC 提供信息的可能性”）。

〔3〕 激励举报人的金钱和非金钱因素的组合在 2020 年第 21F-3（b）（3）条采纳公告的经济分析中有所描述（第 VI. B. 2 节）。See Adopting Release，85 FR 70937.

〔4〕 See Andrew C. Call，et al.，*Rank and File Employees and the Discovery of Misreporting*：*The Role of Stock Options*，62 J. Acct. & Econ. 277，297-299（2016）. See also Jonas Heese & Gerardo PerezCavazos，*The Effect of Retaliation Costs on Employee Whistleblowing*，71 J. Acct. & Econ. 101385（2021）.

〔5〕《证券交易法》第 21F-14（d）条描述了适用于支付奖励的程序，指出如果 IPF 中的可用金额不足以在合理的时间内支付全部奖励，那么当有金额可用时，应支付奖励余款。这些程序规定了竞争性申请的相对优先权。参见 17 C. F. R. 240. 21F-14（d）。

〔6〕 参见《证券交易法》第 21F（g）（3）（A）条。截至 2021 财年末，IPF 的余额为 144, 442, 134 美元。迄今为止，IPF 有史以来拥有的最大金额约为 4. 53 亿美元。参见 2013 年向国会提交的《多德-弗兰克举报人计划年度报告》，可在以下网址获取：https：//www. sec. gov/files/annual-report-2013. pdf。

〔7〕 参见《证券交易法》第 21F（c）（1）（B）（ii）条。

比较。相较之于可比性方法，举报人选择法可能会增加相对于基线的行政成本，因为它要求 SEC 在每个存在相关诉讼和单独举报人计划的案件中确定是否应该给予奖励。[1] 如上所述，与可比性方法相比，评论者对举报人选择法的行政成本相对增加提供了不同的反馈。[2]

2. 第 21F-6 条最终规则

对第 21F-6 条规则的修改取消了 SEC 在减少奖励时考虑美元金额的自由裁量权，同时保留了 SEC 在增加奖励时考虑美元金额的自由裁量权。2020 年修正案明确了 SEC 在做出奖励时可酌情考虑奖励的美元金额，这可能增加举报人对于该计划的不确定性，从而可能降低他们举报潜在不当行为的意愿。如果说 2020 年修正案可能降低了举报人的举报意愿，那么取消这一自由裁量权就会减少不确定性，从而可能鼓励更多的举报。但我们无法合理明确对第 21F-6 条规则的修订是否会影响举报人举报潜在证券违法行为的意愿。[3] 如果说 SEC 曾可以通过行使自由裁量权来降低奖励金额，那么修订后的第 21F-6 条规则将会通过该等金额致使 IPF 增加计划成本。[4]

C. 额外备选方案

如上所述，抵消法和封顶法也是可以提高举报人奖励激励的备选方案。例如，在某些情况下，适用抵消法可以在相关诉讼中产生与适用可比性方法（以及举报人选择法）相当甚至相同的奖励金额。相比之下，封顶法可能会导致奖励金额的较小变化。[5]

另如上所述，这两种备选方案都可能会增加 SEC 的奖励处理时间，因为 SEC 对奖励金额的最终确定将取决于管理其他奖励计划的实体或机构对奖励程序的完成和解决。[6] 额外的延迟可能会对举报人的激励产生不利影响。[7] 因此，尽管增加奖励金额的可能性对举报人激励产生了普遍的积极影响，但抵消法和封顶法对举报人激励的净影响将取决于可能增加的奖励和可能增加的延误的相对影响。[8]

---

[1] 然而，《证券交易法》第 21F-6(c) 条规定的奖励金推定规则可以帮助限制总体行政成本。See Adopting Release, 85 FR 70911（讨论在奖励计算阶段适用 500 万美元的奖励推定时，潜在的“简化奖励确定过程的效率优势”）。

[2] 如上所述，一位评论者表示，与可比性方法相关的行政负担将大于举报人选择法，但其他评论者表示，可比性方法的行政负担较低，见上文注释 14。

[3] 如上所述，评论人士表示支持对第 21F-6 条规则的拟议修订。见上文注释 61-62 和相关讨论，表明更大额的奖励会形成重要的激励措施。

[4] 与第 21F-3(b)(3) 条规则的修订类似，在计划成本因第 21F-6 条规则的修订而增加的情况下，IPF 暂时耗尽的可能性也会增加。如上所述，耗尽 IPF 的奖励可能会产生额外的影响，这将取决于缺口的大小以及在缺口期间本来有资格予以发放和支付的 SEC 举报人奖励。

[5] 如上所述，在 SEC 按照 30% 的法定上限发放奖励的情况下，封顶法不允许 SEC 在涵盖诉讼中予以增加奖励，而前述情况在很大一部分案件中发生。

[6] 评论者建议修改抵消法以解决这一问题。

[7] 一些评论者对奖励处理延迟表示担忧。

[8] 如上所述，我们已经考虑了评论者提出的几个额外备选方案。例如，一位评论者建议将可比性方法中的 500 万美元门槛提高到 2000 万美元。

D. 拟议规则对效率、竞争和资本形成的影响

如前所述，SEC 对其规则的经济后果十分敏感，包括对效率、竞争和资本形成的影响。SEC 认为，最终修正案将对其举报人计划进行渐进式的修改。因此，SEC 预计对效率、竞争和资本形成的影响不会很大。

最终规则可以通过提高潜在举报人提供可能违法信息的积极性，对投资效率和资本形成产生积极的间接影响。在某种程度上，由于最终规则增强了举报激励，导致更及时地报告可能违法行为的有用信息，或报告可能违法行为的更高质量信息，SEC 的执法活动可能会变得更有效。更有效的执法可能导致更早发现违规行为，并增强对未来潜在违法行为的威慑力，这可以提高价格效率，并有助于更有效地分配投资资金。例如，证券欺诈会使投资资金从合法的、生产性的用途中撤离，从而造成经济的低效率。[1]

V. 《监管灵活性法》

《监管灵活性法》第 604（a）条[2]要求 SEC 对其正在通过的规则进行最终监管灵活性分析，除非 SEC 证明这些规则不会对大量小型实体产生重大经济影响。[3]该提案包括要求公众对 SEC 的初步监管灵活性分析提出意见，但 SEC 尚未收到此类意见。

根据《美国法典》第 5 编第 601（6）条，“小型机构”是指“小型企业”、“小型组织”和“小型政府管辖区”。[4]“小型机构”的定义不包括个人。如提案中所解释，这些规则只适用于向 SEC 提供与违反证券法有关信息的单独或联合行动的个人。公司和其他实体没有资

---

〔1〕 See Adopting Release，76 FR 34362.

〔2〕 根据《监管灵活性法》（Regulatory Flexibility Act），每当任何法律要求一个机构发布拟议规则的通知，或为涉及美国国内税收法的解释性规则发布拟议规则的通知，该机构应准备并提供初步监管灵活性分析以供公众评论。该分析应描述拟议规则对小型实体的影响。当制定拟议规则的通知发布时，初步监管灵活性分析或其摘要应在《联邦公报》上予以公布。该机构应将初步监管灵活性分析的副本提供给小型企业管理局的宣传首席顾问（the Chief Counsel for Advocacy of the Small Business Administration）。参见 5 U. S. C. 603（a）。

〔3〕 如果机构负责人证明该规则的颁布不会对大量小型实体产生重大经济影响，则本章第 603 和 604 条不适用于任何拟议或最终规则。如果机构负责人能够证明，则该机构应在发布拟议规则的通知时，或在发布最终规则时，在《联邦公报》上公布该证明，同时提供该证明的事实依据。该机构应将该证明和事实依据提供给小型企业管理局的宣传首席顾问。参见 5 U. S. C. 605（b）。

〔4〕 参见 5 U. S. C. 601（3）～（5）（定义“小型企业”、“小型组织”和“小型政府管辖区”）。“小型企业”一词与《小型企业法》（Small Business Act）第 3 条规定的“小型企业关注”一词的含义相同，除非某机构在与小型企业管理局宣传办公室（the Office of Advocacy of the Small Business Administration）协商并有机会征求公众意见后，为该词确定一个或多个适合于该机构活动的定义，并在《联邦公报》上公布；“小型组织”一词是指独立拥有和经营的非营利性企业，并且在其领域中不占主导地位，除非某机构在有机会征求公众意见后，对该词制定了一个或多个适合该机构活动的定义，并在《联邦公报》上公布；“小型政府管辖区”是指人口少于 5 万的城市、县、镇、乡、村、学区或特别区的政府，除非某机构在有机会征求公众意见后，基于位于农村或人口稀少地区或因该管辖区人口稀少而收入有限等因素，对这一术语确定一个或多个适合该机构活动的定义，并在《联邦公报》上公布。

格作为举报人参与举报计划。[1]因此，为《监管灵活性法案》之目的，将受修订规则约束的并非“小型实体”。

基于上述原因，SEC 根据《美国法典》第 5 编第 605（b）条予以证明，这些规则不会对大量小型实体产生重大经济影响。[2]

VI. 法定依据

根据《证券交易法》第 3（b）、21F 和 23（a）条规定的规则制定权限，SEC 正在通过本文件中包含的规则修正案。

〔1〕 参见《证券交易法》第 21F（a）（6）条，“举报人”是指以 SEC 规则或规章规定的方式向 SEC 提供与违反证券法有关信息的任何个人，或 2 名或 2 名以上共同行动的个人；第 21F－2（a）（2）条规定，“举报人必须是个人”“公司或其他实体没有资格成为举报人”。

〔2〕 最终修正案没有规定 1995 年《减少文书工作法》所指的任何新的“信息收集”，也没有制定任何新的备案、报告、记录保存或披露要求。参见 44 U. S. C. 3501 et seq。

理论综述

2022年中国公司法理论研究综述

于艺玮

2022年，我国公司法理论研究不断深入，学者们发表了大量学术成果，其中具有代表性的如下所示。

1. 教材类著作：崔香梅主编：《公司法与证券法典型案例教学》，上海交通大学出版社；李建伟：《公司法学》（第5版），中国人民大学出版社；徐晓松主编：《公司法》（第6版），中国政法大学出版社。

2. 理论研究类著作：杰弗里·N. 戈登、沃尔夫－格奥尔格·林格著，罗培新、李诗鸿等译：《牛津公司法与公司治理手册》，上海人民出版社；李建伟：《公司诉讼类型化专题24讲（二）：公司大数据实证分析与裁判规则评述》，法律出版社；徐明：《公司法诸问题研究》，中国金融出版社；梁上上：《公司正义——以公司股东的权责配置为视角展开》，法律出版社；陈洁主编：《商法界论集（第8卷）：〈公司法〉修改中的本土逻辑》，中国金融出版社；刘俊海主编：《公司法学研究（第6卷）》；唐军：《公众公司双层股权结构的立法构造研究》，法律出版社；周游：《公司法的功能嬗变：从填空到选择》，法律出版社；肖海军：《商法本体论：以营业为切点的展开与重构》，法律出版社；肖海军：《商事权利论：基于营业自由与机会平等视角》，法律出版社；王心怡、常琦：《机构投资者参与公司治理：理论解析与实证探索》，法律出版社。

3. 实务类著作：储育明、朱庆：《企业合规管理理论与实践》，法律出版社；郭春宏编：《公司法律师实务》，北京大学出版社；曹丽编：《企业合规操作指引》，人民法院出版社；乔远：《企业合规风险管理：原理·实务·案例》，法律出版社；盛庆川编：《企业法律实务》，厦门大学出版社；李勇编：《企业合规司法人员手册》，法律出版社；盈科律师事务所编：《企业合规精要：基础理论与制度设计》，法律出版社。

此外，在学术论文方面，2022 年国内学者对于《公司法修订草案》所涉的重点问题关注较多，理论研究成果层出不穷。限于篇幅，本文仅以 2022 年法学核心期刊为主对过去一年公司法研究中的热点和创新问题作一综述。

一、公司法基本理论

（一）公司理论演变、公司法原则及价值取向

1. 公司理论的演变

自改革开放起，我国公司法理论历经三个时期：从“合同 + 法人”阶段到“集合财产”阶段再到“财产、合同、实体”并存阶段。根据对“公司是什么”及“何为好的公司法”命题的不同回答，形成了不同理论。《公司法》的修订应承认理论分歧、提供更充分的规则，允许公司自行选择公司治理模式。[1]

2. 公司法原则

从比较法角度看公司法立法原则，2005 年日本公司法现代化改革以放松管制、事前规制、精细化立法为指导原则，其在日本法上的实践既有经验、亦有教训，可以给我国公司法修改带来启示。[2]

就《公司法》原则而言，刘俊海认为保护公司生存权和发展权是首要原则，在公司登记、治理、监管、处罚、诉讼和仲裁等环节应被贯彻。公司登记制度要提高公司存活率和竞争力；公司破产、解散、确认设立无效等案件应促成公司维持；监管和处罚措施应着眼于促进公司可持续发展，对上市公司与实质违法者应施以取差异化处罚，依法追究民营企业家刑责时需兼顾公司生存。同时，必须激活股东代表诉讼，明确公司对赌条款无效，法定代表人越权签署的对外担保合同无效，原则上禁止公司为他人债务提供担保。[3]

吴维锭认为应当将正当程序原则引入公司法，以补强公司权力控制机制。正当程序原则融入公司法可从通知、中立、听证和说明理由四要素展开，与公司法的效率和商业秘密保护等价值追求相互协调。若违反该原则，会导致公司权力行使行为本身的瑕疵和具体权力行使者的赔偿责任。[4]为构建程序型公司法，林少伟认为应重塑公司法程序性规范价值，将其定

〔1〕 参见邓峰：《中国公司理论的演变和制度变革方向》，载《清华法学》2022 年第 2 期。

〔2〕 参见朱大明：《公司法立法指导原则的研究——以日本公司法现代化改革为中心》，载《清华法学》2022 年第 2 期。

〔3〕 参见刘俊海：《论公司生存权和发展权原则——兼议〈公司法〉修改》，载《清华法学》2022 年第 2 期。

〔4〕 参见吴维锭：《公司权力行使的正当程序原则》，载《中国政法大学学报》2022 年第 9 期。

位为前瞻性、复合型与内外部结合，扩充多元化的程序性规范来源，并从体系化、实体权利与程序规则良性互动入手以精细设计公司法程序性规范，同时采用利益衡量方法作为具体程序规范设计的指引。〔1〕

3. 《公司法》改革的价值取向

在《公司法》修订之际，刘俊海建议打造消费者友好型的《公司法》。首先，确立董监高对消费者的信托义务，明确上市公司独董代表和维护消费者权益，导入消费者代表董事制度，允许消费者或消费者组织对违反法律法规和公序良俗的公司决议提起无效确认或不成立确认之诉。其次，消费者对失信公司的损害赔偿请求权应予以保护。若控制股东和实际控制人滥用公司人格，消费者有权请求法院揭开公司面纱。最后，推进消费者友好型的公司社会责任信披和评价评级认证制度变革。〔2〕

侯东德、韦雅君则提出生态型公司法理论，该理论打破了公司内外部环境界限，把握公司的特殊性及其与社会环境之间的紧密联系，将公司看作一个既独立又彼此联系的生态系统。生态型公司法以可持续发展为核心，强调社会整体利益，重视权利保护，追求最多数人利益的实现。〔3〕

在当下去中心化自治组织大发展的浪潮中，楼秋然提出公司法应以不妨碍创新为基本原则，从回应去中心化自治组织的混合性特征、尊重其特殊共识形成机制、准确把握其信义义务承担对象三个方面进行适应性改革。通过公司治理规则的革新，促成去中心化自治组织与传统中心化公司的和谐共处。〔4〕

（二）公司法律形态及公司人格否认制度

1. 公司类型及法律形态

在公司类型划分上，随着股份公司和有限公司同质化，我国采“二分法”导致同质的公司适用两套不同规范。沈朝晖认为应将股份公司按照公开性的标准划分为公开公司与封闭公司，由其中的封闭公司形态囊括有限公司同质化的制度内容；保留有限公司形态，借鉴《有限责任企业立法指南》，引入合同自由、弱资本锁定等制度元素，改造出新的有限公司形态。〔5〕从比较法视角看，葛伟军主张借鉴英国《2006 年公司法》建立以股份公司为主的公司类型制度，也建议改造有限责任公司，与联合国贸法委有限责任组织相衔接。〔6〕赵磊

---

〔1〕 参见林少伟：《程序型公司法的证成与实现》，载《当代法学》2022 年第 1 期。

〔2〕 参见刘俊海：《论消费者友好型〈公司法〉的价值定位和制度设计》，载《法律适用》2022 年第 3 期。

〔3〕 参见侯东德、韦雅君：《生态型公司法的理论证成及制度实现》，载《当代法学》2022 年第 5 期。

〔4〕 参见楼秋然：《公司法与去中心化自治组织：历史回顾、理性反思与制度建构》，载《中国政法大学学报》2022 年第 5 期。

〔5〕 参见沈朝晖：《公司类型与公司法体系效益》，载《清华法学》2022 年第 2 期。

〔6〕 参见葛伟军：《英国公司法改革及其对我国的启示》，载《财经法学》2022 年第 2 期。

认为公司类型应以公众公司与非公众公司为主，规定非营利性公司。[1]

为适应现实和法律的变化，郭富青主张我国公司法应区别不同公司形态，对上市公司及牵涉第三人利益的外部关系法定化；对小型封闭公司或纯粹公司内部关系留足公司自治空间；增加和创新小公司法律形态；将公司集团确定为公司联合经营的法律形态，并建构积极与消极有机统一的规范体系。[2]

2. 公司人格否认制度的适用

《民法典》相关规定无法解释出法人人格否认规定中的“出资人”包含实际控制人，与 2019 年《全国法院民商事审判工作会议纪要》（以下简称《九民纪要》）规定相冲突。从公司法人格否认的核心来看，其根源是滥用控制权，责任类型是特殊侵权。因此，滥用公司控制权的主体不限于股东，李新天、吴杨建议将公司人格否认的主体要件适度扩张至实际控制人、董事、高级管理人员等公司控制人，以维护市场诚信体系和交易安全。[3]

从公司人格否认制度适用情形来看，我国目前立法、司法解释和《九民纪要》所确认的情形缺乏系统性。侯永兰支持构建适用情形标准化体系，建议通过立法、修法或出台司法解释等途径，围绕人格否认制度核心价值，为人民法院审理人格否认案件提供统一法律适用标准。[4]

3. 关联公司人格否认制度的适用

关联公司人格否认的判断中，“决策自主性受不当影响”是行为要件的实质判断理由。石一峰建议以公司“决策自主性受不当影响”的程度为脉络，构建起以行为要素、目的要素、结果要素及因果关系要素为内容的关联公司人格否认的动态判断体系。这一动态判断体系实际可作为公司人格否认的一般条款看待，在公司法修改中可对此予以明确。[5]

（三）公司设立条件之住所

住所作为公司设立条件之一，发挥着实体功能、管理功能与人格功能。在信息时代下，对住所的要求逐渐放宽。《公司法》及《民事诉讼法》须顺应商事登记制度改革，建立内在协调的制度体系，适度开放公司住所的选择自主权，允许公司将网络经营场所注册为住所。[6]

（四）公司担保制度

1. 公司代表越权担保法律后果

《民法典》及最高人民法院《关于适用〈中华人民共和国民法典〉有关担保制度的解

---

〔1〕 参见赵磊：《〈民法典〉对公司法体系的规范作用》，载《中国政法大学学报》2022 年第 5 期。

〔2〕 参见郭富青：《论公司法律形态现代化再造与创新》，载《北方法学》2022 年第 1 期。

〔3〕 参见李新天、吴杨：《〈民法典〉视域下公司法人格否认主体要件之扩张》，载《河北法学》2022 年第 4 期。

〔4〕 参见侯永兰：《论公司人格否认制度适用情形标准化及路径选择》，载《法学评论》2022 年第 1 期。

〔5〕 参见石一峰：《关联公司人格否认动态判断体系的构建》，载《环球法律评论》2022 年第 3 期。

〔6〕 参见李政辉：《公司住所的功能、挑战与制度应对》，载《北方法学》2022 年第 2 期。

释》确定公司代表越权担保的法律后果，主要通过考察相对人的合理审查义务判断其是否构成善意相对人。对于公司代表越权担保法律后果，王建文提出应基于公司代表越权担保的基础行为是无权代理，类推适用无权代理法律后果的规定，确定相对人非善意情形下，不仅担保合同对公司不发生效力，而且公司无需基于缔约过失责任承担赔偿责任。[1]此外，基于上市公司的特殊性，对上市公司对外担保确立了特殊规则。除公司担保决策机构事先应作出同意担保的决议，上市公司须进行信息披露。相对人在接受担保时应审查上市公司对外担保公告，其审查义务与担保合同效力之判断仍需要进行类型化的分析。[2]

2. 公司担保无效责任

实践中公司担保行为无效，殷秋实认为应区分不同主体和性质的责任以合理保护债权人，避免公司仍须承担实质上类似有效担保的责任的现象。就责任性质而言，在担保合同自身无效时，公司承担一般缔约过失责任；在担保合同因主合同无效而无效时，担保人只承担故意侵权责任。就责任主体而言，行为归属的判断要先于过错判断。[3]

（五）公司公章功能与合同主体地位

公章的效力认定以及公司是否作为合同主体担责是实践难题，辛海平认为，首先，破解方法应从纠正公章的评价标准着手，将公司授权作为公章效力的来源。其次，概括出公章具有确认有权代理和追认无权代理的效力、法律推定功能。最后，分类讨论公司能否被认定为合同主体。对于将公司纳入合同主体范畴而言，有权的代表人或代理人的签字优先于有效的公章；对于将公司排除出合同主体范畴而言，公章无效与代表人或代理人无权均非决定性因素。[4]

（六）ESG的公司法回应

公司本质上追求的是可持续性发展，因此，利益相关者在公司治理中愈发重要。ESG对传统的公司目的、信义义务提出了新要求，朱慈蕴、吕成龙认为应通过对上市公司信息披露规则和相应法律规范的建构，推动ESG与公司经济共同发展。[5]在ESG投资方面，随着此种可持续责任投资理念成为主流，信义义务要求受托主体仅为受益人利益管理信托财产，而非基于环境保护、社会责任与公司治理等非财务因素的考量。尽管通常情况下信义义务会阻碍受托主体参与ESG投资，刘杰勇认为其本质上具有合同性质，经由授权、批准以及免责条款等方式允许受托主体参与ESG投资。[6]

---

〔1〕 参见王建文：《〈民法典〉框架下公司代表越权担保裁判规则的解释论》，载《法学论坛》2022年第5期。

〔2〕 参见高圣平：《上市公司对外担保特殊规则释论——以法释〔2020〕28号第9条为中心》，载《法学》2022年第5期。

〔3〕 参见殷秋实：《公司担保无效责任的复位——基于责任性质、主体与效果的区分视角》，载《法学》2022年第2期。

〔4〕 参见辛海平：《论公司公章的法律功能与公司合同主体地位认定之联动》，载《法制与社会发展》2022年第2期。

〔5〕 参见朱慈蕴、吕成龙：《ESG的兴起与现代公司法的能动回应》，载《中外法学》2022年第5期。

〔6〕 参见刘杰勇：《论ESG投资与信义义务的冲突和协调》，载《财经法学》2022年第5期。

（七）公司机会规则的建构

属于公司的商业机会是公司利益，袁崇霖认为应区分公司机会的发现阶段和利用阶段，并配置差异化的规则。发现阶段，推定公司经营范围内的商业机会属于公司，董事充分履行披露义务、援引抗辩事由可自行利用；利用阶段，董事非经完全披露并取得公司同意不得利用。〔1〕

（八）双重股权结构

从域外实证经验看，双重架构在 IPO 初期利大于弊，后逐渐弊大于利。刘俊海认为我国对双重股权架构应采取原则禁止、例外允许的立法政策，有条件、有限度地允许科技创新公司理性选择双层股权架构，制订双重架构公司自 IPO 之日起存续期间不超过 7 年的日落条款，严格规制创始股东滥用控制权的失信违约侵权行为。建议压缩超级表决权适用范围，关乎公众股东重大核心利益的股东大会决策事项回归一股一票原则。〔2〕

（九）国有公司引入公司法

对于国有公司是否进入公司法的问题，有学者主张对国有企业施行公司制改革并不等同于国有企业必须接受《公司法》的调整，王鹤翔认同应将国有企业剥离出《公司法》调整范围的观点，提出以《国有资本投资运营公司法》的建构为核心的全新路径，进而以投资公司与运营公司制度的分立为基本架构，明确各主体间法律关系、两种公司的权限范围及其治理结构，并借此立法契机初步展望国有资本监管权与国有资本所有权的分离。〔3〕但胡国梁却认为国家出资公司并未脱离“营利性—社会责任”的运行逻辑，将其纳入《公司法》的调整范围尚无理论障碍，不应将其从该法中彻底剥离。国家出资公司具备作为“公司”的主体资格，不能因国企改革政策而认为国家出资公司置于《公司法》体系中是逻辑不自洽的。〔4〕

二、公司资本制度

（一）资本制度研究方法及制度价值

在资本制度的基础理论上，将资本制度的立法模式界分为法定资本制与偿付能力测试，张其鉴认为我国应仍坚持法定资本制模式。研究方法上，应以单位国家或地区作为基本模型，对其资本制度子规则及精密组合进行分析。在资本制度目的价值的定位上，应当转变到债权人、公司、股东并重的立场上来，并落实到出资、回购、分配等具体规则的设

---

〔1〕 参见袁崇霖：《公司机会规则的反思与体系建构》，载《法学研究》2022 年第 2 期。

〔2〕 参见刘俊海：《论上市公司双层股权架构的兴利除弊》，载《比较法研究》2022 年第 5 期。

〔3〕 参见王鹤翔：《国有企业走出公司法的新路径：以〈国有资本投资运营公司法〉建构为核心》，载《财经法学》2022 年第 6 期。

〔4〕 参见胡国梁：《国家出资公司进入〈公司法〉的逻辑理路》，载《政治与法律》2022 年第 12 期。

计中。[1]

（二）公司资本形成制度

1. 授权资本制及认缴制

《公司法修订草案》将我国股份有限公司的公司资本制度改为授权资本制，同时保留了认缴制。冯果认为两种制度杂糅，会加大股东出资自主权和公司融资权之间的张力，折损授权资本制提高公司融资效率的制度功能，增加无谓纠纷；应当回归实缴制，以充分发挥授权资本制的优势和功能。[2]

沈朝晖则认为《公司法修订草案》引入授权股份制后与法定资本制并存，构成资本形成制度法定选择模式。《公司法修订草案》对授权股份制下的不正当发行等情形和原股东的事后救济等未作规定，应从事前和事后两个方面对授权股份制进行体系化完善。[3]陈景善则进一步建议在关注新旧股东间利益平衡的基础上，采取章程授权与决议授权相结合的规范模式，梳理发行机制，厘清股份发行中董事会与股东会的职权分野，构建旧股东利益救济模式。需要新设股份发行行为停止之诉、无效之诉、不存在之诉等救济程序，在实体责任上规定董事的相关赔偿责任。[4]

2. 股东出资的相关问题

在股东出资义务性质上，朱慈蕴指出其具法定性与约定性，但法定性才是股东出资义务的根本属性，应强化公司主体的能动性以维持公司资本安全、充实。[5]就公司出资债权能否与股东对公司债权抵销问题，德、日、英、美等立法禁止抵销，但实务中允许在一定情形下由公司主动抵销。张其鉴指出无论公司是否处于破产程序，无论是否由公司主动抵销，出资债权都不得抵销。[6]就出资形式方面，刘贵祥提出延续多样化的同时应对股权、债权等权利出资进行必要规制，并对认缴制下出资加速到期以及股东转让股权时的出资义务承担问题作出更明确规定。[7]就股东认缴出资义务是否可以加速到期，无论“否定说”还是“肯定说”都存在不同程度的法律续造规则和方法的缺失。赵忠龙认为股东期限利益与保护公司债权人的价值判断，要考虑公司股东与外部债权人的利益衡量以及整体主义的法秩序理念。法律续造的方法应当基于公司法本身的体系展开，厘清社团责任与个体责任，制衡违反诚信义务的

〔1〕 参见张其鉴：《公司法修订背景下我国资本制度研究的主要误区及其修正》，载《法学评论》2022 年第 5 期。

〔2〕 参见冯果：《论授权资本制下认缴制的去与留》，载《政法论坛》2022 年第 6 期。

〔3〕 参见沈朝晖：《授权股份制的体系构造兼评 2021 年〈公司法〉（修订草案）相关规定》，载《当代法学》2022 年第 2 期。

〔4〕 参见陈景善：《授权资本制下股份发行规制的重构》，载《华东政法大学学报》2022 年第 2 期。

〔5〕 参见朱慈蕴：《股东出资义务的性质与公司资本制度完善》，载《清华法学》2022 年第 2 期。

〔6〕 参见张其鉴：《论公司出资债权不得抵销——以出资债权的法律构造为中心》，载《中国政法大学学报》2022 年第 2 期。

〔7〕 参见刘贵祥：《从公司诉讼视角对公司法修改的几点思考》，载《中国政法大学学报》2022 年第 5 期。

行为，协调公司法与其他法律的适用。[1]

（三）公司资本流转制度

针对股东未届期出资义务，主要存在“单独承担模式”与“共同承担模式”的规制路径。陈景善、郜俊辉认为“单独承担模式”利于保护股东的期限利益与转让自由，更利于实现对股东退出机制的保障。在制度效应上可以便利公司融资，认缴资本制下由受让股东承担未届期出资义务更合理。[2]薛波认为若发起人转让出资未届期股权的类型不同，则股权转让后责任承担也不同。股权全部转让时，如双方对未届期出资义务无约定，未届期出资义务由受让方承担；如有约定，该约定未经公司同意仅在双方之间有效；在股权部分转让时如对转让份额有约定，发起人未退出公司，受让方届期不履行出资义务发起人应承担资本充实责任；未约定时未届期出资义务的承担可参照并存的债务承担处理。[3]

（四）公司分配制度

1. 公司分配的体系协调

公司分配属商事裁量事项，应由对公司负担信义义务的董事决策。刘斌认为各类分配导致公司资产向股东返还的同质效果，在不损害债权人利益的情况下应当尽量释放自治空间；应着力于完善公司分配的外延范畴和内部体系：将禁止抽逃出资规则改造成不得返还资本规则；引入广义分配的一般条款，或引入变相分配规则；统一各类分配的资产标准，并将分配决定权给董事会。[4]

2. 股份回购制度

从上市公司股份回购方案的法律性质来看，其不仅属于要约邀请，还是公司决议和信息披露文件。刘俊海认为公司违反要约邀请规则、滥用要约邀请自由时，对善意信赖方案的公众股东承担缔约过失责任；董监高参与审议决定方案时若有恶意或重大过失，要对公司、股东或第三人承担赔偿责任；应例外允许公司因正当理由而终止、中止、变更或顺延回购方案，应建立公司、控制股东、实控人与董监高的差异化义务与责任体系，确认独立董事有限责任原则。[5]相比域外，《公司法修订草案》中公司股份回购规制在分权样态、章程模式、资本制度及资产分配控制这四项要素上存在差异，可能引发实践风险。在公司立法层面，莫志提出应对结构要素差异做制度回应，建立内部人的信义义务、细化授权董事会的路径与期

---

〔1〕 参见赵忠龙：《股东出资义务加速到期的法律续造问题》，载《中国政法大学学报》2022 年第 4 期。

〔2〕 参见陈景善、郜俊辉：《股权转让后的未届期出资义务承担》，载《国家检察官学院学报》2022 年第 6 期。

〔3〕 参见薛波：《论发起人转让出资未届期股权的规制路径——兼评〈公司法（修订草案）〉相关规定》，载《北方法学》2022 年第 2 期。

〔4〕 参见刘斌：《公司分配的类型规制与体系调适》，载《政法论坛》2022 年第 4 期。

〔5〕 参见刘俊海：《上市公司股份回购方案的法律性质与规制策略——民法、公司法与证券法的三重维度》，载《当代法学》2022 年第 5 期。

限、明确库存股的留存与转让规则、引入偿债能力的底线测试。[1]

3. 财务资助行为

《公司法修订草案》引入原则禁止财务资助制度，意在预防公司控制权人滥用权限进行不当的利益输送。沈朝晖指出在原则禁止的基础上，《公司法修订草案》在例外情形下允许采取股东会程序控制与资本比例并用的事前规制方式调控财务资助行为，在股东会程序方面应更细化。此外，附条件例外的两个具体事由为员工持股计划和金融机构正常经营业务，但附条件例外中的额外条件、相关主体的异议权以及法律责任应更精细。[2]

（五）股东失权制度

股东失权是股东不依法履行出资义务在组织法层面的不利后果，性质上属于合同解除在商法规范中的特殊表现形式，其程序设计应兼顾合同解除的基本程序和公司的团体性特征。王琦认为股东失权规则应遵循通知到达相对人方能生效的基本要求；《公司法修订草案》应当明确公司作出股东失权决定时应通过股东会决议程序形成有效的公司意思，以保证公司剥夺股东未出资股权的合法性。[3]

（六）公司对赌条款的效力及义务履行

《公司法》禁止公司与股东对赌，但不禁止非上市公司的新增股东与创始股东、实际控制人、董监高或第三人对赌。刘俊海指出前者基于资本维持原则，后者基于契约精神。同时，目标公司不就无效对赌条款向新增股东承担损害赔偿责任，第三人为公司对赌义务而签署的担保条款、公司为对赌义务提供担保的隐形对赌条款也无效。[4]而被法律所允许的对赌失败后，投资方作为目标公司的小股东和债权人，与目标公司及其原始股东利益对立。法院无需判断协议的可履行性，应直接判定协议的履行。[5]

三、股东资格与股东权利

（一）股东资格

1. 隐名股东资格认定

从股东资格认定所依据的基础法律关系——代持关系性质看，钱玉文认为实质类似委托合同，隐名股东享有任意解除权，据委托代理制度来解决隐名股东资格问题。按其他股东知

---

〔1〕 参见莫志：《中国上市公司股份回购规则的结构主义检视》，载《中国政法大学学报》2022年第5期。

〔2〕 参见沈朝晖：《财务资助行为的体系化规制——兼评释2021〈公司法（修订草案）〉第174条》，载《中国政法大学学报》2022年第5期。

〔3〕 参见王琦：《有限责任公司股东失权程序的建构路径》，载《法律适用》2022年第7期。

〔4〕 参见刘俊海：《目标公司对赌条款无效的法理证成》，载《河北法学》2022年第4期。

〔5〕 参见山茂峰：《论公司对赌义务履行的绝对性——以反思“九民纪要”第5条为线索》，载《财经法学》2022年第3期。

悉程度区分为完全隐名和不完全隐名股东，通常情况下隐名股东可以取得股东资格，仅当在完全隐名且公司其他股东过半数不同意显名时才不享有股东资格。故名义股东处分股权行为通常可认定为无权处分，适用善意取得制度。〔1〕

就隐名投资人显名路径，郭富青分析了如下三种：一是隐名投资人诉请认定其拥有目标公司的股权，仅借名出资法院才会支持其显名的请求；二是经目标公司过半数股东承认其股东身份，抛开了委托投资合同约定有违法理；三是名义股东将代持股权转让给隐名投资人，符合公司法受让取得股权规则。〔2〕现有相关规定深受契约法思维定式的影响，赖虹宇认为隐名出资可分为"借名取利型"和"借名经营型"。将后者纳入立法，"借名经营型"的实际出资人可因参与经营管理等事实，有权请求法院确认其为股东。"借名取利型"的实际出资人只有获得其他股东的"人合性"认可，才能取得股东资格。〔3〕

2. 特殊责任股东范围界定

就发起人和设立时的股东，周游认为可以"特殊责任股东"概念代替。发起人范围界定宜采取可调适的"推定标准 + 认定标准"的动态识别模式，同时，秉持公司利益保护理念，法律原则上应尊重当事人之间有关发起人权利义务概括转移，或者增加、更换以及合理范围内减少发起人的约定。明示投资者在认缴制与实缴制两者之间的规则选择权，同时对选择实缴制的公司及其投资者设置相应的激励机制。〔4〕

（二）股东知情权

《公司法修订草案》将会计凭证纳入股东可查阅的范围，其理论基础在于仅查阅会计账簿无法保证股东知情权时，应采用类推适用的法律续造方法填补法律漏洞。从行权难度、查阅理由的说明义务强度等角度划分，"第33条第1款——第2款——会计凭证"为股东知情权客体的三个层面，第三层面的行权要求应严于第二层面。同时，应将股东委托第三方辅助查阅的权利覆盖至全部层面。〔5〕

（三）股东表决权

在股权二分论以及组织法思维为理论框架下，股东表决权的不统一行使能实现股东利益、平衡公司各方主体利益。李建伟、林树荣提出股东表决权不统一行使的规范设计应当考虑资格条件、适用范围、行使程序与效果等具体事项，区分公司类型以选定合适的入法进

〔1〕参见钱玉文：《论有限责任公司隐名股东的资格认定和法律地位》，载《中国政法大学学报》2022年第5期。

〔2〕参见郭富青：《股权隐名投资人成为显名股东的路径探析》，载《法学杂志》2022年第5期。

〔3〕参见赖虹宇：《隐名出资的类型重释与规范构造——基于对契约法思维的反思》，载《现代法学》2022年第2期。

〔4〕参见周游：《公司发起人范围界定难题及其破解》，载《中国政法大学学报》2022年第5期。

〔5〕参见上海市第二中级人民法院商事审判庭课题组：《股东知情权客体的第三层面：查阅会计凭证的证成与限度——兼谈公司法修订草案第51条》，载《法律适用》2022年第10期。

路；电子通信制度的引入能够消减不统一行使表决权制度的负面影响。股东表决权不统一行使的入法进路，应当在增强规则可操作性与消减规则负面影响之间取得平衡。〔1〕

（四）继承人共有股权的股东权利

遗产股权在完成分割前，为全体继承人共有，即财产权益和股东身份的共有。为保障企业有序传承、保护公司及股权继承人利益，樊纪伟提出我国公司法应构建共有股权权利行使人制度。全体继承人选定一名共有股权权利行使人，并将其通知公司；未选定权利行使人或者未将选定的权利行使人信息通知公司的，公司有权拒绝共有人行使股东权利，但特殊情况下可例外允许共有人行使股权。〔2〕

（五）公司对外诉讼股东的原告资格

股东是否为公司对外诉讼的第三人，取决于股东就公司对外法律关系是否有一定的实体法地位。宋史超指出只有在公司行为构成恶意串通无效时，股东才能成为公司诉讼的有独立请求权第三人。若效力瑕疵在实体上仅能由公司主张，则股东因欠缺实体法权限而非为有独立请求权第三人。承认股东的原告资格符合第三人撤销之诉的制度机理，且与公司的法人独立人格不矛盾，因为在恶意串通时不存在法人独立人格所保护的法益。〔3〕

四、股权处分

（一）股权转让中的相关问题

1. 抽逃出资后股权转让的法律责任分配

针对“抽逃出资”是否属于“未履行或者未全面履行出资义务”，张曦认为无法直接适用最高人民法院《关于适用〈中华人民共和国公司法〉若干问题的规定（三）》第18条，抽逃出资后股权转让的相关法律责任分配问题，立法及司法解释均未明确。就该问题，为解决对司法解释进行续造的现象，可考虑为股东抽逃出资后转让股权的法律责任分配确立直接的规范依据；严格适用条件，强调受让人承担责任的例外性；适用情形的立法技术采概括加开放式列举，留给法官必要的自由裁量权。〔4〕

2. 有限公司股权的对外转让

有限公司股权转让分为内部转让与外部转让。股权内部转让采取自由主义，股权对外转

---

〔1〕 参见李建伟、林树荣：《〈公司法〉修改背景下股东表决权不统一行使规则》，载《财经法学》2022年第6期。

〔2〕 参见樊纪伟：《我国继承人共有股权之股东权利行使研究》，载《中国政法大学学报》2022年第2期。

〔3〕 参见宋史超：《论股东对公司对外诉讼裁判提起第三人撤销之诉——兼评最高人民法院指导案例148号》，载《法学》2022年第1期。

〔4〕 参见张曦：《关于抽逃出资后股权转让适用〈公司法解释三〉第18条的实证研究》，载《法律适用》2022年第2期。

让采取股东许可主义。根据转让股权是否存在瑕疵，可以分为非瑕疵股权的转让与瑕疵股权的转让。梁上上认为有限公司股权转让应该采取“以自由转让为原则，以限制转让为例外”，非瑕疵股权转让的限制可以来自于法律规定或章程等约定，瑕疵股权转让需要获得公司的许可，还应该获得公司设立时的其他股东、公司增资时董事的许可。〔1〕

（二）出质股权守恒定律

股权质押的标的是股权，而非股东出资额或股份数量自身。股权质权及其类别和比例在资本公积金转增股本前后具有同一性和守恒性，刘俊海建议裁判者采取实质穿透裁判思维，甄别存量型送股和增量型配股，对前者豁免新增出资额（股份）变更登记，对后者实行质权设立登记生效主义；明确股权出质后资本公积金或未分配利润转增股本对应的新增股东出资额（股份）为出质股权组成部分；统一股权质押登记规则和机构，构建债权人友好型登记信息公示平台。〔2〕

（三）股权让与担保之效力

股权让与担保无论采何种实行方法，担保权人均应负有清算义务，并应以清算义务完成之时作为其因实行而取得股权的具体时点。刘牧晗提出在股权让与担保内部效力上，应确认担保权人名义股东地位，尊重当事人之间对股东权利行使和义务承担作出的合意安排。外部效力上，宜采担保权构造论的基本逻辑，并在设定人对外转让股权、设定二重担保，一般债权人强制执行股权或者标的公司破产等特别情形下，平衡设定人与担保权人、公司债权人和其他股东等相关者之间的利益。〔3〕

五、公司治理机制研究

（一）公司内部组织结构

在数字经济时代，公司治理的特征体现在控制权向企业家个人集中、私募基金成为公司主要的股东来源；在公司内部组织结构方面，呈现出管理层级扁平化的基本特征。郭锐认为社会如何向权力集中的新兴科技公司控制者问责是核心问题，公司法应当更新公司董事、管理层的信义义务的内容，弱化股东监督、引入更多的社会问责。〔4〕

《公司法修订草案》对公司组织机构职权的设计虽然展现了弱化法律强制、尊重公司自

〔1〕 参见梁上上：《有限公司股权对外转让的自由与限制——以利益位阶理论为视角展开》，载《清华法学》2022年第2期。

〔2〕 参见刘俊海：《论资本公积转增股本前后的出质股权守恒定律》，载《现代法学》2022年第3期。

〔3〕 参见刘牧晗：《股权让与担保的实行及效力研究——基于裁判和学说的分析与展开》，载《国家检察官学院学报》2022年第2期。

〔4〕 参见郭锐：《数字经济时代的公司法》，载《中国政法大学学报》2022年第5期。

治的立法取向，但公司法对组织机构规范属强制性规范还是任意性规范应有回应。赵旭东认为对董事会职权的列举性规定符合我国现实需求应保留。公司章程对经理职权的设定也需要公司法提供范本，《公司法修订草案》对相对人设置了章程或文件审查义务，与公司治理成本与效率优化选择的目标有所背离。[1]

（二）法定代表人制度

我国现行公司法中法定代表人的定位忽视了公司人格性和团体性，权责规定不协调，导致规则冲突、现代公司治理制衡功能无法落实。刘道远认为应协调民法规范，弱化法定代表人的法定性，实行差异化设计，明确法定代表人的信义义务；摒弃独任制的限制，弱化法定代表人的“法定性”，回归法定代表人对外进行意思表达的定位，推动公司法从行政管控型团体法向自治型团体法迈进。[2]针对公司代表滥用表意权问题，袁碧华认为应强化对公司代表表意权的制约。一是登记自治，允许公司自决是否登记其代表；二是选任自治，删除代表选任上的“任命”环节；三是区分有限公司与股份公司、登记代表与非登记代表、公司代表人与公司代表模式，分别建立符合公司意志的表意主体与模式的变更规则。[3]王毓莹指出我国确立的法定唯一代表人制度与公司法的私法自治理念相违背，《公司法》修改应破除代表人人数的固有限制，改革法定代表人之登记规则，并允许公司根据章程自由选定代表人，最终使公司的对外代表机制回归其私法本质。[4]

公司法定代表人与其他人员越权行为的差异体现在，是否构成表见代表（理）时相对人审查义务程度的差异。《民法典》对“应当知道”的具体内容的规定缺乏清晰的理论标准，曹兴权、杨士民提出“应当知道内容具体化函数理论”，以清晰分配相对人注意义务的标准。越权无效时应类推《民法典》第171条，由行为人承担第一责任，公司承担管理过错上的补充责任；公司责任在法定代表人、一般代表人、职务代理人、员工、外部代理人上，呈递减规律。[5]

（三）董事制度

1. 董事信义义务

董事勤勉义务作为信义义务重要内容，其制度利益要维持；同时，清晰界定勤勉义务的内容。王真真建议采用“3+X”的立法技术，以知情、监督及合规作为勤勉义务的明确示例，加之兜底条款；厘清勤勉义务与商业判断规则，合理分配当事人间责任；结合判例制度，对公司所处行业、控制股东影响力等因素进行审查。[6]傅穹指出董事勤勉义务改革应凸

---

〔1〕 参见赵旭东：《公司组织机构职权规范的制度安排与立法设计》，载《政法论坛》2022年第4期。
〔2〕 参见刘道远：《公司法定代表人的角色、制度渊源及其完善》，载《比较法研究》2022年第4期。
〔3〕 参见袁碧华：《论自治视角下的公司代表制度》，载《法律科学（西北政法大学学报）》2022年第1期。
〔4〕 参见王毓莹：《公司法定唯一代表制：反思与改革》，载《清华法学》2022年第5期。
〔5〕 参见曹兴权、杨士民：《论公司法定代表人与其他人员越权的差异》，载《河北法学》2022年5期。
〔6〕 参见王真真：《董事勤勉义务制度的利益衡量与内涵阐释》，载《财经法学》2022年第3期。

显理性人假定的差异化标准，矫正董事催缴连带责任的不当扩张，填补授权资本制下董事公平对待义务的缺失，增加董事合规监督义务，允许章程豁免或限缩勤勉责任。董事忠实义务改革应从严格的禁止模式转向缓和的利益冲突平衡模式，完善自我交易、公司机会、同业竞争与高管薪酬的规则，提供违反忠实义务的多元化救济路径。〔1〕

在董事应否对公司债权人承担责任的问题上，李建伟、岳万兵认为董事对债权人承担责任是组织法上担任受托人的信义义务使用的对象范围的扩张。例如董事的故意、重大过失构成了债权人损失的原因力，其应当承担责任。该扩张趋势在既有立法中已呈现，债权人无法仅依据行为法而被周延保护时，借助于董事信义义务的扩张，可以进行颇为有效的纠偏。〔2〕在公司临近破产时，解正山认为公司利益中心将由股东转向债权人，董事信义义务应发生转化。域外法律此时向董事课以不当交易防止义务，或采取合理措施避免破产或当破产不可避免时及时申请破产，故建议我国对临近破产公司董事义务及问责制进行协调立法，主要由破产法具体规定，包括向董事课以积极作为义务以及怠于履行义务时的侵权责任等。〔3〕

2. 董事责任

就董事连带赔偿责任问题，在世界银行 BEE“宜商环境”新评估体系中考察、从及时申请破产和破产环保责任的角度看，齐砺杰认为《公司法修订草案》第 190 条不宜用于破产简易程序；第 191 条应包含公司正常情况下的信义义务规定及资不抵债情况下的侵权责任规定。则前述两条文都可作为《民法典》第 1168 条共同侵权规则的下位法。〔4〕针对《公司法修订草案》第 190 条，叶林、叶冬影指出董事承担连带责任和赔偿责任均兼有惩戒和赔偿的双重功能，立法上可以适度限制董事赔偿责任，采用返还利益为主的法定赔偿规则；在裁判中应当斟酌董事实际职权、履职方式和薪酬水平等，避免因董事责任过重而产生驱逐效应。〔5〕林一英亦认为应构建适当的董事责任限制制度，弱化其对董事注意义务功能的抑制。但我国不宜引入商业判断规则作为保护董事的安全港，可以考虑采用股东会决议模式，明确决议程序和免责范围。对于董事因应对诉讼产生的费用和赔偿责任，应统筹考虑建立公司补偿和董事责任保险制度，明确补偿审查程序，严格限制补偿范围。〔6〕

从董事的个体差异角度看，立法要求所有董事一概承担连带责任有失公允。林一英认为公司法修订时应在责任承担上进行类型划分，设定差异化董事责任限额，同时辅以过错程度

〔1〕 参见傅穹：《公司利益范式下的董事义务改革》，载《中国法学》2022 年第 6 期。

〔2〕 参见李建伟、岳万兵：《董事对债权人的信义义务——公司资本制度视角的考察》，载《中国政法大学学报》2022 年第 2 期。

〔3〕 参见解正山：《论公司临近破产时的董事义务及问责制——基于公司法与破产法交错视角的思考》，载《当代法学》2022 年第 6 期。

〔4〕 参见齐砺杰：《董事第三人责任条文的理解与适用辩难》，载《中国政法大学学报》2022 年第 5 期。

〔5〕 参见叶林、叶冬影：《公司董事连带/赔偿责任的学理考察——评述〈公司法修订草案〉第 190 条》，载《法律适用》2022 年第 5 期。

〔6〕 参见林一英：《董事责任限制的入法动因与路径选择》，载《政法论坛》2022 年第 4 期。

以确立董事比例责任；引入董事最低限度的强制责任保险制度；建立董事内部追偿机制，为无辜董事筑牢事后救济制度等。[1]

就独立董事制度而言，在现代大规模经济的董事集体决策下，独立董事监督职能的兴起，引发独立董事个人巨额赔偿与其外部董事地位、监督职责、薪酬激励不相匹配的反思。傅穹建议设定独立董事的有限责任，扩张合理抗辩至专业董事借助专业顾问。严惩机制未必是最优选择，独立董事的多元化薪酬、董事责任保险与市场声誉机制更能激励独立董事的治理效能。[2]刘俊海从立法论、监管论、治理论、控制论、履职论、维权论、裁判论和评价论等八个方面对完善独董制度提出建议，认为应在《公司法》及配套法规中构建具有可诉性、可裁性和可执行性的独董规范群；应将独董选择权回归公众股东；独董聘请的中介服务应前置于独董表决；应引入独董责任合理减免机制；应建立独董赔偿责任最高限额；推动津贴市场化改革，导入独董责任强制险，推行独董股权激励计划，鼓励独董职业化建设。[3]

对于完善董监高赔偿责任规则，冯曦建议把董监高违反忠实义务和勤勉义务作为承担赔偿责任的行为要件；区分归责原则，违反忠实义务适用严格责任原则，违反勤勉义务适用重大过失的归责标准；违反忠实义务的损失范围应包括被告以及其关联人所得收益；董监高的赔偿责任限制与免除仅适用于董监高违反注意义务的情形，授权法院限制赔偿金额；董事和监事应当承担连带赔偿责任，高级管理人员则应承担比例赔偿责任或者主要负责人责任；将“商业判断”作为免责事由；建构考量“实质公平”的法律因果关系认定规则。[4]

3. 董事会职能

我国公司法长期以来一直采取股东会中心主义，为推动公司治理现代化，王谨建议从确立董事会中心主义立场入手，完善董事会职权体系：首先，应确立董事会中心主义；其次，强化董事会战略决策职能、重大经营决策职能、监督职能；再次，下放董事会具体操作职能；最后，完善董事信义义务、放宽董事会任意性权力。[5]

《公司法修订草案》引入折中单层制公司模式，董事会整体功能定位应为监督机构。沈朝晖指出，所有董事拥有平等的公司决策权，非执行董事透过参与董事会决策而履行一般监督职能；董事会下设审计等功能性委员会，履行特别监督职能。审计等功能性委员会应具有独立性、专业性和专属的特别监督权限。[6]

---

〔1〕 参见曾祥生：《董事责任规制的困境与应对——以董事个体差异为视角》，载《法学杂志》2022年第6期。

〔2〕 参见傅穹：《司法视野下独立董事的责任反思与制度创新》，载《法律适用》2022年第5期。

〔3〕 参见刘俊海：《上市公司独立董事制度的反思和重构——康美药业案中独董巨额连带赔偿责任的法律思考》，载《法学杂志》2022年第3期。

〔4〕 参见冯曦：《我国〈公司法〉下董监高赔偿责任规则之检视与完善——基于691起司法案件的实证分析》，载《财经法学》2022年第2期。

〔5〕 参见王谨：《公司治理下的董事会职权体系完善研究》，载《法学杂志》2022年第2期。

〔6〕 参见沈朝晖：《单层制公司董事会监督功能构造》，载《政法论坛》2022年第4期。

4. 董事解任及辞职制度

董事任意解任制度要求董事把最大化股东利益当作决策标准，各国把公司无正当理由作为补偿请求权的生成要件。赵峰认为“正当理由”具体可以拆解为董事的“行为原因”与“个人原因”。补偿请求权作为对董事的核心救济，是公司所要承担的无须故意或过失的法定责任，其补偿范围为解任董事丧失剩余任期的可得利益，包括酬金、可分得的利润以及其他各种报酬，但应考虑剩余任期长度、董事薪酬水平、是否另行就职等要素予以限制。针对当事人缔结的解任特约，司法裁判应借由程序标准与行为标准，共同修正补偿金额的范围。[1]

为应对董事辞职难问题，刘俊海建议导入“4 + N”立法方案（候补董事、董事代理、外部临时董事、辞职董事超期履职与公司补选董事的最长法定期限）。上市公司独董占比升至董事会席位 1/2。公司法要为自治法预留空间。若公司逾期未补选董事，辞职董事不必继续履职且可免责。剥离自由裁量权与重大决策权。公司有义务协助新旧董监办理变更备案手续。公司自治失灵时，登记机关享有强制涤除备案权。[2]

5. 实质董事制度

为规制公司控制权滥用，《公司法修订草案》引入了实质董事规则（事实董事和影子董事）。丁亚琪认为从实质董事规则的体系定位视之，其不仅是董事规则的有机补充，也与禁止股东权利滥用规则形成区分竞合，完善了控制权规制体系。统筹实质董事规则的功能本旨和体系定位，应对其予以完善：将主体范围扩张至形式董事之外的所有主体；增加事实董事类型；明确实质董事的认定标准。[3]

（四）监事制度

面对我国监事会自设置以来无法发挥应有作用的问题，产生了是否取消或选设监事会的讨论。杨大可认为我国监事会必须继续并长期存在，可借鉴德国经验，切实提高监事会监督能力。保障其监督独立性、及时获得履职所需的全面信息，通过赋予其对董事的人事任免权、薪酬决定权以及工作组织权等，使其实施铁腕监督。[4]林一英认同完善我国公司监督机构应当首先强化监事会职权，提升监事的独立性和专业性，增强其获取信息的能力。采用单层制公司的董事会，应当定位为监督机构而非执行机构。董事会审计委员会和监事会应择一采用，要充实审计委员会的职权，处理好董事会与其的关系。[5]刘斌认为审计委员会兼顾合法性监督与合理性监督但却配置了财务会计监督职权，监事会系合法性监督，包括财务监

〔1〕 参见赵峰：《论董事职务期前解任与补偿请求权》，载《南大法学》2022 年第 5 期。

〔2〕 参见刘俊海：《公司法中四重制度失灵的破解之道——以董事辞职僵局为中心》，载《中国政法大学学报》2022 年第 6 期。

〔3〕 参见丁亚琪：《实质董事的规范结构：功能与定位》，载《政法论坛》2022 年第 4 期。

〔4〕 参见杨大可：《中国监事会真的可有可无吗？——以德国克服监事会履职障碍的制度经验为镜鉴》，载《财经法学》2022 年第 2 期。

〔5〕 参见林一英：《公司监督机构的立法完善：超越单层制与双层制》，载《法学杂志》2022 年第 4 期。

督、业务监督和人事监督。公司监督权的调整方案需要联动扩大董事会职权并切实确立董事会中心地位，并在股东压制、关联交易、决议瑕疵诉讼等制度上予以协同考量。[1]就监事会和审计委员会的关系，杨大可认为监事会是针对公司经营管理的监督，审计委员会无法取代监事会的制度功能，而只适于作为监事会下设的专门委员会。国有独资公司仍应坚持设置监事会，但党组织需与监事会相融合。[2]

随着公司治理的目标逐渐过渡到高度关注利益相关者利益和企业价值最大化，崔文玉指出监事会制度改革的基础和目标是公司治理所追求的合规经营、社会责任。建议通过重塑监事会的独立法律地位、更新监事会的职权、明晰监事会的职责、扩大监事会的监督内容、优化监事会的结构、强化与其他部门之间的协调与衔接等制度设计，实现监事会制度改革对完善公司治理的促进作用。[3]

金融机构公司治理的目标是控制大股东及管理层的过度涉险行为、防止金融风险积聚并扩散。金融危机本质是监督权的虚置化，金融稳定取向下的公司法修改，冯果、贾海东建议应当以整体主义视角下的监督权强化为主线，在坚守股东本位的同时约束股东权利，确立董事会中心主义并强化经理层职权，为债权人参与监督提供制度基础，并且以细化董事会权利、义务和责任，提升监督标准和扩展监督范围为框架构建一元制下的监督型董事会。[4]

（五）公司决议

1. 公司决议无效

《公司法》及相关司法解释将决议无效事由限定于“决议内容违反法律、行政法规”过于笼统，李建伟认为在确立民事法律行为的一般效力规则之于决议的有限适用、公司组织法的特殊规则之于决议的优先适用的基础上，可以将决议无效类型化为“法人机关违反议决权限做出的无权决议”“表决权人应回避而未回避做出的无权表决”“滥用股东表决权的不当决议”“内容违反公序良俗的决议”“内容违反法律、行政法规效力性强制规定的决议”五种，以厘清决议无效与决议不成立、可撤销的界限。[5]

2. 伪造股东签名公司决议的效力

对于尚存争议的伪造股东签名的公司决议的效力认定问题，袁碧华认为，应以民法之意思表示规则为基础、以团体法之程序规则和决议内容为辅助而构建其效力认定标准，既关注公司真意的形成，也关注决议程序是否存在瑕疵及决议内容是否处分股东个人权利。因此，

---

〔1〕 参见刘斌：《公司治理中监督力量的再造与展开》，载《国家检察官学院学报》2022 年第 2 期。

〔2〕 参见杨大可：《审计委员会能替代监事会吗？——兼论公司内部监督机构的应然职责》，载《中国政法大学学报》2022 年第 5 期。

〔3〕 参见崔文玉：《公司治理优化视域下的监事会制度重塑及其功能实现》，载《现代法学》2022 年第 6 期。

〔4〕 参见冯果、贾海东：《论金融稳定取向下的公司监督权配置改革——以公司法和金融稳定法的联动修改为视角》，载《中国政法大学学报》2022 年第 5 期。

〔5〕 参见李建伟：《公司决议无效的类型化研究》，载《法学杂志》2022 年第 4 期。

应在民法体系中构建基于法人的意思表示规则，并依此判断公司真意是否形成。同时，在团体法中区分决议程序与决议内容的不同情形分别设置具体的认定标准。[1]

（六）控制股东滥用公司控制权的赔偿责任

控制权滥用侵害弱势股东权益则应对受害股东承担赔偿责任。刘俊海认为要甄别股东直接损害与间接损害：前者由股东直接诉讼救济，后者由公司直接诉讼或股东代表诉讼救济。其建议《公司法》赋予股东代表诉讼胜诉原告基于持股比例的胜诉利益分取请求权；裁判者在控制权滥用者恶意低价受让受害股东股权时将损害识别为直接损害；滥用控制权的控制权共同体成员要承担连带责任。建议《公司法》导入诚信原则和“控制权”概念，将“控股股东”易名为“控制股东”，确立控制权人对公司和全体股东的信托义务。[2]

（七）关联交易规则

我国公司治理实践中面临着关联交易导致利益冲突的问题。张怀岭建议，在规制理念上，小股东以及债权人利益保护应纳入我国公司法关联交易规范的直接保护范畴，引入关联交易“一体化”规制理念；在规则重构上，将《公司法》第 21 条改造为界定关联方、交易、公允性判断规则及其举证责任规则等构成要件的一般性条款，引入关联交易法定豁免情形；此外，结合我国《公司法》框架下不同类型公司治理的特殊性，关联交易的批准规则和披露规则作为规制工具亦应进行本土化再造。[3]

六、公司清算制度

由于股东不掌握经营资料，有限公司清算义务主体界定为股东是在恪守“股东会中心主义”，不利于公司及时组织清算。清算义务人制度的价值目标是保护债权人利益，张旭东认为应将有限公司的清算义务主体界定为董事和控股股东。清算义务人规范应是一种强制性规则，立法应允许清算义务人主体委托其他法律主体协助进行清算；在规范设计上，应取消当前清算义务人、清算组、配合清算义务人等多主体制度，以“一元化”的清算义务人制度代替；同时，赋权清算义务人根据实际委托或组织其他主体实施清算，但这不影响其对债权人的外部责任。[4]

---

〔1〕 参见袁碧华：《伪造股东签名之公司决议行为效力的区分认定》，载《国家检察官学院学报》2022 年第 2 期。

〔2〕 参见刘俊海：《论控制股东和实控人滥用公司控制权时对弱势股东的赔偿责任》，载《法学论坛》2022 年第 2 期。

〔3〕 参见张怀岭：《〈公司法〉关联交易规制理念纠偏与规则重构》，载《北方法学》2022 年第 5 期。

〔4〕 参见张旭东：《有限公司清算义务人范围问题研究》，载《南大法学》2022 年第 2 期。

2022年中国破产法理论研究综述

曾凌锋

随着2021年《企业破产法》（以下简称《破产法》）的修订被纳入全国人大的立法计划，中国的破产法学者们对现行《破产法》的不足和未来修法的可能方向进行了研究和讨论。其中，对破产程序、破产重整、个人破产等问题进行了尤为深刻的研究，表现出破产法学者对我国破产法领域的学术热情，使得2022年破产法的研究硕果累累。同时2022年破产法新著也层出不穷，其中代表性的著作如下。

1. 理论类的著作。周小龙主编：《破产法专题研究》，中山大学出版社；徐阳光等主编：《破产法茶座》，法律出版社；王欣新等主编：《破产法论坛》法律出版社；张善斌主编：《破产法改革与破产法治环境优化》，武汉大学出版社；漆昌国：《破产法前沿问题研究》，四川大学出版社；杨秋林：《银行破产法律制度研究》，江西人民出版社；熊建军：《破产法与知识产权法的衔接适用研究》，厦门大学出版社；王欣新：《绝境再生》，法律出版社；孙强：《破产管理人法律制度研究》，线装书局；邢丹：《关联公司破产的法律规制》；刘啸、吴迪：《企业破产重整前沿问题研究》，云南人民出版社；汤维建、胡守鑫：《个人破产制度构建的难点与对策研究》，法律出版社；韩长印主编：《破产疑难案例研习报告》，法律出版社。

2. 实务类的著作。广东融关律师事务所编写：《破产管理人操作规程》，法律出版社；重庆破产法庭编写：《破产法律文书样式》，人民法院出版社。

一、《破产法》的修改

2021 年 12 月 17 日，在全国人大常委会法制工作委员会举行的记者会上，发言人岳仲明介绍了全国人大常委会对 2022 年立法工作作出的预安排，其中破产法的修订被纳入了全国人大的立法计划。在 2022 年学界的研究中，不乏学者以破产法修订为主题对破产法进行研究。

部分研究较为宏观，主要讨论破产法本身的规范地位以及和其他部门法的关系。陈红夏从宪法和破产法之间的关系出发，主张在破产法修订中加入“根据宪法，制定本法”的表述，以确立破产法的宪法根据，促进破产法实施中相关主体的合宪性意识。[1]张阳则从商事规则的视角对作为商事退出规范的破产法进行了研究，并认为现有商事主体终止制度面临双线困局：外线解散过罚不当、清算概念混用、注销虚化空转；内线破产类型狭窄、终端注销衔接不畅。近年来，作为改革突破口的简易注销和强制注销渐次推出，但面临法律正当性阙如之虞。破解困局当有结构化方案，以主体分类、繁简分流为主线，辅以歇业登记、注销回转的补充，通过公司法、破产法、登记法的联动修改，可助益于商事主体终止的理念更新和制度优化。[2]而张善斌、钱宁则认为在破产法立法中应当具体考虑其和民法典、司法解释以及地方规范性文件之间的关系，并强调民法典是一般法，破产法是特殊法，在与司法解释的关系中，司法解释的作用在于补充漏洞、明晰规则、不得超越法律，对于已有的司法解释，需要根据实际情况分别予以吸收、否定、留存或延续。在与地方规范性文件的关系中，在修订破产法时有必要结合破产制度的供给需求以及地方文件的效力性、时效性、规范性，保持全国统一立法与地方特色规范的动态平衡。[3]部分研究则具体到对破产法修订给出的从体例到制度建设的多项意见，王欣新在研究中认为破产法的修订应当创设一些新制度，包括个人破产制度、简易破产程序、小微企业破产程序和预重整制度。[4]

二、破产管理人制度

（一）破产管理人的选任和处分权

破产管理人在破产程序中扮演着至关重要的角色。在学界研究中，首先受到关注的是管理人“形成”即管理人接管企业中的制度建构。朱绚凌认为，目前我国法律对企业“接管

---

〔1〕 参见陈夏红：《破产法的宪法根基》，载《法学评论》2022 年第 3 期。
〔2〕 参见张阳：《商事主体终止的制度检视及其结构优化》，载《交大法学》2022 年第 2 期。
〔3〕 参见张善斌、钱宁：《论破产法修订应考量的几个重要关系》，载《宁夏社会科学》2022 年第 4 期。
〔4〕 参见王欣新：《破产法修改中的新制度建设》，载《法治研究》2022 年第 4 期。

难”问题的有关应对较为抽象，进而以“强制接管”为研究对象，在厘清强制接管的目的、主体、客体和义务人等基本概念和范畴的基础上，从强制接管程序的启动、具体的实现路径、不配合强制接管的法律后果、救济途径四个方面进行了相关的程序设计。[1]

关于破产管理人的财产处分权问题。李盛烨认为，目前我国破产法虽然规定管理人有处分财产的职责，但不够细致，应当区分管理债务人的财产和处分债务人的小额财产；明确债权人会议对管理人有权授予“紧急处分权”；明确管理人处分重大财产的效力要件；明确管理人有权处分债务人的小额财产；并将《企业破产法》第69条中的“及时报告”修改为“提前报告的一般原则和事后报告的特殊例外”。[2]

（二）破产管理人对待履行合同的解除权

一旦管理人接管破产企业，便拥有对破产企业待履行合同的解除权。对于进入破产程序的企业而言，这些待履行合同对企业的未来至关重要。故而，管理人的解除权亦受到学界的关注。丁燕、尹栋认为，破产管理人对待履行合同的解除权应当受到限制：首先，应界定待履行合同的范围为双方均未履行完毕的合同，对其客体采“限缩解释”，仅判断主给付义务与从给付义务的履行状态即可；其次，破产管理人依法行使待履行合同解除权时，应以债务人财产价值最大化为基本要旨，遵循利益平衡原则和维护公共利益原则，同时还要考虑待履行合同解除后的法律效果；最后，对于一些特殊类别的合同应限制破产管理人行使待履行合同解除权，予以类型化研究，其中“所有权保留买卖合同”、“经预告登记后的商品房买卖合同”和“居住商品房买卖合同”应为管理人解除权受限的待履行合同。[3]

张玉海对待履行合同的“涤除”制度进行了研究，认为待履行合同的特殊之处仅在于：破产债务人享有权利以其履行自身债务为前提，且此种履行受破产法之比例清偿定位的限制。我国立法直接赋予破产管理人解除权，且导致破产债务人违约时，管理人仍得解除，有违破产法须尊重非破产法规范的基本原则，并认为我国立法应由“解除权”模式变更为“拒绝履行”模式，破产管理人仅得在继续履行与拒绝履行间进行选择。限于破产法对全体无担保债权人比例清偿的基本制度定位，管理人选择拒绝履行后，相对人不得基于合同法要求管理人继续履行，仅得申报债权，参与比例清偿。[4]

曲天明、谭润泽对于承租人破产时双方均未履行完毕合同适用破产管理人解除权规则的标准进行了研究，他们认为“合同实质性目的”说无法为担保性质的融资租赁合同提供有力解释，应当结合具体案件合同当事人的不同交易情况，考量适用解除权规则是否损

---

〔1〕 参见朱绚凌：《破产强制接管制度的构建与路径优化——以强化管理人履职保障为视角》，载《法律适用》2022年第9期。

〔2〕 参见李盛烨：《管理人处分财产制度的修改和完善》，载《中国应用法学》2022年第4期。

〔3〕 参见丁燕、尹栋：《论破产管理人待履行合同解除权的限制》，载《法律适用》2022年第3期。

〔4〕 参见张玉海：《民法典时代破产法上待履行合同“涤除”制度再造》，载《华东政法大学学报》2022年第5期。

害出租人于对待给付的期待利益，承租人破产时出租人基于根本违约应享有法定或约定解除权。对出租人享有合同解除权的排除应当仅限于涉及企业存续、保证破产程序正常进行的融资租赁合同。[1]

三、破产财产和破产债权

（一）破产财产的范围

吴光荣对物权变动的背景下的破产财产的范围进行了研究。他认为在未发生物权变动但受让人已经取得物权期待权的情形下，法律应当限制管理人解除合同的权利；在担保物权的情形下，担保物权仅能行使破产别处权，就特定财产优先受偿，而不能行使破产取回权；在保留所有权买卖的买受人或融资租赁的承租人破产时，出卖人在符合条件的情况下即可以行使别除权也可以行使取回权；而在意思主义的变动模式下，登记虽仅具对抗效力，但在出卖人破产的情形，应类推适用最高人民法院《关于适用〈中华人民共和国民法典〉有关担保制度的解释》第54条的规定，认定该财产仍属于破产财产。[2]

刘承韪、刘磊则从最高人民法院《关于人民法院办理执行异议和复议案件若干问题的规定》第28条和第29条的关系出发对破产程序中买受人物权期待权的形成和保护进行了讨论，并认为在房地产开发企业的破产程序中，一般买受人所购房屋并不属于破产财产，而购房消费者所购房屋应暂时列入破产财产。两者进一步的权利救济都应通过要求管理人继续履行合同来实现，此时管理人在《企业破产法》第18条第1款项下的解除权应受到限制。但如果房地产开发企业进入破产程序时房屋尚未完全建成，管理人有权解除或申请司法终止合同，之后一般买受人应进行普通债权申报，而购房消费者的购房款返还请求权应优先于工程价款优先权及抵押权实现。[3]

（二）破产财产和担保物权

随着担保制度的完善和担保物范围的扩张，企业破产时绝大多数资产上通常会附有各种各样的担保物权。在这一背景下，破产程序中对担保物权的清理就成为了最重要的工作之一。李忠鲜对破产财产中的担保权进行了研究，从评注的视角对民法和破产法对于担保权规范进行对比，发现破产法对担保权的别除和实现是并行于民事执行程序的另一套独立的法律体系，破产法对实现担保权的时间、主体和方式作出诸多限制，对担保权的行使和实现产生了巨大的制度障碍。民法典和破产法在担保权的实现方式存在巨大差异，源于特别法和一般法在立法目的、政策立场、规范构造等方面存在的显著差异，并最终认为从法律评注的

〔1〕 参见曲天明、谭润泽：《论承租人破产时融资租赁合同的解除权》，载《学术交流》2022年第5期。
〔2〕 参见吴光荣：《〈民法典〉背景下破产财产的范围及其认定》，载《法律适用》2022年第1期。
〔3〕 参见刘承韪、刘磊：《论破产程序中买受人物权期待权的形成与保护》，载《法律适用》2022年第11期。

视角来看，评注时应当以局部体系作为主要参照，且应当多以行动、事实和裁判作为研究质料；对特殊法的关照并不否认法典的体系涵摄力，两者并非完全的择一关系。当特殊法尚不完善，对应的法理还未得到充足发展时，一般法完全可被引为论据，提供方法和理念的指引。〔1〕

娄爱华对保证金的破产抵销进行了研究，认为保证金与所担保债务具有发生上的牵连性，作为债务人的保证金给出人的抵销预期不受债权让与影响，《民法典》第549条第2项规定的"同一合同"应基于抵销预期予以解释。为保障债务人抵销预期的同一合同内抵销，与传统大陆法系中司法抵销范畴下的同一合同内抵销不同。我国无需在破产法中区分独立抵销和同一合同内抵销。在以封金、专户方式设立保证金担保或者保证金收受人有设立保证金专户的法定义务时，保证金权益归属于给出人对保证金协议外的第三人有约束力，保证金给出人的权利为取回权或共益债权，保证金给出人的抵销预期对第三人有约束力，无需考虑破产抵销的偏颇清偿问题。解决保证金破产抵销问题的过程，也是发现抵销预期之价值的过程。〔2〕

（三）特别类型的破产财产

随着个人信息保护法等数据法领域法律法规的出台，其与破产法的关系受到学界的关注。在企业破产时，其所拥有的用户信息作为其破产财产的一部分受到破产法和个人信息保护法的双重规制。在学界的研究中，学者多强调破产企业在《个人信息保护法》下所应当承担的特别义务。龚淋以破产企业为视角，讨论破产法中个人信息出售的逻辑和路径。经过和比较法的对比讨论，他认为破产企业对个人信息的出售应当视为破产程序的延伸，应该借鉴美国的做法直接由破产法作出特殊回应，其中包括要求企业制定隐私政策、赋予个人知情权和选择权以及增加破产管理人特殊的个人信息保护义务等。〔3〕程威则从个人信息保护的视角出发，他认为应当应重视数据主体与数据控制者之间信赖关系的建构，根据信义义务构成要件理论与破产法的团队生产理论，在破产程序中为数据控制者施加保密、安全、透明与忠实的受托人义务，并根据场景化的路径在数据平台企业与经营管理层之间妥善分配责任，通过强制性的法定责任约束，为数据控制者在破产程序中提供行为指引，以强化对数据主体权益在破产程序中的保护。〔4〕

（四）破产债权的申报和确定

破产债权是指破产程序开始前成立的、依法申报并获得确认的，债务人进入破产清算程

---

〔1〕 参见李忠鲜：《评注视野中的一般法与特别法——以担保权在破产程序中的实现为例》，载《南京大学学报（哲学·人文科学·社会科学）》2022年第6期。

〔2〕 参见娄爱华：《抵销预期的发现及其价值——以保证金的破产抵销为线索》，载《法学研究》2022年第2期。

〔3〕 参见龚淋：《破产法调整个人信息出售的逻辑与路径——以美国法为切入点》，载《北京航空航天大学学报（社会科学版）》2022年第6期。

〔4〕 参见程威：《破产程序中数据权益之保护——以信义义务为视角》，载《财经法学》2022年第4期。

序之后有权参与分配的债权。从债权的认定程序上，饶景丽等在对《企业破产法》第 57 条和第 58 条进行研究后认为，应当对破产债权审核和确认制度进行修订：在管理人审查债权制度上，应当增加管理人作为破产债权的调查人，赋予其更大的审查权；在债权人核查债权上，应当将核查权从第一次债权人会议转移给债权人会议设立决定的债权人委员会，以期提高效率；在债权人委员会未设立之情形，应当由债权人会议委托的第三方机构核查债权；在法院确认债权上，应当增加人民法院裁定确认的债权和判决同等效力，其修正和裁判监督程序等同，并增加债权人、债务人对债权表有异议时的债权确认之诉规定。[1]

张静对将有债权的破产顺位进行了讨论，认为将有债权处分涉及基础合同有效、公示预先完成、客体预先特定、债权可让与性四要件，同一将有债权被处分和被代位执行的，应适用“完成在前，顺位优先”规则。将有债权处分欠缺破产保护效果，处分人在破产后取得的债权归属破产财产。[2]

（五）特别类型的破产债权

1. 税收债权

破产中的税收问题一直受到学界的关注。其中受关注较多的是对税收优先权，关爱麟和崔晓磊认为，目前税收优先权的法律适用存在困境，表现在破产程序和执行程序的适用中。这种争议源于私法与公法之债的冲突和税收保障与交易安全的冲突。在现行法下，应当做到明确税收优先权的适用条件；准确厘定税收优先权相关规则的适用顺序以及兼顾债权人利益与国家利益和平衡税收保障与交易安全的关系。[3]余冬生和朱庆主张，在目前破产程序中一般债权受清偿率低，破产税收债权占国家财政总收入低的现状下，应当限缩税收债权的优先权。[4]

此外，税收债权的认定亦受学界关注。陈靖宇对关税保证保险代为求偿形成的债权在破产程序中是否能按照税收债权顺位优先清偿的问题进行了研究，并认为保险人基于保险代位权向第三人（投保人）提出的追偿，根据“法定债权转移”说，其行使权利的性质仍然是被保险人（海关）向第三人的赔偿请求权，即税收请求权。在破产程序中给予其优先顺位有利于保险人和其他债权人的利益平衡，也有利于实现关税保证保险制度方便进口企业通关、降低企业通关成本的社会效果。因此该立场具有妥当性，应当在司法实践和法学理论中得以

---

〔1〕参见饶景丽、孔红、朱凤春：《破产债权审核确认制度的修订与完善略论——兼评〈破产法〉第五十七条、五十八条之规定》，载《中国注册会计师》2022 年第 11 期。

〔2〕参见张静：《将有债权处分的法律构造与顺位安排》，载《法学》2022 年第 2 期。

〔3〕参见关爱麟、崔晓磊：《税收优先权的法律适用困境及其化解》，载《税务与经济》2022 年第 2 期。

〔4〕参见余冬生、朱庆：《税收债权破产优先权限缩论：理论依据、现实基础与制度设计》，载《税务与经济》2022 年第 4 期。

确立。[1]胡明和关儒则对税收优先权中的“欠税”界定进行了讨论，认为为了防止税收优先权的不当扩张适用，维护普通债权人合理利益和私法交易秩序，应采取严格主义立场对欠税予以合理界定：欠税范围应包括企业年度欠税、涉税利息及补偿性滞纳金，而税收罚款、非补偿性滞纳金、须返还税收优惠等与欠税存在本质区别，不宜纳入税收优先权范围。[2]朱华军等则对破产清算中产生的“新生税款”的认定进行了讨论，并认为新生税款应当根据其不同的产生原因，相应划归破产费用亦或共益债务的定性之中，并相应享有破产费用或者共益债务的优先清偿顺位。[3]

2. 其他债权

除了税收以外，其他类似的债权亦受到学界的关注，陈科林对企业社会保险责任制度和破产法的关系进行了研究，并认为破产法不应承担职工社会保险救济的功能。他主张应将职工社会保险债权的清偿从破产制度转介至社会保险制度，以先构建府院联动机制，由政府建立临时性的破产企业职工社会保险基金，而后通过修改《社会保险法》，强化企业相关人员责任，同时加快建立个人破产制度的方式完善制度框架。[4]

四、破产重整制度

（一）破产预重整

预重整是衔接庭外重组和司法重整的制度程序，当前在我国法律层面尚无明文规定，但得到了学界较多讨论。在预重整制度的必要性上，邢丹结合《民法典》第 9 条中“绿色原则”的含义，认为预重整制度具有提高重整成功率，挽救债务企业于困境，促进债务人的可持续发展，是“绿色原则”在破产法中的重要体现。[5]

虽然预重整的功能价值得到学界认可，但对于目前实践中体现的预重整制度和破产制度之关系却多受学界质疑。王玲芳分析了我国司法实践中的预重整程序，认为目前实践中存在着多种模式，由于对预重整的功能定位不清，导致其和司法重整发生功能混同，模糊了预重整本身的制度价值，并进一步认为，我国预重整制度仍然要定位于司法最低限度介入下单纯的庭外重整，在进入司法重整后，法院的关注重点应当是预重整阶段的信息披露是否充分，

---

〔1〕 参见陈靖宇：《论关税保证保险代位求偿形成的债权在破产程序中的受偿顺位》，载《法律适用》2022 年第 9 期。

〔2〕 参见胡明、关儒：《论破产清算中税收优先权的“欠税”界定》，载《税务研究》2022 年第 1 期。

〔3〕 参见朱华军、蒋文军、张奕君：《浅议破产清算程序中的“新生税款”》，载《中国注册会计师》2022 年第 6 期。

〔4〕 参见陈科林：《企业破产中职工社会保险债权的清偿问题研究》，载《法律适用》2022 年第 7 期。

〔5〕 参见邢丹：《“绿色原则”视阈下预重整制度的功能性建构》，载《现代法学》2022 年第 2 期。

预先表决的计划草案能否被确认以及保障相关利益方的异议权。[1]何心月从 42 个具体的预重整案例出发，认为目前部分案件有违背破产法和民事诉讼法规定、削弱庭外协商价值的嫌疑，并认为预重整不应贸然复制重整规则，不得具有任何广义上的司法冻结效果；预重整不应当以达到破产界限为前提，现行破产制度不存在可供预重整制度植入的理论空间。[2]杨春华在区分了“进入司法程序后——预重整——破产重整”的非本源性预重整和“庭外预重整——进入司法程序”的本源性预重整后得出相似观点，即预重整应当将重心放于法庭外。[3]刘成安和宋辉以预重整的程序效力为视角，认为预重整并非我国法定的破产程序，其本质上不具有解决破产分配与债务清理的功能，不应被赋予集中管辖、诉讼中止、执行中止的效力，并基于此认为应该将企业预重整程序的启动时间点作为破产临界期的追溯时间点，赋予预重整程序的启动以破产撤销权时间起算点的效力。[4]

与上述观点强调预重整制度的庭外特性不同，赵小芹和秦瑞鑫在总结我国各地法庭的预重整实践后，认为我国预重整形式应当采取庭内预重整，以法院为主导，具有强制效力，且应当包含预重整的启动、临时管理人的产生、预重整方案的制定和法院的审查受理等程序。[5]

此外，亦有学者对预重整程序中具体的法律问题进行了研究。吴杨对预重整中债转股的结构属性进行了研究，认为在预重整中，债转股可以有效挽救困境企业并使之重生，作为债务人企业以其股权抵消债权人债权，或者债务人企业的股东和债权人相互免除债务的法律行为，具有清偿性和投资性，实体性和程序性等二元结构属性。[6]张艳丽和陈俊清则对预重整中的庭外债务重组进行了研究，认为预重整是法庭外债务重组和庭内正式重整的衔接程序，涉及债务人、临时管理人、债权人委员会等多方主体。在预重整方案充分符合信息披露标准，权益受到影响的债权人、出资人同意后，应经过一定程序，由法院裁定转化为正式的重整计划对所有债权人产生约束力。[7]

（二）重整制度的整体反思

李曙光从立法者、操作者、权利者、司法者和行政者五个维度对重整制度进行了整体性分析：从立法者维度解构，现行重整制度主要汲取了美国重整制度，但出现制度异化与现实问题需要制度改进；从操作者维度解构，重整操作模式包括经管债务人的操作模式以及破产

〔1〕 参见王玲芳：《混合企业救援实践下的预重整制度构建》，载《法治研究》2022 年第 4 期。
〔2〕 参见何心月：《我国破产预重整实践的现状与出路》，载《华东政法大学学报》2022 年第 5 期。
〔3〕 参见杨春华：《我国预重整制度探索研究》，载《法律适用》2022 年第 11 期。
〔4〕 参见刘成安、宋辉：《企业预重整程序效力问题研究》，载《济南大学学报（社会科学版）》2022 年第 5 期。
〔5〕 参见赵小芹、秦瑞鑫：《论我国预重整之程序构建》，载《长白学刊》2022 年第 2 期。
〔6〕 参见吴杨：《预重整中债转股的二元结构属性》，载《法律适用》2022 年第 3 期。
〔7〕 参见张艳丽、陈俊清：《论法庭外债务重组与法庭内重整的合理衔接》，载《北京理工大学学报（社会科学版）》2022 年第 1 期。

管理人的操作模式，应当建立以经管债务人为原则的接管制度，激励债务人及时启动重整程序；从权利者维度解构，营商环境优化对重整制度提出了新要求，债权人保护问题应得到重视，从司法者维度解构，重整制度及实践存在司法介入主义倾向，司法者应扮演好裁判者的角色；从行政者维度解构，行政者在重整程序中应明确公共服务者的定位，推动府院协调机制制度化及其机构专责化。[1]

（三）上市公司的破产重整

上市公司的破产重整往往涉及多方利益，因其规模巨大不仅仅涉及法律问题，还涉及诸多社会问题，这导致在上市公司的破产重整中政府往往参与其中。王毓莹对上市公司重整中的“府院失衡”现象进行了研究。上市公司重整中政府公共管理身份、股东身份与管理人身份的混同致使政府对重整的过度干预，直接降低了法院在公司重整中的主导地位，导致上市公司重整市场化程度低、债权人利益受到侵害。为解决“府院失衡现象”，应明确两者在上市公司重整中的角色定位，法院的主导地位不应动摇，政府仅应发挥辅助性作用。在此定位基础上，确立上市公司可重整性标准，并由法院指定专业人员调查重整可行性，成立破产重整管理人协会，除对债权人信息披露外还需强化重整中对法院的信息汇报等，以期实现府院关系的平衡。[2]

（四）重整计划

重整之本旨，就是对债权人和债务人之间的法律关系进行重新调整和安排，以期实现企业之存续和新生。在此过程中，重整计划扮演着至关重要的角色。对于重整计划的内容、表决和执行，学界存在如下讨论。

1. 重整计划的内容

通常而言，重整计划应当包括企业基本情况、经营方案、债权调整和出资人权益调整等内容。银行作为我国融资市场的核心，其和企业间的担保债权在重整计划中扮演着关键角色。王兰、黄伟佳认为从利益平衡和公共利益考察的视角出发，在破产重整计划中限制银行担保债权有其必要性与正当性。目前我国破产法立法仍然存在担保债权的暂停行使范围不明、自动中止条款过于僵化、自动中止与恢复的程序性条款缺位以及担保物估值机制不完善等问题，应在立法中细化担保债权自动中止及其救济制度，确立担保财产估值制度，并着力搭建以银行担保债权人为主导的发声渠道。[3]

重整优先原则是指在出资人权益调整中，重整计划应当平等对待相同性质的债权人，在

---

〔1〕 参见李曙光：《我国破产重整制度的多维解构及其改进》，载《法学评论》2022年第3期。

〔2〕 参见王毓莹：《论我国上市公司重整中的“府院失衡现象”及其协调》，载《法学评论》2022年第2期。

〔3〕 参见王兰、黄伟佳：《破产重整中银行担保债权的限制与保护》，载《河南财经政法大学学报》2022年第3期。

顺序在先的债权人获得全部清偿之前，在后的债权人不应获得任何清偿。[1]关于重整计划的研究多围绕该原则进行。贺丹在其研究中发现，个案中的某些重整利益相关者权益会突破现有的法定规则排序，让部分利益相关者获得更为优先的清偿顺位，在对相关案例进行研究和总结后，其认为法律应当对利益相关者的权益特征，公共政策考量，重整价值估值难题等因素进行综合考量并予以回应；增加优先权调整规则，为司法裁量提供参考，从而达到重整法律规则在效率和公平方面的均衡。[2]

2. 重整计划的表决

根据我国《破产法》第 82 条的规定，我国对重整计划的表决采取强制性分组原则，即应当按照债权类型将债权人分为担保债权人组、劳动债权人组、税收债权人组、普通债权人组（可包括小额债权组）对重整计划进行表决。在 2022 年的研究中徐阳光、韩玥经过研究发现，我国司法实践中对债权分组的不同理解导致部分案件中为了重整计划的通过违反债权分组基本原则和要求，导致债权人利益受损，并认为《破产法》第 82 条所规定的分组性质应为法定分组和意定分组相结合的折中模式，故而在分组中应严格遵守实质相似的标准，同组别中提供的清偿方案不能突破债权清偿的顺位要求，须严格遵守重整优先原则。在债权人意思自治之下，选择不同的清偿方式，最终实现债权利益最大化。[3]

3. 重整计划的执行

《破产法》第 92 条第 2 款对债权人未申报债权的情形做出了规定，即在重整计划执行期间不得行使权利，在重整计划执行完毕后，可以按照重整计划规定的同类债权的清偿条件行使权利。邹海林对未申报债权救济的正当性、司法实务处理未申报债权所遇到的问题进行了针对性研究，认为司法实务中部分法院以重整计划“预留”未申报债权偿债资金仅仅是管理人对未申报债权金额的“预估”，对于未申报债权人没有约束力；并进一步对一系列具体问题进行了讨论，包括：在人民法院做出批准重整计划的裁定前，债权人补充申报债券的，不论其债权是否已经确定，均属于已申报破产债权，在重整程序开始后，债权人未在法院确定的债权申报期内向管理人申报、且未在法院裁定批准重整计划补充申报其破产债权的，构成重整未申报债权；重整程序未申报债权的诉讼时效因法院裁定受理破产申请而中断，自重整后的债务人执行重整计划完毕时重新起算；债权人请求未申报债权救济的，仅能要求重整后的债务人清偿按照重整计划规定的同类债权的清偿条件算定的未申报债权金额。[4]

翁彬瑜则汇总梳理了比较法对重整中产生的融资债权优先清偿的规则及相关保护制度，认为我国应当完善破产重整实施阶段优先保护体系，构建破产重整完结阶段优先退出保护体

〔1〕 参见许德风：《破产法论——解释与功能比较的视角》，北京大学出版社 2015 年版，第 506 页。
〔2〕 参见贺丹：《破产重整优先规则：实践突破与规则重构》，载《政法论丛》2022 年第 2 期。
〔3〕 参见徐阳光、韩玥：《重整计划中的债权分组规制研究》，载《法治研究》2022 年第 4 期。
〔4〕 参见邹海林：《重整程序未申报债权的救济问题研究》，载《法律适用》2022 年第 8 期。

系，并加强破产重整的信息披露机制。[1]

五、破产和解制度

破产和解，是指具备破产原因的债务人为避免破产清算，与债权人团体达成以让步方法了结债务的协议，协议经法院认可后生效的法律程序。张世君、郑峡在对和解制度的司法实践进行研究后发现，当前破产和解的实践较少，无法发挥其预防破产、降低成本的优势，并认为主要原因在于理论层面对破产和解的价值取向存在争议，即妥协并有序偿债和低成本实现企业挽救两种不同的价值取向的模糊导致了立法设计的科学性和合理性受到影响；此外，在具体制度设计层面上，存在体系性思考不足、和解手段不够丰富、监督机制不够完善等问题；并进一步认为，破产和解制度的功能是预防破产和挽救债务企业，制度上应当引导庭外和解和破产和解程序衔接，保障债务人企业的营业维持，设立更为丰富的和解手段，健全信息披露和监督机制等。[2]

六、公司濒临破产时的规制

目前《破产法》并无对濒临破产的公司进行特别规定，但是当公司濒临破产时，其利益中心将不可避免地从股东转向债权人。故而，对濒临破产的公司进行规制尤为重要，学界亦对该议题给予了充分的关注。

2022年，有较多文章对董事于公司濒临破产时的信义义务进行了研究。解正山在对德国法和英美法进行了比较研究后认为，濒临破产时股东的信义义务发生转化，故而应当在我国破产法中规定临近破产时公司董事的义务及其问责制度，包括类似于欧陆法上的积极作为义务和未及时履行义务的侵权责任。[3]余东生、朱庆持类似观点，认为我国破产法应当明定公司事实破产期间董事破产申请义务，确立董事违反破产申请义务的法律责任，赋予破产管理人损害赔偿请求权，并允许董事以继续经营符合商业判断规则进行抗辩。[4]

对于董事承担责任的法理基础，存在信义义务、侵权责任和法人退出三种不同的视角。王佐发对濒临破产时董事的信义义务转化进行了专门研究，对董事信义义务转化的触发条

---

〔1〕 参见翁彬瑜：《企业破产重整融资债权优先清偿保护制度的国际借鉴》，载《财会通讯》2022年第21期。

〔2〕 参见张世君、郑侠：《破产和解制度价值实现的困境与出路》，载《首都师范大学学报（社会科学版）》2022年第5期。

〔3〕 参见解正山：《论公司临近破产时的董事义务及问责制——基于公司法与破产法交错视角的思考》，载《当代法学》2022年第6期。

〔4〕 参见余冬生、朱庆：《论公司事实破产时董事对债权人的责任》，载《湘潭大学学报（哲学社会科学版）》2022年第5期。

件、董事对债权人所负信义义务的基本内容、债权人作为信义义务受益人的基本权利以及信义义务转化后董事的抗辩权进行了讨论，夯实了董事在公司濒临破产时承担责任的法理基础。[1] 齐砺杰以侵权为视角，从《〈公司法（修订草案）〉征求意见稿》第 190 条和 191 条出发，将其和世界银行营商环境报告中对新增的“及时申请破产”和“环境环保责任”两项新指标进行对比分析，最后得出结论，第 191 条应进行修改，不仅应包含公司正常情况下的信义义务规定，还应包含公司资不抵债情况下的侵权责任规定，以体现其与第 190 条的逻辑同一性和董事——影子董事的责任同一性，即都作为《民法典》第 1168 条共同侵权规则之下位法，而不同于一般公司组织法上的替代责任（公司吸收其雇员行为的责任）侵权规则。[2] 郭靖祎则认为，破产程序启动义务的分析和建构应当在《民法典》搭建的法人退出制度体系下进行，应当适当延伸公司解散清算义务人义务，通过内外部主体共同形成程序启动合力，按类别设定程序启动时机，并规定前期准备、后期配合等多项具体启动义务内容。[3]

此外，杨鹿君对上市公司濒临破产时的董事、控股股东的民事责任进行了进一步研究，认为上市公司在该问题下的特殊性在于，其迟延破产申请不仅仅损害了债权人、中小股东等公众投资者的利益，亦低效占用了大量社会资源，破坏证券市场秩序，该研究进一步认为，我国董事、控制股东不当交易责任的触发时点应设定为公司存在事实破产表征时，而迟延申请破产责任的起算时点则宜为公司出现法定破产原因时，在其行为给全体债权人造成损害的范围内，根据过错程度承担赔偿责任。[4]

七、特殊主体的破产制度

（一）个人破产制度

1. 个人破产制度的立法选择

随着《深圳经济特区个人破产条例》（以下简称《个人破产条例》）的出台，个人破产制度成为了近年来学界重点关注的议题，在破产法的修改中引入个人破产制度亦为学界的主流观点。王欣新认为，个人破产制度具有释放市场主体的经济活力，促进社会诚实、信用理念的发展，消除社会矛盾等作用并认为将个人破产和企业破产合并立法较为务实。[5] 张善斌在此基础上对个人破产制度嵌入现行破产法的路径进行了进一步研究，认为“吸收式”和

〔1〕 参见王佐发：《论困境公司董事信义义务的转化——以公司法与破产法的衔接为视角》，载《社会科学》2022 年第 1 期。

〔2〕 参见齐砺杰：《董事第三人责任条文的理解与适用辩难》，载《中国政法大学学报》2022 年第 5 期。

〔3〕 参见郭靖祎：《论债务人公司的破产程序启动义务》，载《西北师大学报（社会科学版）》2022 年第 3 期。

〔4〕 参见杨鹿君：《上市公司事实破产时不当行为规制研究——以董事、控制股东民事责任为视角》，载《证券市场导报》2022 年第 3 期。

〔5〕 参见王欣新：《破产法修改中的新制度建设》，载《法治研究》2022 年第 4 期。

“统合式”的路径无法彰显个人破产制度的价值理念，应当以“总分式”结构进行立法，体例上，应当由破产法总则、企业破产、个人破产、法律责任、附则五个部分构成。[1]

2. 个人破产制度的具体建构

学界对于个人破产制度建构的研究主要集中于免责制度的建构上。所谓破产免责制度，指的是破产人经过一定程序后可免于债务的制度，破产免责制度是个人破产的核心制度，也是学界重点关注的对象，学界对免责制度的研究可根据不同的角度分为两类：

第一类研究是对免责制度的研究，主要是针对免责制度整体进行讨论。宋海鸥认为，基于免责在个人破产程序中的独立价值，应当从实体和程序两个角度对免责制度进行构建，从实体角度来看，应当围绕“诚实”和“不幸”的标准，关注清偿能力测试以筛选出有免责资格的债务人，程序上应采取许可主义免责模式，以免责提出、免责考察和免责决定作为主要环节。[2]刘冰认为，免责制度以债务人的诚实信用为价值基础，故而其制度建构需要也应基于债务人的诚实信用进行，故而，个人破产免责制度的前提应包括：债务人不得故意阻挠债权人追偿，债务人能够圆满解释财产损失，履行规定的程序义务；此外，应当对不予免责的债务范围，如故意侵权所产生的损害赔偿等，不予免责的事由类型，如破产欺诈，连续免责的时间限制等，对个人破产免责进行合理限制。[3]靳岩岩则对《个人破产条例》进行了进一步研究，认为实体上应当删除不予免责债务中的雇佣之债、设置所欠税款年限限制、明晰兜底范围，增加不予免责债务人情形中的原则性规定、设置债务人不当行为的审查时间，并在免责条件中纳入对债务人清偿能力的考查，程序上则应当以和解作为免责考察的前置程序，简化适格债务人的许可免责程序，完善破产失权和复权制度。[4]林文学等在对司法实践中自然人作为被执行人的案件进行实证研究的基础上，认为应当采取许可免责主义，并设立五年左右的考察期，根据清偿比例的具体比例确定具体考察期；对于未来有预期收入的债权人，可通过引入用未来收入偿还部分债务后免责的模式间接适用个人重整程序。[5]徐阳光、韩玥对江浙地区个人债务集中清理的司法实践进行了研究，认为个人债务集中清理是个人破产领域中对集体清偿和债务豁免功能的替代性机制，是未来个人破产的过渡性制度，属于类个人破产；在制度定位上，应当独立于强制执行、执行和解和参与分配制度；基于上述分析，该研究认为个人破产的准入控制依赖于诚信债务人的识别，实体上应当建立不予免责的法定情形和不予免责债务类型，而且还应规定免责能力和免责的考察因素，在程序设置方面

[1] 参见张善斌：《个人破产制度嵌入现行破产法之路径》，载《法学评论》2022年第3期。

[2] 参见宋海鸥：《个人破产免责制度的中国建构：制度证成与方案设计》，载《南方金融》2022年第10期。

[3] 参见刘冰：《我国个人破产免责制度的构建》，载《法商研究》2022年第5期。

[4] 参见靳岩岩：《论个人破产法上免责考察制度的法律构造》，载《财经法学》2022年第1期。

[5] 参见最高人民法院民二庭课题组、林文学、殷慧等：《司法实践视野下自然人破产免责制度的构建》，载《法律适用》2022年第2期。

应坚持许可免责主义。[1]

第二类研究则是对免责制度的某个环节进行针对性研究。张善斌、余江波对免责考察期制度进行了进一步研究，认为以破产清算程序终止为起算点，可以根据不同的清偿率设置不同的考察期，也可以将一定比例收入返还给债务人，在债务人确无继续清偿能力的情形时，可在简易程序中设置快速免责程序；此外，债务免责期和破产失权是在不同层面上对债务人自由的限制，期限不完全重合，也不应混同。[2]翟业虎、刘荣浩则对个人破产免责的限制进行了进一步研究，认为破产免责并非专为债务人设计，还需考虑债权人和社会的整体利益，故而应对免责制度进行一定的限制，我国个人破产免责应当结合债务人合作、人道主义和社会成本—效益三种免责限制理论，采取许可免责为原则，注重识别不合作、债务欺诈等不予免责的情形；程序上注意和解和重整的前置分流，并设置债务咨询、理财课程等要求，以达成对债权人和债务人的双向交易目的，避免信贷的无序扩张。[3]

除了免责制度外，亦有学者对个人破产中其他制度进行了研究。高丝敏在美、英、法等国的“直接看门人模式”和“间接看门人模式”对比的基础上，认为我国个人破产立法应当有限的吸收“间接看门人模式”，并随着实践的深入向“直接看门人模式”过渡。[4]

（二）关联企业合并破产制度

关联企业合并破产，指的是在企业破产中，将具有关联关系的企业纳入破产程序一并破产的程序。随着现代商事交易的发展，集团公司等关联企业样态大量存在，它们该如何适用破产程序，如何与法人人格独立原则进行协调成为值得关注的议题。

郭歌对发源于美国的实质合并规则、衡平居次原则进行了研究，并认为“揭开公司面纱”是对实质合并破产更合理的解释；“揭开公司面纱”导致关联企业主体被拟制为同一，使互负的债权债务因主体归属于一人而混同消灭，实现对受损害债权人的公平清偿，具有效果妥当性；通过扩张适用“揭开公司面纱”理论，包括“逆向揭开公司面纱”和“横向揭开公司面纱”，可全面规范各类型关联关系导致的合并破产。[5]王纯强从《公司法》第 20 条第 3 款“公司法人人格否认制度”与《全国法院破产审判工作会议纪要》第 32 条“法人人格高度混同”的关系出发，对关联企业合并破产重整所涉及的裁判和法理关系进行了研究，并建议在《破产法》中增加实质合并重整的处理规则，妥善解决公司法人人格否认制度在合并重整中的运用，进一步厘清关联企业合并重整的适用标

〔1〕参见徐阳光、韩玥：《个人破产的三重控制机制：基于个人债务集中清理实践的分析》，载《法律适用》2022 年第 6 期。

〔2〕参见张善斌、余江波：《个人破产免责考察期制度的构建》，载《湖北社会科学》2022 年第 4 期。

〔3〕参见翟业虎、刘荣浩：《论个人破产免责的限制》，载《法律适用》2022 年第 5 期。

〔4〕参见高丝敏：《论个人破产“看门人”制度的构建》，载《法治研究》2022 年第 4 期。

〔5〕参见郭歌：《“揭开公司面纱”作为关联企业合并破产之路径：规范解释与质疑回应》，载《中国政法大学学报》2022 年第 4 期。

准、启动模式等实务分歧。[1]

亦有学者的观点和前述观点相左。赵惠妙、左常午在对实质合并破产所涉案例进行研究后发现，目前我国司法实践中，合并破产的标准较为多样，存在人格混同、人格高度混同、衡平居次等单一标准，亦有在法人人格混同为基础标准的前提上附加“资产难以分离”等标准，并进一步指出，在法人格否认制度中，法人格混同是适用法人格否认的充分要件，而在合并破产中，法人格混同是合并破产的必要要件，往往还需要借助其他辅助要件进行，最后其认为，法院在审理合并破产案件时应当遵守审慎原则和用尽其他救济原则，明确裁判标准，立法上应对法人人格高度混同、区分各个关联企业成本过高、严重损害债权人公平清偿利益等标准进行进一步完善，赋予利害关系人更有效的异议权等。[2]

此外，王欣新对实质合并破产中的程序进行了研究，并着重强调了法院应当对适用实质合并破产采审慎态度，并设置听证程序；相关利害关系人对受理法院的裁定不服的，可以在法定期间向上一级人民法院申请复议。[3]

（三）其他主体的破产问题

关于农村集体经济组织的破产制度。农村集体经济组织属于《民法典》所规定的特别法人，从文义上看似不属于《破产法》第2条所规制的“企业法人”。崔艳峰对农村集体经济组织的破产能力进行了研究，并认为基于农村集体经济组织设立和存续上的特殊性，即使农村集体经济组织具有破产能力，能够适用破产程序，也只能是保护其存续的重生程序，从而避免农村集体经济组织主体资格消灭后再重新设立的烦琐程序，避免主体缺失给集体带来的风险，并进一步认为应当设计具有针对性的破产规则，给予农村集体经济组织摆脱债务困境的重生机会。[4]

关于保险公司的破产处置。王静通过对保险公司和证券公司、商业银行等金融机构的对比，认为保险公司在破产中更具复杂性，故而，在本次《企业破产法》修订时应当重点关注保险公司的破产原因、破产程序启动的前置程序及管理人选任、保单现金价值的归属及其和个人破产豁免财产的衔接、投保人等保险合同债权人的利益保护等问题并制定相应规则。[5]

关于房地产企业的破产。随着房地产行业风险的增加，在房地产企业破产时如何保障购房者的权益也受到学界的关注。石一峰讨论了房地产企业破产时对购房者权利的保护；在购

---

〔1〕 参见王纯强：《关联企业合并破产重整实证研究：裁判样态与法理思考——兼评〈公司法〉与〈企业破产法〉的制度协调》，载《法律适用》2022年第10期。

〔2〕 参见赵惠妙、左常午：《我国关联企业实质合并破产的裁定标准》，载《法律适用》2022年第4期。

〔3〕 参见王欣新：《实质合并破产中听证与复议的规制研究》，载《法律适用》2022年第8期。

〔4〕 参见崔艳峰：《论农村集体经济组织的破产能力》，载《学习与探索》2022年第3期。

〔5〕 参见王静：《保险公司破产处置若干问题研究——以企业破产法修订与保险法的协调衔接为视角》，载《法律适用》2022年第9期。

房者预告登记的情形下，其可享有物权期待权，一般可对抗抵押权，但要区分房企抵押的客体为何，且只有消费型购房者才可依预告登记对抗建设工程价款优先受偿权人；在购房者"网签"情形下，需附加其他履行要素才能对抗抵押权，且仅消费型购房者才可对抗建设工程价款优先受偿权；在购房者未预告登记亦未"网签"的情形下，支付全部或大部分购房款的消费型购房者仅享有债权优先性，在继续履行或对其个别清偿不损害房企及其他破产债权人利益时，方可通过继续履行路径获得保护，继而取得房屋所有权。[1]

八、破产法的发展趋势

随着经济活动的复杂化和全球化，各种新型经济模式和各国间的协作为破产法提出了新的需求，学界的研究亦对这些新需求予以了回应。

（一）特殊程序视角下的破产法

在程序视角下，黄忠顺对破产财产网络拍卖的程序进行了研究，并认为在网络司法拍卖平台上变价出售破产财产行为的法律性质是公法拍卖，参照适用网络司法拍卖规则。但是，鉴于破产清算的特殊性，破产财产网络拍卖应当确立若干有别于网络司法拍卖规则的特殊规则。[2]

刘颖对简易程序的建构进行了讨论，认为适用简易程序的破产案件必须债权债务关系明确、债务人财产状况清楚、法院认为适宜简便快捷审理。简易破产程序由法院依职权启动，可以由审判员一人独任审理，审理期限为破产申请受理之日起 6 个月。在简易破产程序中，可以通过便捷方式、缩短期限、简化流程来简便快捷审理。[3]

何欢对破产法和执行程序的关系进行了研究，并认为参与分配制度应定位为以同一执行程序处理金钱债权终局执行的竞合，具有独立于破产法的价值，其立法体例的选择也与破产法无关。破产法的宗旨在于以债的概括清理实现利害关系人整体利益的促进，对执行法的尊重若与该宗旨相冲突，破产法便不必受其拘束。破产法得突破执行法的当事人进行主义与形式化原则，更能直接对债的个别实现包括强制执行加以摒弃。[4]

（二）国际视角下的破产法

范晓宇以《纽约公约》第 5 条为视角对破产和国际商事仲裁裁决的关系进行了研究，并认为应在适用《纽约公约》第 5 条时考虑破产事实的存在，一般而言在比较法中破产不轻易影响《纽约公约》第 5 条下破产方的行为能力和仲裁协议的效力，但是否影响破产争议的可

[1] 参见石一峰：《房地产企业破产中购房者权益的保护》，载《法学》2022 年第 12 期。
[2] 参见黄忠顺：《破产财产网络拍卖的深度透析》，载《法治研究》2022 年第 2 期。
[3] 参见刘颖：《论我国破产法上简易程序的构建》，载《法学评论》2022 年第 3 期。
[4] 参见何欢：《债务清理上破产法与执行法的关系》，载《法学研究》2022 年第 3 期。

仲裁性和违背执行地的公共政策则因各国而异，我国司法实践已涉及破产与国际商事仲裁裁决承认与执行的交叉问题，但立法尚处于空白状态，应尽快明确和处理二者的竞合关系。[1]

2021 年 5 月 14 日，最高人民法院和香港特别行政区政府签署了《关于内地与香港特别行政区法院相互认可和协助破产程序的会谈纪要》，内地和香港的破产机制合作亦得到关注。袁泉在对上述文件进行研究后认为，该文件在司法实践的贯彻实施过程中尚存有一些问题，仅是解决两地跨境破产合作机制的权宜之计。从长远看，双方应从各自的实际出发，借鉴《联合国跨境破产示范法》，共同签署跨境破产合作的司法协助安排，以便平等保护两地债权人，实现破产财产价值的最大化。[2]此外，曹启选、叶浪花对首例香港破产程序认可和协助案（森信案）进行了研究，总结出了概括承认和分离协助的耦合模式，并认为该模式对我国跨境破产制度有较大益处。[3]

---

〔1〕 参见范晓宇：《论破产对国际商事仲裁裁决承认与执行的影响——以〈纽约公约〉第 5 条的适用为视角》，载《国际经济法学刊》2022 年第 3 期。

〔2〕 参见袁泉：《内地与香港跨境破产合作机制前瞻》，载《法律科学（西北政法大学学报）》2022 年第 3 期。

〔3〕 参见曹启选、叶浪花：《我国跨境破产的实践发展和路径探索——以全国首例香港破产程序认可和协助案的审理为视角》，载《法律适用》2022 年第 3 期。

2022年中国证券法理论研究综述

王大龙

2022年，我国证券法理论研究不断深入，当年学者发表了大量的学术成果，其中代表性的著作如下。

1. 教材类著作。冯果主编：《证券法（第二版）》，武汉大学出版社；崔香梅主编：《公司法与证券法典型案例教学》，上海交通大学出版社；朱锦清：《证券法学》，北京大学出版社；邢海宝编著：《证券法学原理与案例教程》，中国人民大学出版社；何海锋：《证券法通识》，中国法制出版社。

2. 理论类著作。李有星、潘政、杨方实等：《证券法理论与实践前沿问题研究》，浙江大学出版社；黄江东、施蕾：《证券法治新图景》，法律出版社；陈道江：《中国资产证券化法律制度之历史考察》，北京出版社；曾斌、金祥慧：《强责任时代》，中国法制出版社；吴京辉等：《冲击与回应：智能合约在证券市场中的应用》，法律出版社；石启龙：《股票期现跨市场操纵监管法律制度研究》，法律出版社；史佳欣：《内幕交易法律规制研究》，中国法制出版社；齐萌：《内幕交易抗辩制度实证研究》，中国政法大学出版社；王为雄：《日本内幕交易规制》，武汉大学出版社；姜沅伯：《美国债券保险监管制度研究》，法律出版社；葛向孜：《内幕交易监管下的豁免制度研究》，法律出版社。此外，还包括一些代表性文集：朱慈蕴、汤欣等主编：《清华金融法律评论（第6辑）》，法律出版社；黄红元、蔡建春、卢文道主编：《证券法苑（第三十五卷）》，法律出版社；郭锋主编：《证券法律评论（2022年卷）》，法律出版社。

3. 实务类著作。郑州商品交易所《“漫”话期货和衍生品法》编写组编：《“漫”话期货和衍生品法》，法律出版社；叶林主编：《中华人民共和国期货和衍生品法理解与适用》，中国法制出版社；程红星：《中华人民共和国期货和衍生品法释义》，中国金融出版社；夏建亭主编：《康美药业案：首例中国特色证券集体诉讼》，法律出版社；陈卓、王贺主编：《北交所IPO：智能合约在证券市场中的应用》；孟庆君：《私募基金与资管行业：募、投、管、退中的疑难精解》，首都经济贸易大学出版社；朱芳华、郭佑宁主编：《私募基金法务实操指引》，清华大学出版社；徐沫主编：《私募股权投资基金法律实务》，中国人民大学出版社。

在学术论文类的研究成果中，学者主要对证券违法行为及其规制、信息披露、证券监管、投资者保护等问题进行了关注和研究。

一、证券法的权利观

张钦昱以法的本位观、法益、法的实施类型作为切入点，质疑了权利在《证券法》中显扬表达的观点，并寄希望于《证券法》在未来完善中加强对义务的规制，建立有利于证券市场整体利益的实施机制。具体而言，在法的本位观的角度中，其认为法律可以义务作为主导，观察我国《证券法》的规定，其中禁止义务性规范的数量远远大于权利性规范。从证券法法益的角度上来说，证券法的规定均在宏观上影响社会公众的福祉，而不是仅局限于具体的投资者，并且"赋权—行权"的路径与证券法法益是背离的，而行政机关、社会组织等更能代表公共利益，维护市场的秩序。最后，在法的实施类型方面，从实体保证机制层面来说，民事责任规范的设计存在很大问题，权利保护法益的路径在证券法领域难以奏效；而在程序保障机制的层面，程序上的设置亦难以保证投资者保护自己的权利。该学者从证券法宗旨的改变、证券法义务的勃兴以及证券诉讼机制的改良三个方面说明了证券法权利观的嬗变，说明了在"赋权—行权"模式破产后，义务强化模式兴盛后，违法义务人的对象将扩大，《证券法》的法益应当重新厘清，篇章结构应予以较大调整。[1]

二、证券法的域外适用

李翔宇从立法、司法和执法三个方面对我国证券法域外适用的现状进行了检视，并对美国立法和实践进行了举例分析，其中对美国效果测试标准、行为测试标准以及交易测试标准三个不同的标准进行了利弊分析，并指出各项标准之间的更迭造成了裁判的不确定性，当然这也与立法的模糊意图存在关联。就我国证券法域外适用规则的实践进路而言，其认为应解决以下四方面的问题。其一，境外适用前提的厘定。包含"境外"的界定、证券发行和交易

---

〔1〕 参见张钦昱：《证券法的权力观》，载《中国政法大学学报》2022年第2期。

的判断依据以及境内投资者的资格要求三个方面的讨论。其二，域外适用条件的明确。我国司法机关在具体审查时考虑以下因素：（1）损害是实质的而非抽象的，并且是已经发生的损害，仅有准备阶段的行动不应包括在内；（2）损害后果具有重大性，损害应当具有直接及可预见性。其三，域外适用边界之限缩。具体表现为三个方面：（1）以结果要件作为判断前提，无结果则无管辖；（2）因果关系的细化；（3）利益因素的衡量。其四，跨境监管合作之优化，进一步回归到法律后果的落实层面，实现从司法到执法的有序衔接。〔1〕

高菲对粤港澳大湾区跨境证券侵权纠纷中具体的法律适用问题进行了研究，其中包含了管辖权冲突、法律适用冲突以及判决的承认与执行。解决证券侵权纠纷法律冲突的关键是解决管辖权冲突，一旦法院确立其对争议拥有管辖权，就会适用法院地的冲突规范确定准据法，其他问题就迎刃而解。在解决跨境证券侵权纠纷的基本原则中，"主场原则"是跨境侵权纠纷的主要原则。《内地与香港股票市场交易互联互通机制若干规定》第 3 条确立了"主场原则"，主场原则实际上采取的是"交易标准"，即根据证券交易的地点确定监管管辖权。此外，处理跨境证券侵权纠纷的其他原则中包含了最密切联系原则和合理管辖原则。粤港澳跨境证券侵权纠纷法律冲突的解决路径中包含了冲突法的解决路径以及规则对接解决路径两个方面的内容。〔2〕

三、证券违法交易行为及其规制

（一）短线交易

李有星、周冰认为我国对于短线交易条款的继受范围仅限于美国《证券交易法》第 16（b）节的规定，这种规则的做法被称为是一种"粗略的经验法则"，这种规定存在范围过宽和范围过窄的问题：在限定时间内反向交易公司股票的内部人未必具有内幕信息，具有内幕信息的内部人也可能等时间结束后再去交易。在内幕交易反欺诈规则不断发展的背景下，其制度价值备受中外学者质疑。在单一功能的视角下，关于短线交易条款是否应当被废止的问题固然值得思考，但是另外一个思考角度就是短线交易条款是否存在其他重要的制度功能。学者在现有研究成果的基础上提出，短线交易条款其实具有反内幕交易、反操纵和改进公司治理的"三位一体"的制度功能。以此作为前提重新检视短线交易条款的适用规则，可以发现我国不少学者推崇的美国法院的实践方法并不具有现实合理性，而应当以公司内部人主体认定作为中心问题，以规制内部人的公司事务控制权为关注重点，重构短线交易条款的适用规则。具体包括以代表理论扩大"董事"的范围、以决策职能作为"高级管理人员"的认

〔1〕 参见李翔宇：《我国〈证券法〉域外适用的规范演进与实践进路》，载《上海金融》2022 年第 10 期。

〔2〕 参见高菲：《粤港澳大湾区跨境证券侵权纠纷之法律适用问题研究——以"深港通"为切入点》，载《南方金融》2022 年第 4 期。

定原则、确立消极的“持有5%以上股份的股东”的豁免规则以及处理好持股权益归属和内部人身份变动等问题。[1]

（二）禁止操纵证券市场

樊健从法律与金融的角度对禁止操纵证券市场的理论基础进行了分析，认为尽管世界主要发达经济体都通过立法的方式明确禁止任何人操纵证券市场，但是对于禁止操纵证券市场的理论基础是什么，学界和事务界并未形成一致的看法。我国目前存在的四种主要学说，即“欺诈投资者说”、“破坏市场机制说”、“滥用优势地位说”以及“剥夺公平交易机会说”。虽然这四种学说都具有一定的合理性，但是无法解释金融市场基准操纵的违法性与上市公司回购股份等行为的合法性。同时，这些理论存在适用范围过宽或者过窄的问题，如无法准确区分短期套利与短线操纵行为。该学者认为应当从交易行为是否损害证券价格的真实性和证券流动的充分性，即是否减损证券市场效率的角度判断交易行为是否构成操纵证券市场。[2]

（三）证券内幕交易

1. 内幕交易认定的适用困境

曹理就新《证券法》对内幕交易认定的适用困境进行了分析，由此反思其所依据的立法理念，进而去探讨根本性改革方案的可能性。学者认为新《证券法》下内幕交易认定的困境在于内幕交易的法律特征要素的认定存在争议，并由此导致了光大证券“乌龙指”案中内幕交易信息认定出现了截然相反的结论。对此学者认为内幕交易信息的本质在于能够对证券市场价格产生重大影响，但是与其来源并无必然的联系。而内幕交易主体认定的困境则源于其所采取的特殊身份进路的立法理念，即内幕交易主体应当与发行人之间存在法律明确规定的身份、职务或合同等特定关系，实践中不断“打制度补丁”的方式造成了法律的冗繁复杂，无力从容应对日趋复杂的内幕交易监管实践。对此学者认为应当摒弃身份进路而采用信息持有进路来规制内幕交易的主体。各法域普遍规定了内幕交易行为的除外情形，我国亦不例外，但我国目前的规定存在除外情形较少，司法解释中扩大的除外情形有下位法突破上位法限制，相关规定简单，缺乏可操作性等问题，而可行的解决方案是由立法授权证监会制定关于内幕交易除外情形的具体认定办法，从而实现定分止争。[3]

2. 内幕交易的主体

张淑芬、左坚卫对我国新《证券法》下证券内幕交易的主体的立法重构进行了讨论。本文首先对证券内幕交易的主体的相关研究综述和理论基础进行了梳理，在域外立法中，各国

[1] 参见李有星、周冰：《短线交易条款的功能定位与适用规则的重构》，载《苏州大学学报（法学版）》2022年第2期。

[2] 参见樊健：《禁止操纵证券市场的理论基础：法律与金融的分析》，载《财经法学》2022年第3期。

[3] 参见曹理：《新〈证券法〉下内幕交易认定的理念转换与制度重构——以光大证券“乌龙指”案为对象的分析》，载《西南民族大学学报（人文社会科学版）》2022年第1期。

证券内幕交易主体规制的理论基础都不同，主要以欧盟的信息平等理论和美国的信赖关系理论为主流。而我国学界关于内幕交易主体理论基础的观点主要有三种：第一种观点支持信赖关系理论，第二种观点支持信息平等理论，第三种观点则认为应当跳出理论的藩篱，根据所保护的法益确定内部交易的主体。目前信赖关系理论和信息平等理论在我国不同层级的规范文件中均有所体现，立法中存在的问题主要是证券内幕交易主体范围不一致以及部分应当纳入内幕交易主体范围的人员被遗漏。其次，学者经过梳理已裁判的案例发现，我国司法认定存在以下难题：部分证券内部信息知情人员的认定存在争议、对非证券内幕交易主体正当获取内部信息的认定不尽相同以及经过多次传递的证券内幕信息接受人存在认定困难。针对这些问题，学者认为我国应当采用二元理论，以信息平等理论作为主要的理论基础，对证券内幕交易主体进行立法修正，重新建构主体范围，进一步细化认定标准，并设定不同的证明标准。[1]

（四）虚假陈述

1. 揭露日

金琪睿对我国揭露日司法认定标准的变化进行了分析，我国司法实践最初主张以“镜像”规则作为判定“揭露”的标准，将行政处罚信息公开日作为虚假陈述的揭露日，该标准会导致虚假陈述的揭露日将迟滞于“真相泄露”的时间点，从而导致阻却证券虚假陈述侵权民事赔偿中的损失因果关系，阻碍法律的正向教育作用的不利影响。在最高人民法院《关于审理证券市场虚假陈述侵权民事赔偿案件的若干规定》发布后，判定“揭露”的“知悉”标准最终得以确立。为了进一步完善裁判标准，力求实现虚假陈述揭露日的最优选择，维护信息披露的制度价值，学者建议识别“抵抗揭露”以及重叠型虚假陈述区间等例外情形。同时，证券虚假陈述民事侵权案件的赔偿离不开证券监管机构的监管执法，应当加强金融司法与监管工作协同，着力构建证券监管过程中体系完整、信息透明、监督有序的信息公开制度，规范证券发行和交易行为，保护投资者合法权益，维护公开、公平、公正的证券市场秩序。[2]

2. 审理证券市场虚假陈述新司法解释的评析

随着 2022 年修订后的最高人民法院《关于审理证券市场虚假陈述侵权民事赔偿案件的若干规定》出台，学者对该新司法解释进行了评述。

陈洁认为最高人民法院发布的审理证券市场虚假陈述侵权民事赔偿案件的新司法解释在立法理念上呈现了追求个别性保护机制的基本定位、深化填补损害的基础功能、维护市场参与各方权责配置中的利益平衡以及寻求体系化思维下相关机制的协调衔接的新发展理念。在

---

〔1〕 参见张淑芬、左坚卫：《新〈证券法〉下证券内幕交易主体的立法重构》，载《云南师范大学学报（哲学社会科学版）》2022 年第 1 期。

〔2〕 参见金琪睿：《证券虚假陈述揭露日的司法认定省思》，载《上海金融》2022 年第 6 期。

制度设计上，新司法解释从取消前置程序、虚假陈述的认定、重大性、交易因果关系、过错认定、责任主体、损失认定以及诉讼时效等方面力求实现证券虚假陈述侵权损害赔偿制度的重塑与规范。学者同样指出了新司法解释留给未来司法实践发展的空间：第一，个别制度设计只能起到宣示性作用；第二，证券法领域特殊性规则未能考虑周全；第三，行政机制与民事机制的衔接配套未能得到一并处理。[1]

汤欣、李卓卓对我国最高人民法院《关于审理证券市场虚假陈述侵权民事赔偿案件的若干规定》进行了评析，其认为一方面新版解释贯彻了投资者保护法的政策，及时填补了相关法律制度的空白；另一方面实现了民事责任的精细化，完善了相关主体的抗辩事由以及损害赔偿的计算规则。具体而言，新版解释中取消了前置程序，完善了责任承担主体的范围，包括追究首恶的双控人责任与打帮凶的帮助造假者责任。此外，明确了重大资产重组交易对方的责任。新版解释通过重大性的认定、交易因果关系的抗辩规则以及损失因果关系的认定规则来实现平衡控辩双方、允许合法抗辩的目标。解释中同样明确了机构投资者的诉讼资格，建立预测性信息安全港规范。针对民事责任的精细化，新版解释中则是强调过错责任、鼓励勤勉尽责以及规定了损害赔偿的计算问题的有关内容。最后，学者认为上市公司等信息披露主体虚假陈述的民事责任制度高度复杂，仍有一些课题期待未来的司法实践以及学说发展进行有关回应。[2]

李有星等对证券虚假陈述新司法解释的理解与适用高端论坛上的理论内容进行了综述，对证券虚假陈述侵权赔偿案件的审理制度进行了研究。首先，学者们对最高人民法院《关于审理证券市场虚假陈述侵权民事赔偿案件的若干规定》的理解与评价提出了以下观点：第一，以欺诈市场理论为指引，构建科学的司法解释逻辑体系；第二，秉承司法政策导向，保护投资者合法权益；第三，理性均衡各方利益，公平保护原被告的诉讼权利；第四，回应社会关切和实践需求；第五，废除前置程序便于原告行使诉权；第六，科学认知和界定虚假陈述的核心要素；第七，确立了预测性信息的安全港制度；第八，明确重大性、交易因果关系、损失因果关系的处理；第九，细化过错认定、不同主体的免责抗辩和责任边界。其次，学者提出了对于该司法解释的理解与适用中的争议：第一，该司法解释的适用范围问题；第二，取消前置程序的可能弊端；第三，重大性和交易因果关系的认定和标准问题；第四，损失因果关系与基准日的认定问题；第五，连带责任和过错的认定问题；第六，诉讼时效的问题；第七，独立董事的抗辩事由问题；第八，中介机构的责任问题。最后，学者们提出了对于司法解释相关规定完善建议：第一，该司法解释适用和参照适用的问题；第二，取消前置程序后立案、取证等问题的完善；第三，重大性标准的完善；第四，不具有交易因果关系制度的完善；第五，关于过失和责任问题的完善；第六，独立董事免责抗辩规则的完善；第

---

〔1〕 参见陈洁：《虚假陈述民事赔偿制度的新发展理念及其规范实现》，载《法律适用》2022 年第 3 期。
〔2〕 参见汤欣、李卓卓：《新修虚假陈述民事赔偿司法解释评析》，载《法律适用》2022 年第 3 期。

七，诉讼时效的衔接问题。[1]

3. 虚假陈述中介机构的责任

郭雳、吴韵凯对我国《证券法》中虚假陈述与证券服务机构民事责任规则进行了梳理，我国 1998 年《证券法》制定颁布以来，经过了 5 次修改，最高人民法院出台了 3 份有关司法解释，证券虚假陈述案件的法规范制度体系不断演化完善。学者通过对康美药业案、中安科案、雅博公司案、华泽钴镍案、金亚科技案和保千里案等司法实践进行总结归纳，将法院对于证券服务机构责任承担的意见大体归纳为全部连带责任、补充赔偿责任、比例连带责任型三类。案件得到不同的处理固然是因为存在不同的事实基础，但是其中反映出来的法律规范之间的不一致、不协调问题不容忽略。可行的做法就是借鉴环境污染责任和生态破坏责任中“半叠加的分别侵权行为”情形，对证券虚假陈述案件中的比例连带责任进行进一步的探索，也可以考虑引入专家鉴定机制。[2]

洪国盛对义务范围理论下证券服务机构过失虚假陈述赔偿责任进行了研究，其对义务范围理论进行了证成与制度解释，义务范围理论的核心是义务均有其意图防范的具体风险，只有落入义务预防之风险所生的损害，义务违反者才需要负责。义务范围理论经由义务范围确定与义务范围关联两个步骤实现其功能，不仅可以为认定证券服务机构赔偿责任提供指引，同样可以为其承担比例责任或者连带责任提供依据。义务范围确定用以定性行为人所负有的注意义务旨在预防的风险及其所生损害的类型，可以区分为提供建议与提供信息两类义务。证券服务机构通常只承担提供信息类的义务，因而仅就其服务意图预防的特定风险负责。学者对义务范围与过错标准之间的判断、义务范围与信赖要件的判断以及义务范围与过错程度、原因力的考量之间的关系进行了分析，得出义务范围影响过失虚假陈述赔偿责任中过错与信赖要件的判断，且能将过错的程度与原因力考量纳入其中，弥补相关理论的不足。[3]

4. 虚假陈述中独立董事的归责原则

刘运宏通过对上市公司虚假陈述的 3 个典型案例中独立董事承担责任的判决进行分析，得出了我国独立董事因为上市公司虚假陈述而承担民事责任的一般规律与结论，即因上市公司虚假陈述而承担的民事赔偿责任与行政法律责任的承担与否不具有必然关系，二者有着截然不同的归责原则。法律现行规定和相关判例对于独立董事因为上市公司虚假陈述而承担民事赔偿责任的认定标准是“行为人对虚假陈述是否有过错”，而认定是否有过错的标准为是

---

〔1〕 参见李有星、钱颢瑜、孟盛：《证券虚假陈述侵权赔偿案件审理制度研究——新司法解释的理解与适用的高端论坛综述》，载《法律适用》2022 年第 3 期。

〔2〕 参见郭雳、吴韵凯：《虚假陈述案件中证券服务机构民事责任承担再审视》，载《法律适用》2022 年第 8 期。

〔3〕 参见洪国盛：《义务范围理论下证券服务机构过失虚假陈述赔偿责任研究》，载《法学研究》2022 年第 5 期。

否在信披文件上签字确认其真实准确完整，保证不存在虚假陈述、误导记载以及重大遗漏。独立董事因此承担责任的案件中，法官通过自由裁量权维护独董的民事赔偿责任的公平与公正，说明因为虚假陈述而承担民事责任的规则需要进一步的修正与完善。对此，学者提出的建议是：打破独立董事在上市公司相关披露文件上签字保真承诺承担责任，包括民事赔偿责任在内的僵化规则原则。根据主体与责任一致的原则，明确细化上市公司虚假陈述侵权民事赔偿主体。最后，根据独董在上市公司虚假陈述侵权行为中的过错程度设计其民事赔偿责任。[1]

四、证券交易错误规则

伍坚对境外证券错误交易取消规则进行了研究，他首先对境外交易所的错误取消标准进行了研究，包括纳斯达克、伦交所、新交所、东交所和澳交所取消交易的标准，其得出的结论是虽然标准各有不同，但交易所原则上只会取消那些明显错误或者对市场造成重大影响的交易。其次，他研究了境外交易所的错误交易取消程序，其得出的结论是各大交易所取消交易的程序方面主要包括以下内容：一是取消的内容，二是取消的时限，三是信息的公开，四是费用的收取，五是交易所决定的救济。我国的新《证券法》增设了取消交易和暂缓交收两种措施，后者不具备法理上的独立价值，只能作为临时性、辅助性的手段，应当将取消错误交易作为未来规则细化的首要选择。具体而言，在取消标准上，应当采取成交数量或者成交金额的标准；在取消程序的启动上，应同时规定依申请的取消和依职权的取消，规则还应当明确申请时限，交易所的审核程序、作出决定的时限、费用收取以及对交易所决定不满时的复核等事项。[2]

五、信息披露

（一）信息披露中有效性和简明性关系的辨析

孙宝玲提出了我国证券法理论长期以来忽视的一个问题，其是信息披露的有效性和新《证券法》中所指明的“简明清晰，通俗易懂”之间存在紧张关系。学者从信息披露有效性实现的逻辑出发，提到强制信息披露是对市场中信息不足问题的一种低成本解决方案，但经过简明化的通俗信息无法反映关于公司价值的所有信息，信息披露的简明性改革是否是一个合乎制度原理的改革方向需要更为深入的研究。证券市场的效率由五类投资者行为共同作

---

〔1〕 参见刘运宏：《独立董事因上市公司虚假陈述而承担民事赔偿责任的规则原则及其改革》，载《武汉金融》2022年第5期。

〔2〕 参见伍坚：《证券交易错误取消规则：域外经验及启示》，载《证券市场导报》2022年第9期。

用，其中专业投资者代表的信息交易者是使得证券价格充分反应信息的关键，是定价的核心作用者。简明性改革提供的是通俗易懂的信息，是否满足信息交易者需求有待反思。之后，学者对信息披露简明性改革的有效性进行了质疑，主要包括普通投资者有限理性和专业投资者信息不足两个方面的问题。最后，其提出了促进信息披露有效性制度构建方面的建议：第一，增强简明性规则设计及其适用的针对性；第二，扩大受众信息接触的领域，即构建促进普通投资者交易的同时又能满足专业投资者信息需求的有效披露制度，综合运用从“中介披露模式”到“纯粹披露模式”的规则谱系，从各个角度制定政策，达到信息披露的有效性。〔1〕

（二）信息披露中重大性标准

马志健对于我国注册制背景下重大信息的认定标准进行了探究，注册制以信息披露为基础进行构建，而重大性判断标准是信息披露的核心所在。学者对注册制背景下信息披露重大性标准的功能定位、类型以及发展进行了介绍，其中对于重大性判断标准的类型可以划分为一元理论、二元理论以及新二元理论的类型。我国重大性判断标准存在的问题则是在理论上的一元理论与二元理论的观点都和我国法律实践存在差别，并且证券发行与交易市场互不相融会导致重大性判断标准漏洞的产生。重大性判断标准的改进应从填补重大性标准的漏洞以及完善以理性投资人为核心的重大性标准两个方面进行。针对重大性标准的漏洞，该学者提出可建立“一般—特殊”的重大性适用标准，证券交易所以及证监部门可以加大执法力度以及出具更为详细的指引的建议。而作为漏洞填补规则，应当明确以理性投资人为核心的重大性判断标准，构造重大性标准核心的理性投资人可以结合上市公司所处的板块、行业特征以及规模大小理解理性投资人的具体投资决策，为增强抽象标准的可操作性，未来可以通过列举的方式将理性投资人标准具体化。〔2〕

（三）信息公平披露规则的分析与检讨

王琦对我国《证券法》第83条规定的证券信息公平披露规则进行了分析与检讨。该学者讨论了公平披露规则的内涵以及目的，并明确了我国的公平披露规则在规制对象、信息披露的公平性的认定标准以及除外规定等方面有待进一步的明确。首先，我国公平披露规则的规制对象应当界定为重大信息的选择性披露行为，非重大信息不会显著影响投资者决策和证券价格，该种信息的披露并无适用公平披露规则的必要。此外，信息披露人选择性披露重大信息的行为也属于内幕交易规制的对象，即出现了公平披露规则与内幕交易规范的重合。针对此问题，该学者介绍了有关处理方式。其次，公平披露规则要求信息披露人必须将信息同时披露于所有的投资者，所谓同时披露，实际上就是要求信息披露人在统一的时间向所有的

〔1〕 参见孙宝玲：《证券信息披露简明性与有效性探析》，载《中国政法大学学报》2022年第5期。
〔2〕 参见马志健：《注册制背景下信息披露重大性标准探究》，载《财会月刊》2022年第8期。

投资者公开披露信息，而不能公开披露前进行选择性披露，我国证券法有必要扩张公平披露的内涵，但是也应适当缓和公平披露规则的同时披露要求。最后，公平披露规则除外规定的具体指向应是信息披露人在证券发行、监管活动和公司业务往来中向负有保密义务的主体提前披露信息的行为，不构成对公平披露规定的违反。[1]

（四）信息披露中董事有关问题

张梁对我国《证券法》第82条第4款中规定的上市公司董监高信息披露异议制度进行了分析。首先，他从该制度发展沿革的历史角度出发，明确了该制度在异议主体、异议对象和异议方式上都发生了显著的变化，而现在随着《证券法》全面推行证券发行注册制，董监高异议制度违规信息披露发现功能的重要性日益凸显。其次，他又明确了第82条第4款存在的困境就是激励机制的缺乏以及以“陈述理由”为核心的异议规则不够完善，实践中暴露出规则被滥用的问题。对此应当打通董监高异议制度与董监高责任减免的关系，并将董监高免责的“示范动作”作为该款的功能之一，建立该制度正向激励机制。同时以“陈述理由”为核心，结合“陈述理由”的类型划分实现异议规则的规范化和责任减免机制的构建。[2]

上市公司治理研究课题组首先对独立董事在上市公司信息披露中的法律责任进行了实证分析，其中包括了独立董事承担法律责任的实践特征、独立董事勤勉尽责的判断、独立董事对于专业意见的信赖以及独立董事和其他董事的责任四个领域。其次，学者将独立董事法律责任的域外经验与我国的实际进行了对比分析。从勤勉责任的判断标准来说，在美国，判断独立董事是否勤勉尽责主要看其是否进行了合理调查，考察发行人类型、证券类型、董事与发行人是否存在其他关系等情形；而我国证券监督管理机构和法院已经形成了一些经验做法，虽然在个案中侧重点可能有所差异，但总体而言与美国的合理调查标准基本相同。从专业意见的适用角度来说，美国法中适用了合理信赖的原则，专家部分内容是被严格限定的；独立对于专家部分的信赖必须是适当的。从独立董事与其他董事责任的区分来说，美国和英国都对于不同的董事进行了责任的区分，而我国并没有专门就独立董事和其他董事的责任区分问题作出规定，只是列举了责任划分的因素。最后建议上市公司监督管理条例明确独立董事责任标准具体的建议内容，包括：（1）将合理调查作为独立董事勤勉尽责的判断标准，允许独立董事合理信赖专业意见。（2）合理区分独立董事和其他董事的法律责任。（3）完善履职保障方面的规定。[3]

---

〔1〕 参见王琦：《证券信息公平披露规则的规范分析与检讨》，载《北方法学》2022年第2期。

〔2〕 参见张梁：《上市公司董监高信息披露异议制度何去何从——以新〈证券法〉第82条第四款为视角》，载《法学评论》2022年第3期。

〔3〕 参见上市公司治理研究课题组、台冰：《独立董事在上市公司信息披露中法律责任问题研究》，载《证券市场导报》2022年第5期。

六、投资者保护

（一）适当性义务

任自力对我国金融机构适当性义务的规范逻辑进行了梳理。首先，在金融机构适当性义务的理论基础方面，美国信义义务理论是适当性义务的主要理论基础，而中国属于大陆法系，信义义务不是大陆法下的概念，贸然引入会带来其他问题，中国完全可以把适当性义务纳入现有的诚信义务理论下。其次，针对金融机构适当性义务的法律地位，学者认为对于适当性义务的讨论要在诚信义务的理论体系下展开，金融机构的适当性义务是一个用于金融法全领域的概念。而在适当性义务与告知说明义务的关系上，学者认为适当性义务是告知说明义务的上位概念，二者之间是包含与被包含的关系。最后，学者总结了适当性义务存在的问题并提出有关解决方式，国内现有投资者分类以及风险类型的划分阻碍了金融机构了解客户义务的履行，现有金融产品风险测评制度的缺陷阻碍了金融机构了解产品义务的履行，因此应当尽快完善现有投资者分类以及风险类型的划分标准、统一金融产品风险评级标准、建立起风险匹配数据的实时更新机制，并及时出台统一的金融机构适当性义务管理办法。〔1〕

高俊鹏对我国投资者适当性义务的责任机制进行了检视，其以《关于规范金融机构资产管理业务的指导意见》的出台作为时间界点，筛选出了65份有效的判决文书，并以此作为基础展开类案研究。首先，他对我国投资者适当性义务责任制图范围界定的实证观察是政策文件的变化并未深刻改变司法实践，其得出的结论是适当性义务的责任主体范围并非不能包括金融产品发行人，而是应当对责任主体进行目的性扩张，只有发行人对销售行为负有监督义务时，才能成为适格责任主体。其次，他认为对于违反投资者适当性民事责任的性质界定的实证观察是责任的性质存在争议，“合同责任”与“侵权责任”在学理上也争论不休，学者认为适当性义务是一种信义义务，其责任的性质应当采取“侵权责任说”。最后，该学者认为相关案件的赔偿率偏高，立法层面上对于责任减免的规则尚付阙如，应当对于适当性义务的免责事由进行体系化的构建，学者认为可以从了解义务的履行，告知说明义务、匹配义务的履行实现责任的减免。此外，监管部门与自律组织发挥专业优势制定的部门规章、自律性文件对于适当性义务责任机制的完善作用不容忽视。〔2〕

（二）投资者保护机构持股行权制度

汪青松、张凯对我国新证券法下投保机构持股行权制度进行了制度评析，其从整体上评价了投保机构持股行权的制度设计，而后从传统域内投资者保护机制和域外投资者保护机制

〔1〕 参见任自力：《金融机构适当性义务的规范逻辑》，载《法律适用》2022年第2期。

〔2〕 参见高俊鹏：《投资者适当性义务的责任检视机制——以〈资管新规〉出台以来相关案例实证分析为基点》，载《金融发展研究》2022年第8期。

两个方面分析了其对加强投资者保护的比较优势，最后其分析了我国现有投保机构持股行权制度设计存在缺乏法律上的正当基础以及程序配置、持股行权的制度功能与股权的私权属性存在抵触、持股行权规则设计缺乏理论统领而体系化不足的问题。随后，学者通过引入“共益股”的概念来完善投保机构持股行权的制度，不仅能为其提供制度设计的理论基础、底层架构，也能为该制度的体系化提供统领主线。最后，学者分析了“共益股”相对普通股的特殊之处，提出了基于“共益股”完善持股行权的基本思路，未来的制度完善可以借助公司法律修订的契机明晰其制度目标、辅以证券法和单行法律法规明确“共益股”法律地位、权利构造及行权构造等内容，从而发挥“共益股”制度在外部投资者保护中应有的作用。[1]

（三）先行赔付制度

朱晓婷首先对《证券法》先行赔付制度的本质属性和制度定位进行了讨论，而后指出了先行赔付制度的实现受限于市场上相关主体的赔付意愿以及赔付能力，因此《证券法》实施后，先行赔付制度的困境在于能否在实践中得到落实。学者对此给出的建议是，一方面，可以由证监会或者相对中立的行业协会对第93条进行细化以及完善相关操作指南，对赔付对象的范围、赔付资金的来源、赔偿方案制定等要点加以明确，合理平衡先行赔付主体、其他连带责任人和受损投资者之间的关系；另一方面，《证券法》中的制度不是孤立的存在，从先行赔付制度推广的长远考虑，应当在第93条之外，探索与之可以共同作用的正向以及反向激励机制。[2]

（四）代表人诉讼

冷静对证券集团诉讼首案康美药业案进行了详细的分析，并提出其中的制度突破以及有关的未尽议题。康美药业案实现了极大的突破，投服中心对案件诉讼的启动实现了由普通代表人诉讼到特别代表人诉讼的无缝衔接，而从投服中心对案件的选择来看，综观当时尚未审结的其他普通代表人诉讼案，康美药业案的社会影响是最大的。此外，康美药业案的复杂性体现在，民、行、刑三种追责手段的并用，民、行、破三种司法程序的并行，其中特别代表人诉讼程序和破产重整程序凸显出来了很多冲突、衔接和协调的问题。而康美药业案引发的争议则主要包括中介机构和独立董事的责任标准和责任范围。康美药业案中未尽的议题则是选案的标准能否复制、涉嫌造假的银行帮凶并未受到监管的处罚、非系统性风险因素的扣除如何进行核定、司法协作与专家参与方式和流程尚待优化、投服中心与社会律师的竞争问题。[3]

刘哲玮以康美药业案中法院确定揭露日和实施日，进而确定权利人范围的做法为切入，分析了法院相关做法存在的问题，进而对证券代表人诉讼中权利人范围的确定这一问题进行

---

〔1〕 参见汪青松、张凯：《新证券法下投保机构持股行权机构的制度完善》，载《贵州师范大学（社会科学版）》2022年第5期。

〔2〕 参见朱晓婷：《对〈证券法〉先行赔付制度改良进路的解析》，载《财经理论与实践》2022年第2期。

〔3〕 参见冷静：《康美启示：证券集团诉讼首案的制度突破与未尽议题》，载《中国法律评论》2022年第1期。

了讨论。最高人民法院《关于证券纠纷代表人诉讼若干问题的规定》吸纳了过去《民事诉讼法》和司法解释中确立的“公告—审查”模式的教训，将确保案件高效有序的审理作为权利人范围确定程序的价值追求，从而设计出了先行审查的“裁定—公告”模式。但是现行规则同样存在法院对审查方式自由裁量过高和原告以外其他投资者参与机会被剥夺的问题。我们现在应当允许投保机构提前介入权利人范围确定的程序，由其代表全体潜在的投资者发表意见，根据是否存在争议以及争议的类型，区别适用三种不同的审查机制。〔1〕

毛立琦通过对证券领域诉讼机制的回顾检视，认为中国式证券集体诉讼应当发挥维护投资者合法权益，威慑违法违规行为，促进资本市场稳定发展的核心功能。之后他通过对证券集体诉讼制度配置的解释学分析，从启动方式的特殊性、启动主体的特殊性、诉讼权利的倾斜保障三个方面说明了中国式证券集体诉讼仍然受到人数不确定代表人诉讼的影响，具有很强的保守主义色彩。虽然制度配置符合本土文化，是基于路径依赖的合理选择，但是程序的影响会导致中国式证券集体诉讼可能无法在未来占据群体性纠纷解决机制的主导地位，中国式证券集体诉讼制度的落地实施需要依赖政府的制度推进。〔2〕

（五）存托凭证中的投资者保护

李东方对存托凭证及其法律特征以及存托凭证法律关系构造的特殊性进行了分析，进而提出对存托凭证投资者风险特殊性的具体分析。存托凭证投资者风险的特殊性主要表现在：第一，信息不对称加剧；第二，名义股东对外表决权的滥用；第三，外汇方面的特殊风险；第四，发行与交易机制中的特殊风险；第五，证券监管与司法管辖的风险并存。同时，学者根据存托凭证投资者遭受风险的特殊性，就建立和完善存托凭证投资者权益法律保护的特殊性进行了讨论，从存托凭证权益保护制度的目标、对基础证券发行人行为的持续监管、存托凭证存托与托管的法律规制、信息披露的法律规制以及存托凭证投资者权力救济制度的建立和完善五个方面论述了如何建立和完善投资者权益保护的特殊性机制。〔3〕

（六）域外投资者保护制度借鉴

沈冰、龙星燎对美国和英国保护中小投资者权益的措施进行了研究，美国保护中小投资者的主要措施包括：强调知情权、集团诉讼制度、公平基金制度；而英国保护中小投资者权益的主要措施包括：金融申诉专员制度和监管沙箱制度。学者在以上研究的基础上，结合我国证券市场中保护中小投资者权益的现状提出我国的改进措施：第一，完善信息披露制度与特别代表人诉讼制度，引入先进的公平基金与金融申诉专员制度，逐步构建中国化的多元纠

〔1〕 参见刘哲玮：《证券代表人诉讼中权利人范围确定程序的检讨与展开》，载《中国法律评论》2022年第1期。

〔2〕 参见毛立琦：《论中国式证券集体诉讼的功能定位》，载《南京大学学报（哲学·人文科学·社会科学）》2022年第1期。

〔3〕 参见李东方：《存托凭证投资者权益保护制度的特殊性及其完善——兼论我国现行存托凭证制度的完善》，载《法学评论》2022年第3期。

纷解决机制；第二，通过构建证券监管领域的沙箱模式，推动证券监管与金融创新之间的平衡发展，在金融科技的时代背景下，切实保障证券市场中小投资者的合法权益。[1]

七、证券公司

邢会强对上市公司非公开发行股票中保荐机构以及承销商的勤勉尽责标准与民事责任进行了探讨。首先，从上市公司中非公开发行股票在我国的引入来说，2005年修订的《证券法》引入的上市公司非公开发行股票制度在实践中得到了各方的积极肯定。上市公司非公开发行股票与公开发行股票之间异大于同，其中中介服务机构的作用较小，投入的时间也较短，收费也较低，证券法保护投资者的方式是进行投资者资格的区分。其次，该学者对于美国私募发行制度进行了介绍，并从中对美国非公开发行证券的规则进行了梳理归纳。最后，该学者讨论了上市公司非公开发行股票中保荐人尽职调查的标准，非公开发行证券的，保荐人尽职调查工作参照《保荐人尽职调查工作标准》的有关规定进行，具体到非公开发行证券中券商的尽职调查标准而言，非公开发行的保荐人尽职调查低于公开发行的保荐人尽职调查的标准，但是具体低到何种程度，立法者并未给出明确的指引。在上市公司非公开发行股票中，有权提起诉讼的仅限于认购人，原告应当举证其依据本次上市公司非公开发行股票保荐人、承销商出具的信息披露文件购买了证券，其他投资者不能要求上市公司非公开发行股票的保荐人和承销商承担民事责任，这是因为不仅不存在因果关系，而且行政处罚不意味着民事诉讼的一定胜诉。[2]

八、证券服务机构

（一）中介机构责任配置问题

邢会强认为我国配置中介机构的法律责任的理论指导不应是看门人理论，而应该是“追首恶”理论。学者首先提出了我国看门人制度下法律责任存在的有关问题：第一，责任承担的“深口袋”现象违背了“过责相当”原则。投资者胜诉之后，财力最雄厚的被告往往会首先被执行赔偿，而真正欺诈的元凶可能成为漏网之鱼，即根据被告的财力而非过错承担责任。第二，连带责任不利于资本市场的生态平衡。第三，投资者保护过度不利于培育市场理性。随后，学者进一步指出了看门人制度与理论的根本缺陷：第一，看门人理论与制度脱离实际；第二，中介机构既要看门，又需要为发行人提供顾问服务，利益冲突在所难免；第

[1] 参见沈冰、龙星燎：《中小投资者权益保护的国际经验与借鉴》，载《财会通讯》2022年第11期。
[2] 参见邢会强：《上市公司非公开发行股票中券商的勤勉尽责标准与民事责任》，载《法律适用》2022年第8期。

三，委托代理的问题根深蒂固。学者认为应当从分配正义、激励相容、商业逻辑、国家竞争这些方面来对中介机构法律配置进行考量。最后，学者提出了中介机构法律责任配置的应然理论是“追首恶”理论。专业顾问是中介机构最主要的功能，其内涵信息认证功能，“看门”仅仅是次要功能、附属功能；如果发行人出现虚假陈述，应当主要追究发行人尤其是“首恶”们的法律责任，并根据中介机构的作用和主观过错有区别地追究其责任。同时，学者提出了对中介机构法律责任的重新配置，包括强化“追首恶”与精准打击、限缩连带责任的适用以及有区别地设置责任限额。[1]

任孝民对我国《证券法》中介机构责任配置的相关问题与规定进行了分析，认为证券法规定中存在的问题是对于多主体进行了全面单一的连带责任规定，并且连带责任会引发层次接替以及过责失衡的问题。这种规定建立在对连带责任赔偿与阻遏功能的不当假设与片面理解上，也并未对司法适用中的潜在问题予以预见性考虑。证券欺诈民事诉讼的改革或将提升中介机构的风险敞口，使得过责不匹配的问题凸显，催生了限缩中介机构责任的调整动力与现实需求，司法实践中的有关案例呈现了司法裁判当下的困局。目前监管主导的僵化规定无法满足司法实践需要，因此未来修改《证券法》之际，关于虚假陈述民事责任条款的设计应当扭转监管中心主义的立法倾向，首要考虑民事司法需要公平合理分配责任的基本目标以及规则需要。该学者同样提出了对于责任重塑的实体安排以及责任形态重塑的形式路径。[2]

（二）会计师责任

刘静、崔元祯首先对我国特别代表人诉讼制度的内涵、特色和影响进行了分析，进而在此基础上对我国首例特别代表人诉讼案康美药业诉讼案进行分析，并且对其中正中珠江律师事务所以及合伙人对投资者损失承担连带责任的根本原因进行分析，最后学者得出了特别代表人诉讼制度下正中珠江 CPA 负连带责任赔偿的启示，并且提出了注册会计师控制民事赔偿责任风险的若干建议。建议主要包括：（1）审慎执业，严格遵循审计标准；（2）提升专业能力，规避重大过失；（3）强化质量控制，杜绝欺诈行为。[3]

（三）证券律师责任

张逸凡、郑依彤对新《证券法》视野下证券律师勤勉尽责义务进行了分析。首先，学者对于证券律师勤勉尽责义务进行了学理分析，认为勤勉尽责义务存在的逻辑就是为了实现“看门人”的作用，而我国资本市场中中介机构履行看门人职责的发展过程，是一个从体制嬗变到制度构建和规范储备，再到不断实践、逐步修正的动态过程。并且从实践上看，律师可以通过总结行政处罚案例，从而提炼出一般的工作性程序和重要事项的清单。其次，为了

---

〔1〕 参见邢会强：《证券中介机构法律责任配置》，载《中国社会科学》2022 年第 5 期。

〔2〕 参见任孝民：《虚假陈述中介机构连带责任的检视与改革》，载《财经法学》2022 年第 6 期。

〔3〕 参见刘静、崔元祯：《特别代表人诉讼制度下 CPA 民事责任问题研究——以康美药业诉讼案为例》，载《财会通讯》2022 年第 21 期。

应对交叉状态下中介机构之间勤勉尽责义务之间的关系，学者参考英美国家的相关制度规定，并对我国目前的中介机构的分工机制与欠缺进行总结，在现有的分工体系和分工原则下，提出了“提出可减免制度”，从而更好地调动各方中介的资源，提高核查协同性。最后，学者认为针对未达到勤勉尽责义务的律师进行追责时，可以借鉴成熟法治国家如美国、英国的发展经验，通过设置专门的民事诉讼制度，加强后端监管，弥补投资者损失，通过民事巨额赔偿制度让违法行为人承担民事责任；同样可以借鉴日韩证券监管制度的“自律性”，通过行业协会的内部监督，或者加强律师的职业伦理规范等，使律师自发高效地承担勤勉尽责地义务。〔1〕

九、公司债券

（一）债券路径选择变更问题

李敏提出了我国债券契约变更中的路径选择问题，在违约常态化的背景下，债券契约的修改是处置违约的重要路径，但是在我国的实践中出现了大额债券持有人压迫小额债券持有人的问题。普通法系和大陆法系针对“压迫问题”呈现出了不同的解决方式，美国的做法是交换要约，德国和日本则是债券持有人会议制度。从深层次的比较分析上来看，不同路径背后所体现的是对债务持有人本息受偿这一根本性权利的立法差异，这同样与各法域惯有的债券投资者权益保护机制以及配套制度支撑的差异相关联。我国债券契约的修改既有大陆法系债券持有人会议自治的运用，也有美国法下交换要约制度的适用，这两种制度自身存在问题，叠加适用还会存有冲突。因此考虑到我国债券持有人保护架构，以及债券相关的配套法律制度，完善债券持有人会议制度更符合历史传统以及变革的低成本诉求。〔2〕

（二）债券持有人保护困境

田春雷对我国公司债券违约处置中持有保护的法律供给进行了描述，其中包括基础性法律制度以及专门性法律制度对债券持有人提供的保护。综合相关法律规定后可以发现，我国债券持有人寻求全面充分的法律保护仍然面临着一系列的障碍：第一，缺乏债券持有人保护的统一上位法；第二，债券持有人会议规则交由发行人制定的做法急需改变；第三，债券受托管理人履职过程中的利益冲突防范规则有待完善；第四，债券限制性条款的规范指引性有待加强。针对相关债券持有保护的困局，学者提出了突破方法：第一，拓展新《证券法》的适用范围，为债券持有人统一保护提供上位法；第二，制定并实施债券持有人会议规范的示范性指引；第三，债券受托管理人利益冲突防范规则的完善；第四，加强债券合同限制性条

〔1〕 参见张逸凡、郑依彤：《新〈证券法〉视野下证券律师勤勉尽责义务的实证研究》，载《上海交通大学学报》2022 年第 2 期。

〔2〕 参见李敏：《债券契约变更的路径选择》，载《财经法学》2022 年第 3 期。

款的规范性引导，增加条款类型。[1]

十、证券监管

（一）我国证券监管处罚中的裁量困境

孙海涛、周奇锜首先对我国证券处罚裁量困境的表现形式进行了归纳总结，裁量困境主要有以下三种形式：实体正义的裁量困境、程序正义的裁量困境以及部门法衔接的裁量困境。随后对于裁量困境的相关成因进行了分析，主要原因包括以下三点：立法预留了较大的裁量空间、监管执法可能误解裁量授权初衷以及行政裁量与司法谦抑性之间尚未达成平衡。其次，学者提出了裁量基准可以解决裁量困境的理论，其理由主要如下：证券裁量基准具有正当合法性、裁量基准有助于实现行政和刑事的有序衔接、裁量基准可以作为权利和权力的救济手段以及裁量基准可以满足双罚制度的应用需求。最后，学者提出了证券领域裁量基准的法治化构造，分别从证券处罚裁量基准的客观形式体系、证券处罚裁量基准的技术构造、双罚制度应当纳入裁量基准构建以及为处断权力设置裁量逃离四个方面进行完善。[2]

（二）证券监管与证券服务机构之间的关系

王为雄指出了注册制背景下证券服务机构监管机制的问题，在此基础上，该学者对美国证券服务机构的职责与监管机构的多元化主体互动监管机制进行了梳理与分析。美国证券服务机构的监管机制是由 SEC 监管机构统筹实施监管，辅以证券服务机构行业和证券市场参与者互相监管。其特性主要体现在发挥行业自律机制作用与重视法律追责力度、严格依法监管两个方面。随后，该学者基于对美国的经验分析，探索了如何构建我国多元化监管主体互动证券服务机构的监管机制：第一，夯实证券监督管理机构功能性监管定位；第二，强化证券服务机构自律监管，发挥行业规范的作用；第三，完善证券服务机构及其自律监管互动的信息披露保障机制；第四，建立证券行政执法和解监管模式，创设公平基金制度。[3]

（三）证券监管对投资者损害赔偿的作用

白硕、张辉对证券监管执法中投资者损害赔偿的实现进行了研究，2002 美国《萨班斯－奥克斯利法》创设了对于可能或者已经被确认违法的行为，行为人可以通过和解、赔偿等方式换取提前结束调查或者减轻处罚的结果的行政执法和解制度，我国同样开始探索多元化的

---

〔1〕 参见田春雷：《新〈证券法〉视角下公司债券持有人保护困局的突破》，载《北京联合大学学报（人文社会科学版）》第 20 卷第 1 期。

〔2〕 参见孙海涛、周奇锜：《证券处罚的裁量困境与解决路径——兼论裁量基准的构建》，载《南方金融》2022 年第 8 期。

〔3〕 参见王为雄：《注册制下证券服务机构的“看门人”职责与监管机制问题探析》，载《金融理论与实践》2022 年第 6 期。

投资者赔偿机制。上述学者主要介绍了监管权推动下的先行赔付制度和监管权主导下的行政和解制度，首先对两种制度的实践立法情况进行了介绍，然后对于行政权力和监管权介入进行了法理证成，最后对监管权介入这两种制度后的作用进行了描述。此外，学者对监管权介入后两种不同路径的关系以及它们和诉讼制度之间的相互衔接关系也进行了介绍。如何在探索证券监管执法方法创新的同时，一并解决投资者的赔偿问题，是近些年来完善投资者赔偿制度的基本思路。在践行这个思路的不同路径中，监管权的介入是共通的，上述两种制度都与监管权的介入有关。之后的司法实践应当探索监管权介入的范围和强度，使得监管执法中投资者救济与司法救济有坚实的连接基础，从而实现金融监管与金融司法的协同。[1]

（四）证券监管中的信息工具

王梓凝、钱玉林认为信息工具在我国证券监管中可以发挥重要的作用，他们首先提出了信息工具的功能优势以及有关风险，然后具体说明了信息工具在证券监管中的适应性以及我国证券监管中对于信息工具使用的具体情况。上述学者认为在证券监管中的差异化信息披露制度是证券监管深度运用的核心，差异化信息披露可以从纵向差异化信息披露的流程、横向差异化信息披露的监管对象以及信息本身的可靠性来把握，并且相对于强制信息披露来说，自愿信息披露也是差异化信息披露的一种形式。同时，他们同样也提出了我国差异化信息披露制度存在的问题，主要包括：第一，投资者利益保护理念没有充分确立；第二，强制信息披露的教条化、格式化；第三，自愿信息披露的界限缺失和激励不足；第四，基于投资者身份差异化信息披露阙如。学者同样提出了我国差异化信息披露制度的完善路径：第一，提高信息披露标准的可操作性；第二，明确自愿披露的界限以及激励机制；第三，补充体现投资者适当性管理要求的信息披露新内容。[2]

---

〔1〕 参见白硕、张辉：《证券监管执法中投资者损害赔偿的实现》，载《证券市场导报》2022年第11期。
〔2〕 参见王梓凝、钱玉林：《证券监管中信息工具的适用与优化》，载《南京社会科学》2022年第8期。

案件聚焦

2022年中国资本市场最具影响力案件评析

一失诺　罚千金

——“上海瀛翊违反公开承诺违规减持案”法律分析

何玙岚

【案情介绍】[1]

（一）秘而不宣：减持套现29亿

上海瀛翊投资中心（有限合伙）成立于2015年9月22日，是为投资药明康德项目设立的专门基金。药明康德于2018年5月8日在上海证券交易所主板A股首发上市，上海瀛翊投资中心（有限合伙）作为其首次公开发行前的股东，持有“药明康德”2053.83万股，占药明康德总股本的0.8381%。上海瀛翊与药明康德实际控制人李某签署了投票委托书，将其全部股权对应的表决权委托给李某行使。根据上市日起36个月内不减持承诺，2021年5月10日上海瀛翊所持“药明康德”禁售期满解禁。

上海瀛翊在2018年药明康德IPO以及2018年、2019年、2020年年报中都做出有关股份减持的承诺：“通过集中竞价交易减持股份的，应履行在首次卖出股份的15个交易日前向交易所报告备案减持计划、公告等相关程序，并保证合并计算在任意连续90日内减持股份的总数不超过公司届时股份总数的1%。”

---

〔1〕 以下事实与分析基于：《中国证监会行政处罚决定书（上海瀛翊）〔2022〕26号》、《无锡药明康德新药开发股份有限公司关于公司股东上海瀛翊收到行政处罚事先告知书的公告》、《无锡药明康德新药开发股份有限公司 关于股东违反承诺减持公司股份并通过公司致歉的公告》。本文仅是基于上述材料进行的学术分析与探讨，特此说明。

2021年5月14日至6月7日，上海瀛翊通过上海证券交易所集中竞价交易系统减持“药明康德”16,107,986股，2021年6月8日上海瀛翊通过上海证券交易所集中竞价交易系统减持“药明康德”1141,700股，合计17,249,686股，约占药明康德总股本的0.6962%，减持价格为：143.49～176.88元/股，减持总金额28.94亿元，减持后持股比例降至0.1419%。

2021年6月12日，药明康德披露《关于股东违反承诺减持公司股份并通过公司致歉的公告》，承认以上减持事实。针对上海瀛翊违反承诺的情况，药明康德称上海瀛翊在实施本次减持之前未能遵守其作为委托投票方作出的有关减持公司股份的相关承诺，未提前通知公司，也没有提前15个交易日通过公司披露减持计划履行公告等相关程序。上海瀛翊就上述违反承诺给出的主要原因为：上海瀛翊减持前持股占公司总股本的0.8381%，未达总股本的1%，相关工作人员未能意识到作为委托投票方，上海瀛翊在公司A股上市时已经作出有关减持公司股份的承诺，应适用中国证监会《上市公司股东、董监高减持股份的若干规定》（以下简称《减持规定》）以及《上海证券交易所上市公司股东及董事、监事、高级管理人员减持股份实施细则》等相关规定，导致了本次违反承诺减持行为。

（二）以儆效尤：信息披露违法与转让股份违规竞合的巨额罚款

2021年6月16日，中国证监会决定对上海瀛翊进行立案调查。2022年5月24日，中国证监会发布《行政处罚决定书》（以下简称《决定书》）。证监会在《决定书》中认定了上海瀛翊的上述减持事实。

证监会认为，上海瀛翊作为药明康德首次公开发行前的股东，因其承诺“在减持前提前15个交易日报告、备案、公告”而成为减持时需预先披露的“信息披露义务人”，因此未按承诺披露而减持的行为违反《证券法》第78条，构成信息披露违法，可以依据《证券法》第197条处罚。同时，《证券法》第36条规定：持有发行人首次公开发行前发行的股份的股东，转让其持有的本公司股份的，不得违反法律、行政法规和国务院证券监督管理机构关于持有期限、卖出时间、卖出数量、卖出方式、信息披露等规定。上海瀛翊未按承诺报告、备案、公告，其减持行为同样违反该规范，构成“转让股份违法”，应当按照《证券法》第186条处罚。

因此，上海瀛翊未按承诺进行披露即进行股票减持的行为分别构成了《证券法》第197条“信息披露违法”和第186条“转让股份违规”所述两项违法行为，对其择一重处，适用第186条“转让股份违规”进行处罚，最终责令上海瀛翊改正，给予警告，并处以2亿元的罚款。

【法律分析】

上海瀛翊违规减持案系新《证券法》实施以来因违规减持被处罚的首个案例，引起了市场及学界极大的关注。有观点认为上海瀛翊本次减持不构成信息披露违法，有观点认为即使构成信披违法，也不能认定违法转让股份。因此，上海瀛翊违反披露承诺即减持的行为定性直接关乎具体罚则的应用，而后续民事责任的承担也值得进一步讨论。

（一）上海瀛翊是否因违反公开承诺而构成对信息披露义务的违反

证监会认为，上海瀛翊的主动公开承诺使其具有“信息披露义务人”的身份，基于此身份的信息披露义务违反可以依据《证券法》第197条处罚。《上市公司信息披露管理办法》对信息披露义务人的范畴做出更具体的规定，其中第62条第1款第2项规定：“信息披露义务人，是指上市公司及其董事、监事、高级管理人员、股东、实际控制人，收购人，重大资产重组、再融资、重大交易有关各方等自然人、单位及其相关人员，破产管理人及其成员，以及法律、行政法规和中国证监会规定的其他承担信息披露义务的主体。”由此看来，上海瀛翊以股东身份在药明康德连续3年年报中做出了减持承诺，其不履行减持承诺的行为构成对信息披露义务的违反。

有观点认为，信息披露作为一种公法义务，其来源只能是相关法律法规的明确规定，而不应是当事人的自我承诺；某些市场主体“自我加压”，作出超出法律规定之外的披露承诺，其本质是私法意义上的承诺，不应据此构成公法意义上的信息披露义务，因此若违背该等承诺，也应只苛责其私法上的赔偿责任[1]。这种观点值得商榷之处在于，未考虑公开承诺不履行的负外部性和公开承诺公共秩序的公法属性。

从负外部性角度分析，承诺人通过作出承诺达到了稳定股价、提升股价的效益，其不履行承诺带来的不利后果却由不特定投资者及由此组成的证券市场承担。此外，我国证券市场股权相对集中，机构投资者不足，个人投资者不够成熟，中小投资者普遍缺乏权利意识，这些均导致中小股东对承诺人的各类承诺无法获得有效的私力救济。[2]因此，必须由公权力介入行政责任的形式增加承诺人的“违约成本”。

另外，公开承诺不仅具有民商事行为的私人属性，同时也兼具公共秩序的公法属性。承诺人不履行承诺不仅违反私法上的义务，同时也损害了证券市场的交易秩序。克服公开承诺的外部性，一方面要有完备的民事责任追究制度，将显著的外部成本内部化；另一方面，从监管角度出发，外部监管力量必须介入市场失灵领域，通过行政处罚等手段将违反单方允诺的负外部性降到最低。

因此，新《证券法》将原本以“发行人、上市公司”为主、散见于不同条款的其他主体为补充的信息披露主体，统称为“信息披露义务人”，充分涵盖了控股股东、实际控制人

---

〔1〕 参见黄江东：《定性存疑 量罚过重——简评上海瀛翊违规减持药明康德案〈行政处罚事先告知书〉》，载微信公众号“证券合规与法治研究”，https：//mp. weixin. qq. com/s/cwyZdYcm6eMILkcRpy1SAA，最后访问日期：2023年6月10日。

〔2〕 参见杨海静，万国华：《论证券市场公开承诺的监管》，载《证券市场导报》2016年第8期。

等其他主体。这不仅有效统一了各类相关法律法规中各种信息披露义务承担者的称谓，而且避免了原罗列方式可能产生的主体范畴不周延、追责无依据的问题，便于进行全面监管。

信息披露与市场透明度是《证券法》的内核与支柱，立法者因此要求发行人及其控股股东、董事、高管等内部人应及时向市场与投资者披露信息。与前瞻性信息披露不同，证券市场公开承诺重要之处在于承诺人以确定的方式就未来事务向他人作出了允诺，并使受诺人产生了合理信赖。这是证券市场公开承诺能具有法律约束力的基本理论基础。[1]也就是说，尽管承诺是承诺人以意思自治的方式获取投资者信赖、进而实现私法自治的工具，但证券价格对信息的敏感性致使上市公司及相关主体违反承诺的行为势必引发相关证券价格的巨大波动，从而可能造成投资者的重大损失，因此，为了防范这类非市场系统性风险，立法将这种基于私法自治的单方承诺转化为了法定义务。

此外，《减持规定》第3条第2款规定："上市公司股东、董监高曾就限制股份转让作出承诺的，应当严格遵守。"因此，上海瀛翊未遵守承诺的行为无疑属于《减持规定》规定的未按照规定披露信息的违法行为，按《减持规定》第15条："上市公司股东、董监高未按照本规定和证券交易所规则披露信息，或者所披露的信息存在虚假记载、误导性陈述或者重大遗漏的，中国证监会依照《证券法》第一百九十三条的规定给予行政处罚"规定，应按2014年《证券法》第193条也即现行《证券法》第197条进行处罚。

（二）上海瀛翊是否构成违规转让股份行为

证监会对上海瀛翊下达2亿元的"罚单"，是依据《证券法》第36条、第186条以"转让股份违法"对其处以了买卖证券等值以下的罚款。其中第36条规定了依法发行的证券转让要遵守有关限售期的规定，第186条规定了大股东违反限售期买卖股票的违规违法行为所应给予的处罚。第36条第2款作为2019年修订后《证券法》的新增条款，是对公司内部人股票交易限制的总则性规定。本案中，上海瀛翊违反承诺未披露即减持的行为属于第36条的规制范围，应适用第186条进行处罚。

实务中有观点认为，第36条第2款"关于持有期限、卖出时间、卖出数量、卖出方式、信息披露等规定"指的是相关法律法规中关于减持行为的明确的、直接的规定，而非《减持规则》第3条中"上市公司股东、董监高曾就限制股份转让作出承诺的，应当严格遵守"这样的间接规定，因此违反"先报备再减持"的自我承诺的行为并非《证券法》第36条所规定的转让股份违规的情形。[2]然而，从《证券法》第36条立法目的及本案股东减持的具体情形分析，以"转让股份违规"对上海瀛翊处以买卖证券等值以下的罚款具有相当的合理性

---

〔1〕 参见杨海静，万国华：《论证券市场公开承诺的监管》，载《证券市场导报》2016年第8期。

〔2〕 参见黄江东：《定性存疑　量罚过重——简评上海瀛翊违规减持药明康德案〈行政处罚事先告知书〉》，载微信公众号"证券合规与法治研究"，https：//mp. weixin. qq. com/s/cwyZdYcm6eMILkcRpy1SAA，最后访问日期：2023年6月10日。

与合法性。

本案中，药明康德曾在招股书中披露，上海瀛翊与药明康德实际控制人李某签署了投票委托书，将其全部股权对应的表决权委托给药明康德的创始人兼实控人李某行使。根据招股说明书披露，药明康德不存在控股股东，李某与其他三人通过签订一致行动协议成为药明康德的实际控制人。[1]因此，虽然监管机构未将上海瀛翊视作一致行动人，上海瀛翊与药明康德实控人之间千丝万缕的联系使得其减持行为难逃“恶意减持”的质疑。在证券市场上，大股东、实控人等减持的失范体现的是少数强者的利益，侵犯的是数量众多的其他投资者的利益，挑战的是作为法律根本的正义价值，且在市场失控下，侵犯的是金融稳定与安全的公共利益。因此，如何合理限制上市公司大股东、实际控制人对其股份的做空权，从而使其能真正做到与公司共进退，并在两种利益之间进行平衡，是法律价值调整中的重点。[2]

根据2014年《证券法》第38条及相应处罚规定——第204条，仅在相关主体违反法律规定，在限制转让期内买卖股票的，才可能面临被处以最高为买卖证券等值的罚款[3]。而现行《证券法》第36条及相应处罚规定——第186条适用范围明显扩大，既增加了对证监会、交易所的业务规则的违反，也将处罚情形从限制期内减持扩大到卖出时间、卖出数量、卖出方式、信息披露等具体违规情形，即违反前述任一情形都有可能被处以没收违法所得，并处最高等值于证券买卖金额的罚款。本案中，上海瀛翊的违规减持正是因违反了信息披露的规定而落入现行《证券法》第36条的适用范围。第36条作为限制公司内部人股份转让的总则性规范，体现了立法者从严规制违规转让股份的趋势，弥补了股份减持的立法缺漏，通过将违法成本提高至“处以买卖证券等值的罚款”来遏制股东、实控人扎堆减持、恶意减持的行为。

相较于其他投资者，上市公司大股东、实际控制人及“董监高”对公司的未来发展及内在价值有更清楚的认识，对公司盈利增长是否能支撑公司股价有更准确的判断。这种内幕信息的获取优势使其表现出精准的减持时机把握，由此获取更多的超额收益。于是，在股价较高的情况下，逢高减持便成了上市公司重要股东的理性选择。而且，这种类型的减持往往不会影响公司控制权变更，通过减持还可为其带来可观的收益。因此，面对股份减持的巨额收益，股东往往具有不惜违规、落袋为安的强烈冲动。[4]在药明康德的招股说明书中，多个重要股东（非持股5%以上大股东）做出减持前披露的承诺，而承诺人正是通过承诺释放信息增强中小投资者信心来主要达到稳定或拉抬股价的目的。根据“上市日起三十六个月内不减

---

〔1〕 参见《药明康德首次公开发行股票招股说明书》，载上海证券交易所网站 http：//www. sse. com. cn/disclosure/listedinfo/announcement/c/2018 -04 -23/603259_20180423_3. pdf，最后访问时间：2023年6月10日。

〔2〕 参见黎四奇：《对我国上市公司股份减持法律制度的检讨与反思》，载《中南大学学报》2016年第2期。

〔3〕 2014年《证券法》第38条规定：“依法发行的股票、公司债券及其他证券，法律对其转让期限有限制性规定的，在限定的期限内不得买卖。”第204条规定：“违反法律规定，在限制转让期限内买卖证券的，责令改正，给予警告，并处以买卖证券等值以下的罚款。对直接负责的主管人员和其他直接责任人员给予警告，并处以三万元以上三十万元以下的罚款。”

〔4〕 参见方重，王可：《强化大股东违规减持监管》，载《中国金融》2017年第8期。

持承诺”，2021 年 5 月 10 日上海瀛翊所持“药明康德”禁售期满解禁，而上海瀛翊从 2021 年 5 月 14 日即禁售期后第五天开始大规模减持，且经过两个阶段持续减持，其减持总金额达到 28.94 亿元。在减持股份过程中违反信息披露要求的，属于典型的违规减持行为，损害了中小投资者权益，危害了市场公平正义与稳定发展，违反了《证券法》，构成《证券法》第 197 条所述行为。

（三）上海瀛翊违反公开承诺的民事责任承担

我国《证券法》第 84 条第 2 款规定：“发行人及其控股股东、实际控制人、董事、监事、高级管理人员等作出公开承诺的，应当披露。不履行承诺给投资者造成损失的，应当依法承担赔偿责任。”作为现行《证券法》中全新增加的条款，第 84 条首次将上市公司及其控股股东、实际控制人、董监高等不履行公开承诺的行为明确为一种证券违法行为，这在承诺不履行、超期履行、违规变更或豁免承诺等大量发生、中小投资者私力救济无门的背景下具有重大的现实意义。但第 84 条第 2 款的寥寥数语背后同时也留下了更多规范空白以待回答。就本案而言，上海瀛翊除了受到责令改正、警告、罚款的行政处罚外，投资者能否依据《证券法》第 84 条第 2 款寻求民事赔偿以及如何寻求民事赔偿？其不履行公开承诺的行为定性为何？

“损害赔偿”作为一种常见的民事责任承担方式，在民法和证券法上存在多个可能的请求权基础。而在探究该条款“损害赔偿责任”的法律基础之前，有必要先讨论公开承诺的性质。我国法律法规并未对公开承诺的性质做出说明，目前学界关于该问题主要有四种观点：侵权责任说、单方允诺说、违约责任说和法定责任说，其中“单方允诺说”作为主流观点得到大多数学者的认可。[1]其理由更多是基于功能主义视角做出的，即如果将公开承诺认定为单方允诺，一经发出即发生法律效力，不能随意撤回撤销，有益于资本市场交易安全；公开承诺作出后中小股东产生了合理信赖，单方行为说可强调承诺的单方性、有效性和无条件性，从而符合公平正义理念；单方允诺说更能解决相对人行为能力、合同成立和生效时点等现实问题。

那么是否认定公开承诺性质为单方允诺法律行为，就可以得出“违反第 84 条应按照民法上违背单方允诺的情形承担民事赔偿责任”的结论呢？本文认为，以民法进路解释违反公开承诺的责任承担需关注以下两点：

第一，承诺人违反公开承诺应当承担侵权责任而非违约责任。就侵权而言，行为人的义务往往来源于法律的设置，而违约情形中行为人的义务通常来源于意思自治的先前表示。[2]证券市场中的公开承诺的违反固然属于意定限制的违反，其形式上更接近于“违约行为”而非“侵权行为”，然而中小投资者主张获得损害赔偿的权利并不来自基于承诺人意定所让渡

〔1〕 参见李晓红、蔡奕：《股权分置改革承诺的履行监管与股东权益保护》，载《证券市场导报》2007 年第 4 期；杨海静：《单方允诺视角下的证券市场公开承诺》，载《南方金融》2018 年第 7 期。

〔2〕 参见程啸：《侵权责任法》，法律教育出版社 2015 年版，第 63 ~72 页。

的权利（因为中小投资者并不会因承诺的作出而对应获得额外的权利），而是来自承诺人及其相关信息披露义务人应当公平、真实地披露信息这一规范要求。[1]承诺人凭借其意定安排做出的承诺，在法律制度的约束下转化为“向公众投资者承担法定信息公开”的法定义务，中小投资者又基于相应的法律规范获得了主张损害赔偿的权利。事实上，承诺人的信息公开义务并不是仅仅向认购人履行，而是向认购人、潜在的认购人以及所有投资者履行。从这个角度分析，信息公开义务也并非合同义务。

第二，依据《民法典》侵权编的一般规范展开侵权责任追究难以达到民事救济的效果。按照一般侵权责任诉讼的规定，无论是提起诉讼的适格条件，还是因果关系、主观过错、损害结果的证明，都对中小投资者提出了较大的挑战。因此，以民法进路解释上市公司及其他承诺主体违反公开承诺的责任承担问题，在法理和实践层面存在相当的困难。而以证券法角度为分析进路，通过立法目的解释《证券法》第84条第2款，可以得出较为合理的解释路径：以预测性信息披露的虚假陈述规则解释违反公开承诺的民事赔偿责任。

一方面，投资者因信任承诺人的承诺内容而进行交易，从而遭受的损失并非一种权利义务层面的损失，而是更倾向于类似于虚假陈述情形下的信息性损失。这种信息的侵害导致投资人因信赖公开承诺做出决策，继而遭受股票下跌的损失。换言之，承诺人否履行承诺内容本身并不会使得投资者的权利义务受损，其受损害的直接原因是信赖了错误或虚假信息后做出的投资决策。因此，违反证券市场公开承诺的情形与虚假陈述这一侵权行为具有本质上的相似性。

另一方面，从立法现状、司法裁判以及《证券法》第84条立法目的分析，适用虚假陈述规则解释违反公开承诺的民事赔偿责任更契合公开承诺制度设计初衷。最高人民法院已经出台有关虚假陈述引发民事赔偿的司法解释，关于证券民事责任制度的一系列特殊设计都具备现实的可操作性并且有例可循。这样，上市公司及其控股股东、实控人及股东等违反公开承诺的行为均适用虚假陈述民事赔偿的相关规定，从最大程度上减少实质上的法律技术障碍，使得《证券法》第84条第2款有可用武之地，充分发挥其震慑和弥补亏损的作用。因此，在剖析理解“违反公开承诺的责任承担”与“虚假陈述民事责任”本质类似的基础上，适用相对成熟完整的虚假陈述民事责任框架来解释公开承诺的法律基础，显然更为合适。

然而，并非所有违反公开承诺的承诺人都应当然地对投资者承担民事赔偿责任，对违反公开承诺的民事赔偿责任的审查也应当遵循虚假陈述民事赔偿责任的构成要件。其中，“重大性”判断在虚假陈述行为认定中具有基础性地位。[2]司法实践中，各地法院对已经受到行

---

〔1〕 参见龚澄俞：《公开承诺的法律定位与责任框架——论〈证券法〉第八十四条第2款的适用》，载《金融法苑》2021年第1期。

〔2〕 参见徐宇翔：《全面注册制视域下证券虚假陈述“重大性”要件司法认定研究——以462份裁判文书和45份处罚决定为分析样本》，载《法律适用》2023年第8期。

政处罚的侵权行为是否需要在诉讼程序中重新审查其重大性判断不一。〔1〕对此《全国法院民商事审判工作会议纪要》第 85 条规定，信息披露违法行为的重大性是指可能对投资者进行投资决策具有重要影响的信息，虚假陈述已经被监管部门行政处罚的，应当认为是具有重大性的违法行为。但是，2022 年《最高人民法院关于审理证券市场虚假陈述侵权民事赔偿案件的若干规定》（以下简称新《虚假陈述若干规定》）的立法态度发生重大转变，规定投资人提起民事损害赔偿诉讼不以虚假陈述行为受到行政处罚或刑事处罚为前置条件。这就要求法院在审理虚假陈述民事损害赔偿案件过程中，不能仅仅因该行为受到行政处罚就断定其具有重大性，而应该严格依照新《虚假陈述若干规定》中“重大性”的判断标准进行论证。立法态度的转变是因为“重大性”的司法审查和行政审查要求不同。单一的违规披露尽管可能受到行政处罚，但并不意味着对市场或投资决策会产生重大影响，而行政审查往往不考量虚假陈述行为是否满足“重大性”标准，也不是所有信息均会造成投资者损失。〔2〕因此，虚假陈述即使不具有重大性，也可能会被证监会等行政机关科以行政处罚。故从受到行政处罚推断虚假陈述具有重大性并不必然成立，法院应当在民事程序中对重大性要件独立地进行实质审查。

证券市场对“重大性”的认定一般遵循“价格敏感标准”或“投资者决策敏感标准”。前者主要关注虚假陈述是否会对证券价格产生较大的影响；后者则侧重于虚假陈述是否会对投资者的投资决策产生实质性影响。〔3〕我国现行立法对虚假陈述“重大性”的认定标准并不统一。〔4〕新《虚假陈述若干规定》采用单一“价格敏感”标准作为判断虚假陈述是否具有重大性的衡量要件。〔5〕易言之，如果证券价格没有出现显著变化，那么可以推断，该信息欺诈行为并未显著改变投资者现有信息集，该信息欺诈行为并不符合重大性要件。

回归本案，尽管证监会以“转让股份违规”对上海瀛翊作出在先处罚，但无论是基于“价格敏感”标准或是“投资者决策敏感”标准，上海瀛翊作为持股 0.8381% 的股东，“通过集中竞价交易减持股份的，应履行在首次卖出股份的 15 个交易日前向交易所报告备案减持计划、公告等相关程序”的承诺内容显然不具有重大性。这从药明康德发布《关于公司股东上海瀛翊收到行政处罚事先告知书的公告》起连续两个交易日股票走势也可得到印证。

---

〔1〕 以受到行政处罚直接认定虚假陈述具有重大性的裁判案例：上海顺灏新材料科技股份有限公司与孙少纯等证券虚假陈述责任纠纷上诉案，上海市高级人民法院（2017）沪民终 431 号民事判决书；即使受到行政处罚，但在虚假陈述民事诉讼中独立审查重大性的裁判案例：黄建英与上海界龙实业集团股份有限公司、上海界龙集团有限公司等证券虚假陈述责任纠纷上诉案，上海市高级人民法院（2019）沪民终 275 号民事判决书。

〔2〕 参见徐宇翔：《全面注册制视域下证券虚假陈述“重大性”要件司法认定研究——以 462 份裁判文书和 45 份处罚决定为分析样本》，载《法律适用》2023 年第 8 期。

〔3〕 参见陈洁：《完善证券虚假陈述民事赔偿制度》，载《中国金融》2022 年第 5 期。

〔4〕 我国《证券法》第 80 条、《上市公司信息披露管理办法》第 22 条依据价格敏感标准判断重大性；《证券法》第 19 条、《上市公司信息披露管理办法》第 11 条依据投资者决策敏感标准判断重大性。

〔5〕 新《虚假陈述若干规定》第 10 条规定，虚假陈述的实施、揭露或者更正导致相关证券的交易价格或者交易量产生明显的变化，人民法院应当认定虚假陈述的内容具有重大性。

2022 年 5 月 14 日，药明康德公布上海瀛翊因违法减持将受到行政处罚的信息。2022 年 5 月 16 日，虚假陈述披露日后的首个交易日，药明康德开盘价 98.64 元，收盘价 97.4 元，涨跌幅 -2.09%；5 月 17 日，药明康德开盘价 97.33 元，收盘价 97.96 元，涨跌幅 0.57%。而 2022 年 5 月 16 日医药生物板块涨跌幅 -2.11%，5 月 17 日涨跌幅 -0.98%。由此可知，证监会处罚信息公开后第一个开盘日，药明康德的被处罚对其股价走势基本没有影响，次日其股价走势与医药生物板块走势基本一致，甚至表现好于医药生物板块。上海瀛翊通过集中竞价交易减持 0.6962% 股份的未预先披露并不足以对投资者的投资决策或市场价格产生重大影响，这种因违反承诺导致的“不实信息”占企业整体信息的比重较低，即“减持信息”的未公开并没有显著改变理性投资者本来所信赖的信息合集，因而，很难认为符合虚假陈述“重大性”要件判断。因此，通过虚假陈述体系解释上海瀛翊违反公开承诺的民事责任，可以得出“上海瀛翊因不满足虚假陈述重大性要件而免于承担违反公开承诺的民事赔偿责任”的结论。

【案外反思】

全球资本市场的发展实践表明，信息的及时公布和惩罚的严厉到位是资本市场监管的严厉法宝。[1] 证监会对上海瀛翊开出的 2 亿元罚单无异于敲山震虎，震退的是对证券市场监管规则抱有侥幸心理的投机者，彰显了证券行政责任的威慑。但值得说明的是，从法理逻辑上看，行政处罚与民事诉讼保护的法益并不完全相同。行政处罚是从证券监管角度，考虑的是信息披露是否合法合规、是否符合监管要求；而民事诉讼本质上关注的是侵权损害赔偿问题，即判断是否存在虚假陈述侵权行为，是否因此导致了投资者的损害后果。因此，应当在侵权民事诉讼中对公开承诺内容的重大性做独立的实质审查。实质上“重大性”的核心在于平衡发行主体和投资者的信息，即理性投资者不会囿于信息陷阱的围困而总是期待更多的信息，而发行主体则倾向于减轻其披露义务。对此应理性看待，过于严苛的民事责任看似保护了中小投资者，但这难免会打击上市公司及相关主体承诺的积极性，反而不利于证券市场的有序发展。

---

〔1〕 参见陈洁：《违规大规模增减持股票行为的定性及惩处机制的完善》，载《法学》2016 年第 9 期。

溯泉之源　追恶之首

——“东方金钰虚假陈述案”法律分析

李榛贞

【案情介绍】[1]

（一）资金流转闭环：以虚构翡翠原石交易为主要手段

2016年11月，东方金钰股份有限公司（以下简称东方金钰）成立全资子公司瑞丽市姐告宏宁珠宝有限公司（以下简称姐告宏宁）。2016年12月至2018年5月间（以下简称涉案期间），东方金钰为完成营业收入、利润总额等业绩指标，虚构其所控制的姐告宏宁进行翡翠原石交易。

涉案期间，姐告宏宁共控制19个银行账户。该19个银行账户分为三组：第

〔1〕本文的案情论述基于以下资料对案情的介绍。中国证券监督管理委员会：《中国证监会行政处罚决定书（东方金钰股份有限公司、赵宁等20名责任人员）》，载 http：//www. csrc. gov. cn/csrc/c101928/c1416762/content. shtml，最后访问日期：2023年5月4日；《东方金钰股份有限公司关于收到中国证券监督管理委员会〈行政处罚及市场禁入事先告知书〉的公告》，载证券日报网 http：//epaper. zqrb. cn/html/2020 -04/29/content_604229. htm，最后访问日期：2023年5月4日；《基于舞弊三角理论探析东方金钰虚构翡翠原石销售财务造假案件的前因后果》，载微信公众号“迪博风控” https：//mp. weixin. qq. com/s/NhZNrQV0EICsjUQrjPuoWw，最后访问日期：2023年5月4日；证券金融诉讼实务公众号：《【虚假陈述新规后首案】本团队代理的东方金钰虚假陈述证券支持诉讼案一审获胜》，载 https：//mp. weixin. qq. com/s/yovyuhV9EkT_HVk -5cnpXg，最后访问日期：2023年5月7日；东方财富网：《＊ST金钰（600086）可能将被终止上市的第一次风险提示性公告》，https：//caifuhao. eastmoney. com/news/20200805234754816622930，最后访问日期：2023年5月5日；上海证券交易所：《东方金钰股份有限公司2018年半年度报告》，http：//www. sse. com. cn/disclosure/listedinfo/announcement/c/2018 -08 -31/600086_2018_z. pdf，最后访问日期：2023年5月5日。本文分析主要基于上述资料来源，仅作学术探讨。

一组为普某腊、保某、李某青、凤某、自某堵、张某梅等6名名义客户的银行账户；第二组为董某成、邵某丽、木某1、木某2、余某光、方某华、双某石等7名自然人中转方的银行账户；第三组为李某退、蒋某东、宝某明、吴某龙、杨某荣、董某先等6名名义供应商的银行账户。

为使涉案资金顺利从东方金钰及其控制的公司转入名义客户账户，姐告宏宁在2016年至2017年伪造与上述6名名义供应商之间的采购合同，并向上述6名名义供应商支付81818.12万元采购款，其中39789.59万元通过中转方账户转入名义客户账户，即东方金钰通过其控制的姐告宏宁虚构上述采购交易的资金流及采购合同等，虚构上述采购交易；此外，中国证监会综合考虑合同签字情况、履行情况、交易主体适格情况等，认定姐告宏宁与上述6名名义客户的翡翠原石交易合同也系虚假合同，虚构上述销售交易。

综上，姐告宏宁通过控制上述19个银行账户，伪造销售和采购交易现金流水，相关资金均来源于东方金钰及其控制的公司或银行账户，最终作为普某腊等6人支付的销售款项流入姐告宏宁，构成资金闭环（见图1）。

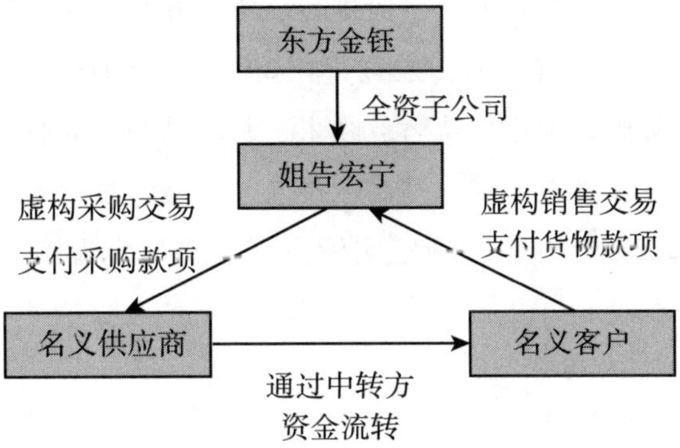

图1　案件情况

（二）公权力介入：行政处罚、市场禁入及民事赔偿诉讼

2019年1月16日，中国证监会向东方金钰下发《调查通知书》（编号：鄂证调查字2019006号）。经查明，东方金钰通过上述虚构的销售交易和采购交易，虚增营业收入、营业成本、利润总额等业绩指标，在2016到2018年连续3年的定期报告中存在虚假记载。2016年年报、2017年年报、2018年半年报中，东方金钰的虚增营业收入分别为14169.09万元、29487.1万元和12000万元，虚增营业成本分别为4665万元、11038.9万元、4100万元，虚增利润总额分别为9504.09万元、18448.20万元和7900万元，上述虚增利润占对应报告期合并利润表利润总额比分别达29.60%、59.70%和211.48%。2020年4月28日，中国证监会向东方金钰下发《行政处罚及市场禁入事先告知书》（处罚字【2020】24号），认定当事人在信息披露的过程中涉嫌存在虚假记载行为。随后，相关当事人在听证过程中对中国证监

会拟作出的处罚决定提出申辩意见。2020 年 9 月 7 日，中国证监会发布《中国证监会行政处罚决定书》（〔2020〕62 号）及《中国证监会市场禁入决定书》（〔2020〕13 号），依据《证券法》、《证券市场禁入规定》（证监会令第 115 号）等相关法律法规，决定对东方金钰责令改正，给予警告，并处以 60 万元的罚款；对赵某（时任东方金钰董事长）给予警告，并处以 30 万元的罚款；对杨某媛、曹某、尹某葶给予警告，并分别处以 20 万元的罚款；对高某旭、宋某刚给予警告，并分别处以 15 万元的罚款；对张某国、万某娃、刘某民、彭某义、王某昊、雷某、姜某、刘某清、张某风给予警告，并分别处以 5 万元的罚款；对李某江、周某鹭、陈某兰、孙某标给予警告，并分别处以 3 万元的罚款；对赵某采取 10 年市场禁入措施，对杨某媛、曹某、尹某葶采取 5 年市场禁入措施。

2021 年 2 月 5 日，中小投资者服务中心支持投资者并委派公益律师向深圳中级人民法院提交立案材料。经诉前联调，深圳中级人民法院于 2021 年 4 月 20 日正式立案。2022 年 1 月，深圳中级人民法院依据最高人民法院《关于审理证券市场虚假陈述侵权民事赔偿案件的若干规定》（以下简称新《虚假陈述若干规定》）对该案虚假陈述的重大性、交易因果关系、损失因果关系、责任主体、赔偿责任及比例等进行认定，并查明赵某作为东方金钰公司股份占比超过 50% 的实际控制人、董事长、总裁，在 2016 年 12 月至 2018 年 5 月期间，授意、指挥、指使副总裁杨某等人，通过虚构营业收入、利润总额和应收账款等方式实施诱多型虚假陈述违法违规行为，诱使投资者何某高位买入东方金钰公司股票，并造成其损失。最终法院在查明事实的基础上判令东方金钰实际控制人赵某作为第一责任主体赔偿投资者损失。

【法律分析】

东方金钰虚假陈述案作为新《虚假陈述若干规定》生效后的首个案例，贯彻了“追首恶”的精神理念，被深圳中级人民法院选定为示范判决案例，具有重要研究价值。本案的焦点争议之一在于确认第一责任主体，本文将从实际控制人身份认定以及“追首恶”的法律基础角度对本案进行法律分析。

（一）关键少数：实际控制人的身份认定

我国《公司法》第 216 条第 3 项规定：“实际控制人，是指虽不是公司的股东，但通过投资关系、协议或者其他安排，能够实际支配公司行为的人。”而《公司法（修订草案）》和《公司法（修订草案二次审议稿）》均删去了“不是公司的股东”的规定，从立法层面消弭了实际控制人与股东身份的不兼容性。越来越多学者认为，无论通过持有股权或是其他安排支配公司，法律规制的核心在于限制实际控制权的滥用，而非股东身份的有无，故而应当取消实际控制人和控股股东的分野，由广义上的“实际控制人”作为“控股股东”的上位概念，使得法律规制的主体范围更为周延。

本案中，姐告宏宁成立于2016年11月10日，其成立次月便着手虚构翡翠原石交易，为东方金钰在年报中虚增营业收入和利润。根据工商登记信息，东方金钰的全资子公司深圳市东方金钰珠宝实业有限公司持有姐告宏宁100%的股份，形成“东方金钰—深圳市东方金钰珠宝实业有限公司—姐告宏宁”的全资母子公司关系。由此可见，姐告宏宁表面上为该起财务造假案的核心体，实际上为东方金钰进行虚假陈述以谋取利益的工具。在我国公司治理模式仍以股东会中心主义为主的现状下，东方金钰作为绝对的控股股东，依其足以直接影响深圳市东方金钰珠宝实业有限公司股东会决议以及间接影响姐告宏宁股东会决议的表决权取得对姐告宏宁的实际控制权，虚构翡翠原石采购交易和销售交易，是姐告宏宁广义上的实际控制人。

然而，对于塔式控制结构，顶层责任主体应追索至终极控制人，[1]本案中的东方金钰并非该条控制链的尽头。

中国证监会发布的《〈首次公开发行股票并上市管理办法〉第十二条“实际控制人没有发生变更”的理解和适用——证券期货法律适用意见第1号》（已失效）规定：“公司控制权是能够对股东大会的决议产生重大影响或者能够实际支配公司行为的权力……认定公司控制权的归属，既需要审查相应的股权投资关系，也需要根据个案的实际情况，综合对发行人股东大会、董事会决议的实质影响、对董事和高级管理人员的提名及任免所起的作用等因素进行分析判断。”此外，《上市公司收购管理办法》第84条规定：“有下列情形之一的，为拥有上市公司控制权：（一）投资者为上市公司持股50%以上的控股股东；（二）投资者可以实际支配上市公司股份表决权超过30%；（三）投资者通过实际支配上市公司股份表决权能够决定公司董事会半数以上成员选任；（四）投资者依其可实际支配的上市公司股份表决权足以对公司股东大会的决议产生重大影响；（五）中国证监会认定的其他情形。”涉案期间，东方金钰法定代表人赵某担任该公司的董事长并兼任总经理，其权力几乎涉及决策、执行等公司经营的各个环节。

首先，根据东方金钰2018年半年度报告披露的信息，东方金钰前两大股东云南兴龙实业和瑞丽金泽投资管理有限公司的持股比例分别达到31.42%和21.72%，赵某虽非东方金钰股东，但其与其父赵某龙（东方金钰前任董事长）与该两大股东均存在控股投资关系，即赵某对东方金钰53.14%的股份具有直接或间接的控制力（见图2），形成“一股独大”的局面，对公司股东会决议具有实质性影响力。

其次，东方金钰公司章程并未明确保管公司公章的主体，我国《民法典》规定法定代表人对外代表公司行事，《公司法》亦明确法定代表人的选取范围，赵某同时作为东方金钰的

[1] 参见汪翠荣、马传刚：《上市公司实际控制人信息披露问题研究》，载《证券市场导报》2006年第8期。

法定代表人、董事长和总经理，极有可能掌握公司公章，为其在日常经营中将公司意志异化为个人意志留下阙口；虽然法律未禁止董事担任经理，但经理由董事会聘任并对其负责，天然地受到董事会监督，二者身份的混同则导致执行机构的日常活动失去董事会监督这道屏障，公司的经营活动易沦为赵某实现个人利益的工具，即基于特殊的职务安排，东方金钰的经营决策权几乎落入赵某之手。

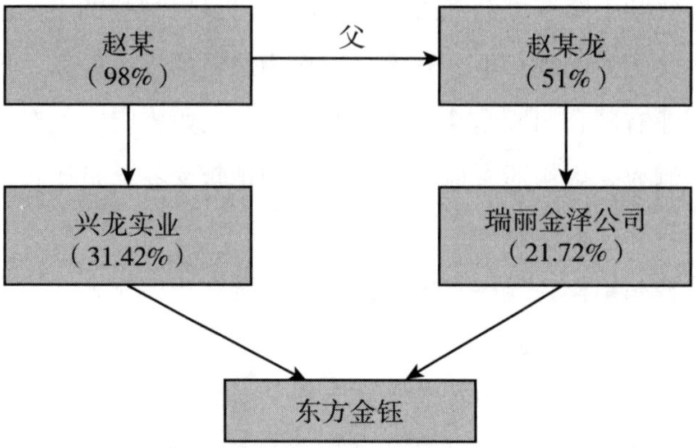

图2　相关持股情况

最后，根据赵某、曹某（时任副总经理）等人在听证过程中的申辩意见，赵某不仅亲自负责翡翠原石的采购及销售，同时还负责安排名义客户和名义供应商与公司进行虚假交易以及安排未全面了解涉案交易的公司财务人员记账等事宜，亦即赵某对东方金钰的财务和业务等方面掌握着控制权。由此可见，东方金钰的经营决策权和控制权集于赵某一人之手，赵某为东方金钰的实际控制人，而内部控制存在重大缺陷，也增加了赵某滥用职权操控东方金钰的可能性。

综上所述，基于股权投资、职务安排等原因，公司法预设的权力配置结构被破坏，[1]最终形成了“赵某—东方金钰—深圳市东方金钰珠宝实业有限公司—姐告宏宁”的控制链条。赵某作为东方金钰的最终实际控制人，具有以第一责任主体承担虚假陈述法律责任的身份基础。

（二）“追首恶”的法律基础

近年来，证券监管呈现出对“关键少数”加强规制的趋势。我国《证券法》第85条将实际控制人违反信息披露义务的过错责任进一步规定为过错推定责任，降低投资者的举证难度；《刑法修正案（十一）》加强了实际控制人虚假陈述的刑事责任；新《虚假陈述若干规定》第20条亦新增规定：“发行人的控股股东、实际控制人组织、指使发行人实施虚假陈述，致使原告在证券交易中遭受损失的，原告起诉请求直接判令该控股股东、实际控制人依

〔1〕 参见郭富青：《论公司实际控制权：性质·渊源·法律导向》，载《甘肃政法学院学报》2011年第1期。

照本规定赔偿损失的，人民法院应当予以支持。控股股东、实际控制人组织、指使发行人实施虚假陈述，发行人在承担赔偿责任后要求该控股股东、实际控制人赔偿实际支付的赔偿款、合理的律师费、诉讼费用等损失的，人民法院应当予以支持。"追究虚假陈述违法活动中的主谋和首要分子，让上市公司背后的实质违法者得到惩罚。[1]目光聚焦于实际控制人等"关键少数"或"首恶"的背后，是我国法律对违规"零容忍"的态度，也体现了对建设公平公正的市场环境以及社会公平正义的更高追求。[2]

1. 权利、义务与责任相一致

从权力的本质属性而言，权力与义务对立统一互为一体，控制权既是实际控制人的权力，同时也给其带来义务和责任。[3]与以美国为代表、股权分散导致内部人代理严重的发达市场不同，我国证券市场以上市公司股权集中为常态，[4]该案中的"首恶"赵某便是以各种途径直接或间接地实现对东方金钰 53.14% 股份的控制，足以控制股东会决议走向。根据《公司法》对股东会的授权，大股东可利用自身表决权优势影响股东会对董事会成员的选聘，而事实上赵某确在其父赵某龙辞任后接替东方金钰董事长一职并兼任总经理，跻身执行机构成员之列，行使相关权利。同时，以多重身份参与公司日常经营使得赵某在获取、掌握公司内部信息方面具有极大优势，例如本案中的翡翠原石交易由赵某一手操办，包括名义交易相对人、资金流转状况、财务记录状况、年报披露状况等信息均为赵某所知悉。作为东方金钰的实际控制人，赵某的权力覆盖股东会、董事会、管理层等各层面，涉及决策、执行、管理等各环节，与受其操控的发行人以及在信息获取方面存在天然劣势的外部人相比，赵某在拥有更多权利的同时理应承担与其控制权相适应的义务和责任，法律对此的规定主要体现在实际控制人对虚假陈述承担过错推定责任、直接责任以及允许发行人事后向实际控制人追偿等方面。

经过对美国最高法院虚假陈述判例的研究，有学者提出结论：遏制证券欺诈的关键应是将责任主要配置给其最有可能的实施和受益者，这些人往往正是违法行为的主谋和最大受益者。[5]赵某知悉、授意、指挥虚构翡翠原石交易行为和信息披露违法行为，从中谋取利益，损害投资者合法权益，在这种情况下，发行人东方金钰并非最大受益者，实为"首恶"违法犯罪的工具，且东方金钰已被多次申请破产重整，已陷入债务危机。深圳市中级人民法院在

---

〔1〕 参见陈洁：《虚假陈述民事赔偿制度的新发展理念及其规范实现》，载《法律适用》2022 年第 3 期。

〔2〕 参见张歆：《监管紧盯"关键少数"营造最优投资生态》，载证券日报网：http://epaper.zqrb.cn/html/2021-01/07/content_691992.htm，最后访问日期：2023 年 5 月 17 日。

〔3〕 参见陈洁：《实际控制人公司法规制的体系性思考》，载《北京理工大学学报（社会科学版）》2022 年第 5 期。

〔4〕 参见湘财证券课题组、周卫青：《IPO 注册制下发行人与中介机构虚假陈述民事责任研究》，载《证券市场导报》2021 年第 4 期。

〔5〕 参见郭雳：《证券欺诈法律责任的边界 新近美国最高法院虚假陈述判例研究》，载《中外法学》2010 年第 4 期。

发行人、中介机构等主体之外判令赵某作为第一责任人承担民事赔偿责任，由利益享有者承担第一责任，更有利于保护投资者合法权益，避免出现“实际控制人的行为由投资者买单”的情况，这是一种回归常识、回到现实的做法，既公平合理又激励相容，能够更好兼顾各方利益，更加有利于提升中国资本市场竞争力，[1] 与美国判例总结出的证券欺诈审判精神不谋而合。

2. 实际控制人之诚信义务及董事之忠实勤勉义务

诚实信用原则为民法之“帝王条款”。在我国民商合一体制下，该原则统辖商事特别法，构建了实际控制人诚信义务法律体系。《上海证券交易所上市公司控股股东、实际控制人行为指引》（已失效）第一章总则部分就规定：控股股东、实际控制人应当以诚实守信为原则，依照法律法规以及上市公司章程的规定行使权利；应当善意使用其控制权，在追求自身利益的同时，谋求公司和其他股东利益的共同发展。《上市公司章程指引》（2022 年修订）第 40 条第 2 款规定：“公司控股股东及实际控制人对公司和公司社会公众股股东负有诚信义务。”《上市公司治理准则》等法律法规也存在诸多类似规定。从法条表述来看，“追首恶”语境下实际控制人诚信义务的指向不仅是公司，还包括中小投资者。[2] 在东方金钰虚假陈述案中，实际控制人赵某的诚信义务来源于对公司的支配性影响力，其对东方金钰的人事、业务、财务等各类资源的控制不仅涉及公司权益变动，对中小投资者损益亦存在影响，故应当“秉持诚实”，谨慎行权。然而赵某出于谋取不正当利益的目的，滥用控制权，操纵东方金钰虚构翡翠原石交易以虚增利润，维持甚至助涨证券价格，使得市场内投资者对证券实际价值产生错误认知而实施证券交易。赵某违背诚实信用原则所要求的“善意行使权利主张，兼顾公司和全体股东利益”的行为，不仅导致东方金钰作为发行人承担虚假陈述的法律责任，还构成了对社会公众投资者利益的侵害，从而使原本仅在私法意义上讨论的侵权责任进一步上升到“强化实际控制人诚信义务是健全我国公司治理的重要内容”的公法要求。[3]

此外，董事作为公司的经营管理者同样应在履职中恪尽职守、勤勉尽责。本案中，赵某除以实际控制人身份负有诚信义务之外，还应以董事（长）身份对公司负有勤勉、忠实之责。本案中，其显然存在违反董事义务的情形。首先，其利用董事长职权实施虚构交易以及违法信息披露，通过间接持股享有违法行为收益，违反了忠实义务；其次，其也违反了对公司的勤勉义务。第一，无论翡翠原石交易还是违法信息披露，赵某在为个人谋利时都将公司置于违法担责的境地，二者存在利益冲突；第二，我国《证券法》第 82 条第 1 款规定：“发行人的董事、高级管理人员应当对证券发行文件和定期报告签署书面确认意见。”也就是说，

---

〔1〕 参见邢会强：《证券中介机构法律责任配置》，载《中国社会科学》2022 年第 5 期。

〔2〕 参见郑彧：《上市公司实际控制人法律责任的反思与构建》，载《法学研究》2021 年第 2 期。

〔3〕 参见郑彧：《论实际控制人的法律责任：公法的路径依赖与私法的理念再生》，载《财经法学》2021 年第 3 期。

董事对定期报告负有审查义务，而赵某全程跟进翡翠原石交易，却未对年度报告中的虚增营业收入、营业成本和利润总额尽到普通谨慎人的注意程度，甚至存在主观故意；第三，赵某指示虚构交易以救近急，但这对于东方金钰公司长远发展显然无益，无法合理相信赵某以符合公司最大利益的方式行事。综上，赵某身为东方金钰董事长，违背了忠实、勤勉义务，是其于本案承担法律责任的又一基础。

3. 法人人格否认与侵权责任之争

（1）法人人格否认理论的扩张适用

我国《公司法》第20条第3款规定："公司股东滥用公司法人独立地位和股东有限责任，逃避债务，严重损害公司债权人利益的，应当对公司债务承担连带责任。"该条明确将股东作为规制对象。目前，不仅理论界涌现将实际控制人纳入法人人格否认制度主体范围内的呼声，实务中亦存在诸多允许"双重刺破"的案例，其中以"杜敏某、杜觅某买卖合同纠纷案"和"柳某金、马某兰采矿权转让合同纠纷案"为典型。[1]回归本案，一方面，赵某虽非东方金钰的股东，但却隐藏于股东云南兴龙实业和瑞丽金泽投资管理有限公司之后，同时受到"股东有限责任"和"隐名投资"两道屏障的保护，即享有"超有限责任"的"双重面纱"，[2]其通过对东方金钰的支配力破坏公司意思之独立性，实施虚假陈述行为而损害中小投资者利益，与股东滥用权利控制公司人格具有同质性；另一方面，赵某以实际控制人身份受法人人格否认制度的规制，与该制度"否认公司独立责任能力"（而非局限于否认股东有限责任）的本质并无冲突，与其"矫正特定情形下法益失衡"的目的相吻合。因而，以法人人格否认理论构筑赵某承担法律责任之基石，似乎并无不妥。

（2）侵权责任理论的回归

虽从学理与实务角度，法人人格否认理论均得以论证"追首恶"之依据，然而现行法仍未规定实际控制人可以作为法人人格否认制度的适用主体。《全国法院民商事审判工作会议纪要》（以下简称《九民纪要》）强调法人人格否认制度应当审慎适用，且现有合同法路径对实际控制人的规制力尚不足，回归侵权责任理论更为稳妥，新《虚假陈述若干规定》中的"侵权"二字亦体现立法者的态度。本案中，赵某应当承担相应的侵权责任。

首先，赵某存在违法信息披露行为。新《虚假陈述若干规定》第4条第1款规定："信息披露义务人违反法律、行政法规、监管部门制定的规章和规范性文件关于信息披露的规定，在披露的信息中存在虚假记载、误导性陈述或者重大遗漏的，人民法院应当认定为虚假陈述。"通过解构法条，虚假陈述行为包括主体特定性和重大性两大要素。[3]第一，根据

---

〔1〕参见最高人民法院民事裁定书，（2019）最高法民申6232号；最高人民法院民事判决书，（2020）最高法民终185号。

〔2〕参见虞政平、王朝辉、吴飞飞：《论公司人格否认规则对实际控制人的适用》，载《法律适用》2021年第2期。

〔3〕参见廖升：《虚假陈述侵权责任之侵权行为认定》，载《法学家》2017年第1期。

《信息披露违法行为行政责任认定规则》第1条以及其他散见于《证券法》、《上市公司信息披露管理办法》及《关于规范上市公司信息披露及相关各方行为的通知》等法律法规的规定，兼具实际控制人、董事长和总经理身份的赵某为法定信息披露义务人。第二，东方金钰于2016年年报、2017年年报及2018年半年报中分别进行不同程度的虚增利润，对相关财务数据进行不实记载，属于虚假记载型虚假陈述。上述虚增利润占对应报告期合并利润表利润总额比分别达29.60%、59.70%和211.48%，从涉案数据和事件性质来看，可能对公司的资产、负债等产生重要影响，属于《证券法》第80条所列重大事件，具有重大性。

其次，投资者因高价买入东方金钰股票而遭受财产损失，因此向人民法院提起诉讼，要求赔偿损失。

再次，根据新《虚假陈述若干规定》第11条，投资者在虚假陈述实施日之后、揭露日之前（2016~2018年间），基于诱多型虚假陈述信息买入东方金钰股票，导致投资失败，且本案中也不存在第12条规定的因果关系抗辩情形，故投资者的投资决定与虚假陈述之间的交易因果关系成立。

最后，实际控制人赵某对东方金钰虚假陈述行为应当依《证券法》第85条承担过错推定责任，新《虚假陈述若干规定》第12条明确规定该“过错”包括“故意”和“严重违反注意义务”两类情形，而赵某知悉并参与翡翠原石虚构交易，起到组织、策划的主要作用，对虚假陈述行为持有主观故意态度，无法证明其无过错。

综上所述，赵某作为实际控制人，其行为符合侵权行为要件，构成虚假陈述侵权行为。《民法典》第1165条第1款规定：“行为人因过错侵害他人民事权益造成损害的，应当承担侵权责任。”强调侵权人要承担侵权责任，侵权行为人是第一顺位的责任主体，令赵某作为第一责任人承担民事赔偿责任，于法有据。

余论

近年来，因违法信息披露受到行政处罚的董事、监事、高级管理人员人数攀升，利用职权实施违法行为、扰乱证券市场秩序的上市公司控股股东和实际控制人亦不在少数，因此“关键少数”成为证券监管的主要目标之一。虽然《九民纪要》提出“穿透式审判思维”，相关法律却并未随之发展，有关实际控制人的规定仍存在效力位阶低、模糊性强、过于分散等问题。“追首恶”的监管理念不仅是对现行法律疏于规制背后控制人的补正，同时向市场主体发出审慎、依法行事的信号，警告其勿将公司作为违法犯罪的工具，否则法律终将循迹揪出“首恶”这一责任之源。

任性的操纵　法律的严惩

——"朱雀投资诉邵某等操纵证券市场责任纠纷案"法律分析

李子林

【案情介绍】[1]

（一）邵某、左某等实施操纵市场行为

上海阿波罗机械股份有限公司（以下简称阿波罗公司）是我国新三板挂牌企业。邵某系阿波罗公司的实际控制人[2]。自 2015 年 8 月 7 日至 2015 年 9 月 30 日，阿波罗公司停牌，邵某通过控制的账户组连续主动买入阿波罗公司股票。邵某控制的账户组在 37 个交易日均有交易，账户组总成交量占同期市场交易量的 54.03%。其中，成交量占比 50% 以上的有 23 个交易日。从数据上看，邵某控制的账户主动成交的意愿非常强烈，买入申报成交的比例及主动高价申报的比例达到 65% 以上，在 955 笔买入申报中，有 243 笔的申报价格高于与其成交的做市商的做市报价，占比达 25.44%，其中 122 笔申报价格高出做市商报价 0.1 元以上。

此外，邵某伙同左某自 2015 年 8 月 14 日至 2015 年 9 月 30 日期间，通过左某控制的账户组在 20 个交易日进行了买卖申报，且全部都有成交。左某控制的账户

〔1〕 上海朱雀珠玉橙投资中心（有限合伙）诉邵某等操纵证券交易市场责任纠纷案，上海金融法院（2021）沪 74 民初 146 号民事判决书；参见《中国证监会行政处罚决定书（邵军、左剑明、胡继锋）〔2020〕61 号》。本文观点仅为学术讨论。

〔2〕《北京国枫律师事务所关于上海阿波罗机械股份有限公司申请股票在全国中小企业股份转让系统挂牌及公开转让的法律意见书》，载 https：//www. neeq. com. cn/disclosure/announcement. html，最后访问日期：2023 年 9 月 10 日。

组占同期申报量的比例为 11.56%，账户组买卖阿波罗公司股票的交易行为已经影响了该股的交易量及价格。并且，根据左某与邵某的联络记录，左某主观上有配合邵某实施操纵市场的行为意图，客观上也开展了相应的交易行为，二人合谋实施操纵。

但与此同时，自 2015 年 8 月 7 日至 2015 年 9 月 30 日停牌，三板做市指数从 1515.40 点下跌到 1322.15 点，跌幅为 12.75%，而同期“阿波罗”股价从 20.26 元上升为 30.79 元（期间成交价最高一度达到 36.50 元），涨幅为 51.97%，明显偏离三板做市指数。

2020 年 9 月 7 日，中国证监会作出《行政处罚决定书》（〔2020〕61 号），认定邵某、左某于 2015 年 8 月 7 日至 2015 年 9 月 30 日期间对阿波罗公司进行了股价操纵。《行政处罚决定书》认为，邵某和左某控制的账户组，通过连续主动买入，主动与做市商成交，迫使做事商不断提高双向报价中枢，进而推动成交价格不断上升。在此过程之中，邵某通过先高价买入，再通过稍低价格主动与做市商交易回收资金，然后再高价买入，达到循环买入的目的。邵某与左某上述操纵行为影响了阿波罗公司的股票交易量，也对其价格走势产生了重大影响。因此，证监会作出行政处罚，对邵某处以 150 万元的罚款、对左某处以 80 万元罚款。

（二）朱雀投资诉请邵某及阿波罗公司承担操纵市场的赔偿责任

原告上海朱雀珠玉橙投资中心（以下简称朱雀投资）系一家从事证券及股权投资的私募基金。2015 年 9 月 17 日，原告朱雀投资作为定增意向投资者参加阿波罗公司组织召开的定增投融资对接会，同期投资者与阿波罗公司开展线上线下多轮谈判。2015 年 11 月，原告朱雀投资与被告阿波罗公司签订《股票发行认购协议》，以 20 元/股的价格购入阿波罗公司发行的股份 150 万股，共计投资 3000 万元。参与发行的投资者包括原告朱雀投资在内的 23 机构投资者及 2 名自然人投资者。

2020 年 9 月 17 日，阿波罗公司发布收到中国证监会作出《行政处罚决定书》，认定公司实际控制人邵某于 2015 年 8 月 7 日至 2015 年 9 月 30 日期间对该公司股价进行了操纵，将公司股价从 20.26 元拉升至 30.79 元，并在公司定增投融资对接会期间连续 8 个交易日进行了尾盘操纵。原告参与定向增发后，阿波罗公司股票在 2015 年 10 月 8 日至 2018 年 11 月 13 日期间两次停牌。期间阿波罗公司首次公开发行 A 股股票并上市的申请被证监会受理，后又于 2018 年 8 月 20 日撤回该申请。2017 年阿波罗公司股票转让方式由做市转让变更为协议转让。2018 年 11 月 14 日，阿波罗公司再次复牌后第一个交易日的股票价格跌至 2.4 元。2020 年 9 月 17 日，即《行政处罚决定书》公告之日，阿波罗公司股票价格为 5 元。

原告朱雀投资认为因阿波罗公司于 2015 年 11 月向原告等投资人发行股份前，为了抬高股价，邵某等人对阿波罗公司的股价进行了操纵，该操纵行为严重影响了阿波罗公司的股价，严重误导了原告朱雀投资，影响了原告的投资决策。操纵行为被查处后，阿波罗公司的股价迅即下跌，原告朱雀投资因此遭受了巨大损失，被告邵某及被告阿波罗公司操纵行为产生投资巨额亏损故诉至法院，请求被告邵某和被告阿波罗公司连带向原告赔偿经济损失22,598,795.28元，其中投资差额损失22,170,000元、佣金损失17,736元、印花税损失22,170元、利息损失388,889.28元。

2022年8月5日上海市金融法院作出判决，要求被告邵某对原告朱雀投资支付赔偿款318万元，并且驳回原告朱雀投资的其他诉讼请求。

【法律分析】

2015年11月，原告朱雀投资以定向增资的方式向阿波罗公司认购股份，投资约3000万元。但是在投资者投资阿波罗公司之前，该公司的股价已经被阿波罗公司实际控制人邵某等恶意操纵。自2015年8月7日至2015年9月30日停牌，阿波罗公司的股价已经从20.26元涨至30.79元。在邵某收到行政处罚之后，该公司的股价跌至5元/股。因此，投资者请求邵某赔偿其操纵市场行为对其造成的损失。总结该案的争议焦点：（1）投资者遭受损失与被告的操纵市场的行为是否有因果关系；（2）若被告需要承担民事赔偿责任，投资者的损失应如何认定，即投资者遭受的损失与操纵行为之间的交易因果关系和法律上的因果关系。[1]

（一）原告朱雀投资损失与被告操纵市场行为之间的交易因果关系分析

1. 交易因果关系的证明责任

在操纵市场民事赔偿责任的诉讼过程中，首先我们需要明确的是投资者的证券交易是否与被告操纵市场行为之间存在交易因果关系。2022年最高人民法院修订的《关于审理证券市场虚假陈述侵权民事赔偿案件的若干规定》（法释〔2022〕2号，以下简称新《虚假陈述若干规定》）第11条规定："原告能够证明下列情形的，人民法院应当认定原告的投资决定与虚假陈述之间的交易因果关系成立：（一）信息披露义务人实施了虚假陈述；（二）原告交易的是与虚假陈述直接关联的证券；（三）原告在虚假陈述实施日之后、揭露日或更正日之前实施了相应的交易行为，即在诱多型虚假陈述中买入了相关证券，或者在诱空型虚假陈述中卖出了相关证券。"根据该司法解释，在证券虚假陈述民事赔偿案件中，是推定投资者的交易行为与虚假陈述有因果关系。基于此，有学者认为，对于操纵市场的因果关系认定，同样可以和虚假陈述一样，适用推定因果关系，也就说由被告证明自己的操纵市场行为与原告所遭受损害没有因果关系。[2]但也有学者认为，操纵市场的民事责任应谨慎类推适用虚假陈述的推定因果关系。

2022年最高人民法院发布的《虚假陈述若干规定》是借鉴了美国证券民事诉讼理论中的

---

〔1〕 参见缪因知：《操纵证券市场民事责任的适用疑难与制度缓进》，载《当代法学》2020年第4期。

〔2〕 程啸：《论操纵市场行为及其民事赔偿责任》，载《法律科学》2001年第4期。

“欺诈市场理论”（Fraud – On – The – Market Theory）和信赖推定原则，是在一定条件下，直接推定虚假陈述与投资者的损害具有因果关系。[1] 欺诈市场理论是美国最高法院在 Basic[2] 案中确立的理论。“欺诈市场理论”的主要内容是，当被告有虚假陈述或者其他行为，而原告遭受了损失，只要原告能够证明其信赖自己买进或卖出的证券市场价格的真实性，就满足了证明自己是受到欺诈而实施了交易，其所受损害与被告虚假信息披露之间存在法律上因果关系。欺诈市场理论基于以下一种假设：在一个公开和发达的市场上，公司股票的价格取决于现有的关于公司及其运营的所有重要信息。因此，误导性信息会欺诈购买股票的投资者，即使其没有依赖这些误导信息。[3]

虽然根据“欺诈市场理论”能够有效解决虚假陈述案件中投资者举证责任的困境，也更方便投资者提出集团诉讼或代表诉讼。[4] 但便利投资者举证并非推定因果关系的正当性理由[5]，即“推定因果关系”有“目的合理性”，但并不意味着该理论不言自明的有“目的合理性”。

第一，“欺诈市场理论”适用范围的有限性。“欺诈市场理论”基于“有效率资本市场假说”[6]。根据证券价格对于信息的反应情况，有效市场可分为三种类型：弱式有效市场，在该市场中证券价格反映了行为人披露的所有历史信息；半强式有效市场，在该市场中证券价格及时地反映了行为人披露的所有公开信息；强式有效市场，在该市场中证券价格反映了所有与行为有关的信息，包括公开和未公开的信息（如内幕信息）。“欺诈市场理论”的经济学基础就是半强势有效市场。在该市场情况下，证券价格能够对所有公开的信息作出准确及时的反应，因此，投资者对于信息的依赖转化为对证券价格和证券市场的依赖。[7] 基于该种理论，本案中操纵市场行为发生的证券市场应当达到半强式有效市场的程度。在本案之中，被告阿波罗公司系新三板市场上市企业，新三板市场是国务院批准设立的证券交易场所，但是其流动性与有效性远不能与证券交易说相提并论。[8]

被告实施操纵市场的期间是 2015 年，投资者与被告签订面对面增资协议也是 2015 年。在 2015 年 8 月 31 日，新三板市场总挂牌企业达到 3348 家，其中做市转让的企业 756 家，做市转让的企业占总挂牌上市的企业 22.5%。[9] 截至目前，新三板尚有做市交易的公司 371

[1] 彭冰：《证券虚假陈述民事赔偿中的因果关系——司法解释的新发展评析》，载《法学适用》2022 年第 5 期。

[2] See BasicInc. v. Levinson，485U. S. 224（1988）.

[3] 焦津洪：《“欺诈市场理论”研究》，载《中国法学》2003 年第 2 期。

[4] 樊健：《我国证券市场虚假陈述民事责任理论与实践新发展》，法律出版社 2021 年版，第 9 页。

[5] 缪因知：《操纵证券市场民事责任的适用疑难与制度缓进》，载《当代法学》2020 年第 4 期。

[6] See Marcl. Steinberg，*Securities Regulation*，Matthew Bender & Company，Inc. 2009，p. 451 –460.

[7] 参见樊健：《我国证券市场虚假陈述民事责任理论与实践新发展》，法律出版社 2021 年版，第 9 页。

[8] 参见彭冰：《交易型操纵民事责任的因果关系确定》，载《中国法律评论》2023 年第 4 期。

[9] 参见曾小勇：《未来新三板改革主线聚焦股票发行与做市商制度——新三板周报（2015. 8. 24 –8. 30）》，https：//www. p5w. net/stock/gpyb/hgyj/201509/t20150907_1185525. htm，最后访问日期：2023 年 9 月 10 日。

家，集合竞价的企业共有 6098 家，做市交易的企业占总上市企业的 5.7%。[1] 从理论上来说，做市商交易是为了提高证券市场的流动性。[2] 可见在 2015 年的新三板市场是缺乏流动性的。被告阿波罗公司自 2015 年 8 月 3 日开始从协议转让转变成做市转让，甚至阿波罗公司在 2017 年 8 月从做市转让变更成协议转让。阿波罗公司即使被操纵期间最高的换手率也仅在 0.39%，截至 2023 年 9 月 10 日，阿波罗公司股票的换手率一直保持在 0.01%。阿波罗公司的股票也一直缺乏流动性。不管从新三板市场和阿波罗公司的流动性来说，证券价格很难充分反映该股票的信息。因此，半强式有效市场理论很难在新三板市场尤其是在本案发生时的 2015 年适用。

第二，在虚假陈述案件中，受到虚假陈述损害的投资者不用证明自己的投资决定与虚假陈述之间因果关系，根据新《虚假陈述若干规定》，投资者仅需证明其在虚假陈述实施日之后、揭露日或更正日之前实施了相应的交易行为。如上分析，这种推定的交易因果关系是基于“欺诈市场理论”。“当存在市场时，可以把市场视为买卖双方之间的中介，以经加工的市场价格的方式把信息传递给投资者。因此，市场是投资者的免费代理人，把所有的信息传达给投资者，股票的价值就是股票的价格。”[3] 基于“欺诈市场理论”，发达的证券市场股票的价格包含了证券市场上的所有信息，因此，当然包含虚假信息。投资者因为信赖了股票的价格，所以信赖了虚假陈述信息。

但本案之中，被告邵某等人通过连续买入股票，人为哄抬证券价格的方式，致使被告阿波罗公司的股价从 20.26 元上升到 30.79 元。具体到操纵市场的行为类型来说，被告邵某实施的是行为型操纵。这与虚假陈述相比，不仅在法律构成要件上有显著不同，对证券市场价格的影响方式也不同。行为型操纵市场是通过持股优势、资金优势连续买入或者卖出股票，人为哄抬或者打压股票的价格，通过制造“交易活跃的假象”来扭曲真实的股票价格。[4] 而虚假陈述之所以能对股票市场产生影响，是因为信息的外部性，股票的利好信息或看空信息对于投资者的投资决定是重大的。相较而言，操纵市场对股票价格的影响是隐含的，投资者并不当然对被操纵的股票的涨跌作出投资决定，并且操纵市场需要行为人具有资金优势或者持股优势。资金优势意指行为人拥有的资金足以在一定的时间内连续地买卖股票，这就要求被操纵的股票往往不是体量过大的企业[5]；持股优势意指行为人持有被操纵企业大量的股票，被操纵企业股权较为集中。如果一个证券市场上中小企业较多、股权比较集中，则会导

---

[1] 参见市场总貌，载全国中小企业股份转让系统官网，https://www.neeq.com.cn/index/market_overview.html，最后访问日期：2023 年 6 月 9 日。

[2] 参见陈辉、顾乃康：《新三板做市商制度、股票流动性与证券价值》，载《金融研究》2017 年第 4 期。

[3] In re LTV Securities Litigation，8F. R. D. 134（NDTex. 1980）.

[4] 参见汤欣：《证券市场操纵认定研究——行政处罚案例的视角》，载《当代法学》2016 年第 4 期。

[5] See Charles R. Korsmo，*Mismatch: The Misuse of Market Efficiency in Market Manipulation Class Actions*，William and Mary Law Review，Vol. 52，p. 1111（2011）.

致增加信息成本和交易成本，伤害市场的流动性。[1]那么，也很难说这个证券市场是一个发达的证券市场。因此，如果一只股票被操纵，也就证明了其所在的市场不适用于“欺诈市场理论”。

第三，本案不适用“欺诈市场理论”，原告朱雀投资是在一级市场的面对面增资协议中购买股票，而操纵市场的事实发生在阿波罗公司股票做市转让的二级市场。2015 年 7 月，原告朱雀投资员工黄某向被告阿波罗公司投递朱雀投资中心简介，2015 年 9 月 17 日朱雀投资参加阿波罗公司组织召开的定增投融资对接会。同期原告投资者与被告展开线上线下多轮谈判。2015 年 11 月，原告朱雀投资与被告阿波罗公司签订《股票发行认购协议》，以 20 元/股的价格购入阿波罗公司发行的股份 150 万股，共计 3000 万元。参与本次发行的投资者原告朱雀投资在内的 23 家机构投资者及 2 名自然人投资者。可见，投资者与被告经历了很久的了解与磋商。在面对面增资的过程之中，投资者的信赖对象不仅仅是被告的股票价格，其有更多的机会了解到阿波罗公司的经营状况。因此，被告经过操纵的二级市场股票价格对于原告朱雀投资的决定仅是参考条件之一。

综上所述，推定的交易因果关系在本案中并不适用。本案中，原告朱雀投资尚需举证证明被告的操纵市场行为具有交易上的因果关系，即需要证明投资决定与被告邵某的操纵市场行为具有因果关系。

2. 交易因果关系的证明

在侵权案件中，责任因果关系成立有两种观点：直接因果关系与相当因果关系。直接因果关系是“原因行为与损害结果之间自然连接、没有被外来事件打断，尽管也有其他条件的介入，但可以确定这些条件并不影响原因行为作为直接原因的，应当认定其与损害事实之间具有因果关系”。[2]相当因果关系由“条件关系”和“相当性”构成。“条件关系”是指行为与权利受侵害之间有不可或缺的条件关系，采“若无，则不”的检验方式。“相当性”是指该行为通常导致该损害。[3]但是如果坚持主张采用直接因果关系标准，则是给原告施加了极其严格、沉重的证明责任，投资者一般会面临败诉的情况。[4]并且也有学者认为在操纵市场案件中应采用“若无，则不”原则，减轻投资者的举证负担。[5]

但即使本案采取相当因果关系的判断方法，如何判断“若无，则不”在证券市场依然有一定的难度。在证券市场我们如何确定投资者买卖股票的投资决定是因为被告的操纵市场产生的，这依然是一个复杂的问题。在证券市场做出的意思表示的方式就是买卖证券，但是买

---

[1] 参见屈文洲等：《信息不对称、流动性与股权结构——基于深圳证券市场的实证研究》，载《南开管理评论》2011 年第 1 期。

[2] 参见杨立新：《侵权责任法》，复旦大学出版社 2010 年版，第 104 页。

[3] 参见王泽鉴：《侵权行为》，北京大学出版社 2009 年版，第 186－196 页。

[4] 参见廖升：《操纵证券市场侵权责任之因果关系》，载《法学评论》2017 年第 1 期。

[5] 参见缪因知：《操纵证券市场民事责任的适用疑难与制度缓进》，载《当代法学》2020 年第 4 期。

卖证券的原因确实多样难以判断。[1]

在美国证券法上，有著名的（Rule）10b－5 规则。该规则广泛应用在美国证券欺诈的民事诉讼中，是美国证券法下最具有综合性的反欺诈武器，涵盖了虚假陈述、内幕交易、操纵市场、券商欺诈客户等几乎所有欺骗行为。[2]随着时间的推移，该规则也逐渐明晰，私人诉权的诉因（causeofaction）要素主要包括：（1）事实的重大性；（2）被告方的故意；（3）原告方的信赖；（4）因果关系。同时，在美国判例中，投资者作为原告请求操纵行为人进行赔偿需要证明：（1）一系列的证券交易导致证券市场的股价有实际或者明显的降低或提高；（2）证券交易是故意的、具有操纵意图的；（3）操纵行为的证券交易行为是为了引诱他人买卖证券；（4）原告信赖这样的交易；（5）操纵市场的行为实质上影响了被告的买卖证券行为。综合域外的实践，在本案之中要考察以下因素我们才能认定被告操纵市场的行为确实与原告投资者的决定具有因果关系：

第一，操纵市场的行为是否具有严重性。2020 年 9 月 7 日，中国证监会作出〔2020〕61 号《行政处罚决定书》，认定被告邵某、案外人左某、案外人胡某于 2015 年 8 月 7 日至 2015 年 9 月 30 日期间对被告阿波罗公司进行了股价操纵，上述期间内，新三板市场做市指数从 1515.4 点下跌到 1322.15 点，跌幅为 12.75%，而同期阿波罗公司股价从 20.26 元上升为 30.79 元（期间成交价最高 36.50 元），涨幅为 51.97%。邵某通过其控制的证券账户在操纵期间大量买卖阿波罗公司股票，其成交量占同期市场交易量的比率为 54.03%。无论是从被操纵股票的价格上涨幅度还是从股票总交易量来说，被告的操纵市场行为都具有严重性。被告与案外人都受到了中国证监会的行政处罚。

第二，被告操纵市场的行为与原告朱雀投资签订面对面增资协议的行为具有相关性。在一定意义上说，被告实施操纵市场行为就是为了能够与原告朱雀投资签订增资协议或者说从增资协议中获利。被告操纵市场的行为发生在 2015 年 8 月 7 日至 9 月 30 日，原告朱雀投资系于 2015 年 7 月开始与被告阿波罗公司开展投资接洽，从双方往来邮件看出，2015 年 9 月是定增投资谈判及投资决策作出的最关键时期，原告朱雀投资参与被告阿波罗公司定增投融资对接会的时间是 2015 年 9 月 17 日，而几乎同一时期，被告邵某与案外人串联，自 2015 年 9 月 14 日开始连续 8 个交易日进行了尾盘操纵。从时间上看，原告朱雀投资与被告阿波罗公司磋商增资协议与被告邵某恶意操纵阿波罗公司股价是同时的。中国证监会的行政处罚书也认定了被告操纵市场的行为与原告朱雀投资与被告签订增资协议具有一定的联系。显然，我们可以得出结论，即被告操纵市场以提高股价希冀能与原告顺利签订面对面增资协议或者从中获利。

---

〔1〕 参见王文海：《对操纵市场侵权损害赔偿的法律思考》，载《云南大学学报（法学版）》2002 年第 2 期。

〔2〕 参见郭雳：《证券欺诈法律责任的边界——新近美国最高法院虚假陈述判例研究》，载《中外法学》2010 年第 4 期。

如果没有被告的操纵行为也就没有原告朱雀投资签订增资协议的行为。综上，我们能认定被告的违法操纵市场行为与原告朱雀投资的投资决定具有因果关系。

（二）原告与被告之间的损失因果关系

原告与被告操纵行为之间的损失因果关系是指操纵行为系投资者产生特定数额损失的原因。该因果关系也是责任范围因果关系。如果说交易因果关系是一种定性的分析，那么损失因果关系就是一种定量的分析。[1]

1. “事后方法”还是“事前方法”

我国在虚假陈述案件中的在损失计算上采用了“事后方法”，即以投资者受虚假陈述影响买入股票的价格，与虚假陈述揭露后的股价之间的差价，推定为投资者的损失。但是该方法并非未受到批评，“事后方法”一是容易诱导发行人在揭露日进行信息操纵，如通过发布利好消息来抵消虚假陈述被揭露导致的股价下跌；二是无法避免市场对虚假陈述被揭露的过度反应。[2]

在本案之中，原告朱雀投资认为其投资差额损失应按照 2003 年最高人民法院《关于审理证券市场因虚假陈述引发的民事赔偿案件的若干规定》予以计算，揭露日为阿波罗公司发布《关于收到中国证券监督管理委员会对控股股东、实际控制人调查通知书的公告》之日即 2020 年 9 月 17 日，基准日为揭露日后第 30 个交易日。故原告主张其投资差额损失为 20 元/股的买入价格与揭露日至基准日期间每个交易日收盘价的平均价格 5.22 元之差乘以 150 万股，得出 22,170,000 元。

但在本案之中，被告邵某的操纵行为集中发生于 2015 年 8 月 7 日至 9 月 30 日期间，随后阿波罗公司停牌至 2016 年 1 月，第一次复牌后股价回落到 20 元左右。后阿波罗公司股票自 2016 年 3 月 24 日至 2018 年 11 月 13 日长期停牌，并经历从首次公开发行 A 股股票并上市的申请被中国证监会受理到递交撤回申请、交易方式从做市转让到协议转让等重大变动。中国证监会作出行政处罚之时距离原告邵某操纵市场已经经过了五年，公司的经营已经发生了重大变更，因此，原告主张揭露日为 2020 年 9 月 17 日，基准日为揭露日第 30 个交易日，按照“事后方法”确定损失并不合理。

根据新《虚假陈述若干规定》第 26 条第 5 款规定，“无法依前款规定确定基准价格的，人民法院可以根据有专门知识的人的专业意见，参考对相关行业进行投资时的通常估值方法，确定基准价格”。可见，“事后方法”并非唯一确认损失的方法。[3]对此，有学者提出了“事前方法”，也即通过比较原告朱雀投资增资的价格与被告阿波罗公司实际股票的价值来计

---

〔1〕 参见缪因知：《操纵证券市场民事责任的适用疑难与制度缓进》，载《当代法学》2020 年第 4 期。

〔2〕 参见樊健：《论证券虚假陈述投资者损失计算的“事前观点”》，载《清华法学》2017 年第 3 期。

〔3〕 参见彭冰：《证券虚假陈述民事赔偿中的因果关系——司法解释的新发展评析》，载《法学适用》2022 年第 5 期。

算原告损失。[1]实际上，在美国的虚假陈述民事赔偿诉讼中，比较通行的损失计算方法就是“事前方法”（out - of - pocket）。[2]

2. “真实价格”还是“真实定增价格”

本案中，法院虽采用“事前方法”确定原告损失，但还是先后委托了中证资本市场法律服务中心有限公司核定本案原告投资者的投资差额损失，委托银信资产评估有限公司对被告阿波罗公司在案涉定增同期的股权价值进行追溯评估。

中证法律服务中心出具的《损失核定意见书》认为，投资者因操纵行为所受到的损失应为买入被操纵股票的实际价格与股票“真实定增价格”之间的差值。其中“真实定增价格”计算方法为：首先计算出操纵期间阿波罗公司股票剥离操纵行为影响因素后的“真实价格”，然后再根据阿波罗公司股票被操纵期间每日收盘价平均值与每日“真实价格”平均值的比例调整定增价格，得出真实定增价格。基于该方法，《损失核定意见书》核定，本案交易“真实定增价格”为11.84元。

但法院认为《损失核定意见书》在计算拟制得来的“真实价格”后，直接以等比例计算方法换算出“真实定增价格”，容易放大操纵市场对股票价格的影响，因而，未予采用，而是委托银信资产评估有限公司出具《追溯评估鉴证报告》。《追溯评估鉴证报告》根据市场法对2015年11月30日被告公司的股票价值进行估算，认定为17.88元/股。法院认为，该报告将阿波罗公司与同行业同类A股企业进行了对比、考虑了发行A股转板预期及行业板块优势等综合因素、在估值结果上还考虑了新三板市场挂牌公司与A股上市公司的差异，相对更为合理，因而，最终采用了《追溯评估鉴证报告》中认定的股票“真实价格”作为计算损失的基础。

法院不采用《损失核定意见书》的原因是，“与阿波罗公司同类可比公司交易数据生成拟制指数作为收益率计算基础，具体是以新三板市场泵及真空设备制造行业拟制指数、新三板市场核电概念股的涨跌幅平均值拟制指数作为还原阿波罗公司‘真实价格’的拟制指数”，“该方法符合法律逻辑，有一定合理性，但其更适合于主体丰富、流动性强、交易成熟的主板市场”。但与之相矛盾的是，法院采纳的《追溯评估鉴证报告》同样也参考了“同行业同类A股企业进行对比”。从“真实价格”的认定结果来看，《损失核定意见书》与《追溯评估鉴证报告》的差距并不大，《损失核定意见书》认为阿波罗在被操纵期间的股票“真实价格”为18.79元，《追溯评估鉴证报告》认定“真实价格”为17.88元。由此可见，法院不采用《损失核定意见书》的理由最重要的还是，《损失核定意见书》考虑了原告朱雀投资购入阿波罗公司股票的方式是面对面定向增资，而非通过集合竞价的方式在二级市场购买，法院与其说是不认可《损失核定意见书》中价格认定参考了过多的市场要素，不如说是法院不

---

〔1〕参见樊健：《论证券虚假陈述投资者损失计算的“事前观点”》，载《清华法学》2017年第3期。

〔2〕参见彭冰：《交易型操纵民事责任的因果关系确定》，载《中国法律评论》2023年第4期。

同意《损失核定意见书》认定“真实定增价格”需要“剥离操纵市场对定增价格的影响”。

被告阿波罗公司在2015年11月与原告朱雀投资签订面对面增资协议之前，分别在2015年7月和2015年8月以每股4.80元和每股14.21元发行股票[1]。仅仅在两个月之后，被告阿波罗公司与原告朱雀投资的发行价格就上升到了20元/股。股票的二级市场价格往往会影响到一级市场价格。上市企业发行新股之时，发行价格与上市股票景气程度有关。衡量一级市场的发行价格的指标是市盈率，在2015年8月阿波罗公司在一级市场的市盈率为142.10倍[2]，而到了2015年与原告朱雀投资签订定增协议时，其市盈率高达292.34倍[3]。被告邵某操纵发生在2015年8月7日至2015年9月30日，其在二级市场实施的操纵行为影响到了阿波罗公司在2015年11月在一级市场股票发行的价格。《损失核定意见书》中认为，“操纵行为影响了股价，导致原告作出投资决策时（2015年9月期间）将操纵后形成的市场价格作为定增价格的因素之一”。因此，与法院认为“真实定增价格”“容易放大操纵市场对股票价格的影响”相反的是，在确定损失时，应当支持《损失核定意见书》的观点，剥离操纵市场对定增价格的影响是有必要的。

《追溯评估鉴证报告》侧重于确认阿波罗公司股票的“真实价格”。该报告从股东权益角度，确定2015年11月30日这一具体时点阿波罗公司的具体股票价值。但如上所述，《损失核定意见书》与《追溯评估鉴证报告》在确定“真实价格”上区别并不大。“真实价格”只是从会计资产负债的角度衡量股票的价格，但对于长期缺乏流动性的阿波罗股票来说，原告朱雀投资无法从较高的“真实价格”获得救济。在美国法的判例之中，用“事前方法”（out-of-pocket）计算证券欺诈损失时，应当按照原告实际购买的股票价格与假设没有发生证券欺诈原告购买股票价格之间的差额计算。[4]比较“真实价格”与“真实定增价格”，“真实定增价格”更能还原出被告邵某没有实施操纵市场行为，原告朱雀投资的在面对面增资时购买股票的价格。至于法院认为《损失核定意见书》在计算拟制得来的“真实价格”之后，直接等比例计算方法换算出“真实定增价格”过于简单，但是其实任何计算方法都无法精准。[5]以“真实定增价格”为基础计算损失相对而言是较为精准的一种方法。综上所述，与法院观点不同的是，本案中，以《损失核定意见书》中“真实定增价格”作为计算损失的依据更为合理。

---

[1] 参见 https://www.neeq.com.cn/disclosure/announcement.html，最后访问日期：2023年9月10日。

[2] 参见《阿波罗公司股票发行情况报告书》（2015年8月），载 https://www.neeq.com.cn/disclosure/announcement.html，最后访问日期：2023年9月10日。

[3] 参见《阿波罗公司股票发行情况报告书》（2015年12月），载 https://www.neeq.com.cn/disclosure/announcement.html，最后访问日期：2023年9月10日。

[4] See Affiliated Ute Citizensof Utah, 406 U.S. at 155.

[5] 参见樊健：《论证券虚假陈述投资者损失计算的“事前观点”》，载《清华法学》2017年第3期。

【案外余论】

操纵市场的民事赔偿责任具有其复杂性与特殊性，不应完全照搬虚假陈述民事赔偿责任制度中的“欺诈市场理论”和“事后方法”来认定交易因果关系和损失因果关系。在美国的实践中，“欺诈市场理论”也伴随着争议并差点被相关判例推翻。[1]仅靠司法的判决解决证券欺诈民事赔偿制度面临困境：一是损失赔偿的计算始终难以确定；二是司法审判人员等审判资源可能不足；三是证券欺诈的受害者众多。随着时间的推移与制度的创新，在司法民事赔偿责任之外，可以尝试建立证券欺诈的公平赔偿基金[2]或者行政罚款分配制度来赔偿投资者的损失。[3]

---

〔1〕 See Donald C. Langevoort, *Judgment Day for Fraud – on – the – Market: Reflections on Amgen and the Second Coming of Halliburton*, Arizona Law Review, Vol. 57 (No. 1), p. 37 (2015)；参见耿利航：《欺诈市场理论反思》，载《法学研究》2020年第6期。

〔2〕 参见郭雳：《证券执法中的公共赔偿——美国公平基金制度的探析和借鉴》，载《清华法学》2018年第6期。

〔3〕 参见彭冰：《建立补偿投资者的证券行政责任机制》，载《中外法学》2004年第5期。

期货居间人能否“绝对隐身”？

——“张某红诉首创期货公司、陶某男期货交易纠纷案”法律分析

王　茜

【案情介绍】〔1〕

2019年5月，张某红进入名为“A+B布局交流群”，进群后，张某红经群中“韩某”助理吴某介绍，于2019年6月在首创期货公司开设17000422号期货账户，在开设期货账户过程中，吴某指示张某红将居间人填写为“陶某男”，并称陶某男为其“总监”。2019年6月3日，张某红与首创期货公司签订《期货经纪合同》，于同日签订签署《普通投资者适当性匹配意见告知书》、《期货交易手续费确认书》、《期货委托理财特别风险提示及居间业务明示》、《互联网开户风险揭示》、《期货交易风险说明书》及《客户须知》等文件，并进行了视频验证。

“韩某”在“A+B布局交流群”中要求群内所有人听从他的指令跟单操作，并在交易日恶意喊单、喊反单、频繁刷取手续费，交易品种全部为螺纹钢。在开设前述期货账户后，张某红跟随“韩某”在“A+B布局交流群”中的指令进行期货交易操作，进行螺纹钢期货交易。自2019年6月3日起至2019年9月2日止，张某红在首创期货公司共入金3,230,000元，出金1,298,207.22元，差额1,931,792.78元。张某红称其中平仓盈亏为-791,740元，张某红与首创期货公司确认张某红为期货交易支付的手续费共计1,140,052.78元。2019年9月5日，张

〔1〕 参见北京市高级人民法院民事判决书，(2021) 京民终288号。

某红与首创期货公司签署销户确认书，确认双方期货代理关系终止，不存在任何债权债务关系。（见图 1）

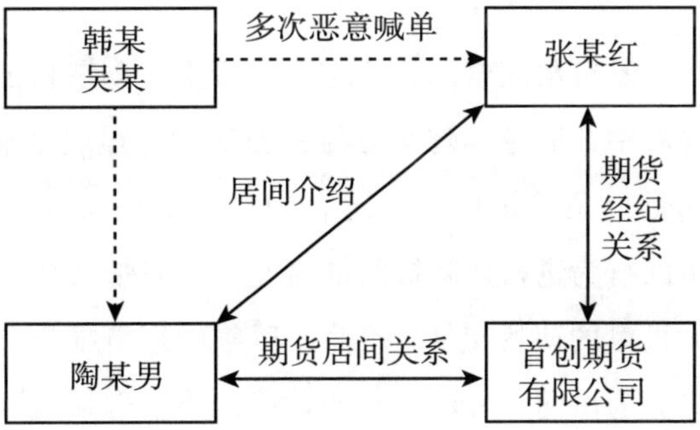

图 1　本案主体关系

期货交易损失发生后，张某红才对居间人赚取手续费的事实知情，将首创期货公司举报至北京证监局。在投诉处理期间，首创期货公司联系陶某男处理相关事项，陶某男不予配合。2020 年 1 月 22 日，北京证监局对首创期货公司出具《关于对北京首创期货有限责任公司采取责令改正监管措施的决定》，上载：“经查，你公司在居间人管理方面存在未有效执行公司制度的问题。上述行为违反了《期货公司监督管理办法》第 56 条的规定，按照《期货公司监督管理办法》第 109 条的规定，我局决定对你公司采取责令改正的行政监管措施。”2020 年 2 月 28 日，该局对张某红的投诉作出答复，主要内容为：“经查，未发现北京首创及其工作人员存在举报所提参与喊单、刷单行为的证据；您已书面确认期货交易手续费收取标准，您的交易结算信息未见异常；经调取公司留存记录，未见北京首创在处理您投诉过程中存在违法违规行为；北京首创期货有限责任公司存在未有效执行公司制度等行为，我局已依规对公司进行了处理。”

后张某红向北京市第二中级人民法院起诉，主张陶某男故意隐瞒居间服务关系，为骗取居间手续费，恶意串通他人诱使自己跟从群里喊单进行期货交易。首创期货公司未有效执行公司制度对居间人进行合规管理，导致居间人频繁喊单，恶意刷手续费。陶某男与首创期货公司的共同侵权行为最终导致张某红产生巨额亏损，诉请法院判令陶某男、首创期货公司对张某红损失承担连带赔偿。2020 年 12 月 30 日，北京市第二中级人民法院作出一审判决，认定陶某男和首创期货公司对张某红的损失均具有过错，应承担连带赔偿责任。后陶某男、首创期货公司不服一审判决，上诉至北京市高级人民法院，北京高级人民法院对一审认定事实予以确认，认为期货居间关系非代理关系，且陶某男、首创期货公司系分别侵权非共同侵权人，不应承担连带责任，改判陶某男、首创期货公司按照过错大小承担按份责任。

【法律分析】

陶某男与首创期货公司签订居间合同，约定陶某男受首创期货公司委托，为首创期货公司提供订立期货经纪合同的中介服务，陶某男与首创期货公司成立期货居间关系。2019 年 6 月 3 日，张某红与首创期货公司签订期货经纪合同，陶某男在未向张某红披露期货居间关系，未对张某红跟从喊单的行为进行风险披露的情况下，向张某红收取了 95% 的手续费。张某红跟从群内人员进行大批量的期货交易，产生了巨额的经济损失，后张某红以陶某男和首创期货公司未尽适当性义务为由向人民法院提起诉讼，要求陶某男和首创期货公司承担损害赔偿责任。本案的争议焦点在于：（1）期货居间人的法律地位及其应承担的法律责任性质；（2）期货居间关系主体权利义务的认定；（3）未尽投资者适当性义务的责任性质及双方过错认定标准。

（一）期货居间人的法律地位及其应承担的法律责任性质

目前我国尚无涉及期货居间人的法律，最高人民法院《关于审理期货纠纷案件若干问题的规定》第 10 条对期货居间人身份予以了认可，但该规定仅是根据居间关系的基础理论确立期货居间人的基本内涵及对居间人独立承担民事责任的要求，并未对期货居间人的法定义务内容及应承担的民事责任形式作出明确规定。因此，本案陶某男应履行的义务内容及应承担的民事责任在无法律明确规定时如何确定系本案审判的重点。

针对期货公司与期货居间人之间的权利义务和责任，我国相关法律法规及司法解释未作出明确规定，2022 年颁布实施的《期货和衍生品法》也未做出规定，因此确定陶某男作为期货居间人的法律地位应从期货居间关系性质出发进行分析。陶某男受首创期货公司委托为其提供订立期货经纪合同的中介服务，期货经纪合同的双方当事人为张某红和首创期货公司，陶某男非期货经纪合同的当事人，期货经纪合同的效力亦不归属于陶某男，陶某男作为独立的法律主体，居间目的是以赚取手续费作为佣金。首创期货公司为拓展客户来源委托期货居间人，未违反法律的禁止性规定，符合《民法典》第 961 条规定的中介服务关系进行界定，应认定中介服务关系成立且有效。由于张某红并未与陶某男直接签订居间合同或口头委托其提供居间服务，张某红在开户资料上将居间人填写为陶某男，仅能说明陶某男在形式上完成了居间介绍服务，陶某男与张某红间并不成立期货居间合同。

陶某男对张某红的义务来自于两个方面，第一个义务是源于首创期货公司并基于中介关系产生的适当性义务。从理论上来看，源于期货交易市场信息的不对称，无论是根据行业自律性规范还是居间合同约定，要求居间人承担适当性义务均具有合理性。首创期货公司作为委托人，通过签订居间合同委托陶某男提供拓展客户的中介服务，中介则可视为“卖方”的延长手臂[1]，对于“买方”而言，中介人即是“卖方机构”的“代言人”。客户基于对中介人的信赖与委托人签订合同，此时信赖利益则导致中介人与委托人均负有诚信义务，即服务提供方应诚信对待客户，向其推荐与其风险承受能力相适应的金融产品或服务[2]。由于在金融产品销售过程中金融机构占据优势地位，没有谁比其更有能力了解金融产品的存在、属性、风险特征等，也没有谁比其处于更有利的位置能够确定产品与客户是否匹配和适当，在期货居间关系中陶某男作为期货居间人掌握的信息和地位与首创期货公司类似，且由于陶某男实际享有张某红支付的95%手续费，基于公平原则，陶某男承担相应的“卖方”义务合理合法。从法律规定上看，《全国法院民商事审判工作会议纪要》（以下简称《九民纪要》）明确将适当性义务的主体拓展至所有金融机构，中国期货业协会发布的《期货公司居间人管理办法（试行）》第11条规定，期货公司在签订居间合同时，应要求居间人坚持投资者利益优先原则，应全面了解投资者的投资需求和目标、财务状况、投资经验、流动性偏好和风险承受能力等情况，对投资者的投资能力进行鉴别，将合格的投资者介绍给期货公司，居间人履行合格投资者确认程序并不免除期货公司履行投资者适当性义务。陶某男作为自然人居间人，虽非金融机构，但作为期货交易关系中关键的金融中介，委托人对客户应尽的适当性义务可通过居间合同中的明示或默示规定转化为中介人的义务，即陶某男作为中介人亦应对张某红承担适当性义务。

第二个义务来自陶某男与首创期货公司签订的居间合同确定的如实告知义务。根据居间合同第4条约定，乙方要如实向投资者说明期货的功能和风险，并通过适当方法了解客户的风险偏好，并按照期货经营机构投资者教育工作要求，做好权限内的投资者服务工作。陶某男作为连结期货行纪关系双方当事人的媒介居间人，不仅要将订立合同的情况报告给首创期货公司[3]，还应将各主体间的关系如实告知投资者张某红，才能真正降低期货交易代理成本和解决期货交易市场信息的不对称。由于张某红和陶某男并未成立期货居间合同，根据《民法典》第962条，陶某男作为中介人仅负有向委托人首创期货公司如实告知期货交易风险的义务。本案中陶某男向张某红承担的如实告知义务即来自居间合同的如实告知义务条款，亦来自陶某男的诚实守信义务，无论陶某男是否基于法律规定向张某红承担某种法定义务，陶某男向张某红如实说明其收取手续费及与吴某之间关系是中介人在履行居间义务时基于道德准则应承担的基本义务。

其实，适当性义务与如实告知义务并非完全割裂的法律义务，中介人的如实告知义务实质上是适当性义务的子义务。《九民纪要》认为告知说明义务是适当性义务的应有之义，卖

[1] 参见王锐：《金融机构的适当性义务研究》，法律出版社2017年版，第105页。
[2] 参见任自力：《金融机构适当性义务的规范逻辑》，载《法律适用》2022年第2期。
[3] 参见最高人民法院民法典贯彻实施工作领导小组：《中华人民共和国民法典合同编理解与适用［四］》，人民法院出版社2020年版，第2712页。

方机构只有对金融消费者如实释明金融产品或服务的风险，才能体现“尽责”。[1]本案中陶某男作为居间中介人的义务为按照首创期货公司确定的投资者条件推广甲方经营的期货业务，按约向首创期货公司推荐风险适配的客户，此时适当性义务已体现为居间合同中具体的如实告知的条款，抽象转化为默示的合同诚信义务，适当性义务的履行主体亦通过居间合同进行了扩展。首创期货公司及陶某男均需各自独立履行适当性义务，才能实现张某红期货买卖委托链条上的完全保护，符合适当性义务的制度设置目的。根据《民法典》第962条，陶某男作为中介人负有向委托人张某红如实告知的义务，中介人的如实告知义务实质上是适当性义务的子义务。因此，无论是根据约定还是法律规定，陶某男作为中介人都应向张某红如实披露有偿居间关系，履行适当性义务。

现阶段适当性义务主要定位于法律谱系中的合同义务群，包括先合同阶段的适当性义务与合同履行阶段的适当性义务[2]，即适格主体在履行适当性义务时应当在合同签订前尽责披露产品信息和风险，并向客户推荐风险适配度高的产品，合同履行时应及时、全面、积极披露风险相关信息，辅助客户根据自身风险偏好进行交易。陶某男作为首创有限公司的居间人，实际收取张某红的居间手续费，是张某红和首创期货公司期货经纪关系的居间介绍人，但在张某红的多次期货交易中隐身于“韩某”与吴某背后，未向张某红披露其与吴某及其与首创期货有限公司的居间关系，导致张某红对群内交易指示者“韩某”、陶某男及首创期货公司间的利益关系不知情，对居间人收取期货交易手续费的利益动机亦不知情，因此缺乏对多次期货交易暗含风险的预知。根据《普通投资者适当性匹配意见告知书》，张某红系C4类风险承受能力投资者，作为有投资经验的专业投资者对期货交易的风险有充分的预判力和承受力，其投资的首要目标是“产生较多的收益，可以承担较大的投资风险”，并有能力承受“较大的投资损失”。因此，张某红在此次交易中产生损失的原因并非来自期货产品本身的风险不匹配，而是来自张某红进入期货市场时的错误判断。张某红是在对主体关系和有偿居间服务关系认知不清，错误估计期货交易时市场的高风险，进而基于对“韩某”及吴某二者的信任，跟从群内喊单行为进行高风险期货交易从而产生巨额损失。

卖方机构承担适当性义务的目的是确保金融投资者能够在充分了解相关金融产品、投资活动的性质及风险的基础上作出自主决定，并承受由此产生的收益和风险。根据权利与义务相一致原则，陶某男在收取总手续费的95%作为手续后，应根据张某红的风险识别能力、风险承担能力等向张某红履行适当性义务。对陶某男适当性义务内容的确认并不苛责其像专业期货经纪公司一样详尽履行各项审查义务，而是要求其在居间人身份上尽其所能向张某红披

〔1〕 参见严书：《论金融消费领域卖方机构适当性义务——兼评〈第九次全国法院民商事审判工作会议纪要〉第七十二条》，载《南方金融》2020年第3期。

〔2〕 参见李游：《金融机构适当性义务的履行判断和责任承担——基于834份裁判文书的分析》，载《政治与法律》2022年第11期。

露风险相关信息。陶某男作为居间人收取手续费比例远超行业标准，在如此之高的服务费用标准下隐身于第三人喊单等不当行为背后，意图隐瞒居间事实，逃避期货交易中积极的适当性义务与责任，未如实告知张某红期货交易相关的必要信息，导致张某红产生错误判断，使得其损失的产生具有更强的现实可能性，其应对张某红的损失承担法律责任。陶某男作为适当性义务的义务人免责的前提是向投资者如实告知期货交易的风险因素和特定产品的风险，张某红作为投资者需自担损失的前提是基于卖方提供的真实的期货交易信息作出的基本合理的期货交易决策。事实上，张某红作为专业投资者，盲目跟从群内陌生人的喊单、跟单行为进行高风险的期货交易，应当认定其对自身损失存在一定过错。但张某红的过错并不免除陶某男的责任，本案中陶某男未向张某红如实告知有偿居间服务关系，导致其对多次的期货交易风险无法作出准确的估计，是交易风险和损失持续扩大的主要因素，是导致张某红产生巨额损失的主要原因，陶某男应承担违反适当性义务产生的法律责任。

（二）首创期货公司权利义务界定与责任认定

根据《期货和衍生品法》第66条第1款，期货经营机构接受交易者委托为其进行期货交易，应当签订书面委托合同，以自己的名义为交易者进行期货交易，交易结果由交易者承担。2019年6月3日，张某红与首创期货公司签订《期货经纪合同》，首创期货公司接受张某红委托，按照张某红的指令与第三人进行期货交易，双方成立的期货经纪关系实质上是行纪关系。因此，本案对首创期货公司与张某红的关系，应当在基础的行纪关系规定下结合期货经纪特殊规定进行认定。

根据《期货和衍生品法》第31条，金融机构开展衍生品交易业务应履行交易者适当性管理义务，即首创期货公司应对张某红承担适当性的管理义务。由于首创公司在签订期货经纪合同时附带提供了《期货委托理财特别风险提示及居间业务明示》、《互联网开户风险揭示》、《期货交易风险说明书》及《普通投资者适当性匹配意见告知书》等风险告知文件，并于同日在首创期货公司所属App内进行了视频验证，对期货交易的风险进行了文字和口头上的强调性说明。且根据张某红签署的《普通投资者适当性匹配意见告知书》显示，张某红为C4类风险承受能力投资者，该认定符合张某红实际资产情况与从业经历。可见，首创期货公司对张某红应有的风险承受能力和风险偏好进行了事先认定，无论以形式还是实质标准，应当认定首创期货公司已进行了风险提示，履行了投资者适当性义务。

目前我国无法律法规及司法解释明确规定期货公司对居间人权利义务，此时，应结合《民法典》中介合同规定和行业自律规定进行裁判。我国关于居间关系的规定中，并未对居间委托人的监督管理义务进行明确规定，居间委托人的管理权限范围亦无法确定。期货交易天生具有金融业的高风险性，期货居间关系虽应符合民事居间法律规范的要求，但为更全面地保护期货交易主体的利益，期货自律组织、司法机关在处理期货居间交易纠纷时，倾向于要求期货居间人承担适当性义务。中国期货业协会于2021年颁布的《期货公司居间人管理办法（试行）》第 4 条规定了期货公司应管理居间人的基本原则，并于第 10 条、第 19 条至第 26 条作出细化规定。《期货公司居间人管理办法（试行）》系期货行业的自律规则，法院并不当然受其拘束，但由于该规范填补了期货居间人监管规范空白，自 2019 年试行以来被市场主体内心确信并主动遵守，成为处理委托人与期货居间人纠纷和期货居间人自我约束时自觉遵守的基本规范，已超越单纯事实成为期货行业的交易惯例。上海市高级人民法院组织编写的《金融商事审判精要》认为，在法律法规适用或者规定不详的前提下，应当充分尊重行业业务规则对市场参与者的约束力，并以此作为审判的参考依据。特别是凡经批准并有效实施的业务规则，原则上理应确认其合法性，不要轻易否定其适用效力。[1] 因此本案在探讨陶某男作为期货居间人的权利义务时应当考虑《期货公司居间人管理办法（试行）》中的规定。除遵守上述交易习惯，委托人对期货居间人进行监督管理具有经济上的合理性，合理性是决定金融行业自律规则能够成为法源性习惯的关键因素。[2] 陶某男接受首创期货公司委托为其拓展客户，实质上是居间关系下期货经纪人身份的延伸，委托人为保证居间人按照委托人的要求为其推荐适格客户，委托人有权对其进行基本的监督和管理，以符合期货行业交易下的高风险注意和提示义务要求，防止因居间人的行为损害委托人和相对人合法权益。该监督管理的权利符合《民法典》关于中介关系的基本架构，亦符合金融行业下的特殊利益保护要求，对居间人的资质进行审查与之同理，在不侵害法律强制性规定和损害居间人权益的情况下，中国期货业协会对期货公司的监督管理要求符合法律和经济上的合理性，可以从普通行业自律规定上升为行业交易习惯，成为拘束法院裁判的法源性规范。

根据《期货公司居间人管理办法（试行）》可知，期货公司主要管理责任包括：与符合条件的自然人开展居间合作、加强合规管理和风险控制、要求居间人签署《期货居间人承诺书》、制定居间人管理制度、对违规居间人及时调查进行问责等。根据居间合同第 4 条第 3 款，首创期货公司负责向投资者以口头和书面方式明示陶某男居间人身份，并负责对陶某男的居间活动进行严格管理。首创期货公司在未完全履行法律规定和合同约定中对居间人陶某男的管理责任时，应对张某红的巨额损失承担法律责任。虽首创期货公司要求陶某男参加居间培训测试，且对培训内容及培训时长等事项进行书面确认，但在首创期货公司提交的《居间培训测试试题 2018 版》中陶某男存在错误作答，而试卷上显示测试分数为满分。首创期货公司在陶某男的居间人资格审查中未善尽审查义务，虽该疏忽并未直接造成张某红的交易损失，但仍导致陶某男在期货居间关系中未履行适当性义务等不专业行为，并进一步导致损失扩大。在本案期货居间关系中，首创期货公司的过错主要体现在如下几方面：

首先，首创期货公司在建立期货居间关系时，未对陶某男的居间人资质进行审查，在陶某男的专业测试存在问题的情况下，仍然聘请其作为期货居间人，使得专业能力不足的陶某

---

〔1〕 参见沈志先：《金融商事审判精要》，法律出版社 2012 年版，第 129 页。
〔2〕 参见谭欣：《金融行业自律规则在商事裁判中的适用》，载《当代金融研究》2019 年第 2 期。

男进入期货交易市场成为期货中介。其次，在期货居间关系存续期间，陶某男并未实际向张某红进行居间介绍，首创期货公司在未对居间介绍关系进行实质审查下，接受来源不明的投资者，任由陶某男利用其期货居间关系误导投资者。且在多次期货交易期间，首创期货公司亦未对陶某男的不当行为进行监督和管理，使得张某红所遭受的风险和损失进一步扩大。首创期货公司作为专业的期货公司，疏于对期货居间人陶某男的管理，导致陶某男未对张某红披露有偿居间服务关系，未履行“投资者适当性义务”，进而导致张某红在未全面获知交易风险的相关信息下，盲目信任微信群内成员、首创期货公司，多次跟随喊单行为进行高风险交易，进而造成其巨额损失。首创期货公司作为专业期货经纪公司，有义务亦有能力建立专业的居间人管理体制，对居间人身份、居间介绍关系的合法性进行综合认定，以保证期货经纪关系建立的基础合理合法，进一步降低多方主体的交易风险。虽然首创期货公司和陶某男应独立承担民事责任，首创期货公司一方面通过居间人的活动扩展自身业务范围并从中获益，另一方面又因居间人身份而隔离自身风险，但是，在对期货居间人行政监管缺失的现状下，如仅以平等合同主体关系评价期货公司与居间人之间的关系，显然不利于期货投资者利益保护与期货交易秩序维护。[1]首创期货公司在有能力且应当预见居间人未履行适当性义务会对投资者作出自主交易决策产生不利影响时，仍放任居间人在开展居间业务过程中不履行适当性义务，应当对张某红的损失承担赔偿责任。

期货交易损失发生后，张某红将首创期货公司举报至中国证券监督管理委员会北京监管局（以下简称北京证监局）。2020 年 1 月 22 日，北京证监局对首创期货公司出具《关于对北京首创期货有限责任公司采取责令改正监管措施的决定》，载明：“经查，你公司在居间人管理方面存在未有效执行公司制度的问题。上述行为违反了《期货公司监督管理办法》第五十六条的规定，按照《期货公司监督管理办法》第一百零九条的规定，我局决定对你公司采取责令改正的行政监管措施。”由于北京证监局在期货交易不当行为监管方面更具专业性，除非有其他证据对其予以否定，该具体行政行为出具的文件应作为本案认定相关责任的证据。

综上，在对居间合同、《关于对北京首创期货有限责任公司采取责令改正监管措施的决定》等多份案涉文件进行分析的基础上可以认定，首创期货公司应承担对居间人陶某男的监督和管理义务，由于首创期货公司在本案中未对陶某男不履行适当性义务的行为进行监督，最终导致张某红产生巨额损失，首创期货公司应承担相应责任。

（三）未尽投资者适当性义务的责任性质及双方过错认定标准

根据本案现有证据，“韩某”等人非首创期货公司员工，亦非受陶某男指使，其在“A + B 布局交流群”内的不当喊单和操纵期货市场的行为与首创期货公司和陶某男无直接

---

〔1〕 参见北京市高级人民法院民事判决书，（2021）京民终 288 号。

关联，因此两被告无须对张某红承担直接的侵权责任。本案首创期货公司的过错主要在于未对期货居间人陶某男进行监督管理，陶某男的过错主要在于未向张某红及时披露居间关系及其与吴某的关系，但上述过错并未直接导致张某红产生巨额损失，张某红作为评级为 C4 的专业投资者，有一定的金融市场投资经验和风险承受能力，应当对他人群内频繁喊单行为的高风险性有认知能力，跟随喊单进行期货交易主要基于其主观冒险意愿，意图通过高风险行为获取高收益。但尽管张某红损失的发生直接源于期货交易市场自身风险，可陶某男未履行适当性义务与张某红的损失发生仍有法律上的因果关系，是造成张某红损失现实化的主要因素，首创期货公司怠于对居间人进行管理的行为客观上扩大了居间人不当行为对投资者自主决策产生的作用力，陶某男与首创期货公司应当承担张某红过错外的损失赔偿责任。法律要求"卖者尽责"并非卖者全责，卖者尽责是对买者自负的制约而非全盘否定，由于张某红的损失应当是三者共同的过错导致的，在"卖方"未履行适当性义务以及投资者也存在过错时，应按照过失相抵原则进行责任认定，而不应由首创期货公司和陶某男赔偿全部的损失〔1〕。

在确认三人应共同对张某红损失负责的前提下，基于适当性义务和监督管理义务的规定，依据《民法典》选择保护当事人民事权益的路径极为重要。首先，需要明确的是，适当性义务在本案中不仅要求义务人向投资人匹配适当的产品，还包括如实披露与该产品交易相关的必要信息。本案对陶某男责任的认定就不是因推荐产品本身的不适配，而是因违反适当性义务要求的如实告知期货交易相关的必要信息而应承担责任。其次，应明确违反适当性义务时一般存在侵权和违约请求权竞合问题，由于本案陶某男与张某红并未签订居间合同，因此本案张某红的请求权基础仅为侵权。由于本案两被告对张某红的损失均存在过错，符合《民法典》第 1165 条规定的一般侵权要件，张某红的请求权基础合理合法。最后，首创期货公司和陶某男均是违反积极作为的义务消极不作为侵权，对不作为侵权行为的判断应从两被告是否存在过错、张某红是否产生损失、过错与损失是否有因果关系出发。对于过错的判断上文已作出详细论述；张某红产生的巨额损失也有充分的证据证明；而在因果关系上可知，陶某男不披露居间关系的行为造成张某红错误估计跟单进行期货交易行为的风险，该不披露行为是损失产生的原因力之一，同时由于首创期货公司未及时对陶某男行为进行监督管理，是造成张某红的损失继续的扩大的主要原因，两被告对于张某红的损失存在事实上的因果关系。综上，基于居间合同、《期货居间人管理办法（试行）》等文件，两被告应承担民事损害赔偿责任。

根据最高人民法院《关于审理期货纠纷案件若干问题的规定》第 10 条规定，居间人与期货经纪人应各自独立承担民事责任，即虽然二者在权利义务关系上具有关联性，但在民事

〔1〕 参见黄辉：《金融机构的投资者适当性义务：实证研究与完善建议》，载《法学评论》2021 年第 2 期；参见尚连杰：《金融机构适当性义务纠纷中的过失相抵法理》，载《法学》2021 年第 4 期。

责任的承担上应根据其各自义务进行具体判断。由于两被告对张某红的损失在主客观行为上均未有共同侵权之意思，二者亦不承担同一法律义务，因此，应认定首创期货公司与陶某男分别实施侵权行为，应根据各自过错承担按份侵权责任。本案一审法院判决两被告对张某红的全部损失承担连带责任明显不当，对此，二审法院改判陶某男承担赔偿30%总损失，首创期货公司承担赔偿10%总损失的赔偿责任。根据民法原理，在民事赔偿责任认定适用过失相抵规则时，首先应考虑原因力的大小，然后是过错的程度，对原因力和过错进行权衡。[1]本案中，首先，张某红作为专业投资人应对其进行的交易有更高的注意义务，跟随陌生人进行跟单期货交易是导致其在风险性高的期货市场上产生巨额损失的主要原因，应承担主要责任；其次，陶某男作为连接三方关系的关键主体，怠于履行适当性义务，导致张某红进行错误的期货交易判断，增加了张某红产生巨额损失的现实可能性，应承担次于张某红的责任；最后，首创期货公司履行了基础的投资者适当性义务，对张某红进行了投资者适当性管理，在一定程度上保护了张某红的利益，但其未及时对陶某男进行监督管理，使得张某红的损失发生未能得到有效阻断，最后导致巨额损失的实际发生，对于张某红损失产生的原因力应为三方主体中最小的，应当承担最小比例责任。无论是陶某男还是首创期货公司，都是投资者在进行期货交易的守卫者，本案中任一主体履行其法定义务，诚实守信、勤勉尽责，对期货交易中产生的风险进行提示与说明，都能够在一定程度上避免张某红的损失。对于责任比例的分配，由于法律法规对当事人的损失承担比例并无具体判断，二审法院以6∶3∶1的比例要求张某红、陶某男和首创期货公司承担责任并无不当。

【案后反思】

期货居间人的适当性义务根源于金融市场信息不对称下的公平性要求。“卖者尽责”是“买者自负”的前提条件，“卖者尽责、买者自负”原则要求金融投资者在金融机构履行了尽责披露金融交易产品信息、投资者交易风险等适当性义务的基础上自愿承担金融交易风险。无论是期货公司还是期货居间人，对期货交易的了解远高于投资者，要求其承担能力范围内的风险匹配义务是对投资者利益的妥善保护。本案要求陶某男对张某红承担适当性义务，首创期货公司对陶某男承担监督管理义务，均不是强加于两被告的不适当义务，而是在高风险期货交易市场平衡三方主体利益的适当结论。

本案期货居间自然人与期货公司系独立的民事主体，应独立享有民事权利义务和承担民事责任，但案件裁判中各项事实并非完全独立，即双方权利义务并非完全隔离，裁判难点在于根据现有证据对法律关系进行梳理，最终根据各主体过错进行公平地责任分配。本案最大

---

[1] See Marnix Wallinga, *EU Investor Protection Regulation and Liability for Investment Losses*, Springer, 2020, p. 401 –402. 转引自尚连杰：《金融机构适当性义务纠纷中的过失相抵法理》，载《法学》2021 年第 4 期。

的难点在于期货居间人无上位法时，法官如何根据现有法律法规和行业自律规定进行说理解决现有纠纷，本案在期货居间人法律地位的认定、期货公司合规经营的准则、期货交易者合法权益保护等方面，提出了遵守法律、符合法理的重要解释，填补了期货居间服务规则不明的漏洞，具有重要的典型意义。[1]

〔1〕 参见最高人民法院：《最高法民二庭发布2022年度全国法院十大商事案件》，https：//www. court. gov. cn/zixun－xiangqing－387081. html，最后访问日期：2023年5月15日。

募集管理要尽责　投资理财需谨慎

——“董某远与中融鼎新委托理财合同纠纷案”法律分析

王梦茹

【案情介绍】[1]

（一）乘风挂牌，认购火爆

2015年3月，中科招商投资管理集团股份有限公司（以下简称中科招商）在新三板挂牌，并在当年连续4次抛出定增计划，募集资金108.84亿元，其中两次定增价格高达18元/股，成为当年新三板“定增之王”。本案中的“中融鼎新·白羊新三板投资基金1号”（以下简称白羊1号）参与的即是中科招商18元/股定增中的一次。

2015年4月1日，个人投资者董某远向北京中融鼎新投资管理公司（以下简称中融鼎新）设立的基金募集账户汇入101万元，用于认购其管理的白羊1号基金。同年4月3日，白羊1号全部募集完成，符合基金成立总规模并宣告正式成立，白羊1号全部资金计划用于投资中科招商在新三板挂牌后的首次定向发行。同日，中融鼎新向董某远出具基金份额确认书，确认基金产品名称：白羊1号基金，董某远认/申购资金金额为100万元，认/申购费用1万元。同日，中融鼎新从基金募集清算账户向基金托管人中信建投证券股份有限公司（以下简称中信建

〔1〕参见董某远与北京中融鼎新投资管理有限公司委托理财合同纠纷二审民事判决书，（2021）京74民终482号。

投）的托管账户划款 2.04 亿元，中信建投于同日向中科招商定增预交款项缴款账户划款 2.007 亿元。

2015 年 4 月 15 日，董某远、中融鼎新及中信建投签署《中融鼎新－白羊新三板投资基金 1 号基金合同》（以下简称基金合同），并在风险揭示书、合格投资者承诺书、投资者告知书、基金账户申请与交易表、个人基金投资者风险承受能力调查问卷中签字。合同落款日期为“2015 年 4 月 1 日”，系由各方进行倒签署。基金合同和风险揭示书中有如下提示内容：本基金投资项目存在一定风险，所投项目可能无法实现预期投资回报；基金管理人、基金托管人未对基金财产的收益状况作出任何承诺或担保，基金的业绩比较基准、年化收益（率）等类似表述仅是投资目标，而不是基金管理人的保证；投资者已充分理解相关权利、义务、本基金运作方式及风险收益特征，自愿自行承担基金运营状况与基金净值变化所致的投资风险。根据基金投资者风险承受能力评价说明及个人基金投资者风险承受能力调查问卷显示，董某远属于高风险承受能力投资者。

（二）强制摘牌，损失惨重

2016 年 12 月 28 日，中融鼎新与中信建投协商一致后在其官方网站上发布了白羊 1 号合同变更征询意见函（以下简称征询意见函），针对白羊 1 号展期提出如下两种提案。提案一：同意基金展期，展期期限自基金延长届满之日起至同意展期的基金份额所对应基金资产全部变现之时；提案二：不同意基金展期，对不同意基金展期的基金份额持有人所持有的基金份额按赎回处理。若在 2017 年 1 月 20 日前未回复意见或未提交赎回申请书，则视为同意提案一相关变更事项。

2017 年 1 月 6 日，董某远填写了白羊 1 号确认回执，就征询意见函的确认意见决定选择提案一。同月 23 日，中融鼎新在其官方网站发布变更征询意见结果通知，向全部基金份额持有人公告本次合同变更征询意见结果：选择同意展期的，占基金份额总额的比例为 77.52%；选择不同意展期的，占基金份额总额的比例为 22.48%。

2016 年 5 月，全国中小企业股份转让系统有限公司（以下简称全国股转系统）发布了《关于金融类企业挂牌融资有关事项的通知》，对私募基金管理机构新增八个方面的挂牌条件。2017 年 10 月，全国股转系统发布《关于挂牌私募机构自查整改相关问题的通知》，就挂牌私募机构自查整改条件的计算口径等相关问题出具了细则。中科招商根据前述新增挂牌条件开展自查及整改，但最终因不符合挂牌私募机构关于收入来源占比要求的新增挂牌条件，于 2017 年 12 月 26 日被强制摘牌。截至摘牌日，中科招商股价为 0.61 元/股，白羊 1 号持有中科招商股票 5820.1 万股，持股比例为 0.54%。由于中科招商被强制摘牌，白羊 1 号所持有的中科招商的股份缺乏活跃的交易市场，投资标的存在变现困难。

2018 年 8 月 6 日，中融鼎新发布白羊 1 号份额净值通知，告知基金份额持有人，基金投资标的中科招商被全国股转系统强制终止挂牌。根据基金合同及相关补充协议、征询意见函的约定，基金以中科招商被强制摘牌当月全月平均交易价格作为公允价格进行估值。据此计算，该基金截至2018年7月31日的7月份基金份额净值为0.1985元，意味着董某远当初的百万投资如今缩水至不足20万元。

投资损失巨大的董某远遂将中融鼎新告上法庭。董某远认为，基金管理人未向其充分介绍揭示所购基金的风险，在不了解其风险评估、承受能力的情况下将高风险基金推介给他，违反了销售适当性义务、勤勉尽责义务，其行为严重损害其权利，应当对其损失予以赔偿。董某远诉请中融鼎新向其支付投资本金、认购费共计101万元，赔偿资金占用损失23万余元（以本金100万元为基数），若上述请求不能得到支持，则请求判令中融鼎新对白羊1号基金组织清算。

（三）两次判决，结果不一

1. 一审认定，买者全自负

关于中融鼎新相关义务的履行问题。首先，一审法院认为涉案基金合同中特别揭示了风险收益特征、基金特定风险及特殊投资标的的投资风险，未承诺保本及最低收益，符合《私募投资基金监督管理暂行办法》第15条的相关规定。[1]其次，一审法院认为涉案基金募集时《私募投资基金募集行为管理办法》尚未出台，对于私募基金推介的规范性规则尚不明确具体，推介材料中虽未提示主要风险但也并未出现违规词汇，材料中的相关宣传内容多是对当时新三板市场飞速发展的描述、同期做市企业在做市转让后的涨幅数据分析以及基金管理人对过往投资案例的罗列介绍等内容，不存在不当宣传和明显误导的情形。最后，一审法院认为涉案基金募集销售时并未有明确规定问卷调查进行时间是应在推介之前还是应在私募基金合同签约之前，因此涉案基金销售时问卷调查的进行时间点并无不当。签署涉案基金合同时，双方已实际完成了风险承受能力评估，且问卷调查结果显示董某远具有该基金投资资格。由于董某远在基金成立前已将申购款转付到中融鼎新指定账户，若董某远认为签署该基金合同风险过高，其有权在基金成立之后，在中融鼎新要求签约前拒绝签署基金合同，或要求中融鼎新退还申购资金。但整个签约过程中，董某远对销售人员作出的风险提示未表示任何异议并进行了签字确认，故一审法院认为中融鼎新不存在未尽职调查、违规宣传等行为。

关于基金合同展期及组织清算的问题。一审法院认为，涉案基金合同明确约定，基金如需展期，基金管理人应当在基金合同期限届满1个月前，按照基金合同约定的方式取得基金托管人和代表基金份额2/3以上的基金份额持有人同意。在本案中，中融鼎新的实际做法符合合同约定的条件和程序，属于合法展期。此外，基金合同明确约定了清算的条件，即自基金合同终止之日起30个工作日内成立清算小组，接管基金财产进行清算。基金合同合法展

---

〔1〕《私募投资基金监督管理暂行办法》第15条：私募基金管理人、私募基金销售机构不得向投资者承诺投资本金不受损失或者承诺最低收益。

期后，同意展期的基金份额所对应的基金资产尚未全部变现完成，基金合同尚未终止，合同约定的清算条件尚未触发，因此法院不支持董某远关于组织清算的相关诉讼请求。

2. 二审改判，卖者有瑕疵

董某远不服一审判决，依法提起上诉。经审理，二审法院与一审法院认定的事实完全一致，关于基金合同和风险揭示书约定内容、推介材料合规性、合同展期、组织清算的裁判结果亦与一审法院保持一致，不同的是二审法院认为中融鼎新在销售基金产品过程中未能及时向董某远告知投资风险并对其完成风险承受能力的评估，属于履行适当性义务不及时不全面，应当根据合同法关于缔约过失的相关规定承担与其过错及投资者实际损失相适应的赔偿责任。考虑到本案中补充风险评估的时间与基金成立时间相距较短，投资者风险承受能力在短期内发生明显变化的可能性并不大，后续评估显示董某远符合案涉基金产品的合格投资者要求，且董某远事后补充签署基金合同对认购事宜进行了确认。因此二审法院认为中融鼎新的过错未在实质上过度影响投资者在认购基金方面的自主决定，因此酌情确定中融鼎新公司按照投资者认购金额 20% 的标准对投资者予以适当赔偿。

【法律分析】

本案系因私募基金的销售和管理产生的金融委托理财合同纠纷。为依法保护金融消费者的合法权益，规范卖方机构的经营行为，“卖者尽责、买者自负”是处理金融产品发行人、销售者以及金融服务提供者与金融消费者之间因销售金融产品引发的纠纷中的基本原则。本案中，如果中融鼎新在基金的销售和管理过程中未适当履行诚实信用、谨慎勤勉的管理义务及其作为卖方机构应尽了解客户及产品、充分解释风险等义务，应当对因其过错给投资者造成的损失依法承担赔偿责任；而如果中融鼎新依法履行了相应义务，金融产品自身产生的风险则由金融消费者独立承担。因此本案的争议焦点在于，中融鼎新是否完全履行了基金管理人的法定及约定义务。具体而言，中融鼎新在基金成立后倒签基金合同并进行风险承受能力评估的行为是否违反基金管理人的适当性义务？中融鼎新在基金管理阶段没有及时退出投资是否违反了谨慎管理义务？

（一）募集销售阶段

1. 合同倒签是否具有法律效力

基金合同明确了私募基金当事人之间的权利义务、收益分配、风险承担等事宜，因此是私募基金投资中重要的法律文件。本案中基金合同虽然存在倒签的瑕疵，但是合同的签订属于双方当事人的真实意思表示，未违反法律、行政法规的强制性规定，基金合同的成立和效力不受影响。

在合同签署日期的认定上，根据法律规定采用合同书形式订立合同，在签字或者盖章之前，当事人一方已经履行主要义务，对方接受的，该合同成立。本案属于金融委托理财合同关系，投资者的主要合同义务即支付认购款，虽然根据2012年《证券投资基金法》第93条规定要求各方必须以书面方式订立合同，[1]但是中融鼎新接受了董某远于2015年4月1日转款认购基金产品的行为，并在4月15日以倒签的形式补充签署了基金合同，即使双方签署基金合同文本的实际日期在基金产品成立之后，仍应当以投资者实际履行合同义务之日即2015年4月1日作为基金合同的成立日期。

2. 适当性义务履行是否全面

投资者风险自负是金融市场的基本法则。但是由于金融机构与投资者之间在资金、信息获取、专业知识等方面的能力存在不对等，因此法律规范在价值预设上将投资者设定为弱势一方，以适当性义务理论予以倾斜保护，进而规范金融机构的行为、维护市场的交易秩序。适当性义务是指，金融机构在向投资者销售证券、提供服务时，应当履行确保特定客户的财务状况、投资目标、知识经验以及风险承受能力等特征与向投资者提供的证券或服务相互匹配的义务，避免证券或服务的风险等级与投资者风险承受能力错配而损害投资者利益。[2]适当性义务内容包括：了解客户、了解产品、适当性匹配、风险披露及告知说明四个方面。

就本案来看，中融鼎新在整个销售过程中完成了基金合同、风险揭示书、合格投资者承诺书、投资者告知书、个人投资者风险承受能力问卷调查等相关材料的签署，以形式上看似乎完成了适当性义务的履行。但是签署风险揭示书、调查问卷等行为发生在基金合同成立日期之后，两审法院就这一瑕疵产生了不同的论证逻辑，一审法院从法律是否明确规定调查问卷进行时点对中融鼎新适当性义务的履行情况进行分析，而二审法院则结合投资者适当性义务的法理基础进行论证，最终两审法院得出了不同的结论。笔者认为，两审法院产生分歧的根本原因在于对适当性义务来源的认识不同，一审法院认为直接来源于法律法规或规范性文件中的具体监管规范，二审法院则回归至理论基础层面，认为其是民法领域诚信原则在金融产品销售领域的具体化，双方当事人以缔结基金合同为目的进行接触的时间段内，基于诚实信用原则卖方机构所需承担的说明、告知、注意及保护义务。目前我国理论界和司法裁判实践中，虽然对适当性义务的义务性质存在争议，但是绝大多数观点都以诚信原则为依据确定投资者适当性义务。[3]

---

[1] 《证券投资基金法》第92条：非公开募集基金，应当制定并签订基金合同。

[2] 参见周友苏：《证券法新论》，法律出版社2020年版。

[3] 李游认为，以诚信原则作为适当性义务的理论基础更符合我国现行法的规范体系；任自力认为，基于诚信原则的广泛包容性及其与信义义务理论的高度重叠性，完全可以将适当性义务纳入现有的诚信义务理论下。王锐认为适当性义务为部分法定化的诚信义务。参见李游：《金融机构适当性义务的履行判断和责任承担——基于834份裁判文书的分析》，载《政治与法律》2022年第11期；任自力：《金融机构适当性义务的规范逻辑》，载《法律适用》2022年第2期；王锐：《金融机构适当性义务司法适用的实证分析》，载《法律适用》2017年第20期。司法裁判案参见河南省高级人民法院民事判决书，（2016）豫民再544号；上海市虹口区人民法院民事判决书，（2016）沪0109民初25028号。

适当性义务要求金融机构在了解产品和了解客户的基础之上，将适当的产品匹配给适当的投资者，适当匹配的关键就在于对投资者风险承受能力以及金融产品风险等级的确定。该义务要求金融机构不得滥用信息与专业优势而诚信经营，是追求公平公正交易的典型表现，也是金融监管保护投资者的第一道防线。基于适当性义务的功能设置，其履行应在募集阶段而非投资运作之后再进行。2012 年修订的《证券投资基金法》第 88 条第 1 项明确要求，非公开募集基金应向合格投资者募集。募集完成后再进行风险能力调查等行为，意味着金融机构在投资时并不了解投资者的风险承受能力，交易对象是否为合格投资者无从知晓，风险匹配无从谈起，保护投资者的制度目的落空，只是金融机构应对监管的补救措施。因此，对履行时点的严格限制是金融机构履行适当性义务的应有之义，管理人未能在募集阶段就投资者适当与否而积极行为的，即构成义务履行的不适当。尽管案涉基金销售时没有法律或相关政策明确规定适当性义务的履行时点，但是根据这一规则设立的实质目的，中融鼎新至迟应当在白羊 1 号正式成立前向投资者充分告知投资风险并完成投资者风险承受能力评估。本案中，董某远完成认购汇款，中融鼎新完成将基金财产转入托管账户进行投资，基金产品开始实际运作等一系列关键节点上，董某远均未完成风险承受能力的测试。如果完成上述一系列事项之后，才发现投资者风险承受能力不符合合格投资者要求的情况，相应资金存在难以全部退出的风险，此种情形下，适当性义务已失去保护投资者不参与不适合投资的风险防范意义。尽管后续补签的投资者风险调查问卷、基金风险揭示函能说明董某远与该基金风险匹配，且基金风险在此期间未做变化，但依然不能改变中融鼎新在基金募集阶段未全面履行适当性义务的事实，无法抵消未及时履行自身义务的过错。在风险披露方面，尽管中融鼎新在 2015 年 4 月 15 日签订的基金合同、风险揭示书等材料中对基金的相应风险做了明显提示，但是该基金相关推介材料中并未提示主要风险事项，也意味着董某远 4 月 1 日完成汇款时并没有从中融鼎新工作人员处充分获知该基金的投资风险。因此，中融鼎新在履行风险告知义务方面亦存在一定瑕疵。综上，中融鼎新适当性义务的履行的确不及时、不全面。

案涉基金推介销售时我国私募基金管理尚不完善，随着资本市场发展相关制度规则逐渐细化。2016 年《私募投资基金募集行为管理办法》发布，其中即规定募集机构应在向投资者推介私募基金之前，采取问卷调查等方式履行特定对象确定程序，对投资者的风险识别能力和风险承担能力进行评估。〔1〕合同签署及资金流转的顺序要求意味着私募基金及募集机构将负有更高的合规义务，需要更加严格地规范募集过程中的推介、发售等行为。

一审法院仅以涉案基金销售时法律对此没有明确规定，董某远可以通过拒绝签署合同退出认购即认定中融鼎新履行完毕适当性义务，忽略了事后补正风险承受能力调查的做法并未

〔1〕《私募投资基金募集行为管理办法》第 18 条第 1 款规定：在向投资者推介私募基金之前，募集机构应当采取问卷调查等方式履行特定对象确定程序，对投资者风险识别能力和风险承担能力进行评估。投资者应当以书面形式承诺其符合合格投资者标准。

达到适当性义务制度的立法保护目的，反而是对投资者权益的损害。这实际上是以所谓的“形式合规”作为其完成投资者适当性义务的标准，过于依赖具体的监管规则的规定，仅停留于对规则本身的字面理解，忽略了规则设置背后所希望达到的最终效果。“法定意义上监管规则所要求的条条框框在现实实践中可能都纯粹转变为监管对象对于书面材料的准备与应对”[1]，因此监管不能仅依靠详细、具体的规则，应该寻找规则背后更加高级、宽泛的原则去判断金融机构开展业务的合理性。二审法院的判决则更能彰显实质法治理念，重视法治的形式主义价值但更重视规则的合理性，重视法律规则的实际运行效果，而非依赖形式主义化的执法和司法机制。

（二）基金管理阶段

私募基金的本质是“受人之托，代人理财”，投资者将自有资金交付给基金管理人，由基金管理人对投资者的资金进行管理，基金管理人在管理过程中应遵守管理人职责并发挥专业能力，为投资者的收益努力。董某远诉称中融鼎新投资标的单一，未能控制分散投资风险，未适当履行谨慎勤勉的管理义务。中科招商从“定增之王”到被强制摘牌的过程中屡次收到监管单位的责令整改要求，但是中融鼎新都未退出投资，最终导致投资者损失惨重。本案中，案涉基金产品的推介材料和基金合同中都载明，基金产品的全部资金计划用于投资新三板挂牌企业中科招商挂牌后的首次定向发行，董某远对上述内容和投资方向都明确知晓。基金募集完成后，中融鼎新的投资方向和投资方式符合双方合同约定，董某远诉称“投资标的单一，未能分散投资风险”恰恰反映了管理人并未改变基金资金用途，不存在重大违约行为。根据基金合同约定，中融鼎新可以独立管理和运用基金财产，基金产品存续期间其向投资者出具了基金运行情况报告，如实向投资者披露了基金投资、资产负债、投资收益分配以及可能影响投资者合法权益的其他重大信息，无隐瞒或者提供虚假信息的情况，不存在违反法律规定及违反信息披露义务和防范控制风险的谨慎管理义务的情形。在基金运作中，何时、以何种方式处置基金产品直接影响着投资者的投资收益，基金管理人有权根据市场态势、行业状况以及政策导向等因素综合决定基金产品的运作方案。中科招商针对监管部门责令改正的决定，及时采取了改正措施并未影响公司正常经营，此时中科招商被强制摘牌的风险并不具有现实性和紧迫性，中融鼎新在无法预知未来的情况下选择不退出投资无可厚非。

基金净值是投资者调整投资行为的重要参考信息。依照合同约定，中融鼎新定期在官网上向投资者披露基金净值，投资者可从披露信息中获知中科招商股份自 2015 年年中大幅下跌并持续低迷的事实。董某远知晓中科招商受市场风险和政策因素的叠加影响下股价低迷，但仍就征询意见函选择了基金展期而未赎回，是投资者自行判断并自愿承担风险的结果。后

---

[1] 参见郑彧：《新证券法下“投资者适当性义务”的实现路径——从“规则监管”到“原则监管”的转变》，载《证券市场导报》2021 年第 3 期。

续，中科招商因经营模式受到监管政策限制最终摘牌导致基金净值大幅下跌属于流动性风险，与中融鼎新的管理行为并无直接关系。基金管理人依照合同约定延长基金存续期限至全部资产变现之时是较为普遍的操作。中融鼎新按照合同约定方式征求基金份额持有人的意见并完成相应变更，属于合法展期。同意展期的基金份额所对应的基金资产未全部变现完成即基金合同未终止，合同约定的开展清算的条件尚未成就，因此中融鼎新并未怠于推动基金退出、清算工作。

尽管勤勉尽责义务的制度目的在于维护投资者利益，但是不能忽视金融投资的特征。金融投资风险客观存在的情况下投资者的损失并不必然可全部归责于基金管理人，“理财有风险，投资需谨慎”从来就不只是口号。投资者保护与资产管理人之间要做到利益均衡，基金管理人作为具备金融投资技能的专业人士，在提升其注意义务的同时，也要尊重其基于自身技能和知识作出的判断，不能将基金管理人的责任绝对化，否则不利于金融行业的发展，最终损害社会公共利益。

余论

该案件中法院不仅关注私募基金销售者履行适当性义务的结果，也关注私募基金销售者的履行义务的过程。在裁判理念上明确了适当性义务的内涵和审查标准，应当满足全面、及时、完整三个维度的要求，既引导了投资者要理性投资，又对于私募基金公司规范运营和管理产生了良好的规范和指导意义，推动金融机构规范经营，将适当性义务落到实处，从而在金融投资市场更好地实现“卖者尽责、买者自负”。